Auf eigenen Füßen

Susanne Ahrndt

Auf eigenen Füßen

Die erfolgreiche Praxisgründung
für Podologie und Fußpflege

Verlag Neuer Merkur GmbH

Bibliografische Informationen der Deutschen Nationalbibliothek
Die Deutsche Nationalbibliothek verzeichnet diese Publikation in der Deutschen Nationalbibliografie; detaillierte bibliografische Daten sind im Internet über http://dnb.ddb.de abrufbar.

Verlagsort: Postfach 12 53, DE-82141 Planegg

Susanne Ahrndt
Auf eigenen Füßen – Die erfolgreiche Praxisgründung für Podologie und Fußpflege
ISBN 978-3-95409-061-7
2., vollständig überarbeitete und aktualisierte Auflage

Konzeption, Umschlaggestaltung und Layout: Dagmar Papić
Korrektorat: Stefanie Guim Marcé, Dr. Martina Kliem
Titelfoto: pixabay – Autorenfoto: © privat
Druck: Beltz Grafische Betriebe GmbH, Bad Langensalza

Der einfacheren Lesbarkeit wegen verwendet der Ratgeber das generische Maskulinum und damit die verallgemeinernde, grammatikalisch männliche Bezeichnung. Das heißt, überall dort, wo *Podologe*, *Fußpfleger*, *Gründer* oder *Unternehmer* etc. steht, sind natürlich alle Menschen – unabhängig vom Geschlecht – angesprochen.

Inhaltsverzeichnis

Existenzgründung? Jetzt erst recht!

Die erste Auflage dieses Buches erschien 2010 – damals spürte man sehr deutlich die globalen und nationalen Auswirkungen der wirtschaftlichen Superkrise von 2008. Heute, im Jahr 2020, stehen wir vor einer ganz anderen Herausforderungen mit ähnlichen wirtschaftlichen Folgen: der Corona-Pandemie. Damals wie heute gab und gibt es genügend Gründe, sich gegen eine Praxisgründung im Bereich des Gesundheitswesens zu entscheiden. Aber mindestens ebenso viele Gründe dafür.

Gerade in einer Krisensituation ist es wichtig, nicht den Kopf zu verlieren, sondern möglichst gelassen und rational zu reagieren. Hilfreich ist auch eine persönliche Checkliste. Was ist jetzt wichtig? Was kann warten? Wie kann ich meinen Alltag organisieren? Stimmt die Liquidität noch für mein Vorhaben, kann ich Steuern zurück stellen, auf Hilfsfonds zugreifen, wo kann ich sparen etc.?

Ganz am Anfang der Überlegungen zur Existenzgründung muss man sich klar werden über das Geschäftsmodell und ein möglichst innovatives Praxiskonzept. Damals wie heute heißt der Rat der Autorin für alle, die sich selbstständig machen wollen: sich gut informieren, sich mit Bedacht aufstellen, seine Stärken und Schwächen sehr gut kennen, sich die Frage nach dem „Warum“ der Selbstständigkeit ehrlich beantworten, auch, ob man der „Typ“ dafür ist, ob man also geeignet ist, selbstbestimmt und in Eigenverantwortung zu arbeiten. Wenn all diese Fragen geklärt sind, wird auch heute noch der Weg in die Selbstständigkeit eine attraktive Alternative zum abhängigen Beschäftigungsverhältnis sein können.

Das ebenso informative wie motivierende Buch von Susanne Ahrndt berät alle Podologen und Fußpfleger die sich mit dem Gedanken tragen, sich selbstständig zu machen. Gut vorbereitet können Gründer klassische Fehler vermeiden, wie zum Beispiel einen falsch eingeschätzten Kapitalbedarf oder einen unsolide aufgestellten Businessplan. Ferner informiert die überarbeitete und ergänzte Neuauflage ausführlich über die speziellen Anforderungen in Bezug auf Standortwahl, Rechtsform, Praxiskauf, die Vor- und Nachteile eines kleinen oder größeren Teams. Wichtige Tipps zu Versicherungen, arbeits- und steuerrechtlichen Fragen, Einrichtung und Ausstattung, Krankenkassenzulassung, Praxismanagement, Softwareangeboten, Datenverwaltung, Marketing/Öffentlichkeitsarbeit, Kundenbindungsmaßnahmen, Werbung und vieles andere mehr runden diesen nützlichen Ratgeber ab. Sinnvolle Checklisten helfen beim Lösen von Schwierigkeiten; zahlreiche Hinweise auf weiterführende Informationen im Internet sowie einschlägige Fachbuchtipps unterstützen dabei, das Thema Existenzgründung zu vertiefen.

Das Besondere an diesem Ratgeber: Komplizierte Sachverhalten werden verständlich und kompakt formuliert, die wichtigsten Schritte einer Praxisgründung werden detailliert mit vielen praktischen Tipps exemplarisch durchexerziert.

Ich wünsche Ihnen viel Vergnügen bei der Lektüre dieses wichtigen Buches. Gleichzeitig wünsche ich Ihnen viel Erfolg und Glück bei der Gründung Ihrer eigenen podologischen Praxis. Ich bin sicher: Es lohnt sich!

Dr. Angelika Schaller
Chefredaktion PODOLOGIE

1 Einleitung: Die Gründung der eigenen Praxis

Jedes Jahr machen sich in Deutschland mehrere Hunderttausend auf den Weg in die Selbstständigkeit. Im Jahr 2018 waren es, wie aus dem KfW-Gründungsmonitor 2019 hervorgeht, 547.000 Menschen. Laut dieser Analyse zum Gründungsgeschehen durch die Abteilung Volkswirtschaft der KfW-Bankengruppe machten sich mit 8 von 10 so viele Gründer wie noch nie selbstständig, indem sie ein Unternehmen völlig neu gründeten und aufbauten. Ein weiteres zentrales Ergebnis des KfW-Gründungsmonitors lautet: 70 % der Gründer waren sowohl 2017 als auch 2018 Chancengründer. So werden Gründer genannt, die sich selbstständig machen, um eine Geschäftsgelegenheit (Chance) wahrzunehmen. Vielleicht geht es Ihnen ähnlich. Sie haben einen persönlichen Traum und sehen derzeit gute Chancen, diesen zu verwirklichen. Deshalb überlegen Sie, eine eigene Fußpflege-/Podologiepraxis zu gründen und selbstständiger Unternehmer zu werden.

Sie haben eine gute Ausbildung, bringen Berufserfahrung mit und spüren, die Zeit ist reif für eine Veränderung. Da liegt der Gedanke auf der Hand, in eine eigene Existenz zu starten und Freiräume zu nutzen, die Ihnen als Angestellter bisher verwehrt waren – eigenverantwortlich entscheiden, eigene Ideen entwickeln und umsetzen oder auch die Zeit frei einteilen können. Tatsächlich geben nach dem IAB/ZEW Gründungspanel (Mai 2018), einer repräsentativen Stichprobe, die Informationen zu rund 6.000 Gründungen und jungen Unternehmen in Deutschland liefert, 47 % der Frauen und 41 % der Männer als wichtigstes Gründungsmotiv an, deshalb selbstständig gemacht zu haben, um selbstbestimmt arbeiten zu können.

Aber abgesehen vom Wunsch, eine Praxis für Fußpflege/Podologie in Eigenregie aufzubauen und zu führen, kann es noch eine Reihe weiterer Gründe geben, um sich auf den Weg in die Selbstständigkeit zu machen, wie z. B., um

- einen Familienbetrieb aus Tradition weiterzuführen,
- mehr Erfolgserlebnisse zu genießen,
- eine günstige Gelegenheit beim Schopf zu packen,
- drohender oder bestehender Arbeitslosigkeit zu entkommen,
- das berufliche Weiterkommen selbst in die Hand zu nehmen,
- berufliche Frustrationen zu vermeiden oder zu beenden,
- auf diesem Wege noch intensiver als bisher für die Patienten da sein zu können,

- die Marktchancen hinsichtlich des wachsenden Bewusstseins für Gesundheit und Wohlbefinden für die selbstständige Tätigkeit als Podologe/Fußpfleger zu nutzen und zu optimieren.

Vor allem das letztgenannte Motiv gewinnt zunehmend an Bedeutung. Denn der Bereich Gesundheit und Wellness ist ein Markt mit hohen Wachstumsraten und bietet daher eine Vielzahl von Chancen.

So ist seit Jahren ein wachsendes Gesundheitsbewusstsein innerhalb der Bevölkerung zu beobachten. Die Menschen möchten immer mehr für ihre Gesundheit *tun* – jeder vierte Euro für Ausgaben von Gesundheitsleistungen wird inzwischen privat aufgebracht, wie ein Bericht des Bundeswirtschaftsministeriums über die Gesundheitswirtschaft 2017 aufzeigt. Danach sind zwischen 2006 und 2017 die gesamten Gesundheitsausgaben um rund 150 Milliarden Euro auf knapp 452 Milliarden Euro angestiegen. Mehr als ein Viertel (26,8 %) davon wurde nicht von Krankenkassen und anderen Sozialversicherungsträgern erstattet, sondern bezahlten die Bundesbürger selbst aus eigener Tasche. Alle privat finanzierten Waren und Dienstleistungen rund um die Gesundheit werden häufig als *Zweiter Gesundheitsmarkt* bezeichnet. Dazu gehören beispielweise Ausgaben für nicht verschreibungspflichtige Medikamente (OTC-Präparate) und individuelle Gesundheitsleistungen (IGeL) sowie für Fitness, Wellness und Gesundheitstourismus. Entfielen 2006 auf den Zweiten Gesundheitsmarkt laut der Analyse des Bundeswirtschaftsministeriums 85 Milliarden Euro, hat er bis zum Jahr 2017 bereits ein stattliches Volumen von 121 Milliarden Euro erreicht. Das Bundesgesundheitsministerium wies im Juni 2018 darauf hin, dass die demografische Entwicklung in Deutschland, der medizinisch-technische Fortschritt und das wachsende Gesundheitsbewusstsein in der Bevölkerung zu einer zusätzlichen Nachfrage an herkömmlichen professionellen Dienstleistungen in den Bereichen Gesundheit, Pflege und Betreuung, aber auch an Produkten und Dienstleistungen des Zweiten Gesundheitsmarktes führen.
Der demografische Wandel in unserer Gesellschaft ist bereits seit Jahren von einer sinkenden Anzahl von Menschen im jüngeren Lebensalter und gleichzeitig von einer steigenden Anzahl älterer Menschen gekennzeichnet. Einen Überblick über die Alterung unserer Gesellschaft vermittelt das Statistische Bundesamt in der Broschüre *Ältere Menschen in Deutschland* und der EU. Danach waren Ende 2014 in Deutschland 22,2 Millionen Menschen und damit mehr als jeder Vierte (27 % der Bevölkerung) 60 Jahre und älter. 2050 wird voraussichtlich sogar mehr als jeder Dritte (38 %) der Generation 60plus angehören. Besonders deutlich zeigt sich die zunehmende Alterung der Gesellschaft in der wachsenden Zahl Hochbetagter. Lebten 2014 in Deutschland gut 4,5 Millionen Menschen, die 80 Jahre oder älter waren, werden es 2050 fast 10 Millionen sein. Verantwortlich für diese Entwicklung sind mehrere Faktoren. Zu nennen sind hier die Baby-

boomer, wie die geburtenstarken Jahrgänge der 1960er Jahre genannt werden, die inzwischen nach und nach das Rentenalter erreichen. Hinzu kommt, dass die Menschen immer länger leben. Seit Ende des 19. Jahrhunderts hat sich die Lebenserwartung des Menschen mehr als verdoppelt und liegt heute für neugeborene Jungen bei 78 Jahren und für neugeborene Mädchen bei 83 Jahren. Mit höherem Lebensalter der Menschen wird auch die Nachfrage an Fußpflege im Allgemeinen und an medizinischer Fußpflege im Besonderen größer werden. Nicht nur, weil ältere Menschen gesund, fit und gepflegt sein wollen und dabei speziell auch bei der Pflege der Füße mit zunehmendem Lebensalter professionelle Unterstützung benötigen, sondern weil das *Alter* ebenso Krankheiten mit sich bringt, die eine Fußpflege erforderlich machen.

Zudem ist professionelle Fußpflege für eine Reihe weiterer Personengruppen von entscheidender Bedeutung. Dazu gehören Sportler, deren Füße infolge sportlicher Überbelastung durch einen Spezialisten versorgt werden müssen.

Eine andere Problemgruppe sind Menschen, deren Füße unter der Mode leiden oder gelitten haben. Aber auch Kinder können bereits mit Fußproblemen konfrontiert sein. Das Tragen unpassender Kinderschuhe ist weiter verbreitet als man annehmen möchte. Und natürlich wird Fußpflege durch einen Fachmann von Kunden einfach auch deshalb nachgefragt, um den Füßen und damit dem gesamten Körper etwas Gutes zu tun, gesunde Füße zu pflegen und gesund zu erhalten, eine entspannende Fußbehandlung zu genießen und sich über schön gepflegte Füße und Nägel zu freuen.

Es spricht also vieles dafür, sich in das Abenteuer Existenzgründung zu begeben. Allerdings nicht jeder ist für die Selbstständigkeit geeignet. Das ist selbstverständlich keine Wertung, sondern lediglich eine Feststellung. Jeder potenzielle Existenzgründer sollte zunächst herausfinden, ob eine berufliche Selbstständigkeit auch wirklich das Richtige für ihn ist, um sich später bittere Enttäuschungen zu ersparen. Niemand muss zum Unternehmer geboren sein. Auch gibt es nicht den *Unternehmertyp* schlechthin. Dennoch gibt es eine Reihe von *Gründereigenschaften*, die erfolgreiche Unternehmer auszeichnen.

Wichtige Fragen, mit denen sich angehende Unternehmer auseinandersetzen müssen, sind:

- Wie muss ein schlüssiges Praxiskonzept aussehen, damit es vor Banken und auf dem Markt bestehen kann?
- Verfüge ich über ausreichend kaufmännische Kenntnisse?
- Welche Fördermittel kommen für mich infrage?

- Wo ist der richtige Standort für meine Praxis?
- Wer sind meine Kunden/Patienten?
- Wer und wo sind meine Konkurrenten?
- Welche Genehmigungen brauche ich?
- Bringen mir Familie und Freunde Verständnis und Rückhalt entgegen?
- Wo finde ich kompetente Beratung?

Wer sich auf den Weg in die Selbstständigkeit macht, wird mit außergewöhnlichen Herausforderungen konfrontiert werden und muss – vor allem in der Startphase – zu Höchstleistungen bereit sein. Neben fachlichen Qualifikationen und persönlichen Kompetenzen sind für eine erfolgreiche Gründung die Geschäftsidee, eine solide Finanzierung und betriebswirtschaftliches Know-how ebenso von Bedeutung. Entscheidend für eine erfolgreiche Gründung sind eine gewissenhafte Vorbereitung und Planung. Risiken und ein eventuelles Scheitern können dadurch zwar nicht völlig verhindert, aber auf jeden Fall deutlich minimiert werden.

Allerdings sind Existenzgründer heute bei der Bewältigung all dieser Anforderungen nicht mehr völlig auf sich selbst gestellt. Vielmehr wurde in Deutschland eine öffentliche Förderinfrastruktur mit einem breitgefächerten Finanzierungs- und Beratungsangebot aufgebaut, die im weltweiten Ländervergleich sogar Platz 1 belegt. Nutzen Sie das Angebot und beschaffen Sie sich all die Informationen, die Sie für die Praxisgründung benötigen. So gerüstet, gelingt es am einfachsten, die zahlreichen Fallen und Stolpersteine auf dem Weg zur eigenen Praxis zu überwinden.

Vor dem Start gilt es also, eine jede Menge von Fragen abzuklären und Informationen zu sammeln. Aber Halt! Werden Sie nicht kopfscheu! Bei all den Aufgaben, die in den kommenden Wochen und Monaten zu bewältigen sind, will dieser Ratgeber Ihnen wichtige Tipps und Hinweise geben. Übrigens: Wenn nötig, wird an verschiedenen Stellen auch auf unterschiedliche Aspekte bei der Gründung einer medizinischen und kosmetischen Fußpflegepraxis eingegangen. So richtet sich der Ratgeber nicht ausschließlich an medizinische Fußpfleger bzw. Podologen, sondern auch an Praxisgründer, die sich auf die Pflege gesunder Füße und deren Gesunderhaltung konzentrieren.

Natürlich kann dieser Ratgeber das individuelle Gespräch und die persönliche Beratung nicht ersetzen, er will Sie aber bei der Vorbereitung auf die Beratungsgespräche mit Experten vom Gründungsberater, Bankberater über Steuerberater bis hin zu Vertreter der juristischen Berufe unterstützen. Dafür bietet der Ratgeber zahlreiche Checklisten, Literaturverweise und Internet-Adressen von Anlaufstellen, die weiterhelfen können.

Mit einer Mixtur aus fundiertem Fachwissen in Theorie und Praxis, Kontaktfreudigkeit, sicherem Auftreten auf der einen Seite und unternehmerischem Know-how gepaart mit einem guten Gespür für unternehmerische Entscheidungen auf der anderen werden Sie gute Chancen haben, eine Fußpflegepraxis mit Erfolg zu gründen und mit ihr auch auf Dauer erfolgreich zu sein.

Viel Erfolg mit dem Start in die berufliche Selbstständigkeit wünscht Ihnen herzlichst

Ihre Susanne Ahrndt

München, den 29. April 2020

2 Die Gründerperson

Der erste Schritt zur erfolgreichen Gründung einer Fußpflegepraxis ist die Selbstprüfung. Schließlich handelt es sich um eine Entscheidung, die Ihr künftiges Leben grundlegend umkrempeln wird. Hinterfragen Sie kritisch, warum Sie sich selbstständig machen wollen und ob Unternehmer sein für Sie überhaupt das Richtige ist. Sie müssen natürlich nicht als Praxisgründer zum Unternehmer geboren sein. Doch Sie sollten bestimmte persönliche Grundvoraussetzungen mitbringen, um auf Dauer auf eigenen Füßen stehen zu können.

Der Entschluss, den Sprung in die Selbstständigkeit zu wagen, erfordert Mut und ist eine enorme Herausforderung. Vor allem in der Gründungs- und Startphase, müssen Sie mit besonderen Belastungen und Anforderungen rechnen und bereit sein, diese anzunehmen und zu meistern. Schließlich muss jeder, der sich selbstständig machen will, wissen, dass Unternehmertum auch immer mit Risikobereitschaft verbunden ist.

Lesen Sie in diesem Kapitel, welche Überlegungen Ihnen helfen können bei der Frage, ob Sie wirklich ein Unternehmertyp sind und über die persönliche Eignung für eine selbstständige Tätigkeit verfügen.

2.1 Selbstständig oder doch besser angestellt?

Ohne Zweifel bringt der Gang in die Selbstständigkeit Veränderungen mit sich, die von ganz anderem Ausmaß sind als bei einem Wechsel des Arbeitsplatzes. Als Unternehmer müssen Sie im wahrsten Sinne des Wortes etwas unternehmen, um sich auf dem Markt zu behaupten und Ihre Existenz zu sichern. Der Alltag, auch der Ihrer Familie, wird sich verändern. Sie werden weniger freie Zeit für Hobbys und Freunde haben.

Eine eigene Praxis bedeutet auch, dass Sie wesentlich mehr Zeit in die Arbeit investieren müssen, als wenn Sie angestellt wären. Geregelte Arbeitszeiten und Urlaubsansprüche sind passé. Nach der Tätigkeit als Fußpfleger/Podologe wartet am Abend oder am Wochenende noch Büroarbeit (Abrechnungen und andere Verwaltungsaufgaben).

Das Einkommen wird insbesondere in den ersten Jahren nach der Praxisgründung stark schwanken. Auch wenn eine angestellte Tätigkeit keine absolute Sicherheit vor Arbeitsplatzverlust bedeutet, so ist doch immer noch eine gewisse Sicherheit durch einen Arbeitsvertrag sowie tarifliche und gesetzliche Regelungen gegeben. Wer also immer schon von einer festen Anstellung z. B. als Podologe in einer Fußambulanz für Diabetiker oder als Fußpfleger im Spa-Bereich eines

Wellness-Hotels geträumt hat, für den wäre es wahrscheinlich doch besser, diesen Weg zielstrebig zu verfolgen.

Kommt der Wunsch einer Praxisgründung nicht aus dem Inneren des Herzens und ist der Gründer von seinem Konzept und vom Erfolg nicht ohne Einschränkung überzeugt, wird es für den Betroffenen sehr schwer werden, notwendige Energie und Ausdauer aufzubringen, Belastungen standzuhalten, Probleme (z. B. mit Lieferanten oder Kunden) zu lösen und letztendlich sein Vorhaben dauerhaft zum Erfolg zu führen.

Eine Praxisgründung als ungeliebte Notlösung kann nicht gut gehen. Dann besteht nämlich die Gefahr, dass die Gründung von Anfang an eine halbherzige Angelegenheit wird und der Gründer bei den ersten Schwierigkeiten und Rückschlägen vorzeitig aufgibt. Wichtig ist, dass Sie bei Ihren Überlegungen immer daran denken: Ob angestellt oder selbstständig tätig, weder das eine noch das andere ist positiv oder negativ zu bewerten. Wofür Sie sich auch entscheiden, es kommt nur darauf an, dass Sie für sich die richtige Entscheidung treffen.

Ein grundlegender Faktor für eine erfolgreiche Praxisgründung ist – wie die Psychologen sagen – die Selbstmotivation oder innere Motivation. Gemeint ist damit die Bereitschaft, jeden Tag aufs Neue etwas Bestimmtes zu tun und zu leisten sowie der Wille, damit Erfolg zu haben.

Erfolgreiche Unternehmer verfolgen ihre Ziele und Pläne mit Freude, innerem Engagement und – man könnte auch sagen – mit Leidenschaft. Sie sind sich der Vorteile bewusst, die eine Selbstständigkeit mit sich bringt. Sie kennen aber auch die Nachteile, betrachten diese allerdings anstelle von Bedrohung eher als Chance und Herausforderung nach dem Motto: *Probleme sind zum Lösen da!*

Trotz positiver Grundeinstellung, exakter Planung und Vorbereitung kann Ihnen niemand eine Erfolgsgarantie für Ihre Gründung geben. Die Möglichkeit, dass man seine Vorstellungen nicht wunschgemäß verwirklichen kann oder eventuell sogar scheitert, darf nicht ignoriert werden und muss im Fall des Falles auch seelisch zu verkraften sein. Bevor Sie sich entscheiden, eine eigene Praxis zu eröffnen, sollten Sie die Vor- und Nachteile einer selbstständigen Tätigkeit abwägen. Denn jeder Unternehmer muss bereit sein, Verantwortung für sein Handeln zu übernehmen. Das gilt sowohl für Erfolge als auch für Misserfolge und Rückschläge.

Siehe Info: Vor- und Nachteile der Selbstständigkeit

Neben dem Ob sollten Sie auch herausfinden, warum Sie eine eigene Praxis gründen wollen. Für den Schritt in die Selbstständigkeit gibt es viele Gründe.

Dabei sind nicht nur die Motive selbst maßgebend, sondern deren Intensität. Davon schließlich hängt Ihre positive Einstellung und Selbstmotivation zu Ihrem Projekt ab. Denn je mehr sich ein Mensch wünscht, seine Idee mit Erfolg – vorausgesetzt sie ist realistisch und durchführbar – umzusetzen und seine Ziele zu erreichen, umso mehr Einsatz- und Leistungsbereitschaft wird er aufbringen. Wer an seine Fähigkeiten glaubt, einen starken Willen und Durchsetzungsvermögen mitbringt und außerdem von seinem Konzept überzeugt ist, erfüllt bereits wichtige Voraussetzungen, um als Gründer erfolgreich zu sein.

Siehe Checkliste: Gründungsmotive

2.2 Persönliche Erfolgsfaktoren

Neben hoher Selbstmotivation und der Fähigkeit zur inneren Hingabe gibt es eine Reihe weiterer Fähigkeiten und Talente, die Gründer aufweisen sollten, wenn sie auf Dauer Erfolg haben wollen.
Hierzu zählen:

- Selbstvertrauen,
- Selbstdisziplin,
- Einsatzbereitschaft,
- Entscheidungsfreudigkeit,
- Organisationstalent,
- Mut zum überschaubaren Risiko,
- Verantwortungsbewusstsein,
- Verkaufsgeschick,
- Gespür für das Geschäft,
- Erfolgswille,
- Ehrgeiz,
- Leistungsorientierung,
- Zielstrebigkeit,
- Lernfähigkeit,
- Führungsstärke,
- Überzeugungskraft,
- Konfliktfähigkeit,
- Streben nach Unabhängigkeit,
- Kreativität,
- Flexibilität,
- Belastbarkeit,
- Ausdauer,
- Durchsetzungskraft,
- Beharrlichkeit,
- Kontakt- und Kommunikationsfähigkeit,
- Begeisterungsfähigkeit,
- Teamfähigkeit,
- Stressresistenz,
- Fähigkeit zum Networking.

Diese Persönlichkeitsmerkmale machen deutlich, dass in Ihnen in einem gewissen Umfang das *Zeug zum Manager* stecken muss. Natürlich sind nicht alle Persönlichkeitsfaktoren bei jedem Gründer gleich stark ausgeprägt. Wichtig ist, dass man sich seiner Stärken und Schwächen bewusst ist und die Stärken ausbaut und versucht, die Schwächen auszugleichen. Existenzgründungsberater empfehlen, nicht zuviel Zeit zum Verbessern von Schwächen aufzuwenden, sondern diese soweit auszugleichen, dass man als Unternehmer zurechtkommt. Eine gute Möglichkeit, Schwächen zu kompensieren, kann z. B. eine Teamgründung sein, in der die Gründer sich in den persönlichen Eigenschaften ergänzen; der eine kann z. B. gut networken und ist kommunikativ, der andere ist besonders kreativ und hat ein gutes Gespür fürs Geschäft.

2.3 Zusätzliche Faktoren

Neben einer fundierten Ausbildung als Fußpfleger/Podologe und der persönlichen Eignung zum Unternehmer sollten Ihnen Themen wie Buchführung, Finanzierungsplanung, Kostenrechnung, Steuern oder – falls Sie Mitarbeiter einstellen wollen – Personalwesen nicht fremd sein. Kaufmännisches und betriebswirtschaftliches Know-how ist für den Erfolg unentbehrlich, weshalb Sie vor dem Start Defizite auf diesem Gebiet unbedingt ausgleichen sollten. Nach der Gründung, also nach Eröffnung der Praxis, ist höchstwahrscheinlich die Zeit zu knapp dafür. Eine Möglichkeit, die Wissenslücken zu schließen, ist der Besuch von Existenzgründerseminaren, wie sie von den örtlichen Industrie- und Handelskammern oder Handwerkskammern angeboten werden .

Siehe Kapitel 19: Die kompetente Beratung

Ein weiterer wichtiger Aspekt ist die Berufserfahrung. Sammeln Sie nach der Ausbildung zunächst als Mitarbeiter in der Praxis Erfahrung. Auf diese Weise lernen Sie nicht nur den Praxisablauf im Alltag, sondern auch durch Beobachten, Sehen und Mitarbeiten die zusätzlichen Aufgaben eines Praxisinhabers kennen. Nutzen Sie die Zeit auch zum *Networking*, sodass Sie als Gründer auf bereits bestehende Kontakte zurückgreifen können. Gerade im Dienstleistungsbereich sind persönliche Kontakte mitentscheidend für den unternehmerischen Erfolg.

Berufserfahrung geht auch mit einem weiteren Faktor einher, der bei einer erfolgreichen Gründung eine wichtige Rolle spielt: Branchenkenntnisse. Sie sollten Ihre Branche kennen, die Struktur, den Markt und die Preise. Wissen Sie über Möglichkeiten, Grenzen und Marktlücken Bescheid, hilft es Ihnen, Ihre eigenen Chancen besser einzuschätzen und ein für Sie passendes Konzept zu entwickeln. Damit sich das Praxiskonzept auf dem Markt bewährt und den erwünschten Erfolg bringt, sollte sich die Geschäftsidee durch so genannte Alleinstellungsmerkmale auszeichnen. Dadurch bekommt die Praxis eine bestimmte Prägung und Ausrichtung, sodass sich die Kunden von den angebotenen Dienstleistungen angesprochen fühlen und sich zur Nachfrage entscheiden, also einen Termin in Ihrem Fußpflegestudio vereinbaren.

Siehe Kapitel 3: Die Geschäftsidee

Zudem sollten Sie die finanziellen Voraussetzungen realistisch prüfen und sich des Rückhalts Ihrer Familie vergewissern. So früh wie möglich sollten Sie daher Ihr familiäres Umfeld in die Planungen miteinbeziehen. Vielleicht kann Ihr Ehepartner oder Lebensgefährte Sie sogar während der in der Regel noch umsatzschwachen Anlaufphase finanziell unterstützen. Aber es ist schon eine enorme Erleichterung, wenn er oder sie bereit ist, bei Problemen zuzuhören und mit Ihnen zusammen nach Lösungen zu suchen. Insbesondere Frauen, die sich selbstständig machen wollen, müssen von Anfang an darauf achten, dass die Doppelbelastung zwischen Familie und Existenzaufbau nicht zur Zerreißprobe wird.

Siehe Kapitel 10: Kapitalbedarf, Kosten und Umsatz, Kapitel 11: Woher kommt das Startkapital? sowie Kapitel 4: Immer mehr Gründerinnen

2.4 Das Gründerprofil im Test

Bevor Sie mit der Praxisgründung starten, sollten Sie deshalb unbedingt Ihre eigene Persönlichkeit und Ihre persönlichen Voraussetzungen und Qualifikationen kritisch auf den Prüfstand stellen.

Siehe Checkliste: Gründerprofil

Sich objektiv selbst einzuschätzen, ist keine einfache Aufgabe. Bitten Sie daher auch die Familie sowie Freunde oder gute Bekannte, Sie ebenfalls zu beurteilen. Es kann für Ihr weiteres Vorgehen nur von Nutzen sein zu wissen, in welchen Punkten Selbst- und Fremdeinschätzung voneinander abweichen und wie Sie von anderen gesehen werden. Wenn andere ein anderes Bild von Ihnen als Sie selbst haben, was könnten die Gründe dafür sein? Sprechen Sie diese Punkte an.

2.5 Das Scheitern von Gründungen

Einer der bedeutendsten Erfolgsfaktoren ist die Person des Gründers. Die Persönlichkeit des Gründers trägt entscheidend zum Gelingen einer erfolgreichen Existenzgründung bei. Daneben gibt es aber auch eine Reihe von Stolpersteinen und Fallstricken auf dem Weg zum eigenen Unternehmen zu überwinden. Das fängt bereits mit persönlichen Befürchtungen an, im Falle eines Scheiterns gesellschaftlich, im privaten Bereich oder auch von Kreditgebern als „gescheitert" diskriminiert zu werden. Die Angst vor dem Scheitern in Deutschland ist tatsächlich ein vergleichsweise häufiges Gründungshemmnis. Das geht aus dem Global Entrepreneurship Monitor (GEM) Länderbericht Deutschland 2017/18 hervor, für den das RKW Kompetenzzentrum in Deutschland gemeinsam mit dem Institut für Wirtschafts- und Kulturgeographie der Leibniz-Universität Hannover Daten erhoben und ausgewertet hat. Demnach gaben rund 42 % der 18- bis 64-Jährigen hierzulande die Angst vor dem Scheitern als einen Grund an, die sie vor einer Unternehmensgründung abhalte. Bezüglich dieses Faktors befindet sich Deutschland im Mittelfeld der 24 analysierten, strukturell vergleichbaren Länder. Am häufigsten haben nach dem GEM die Menschen in Griechenland Angst davor, dass ihr Weg in die Selbstständigkeit nicht funktioniert (70,2 %). „Noch immer machen sich in Deutschland vergleichsweise wenig Menschen mit einem eigenen Unternehmen selbstständig", kommentiert Dr. Natalia Gorynia-Pfeffer, Projektleiterin des RKW Kompetenzzentrums, die Analyse und fährt fort: „Die Angst vor dem Scheitern spielt dabei sicher eine große Rolle, denn viele Menschen haben nicht nur Angst davor, aus finanzieller Sicht zu scheitern, sondern dadurch auch ihren gesellschaftlichen Status einbüßen zu müssen. Daher ist es zwingend notwendig, in Deutschland eine fehlerfreundliche Unternehmenskultur zu etablieren – die sogenannte Kultur der zweiten Chance." Die Daten des GEM zeigen aber auch, dass 58 % der 18- bis 64-jährigen Deutschen die Angst vor dem Scheitern nicht von einer Gründung abhalten würde.

Darüber hinaus stellt der Deutsche Industrie- und Handelskammertag (DIHK) im Gründerreport 2018 fest, dass viele Gründer mittlerweile ihr Gründungsvorhaben besser vorbreitet starten und sich in IHK-Gründungsseminaren und Einstiegsgesprächen das nötige Rüstzeug aneignen. Doch ist der Prozentsatz der Existenzgründer, die in punkto Gründung Wissenslücken aufweisen, immer noch beachtlich. So haben 38 % Defizite im kaufmännischen Bereich: Preiskalkulation, Kostenrechnung, Betriebswirtschaft. Offenbar besteht häufig z. B. auch Unklarheit darüber, was die Geschäftsidee besonders auszeichnet. So haben sich 35 % der angehenden Unternehmer zu wenig Gedanken über den Kundennutzen gemacht und 32 % haben nur ungenaue Vorstellungen darüber, welche Zielgruppen sie überhaupt erreichen wollen. Um kritische Situationen oder gar ein Scheitern der Gründung vorzubeugen, gilt deshalb nach wie vor, dass sich jeder Gründer die typischen *Pleite-Ursachen* bewusst machen sollte:

Finanzierungsmängel: Der Gründer hat den kurzfristigen Kapitalbedarf falsch eingeschätzt. Ist aber zu wenig Geld vorhanden, um laufende Rechnungen zu bezahlen, sind Zahlungsschwierigkeiten vorprogrammiert.

Informationsdefizite: Aufgrund zu geringer Branchenkenntnisse hat der Gründer die Nachfrage und die Konkurrenz falsch eingeschätzt.

Qualifikationsmängel: Bei der fachlichen Qualifikation sind Gründer meistens gut gerüstet. Häufig kümmern sich Gründer zu wenig um das kaufmännische und unternehmerische Know-how.

Mängel in der Planung: Das Unternehmen gerät in Schwierigkeiten, weil der Gründer Gründung und Aufbau seines Unternehmens schlecht oder fehlerhaft geplant oder eine gute Planung nicht eingehalten hat.

Überschätzung der Betriebsleistung: Die Erwartungen des Gründers waren zu optimistisch, weil er den Markt falsch beurteilt hat. Oftmals stehen auch die erzielten Umsätze nicht im Verhältnis zu den Kosten und Investitionen.

Familienprobleme: Ein nicht zu unterschätzender Faktor für das Scheitern eines jungen Unternehmens sind Probleme in der Familie wie z. B. Trennung, Krankheit oder mangelnde Akzeptanz der Familie für die Existenzgründung.

Besonders kritisch sind, wie die Erfahrung zeigt, die ersten drei Jahre nach der Gründung! Ein umfassendes Bild über das Gründungsgeschehen in Deutschland vermittelt der alljährliche KfW-Gründungsmonitor, der auf Antworten von 50.000 zufällig ausgewählten, in Deutschland ansässigen Personen basiert, die im Rahmen einer repräsentativen Bevölkerungsbefragung zum Thema *Existenzgründung* interviewt wurden. Hierbei wird das gesamte Gründerspektrum erfasst: Ob Voll- oder Nebenerwerb, ob Freiberufler oder Gewerbetreibender, ob Neugründung oder Übernahme. Wie bereits in vorausgegangenen Jahren gilt auch im KfW-Gründungsmonitor 2018 für die Abbruchrate von Existenzgründungen die 3-30-Faustregel: Danach beenden im Lauf von drei Geschäftsjahren rund 30 % der Gründer ihre Existenzgründung wieder.

„Der weitaus größte Teil der Existenzgründer", so das Fazit des Gründungsmonitors, „bricht aus persönlichen Gründen ab, ohne unmittelbaren wirtschaftlichen Zwang." Gründe, die Existenzgründung wieder aufzugeben, sind für 33 % der Gründungsabbrecher z. B. familiäre Belastung, Stress, Krankheit oder Unzufriedenheit mit dem erzielten Einkommen. In 16 % der Fälle war eine bessere Jobalternative die Ursache. „Auch sind viele Gründungen von vornherein befristet geplant", heißt es im Gründungsmonitor 2018, „insbesondere Nebenerwerbsgründungen."

Dass die Ursachen, wenn ein junges Unternehmen freiwillig ohne Not geschlossen wird, häufig in der Persönlichkeit und der persönlichen Situation des Gründers zu suchen sind, zeigt zudem die vom Bundesministerium für Wirtschaft und Technologie beim Zentrum für Europäische Wirtschaftsforschung (ZEW) in Auftrag gegebene Studie *Ursachen für das Scheitern junger Unternehmen in den ersten fünf Jahren ihres Bestehens* aus dem Jahr 2010. Auch hier lassen sich 42 % aller Marktaustritte junger Unternehmen auf persönliche und nicht auf wirtschaftliche oder finanzielle Gründe zurückzuführen. Mit 36 % sind enttäuschte Einkommenserwartungen der Hauptgrund, warum die Unternehmen freiwillig ohne wirtschaftlichen Zwang geschlossen wurden, gefolgt von Gründen, die in der Familie liegen (29 %), die stressbedingt (28 %) und auf die Gesundheit zurückzuführen sind (25 %). Außerdem war fast einem Viertel der Unternehmen (23 %) die persönliche Haftung zu groß. Knapp ein Fünftel der Unternehmer (19 %) schätzten ihre eigene Risikobereitschaft für zu gering ein. „Dies kann darauf hindeuten", so folgern die Autoren der Studie, „dass sich Unternehmer ex ante nicht vollständig der großen Risiken bewusst sind, die sie auch ganz persönlich mit der Selbstständigkeit eingehen, bzw. dass diese falsch eingeschätzt wurden."

Ohne Zweifel, der Dreh- und Angelpunkt bei einer Existenzgründung ist die Person des Gründers und sein Wissen und Können. Daneben gibt es aber auch Risiken, die ein Gründer nicht beeinflussen kann wie *äußere Einflüsse*. Das können plötzliche Änderungen im Kundenverhalten, Senkung der allgemeinen Kaufkraft, Änderung der Gesetze oder neue Vorschriften sein, wodurch sich die Einnahmen vermindern oder ausbleiben.

Fazit: Der Weg zur eigenen Fußpflegepraxis ist vergleichbar mit einem Parcours mit zahlreichen Stolperfallen und Hürden, die es zu meistern gilt. Die damit einhergehenden Belastungen und Anforderungen dürfen nicht unterschätzt werden.

Info: Vor- und Nachteile der Selbstständigkeit

Vorteile	Nachteile

• Unabhängig arbeiten
• Eigenverantwortlich handeln
• Entscheidungen selbstständig treffen
• Eigene Leistungsfähigkeit steigern sowie kreative und innovative Talente nutzen und ausbauen
• Höheres Einkommen erzielen
• Steuerliche Vorteile nutzen
• Arbeitszeiten flexibel und frei einteilen
• Höheres gesellschaftliches Ansehen genießen
	• Kein geregeltes und sicheres Einkommen
	• Keine geregelten Arbeits- und Urlaubszeiten
	• Großer Arbeitseinsatz (zumindest in der Anfangsphase), was mit hohen psychischen und physischen Belastungen verbunden ist
	• Weniger oder kaum noch Freizeit für Familie, Freunde oder Hobbys oder Vereinsaktivitäten
	• Risiken sind wesentlich höher als bei einer abhängigen Tätigkeit z. B. durch:
	  • wachsenden Konkurrenzdruck
	  • Forderungsausfällen
	  • Steuernachzahlungen
	  • Auswirkungen der Gesundheitsreform
	• Wegfall betrieblicher Sonder- oder Sozialleistungen
	• Eigenständige persönliche Absicherung wie Kranken- oder Altersversicherung

Checkliste: Gründungsmotive					
Beweggründe	**Wie stark sind Ihre Beweggründe?** **1**	**2**	**3**	**4**	**5**
Einen Lebenstraum erfüllen	☐	☐	☐	☐	☐
Eigene Ideen verwirklichen	☐	☐	☐	☐	☐
Selbstständig und eigenverantwortlich arbeiten	☐	☐	☐	☐	☐
Sich nach keinen Vorgesetzten richten müssen	☐	☐	☐	☐	☐
Sein Hobby zum Beruf machen	☐	☐	☐	☐	☐
Etwas tun, was man schon immer wollte	☐	☐	☐	☐	☐
Ein höheres soziales Ansehen erreichen	☐	☐	☐	☐	☐
Mehr Geld verdienen	☐	☐	☐	☐	☐
Arbeitszeit flexibel einteilen	☐	☐	☐	☐	☐
Mehr Freiraum für die Familie haben	☐	☐	☐	☐	☐
Möglichkeit, Beruf mit Familie besser vereinbaren	☐	☐	☐	☐	☐
Arbeitsfreude erhöhen	☐	☐	☐	☐	☐
Häufiger Erfolgserlebnisse erleben	☐	☐	☐	☐	☐
Arbeitslosigkeit beenden	☐	☐	☐	☐	☐
Angst, arbeitslos zu werden	☐	☐	☐	☐	☐
Fußpflegepraxis als Familienunternehmen erhalten	☐	☐	☐	☐	☐
Eine günstige Gelegenheit beim Schopf packen	☐	☐	☐	☐	☐

Bewerten Sie Ihre Beweggründe von 1 (= sehr wichtig) bis 5 (= unwichtig)

Checkliste: Gründerprofil		
Je häufiger Sie mit „Ja“ antworten, umso eher erfüllen Sie die Voraussetzungen für eine erfolgreiche Selbstständigkeit. Übrigens halten Sie sich immer vor Augen, dass es weder positiv noch negativ zu bewerten ist, ob jemand eine Unternehmerpersönlichkeit ist oder nicht. ***Also antworten Sie ehrlich!***		
Persönliche Eigenschaften	**ja**	**nein**
Besitzen Sie ein gesundes Selbstvertrauen und Selbstwertgefühl?	☐	☐
Bringen Sie genügend Ausdauer und Durchhaltevermögen mit?	☐	☐
Sind Sie fähig zur Eigenmotivation?	☐	☐
Haben Sie genug Selbstdisziplin?	☐	☐
Können Sie sich auf Ihre Arbeit konzentrieren, ohne sich ständig ablenken zu lassen?	☐	☐
Sind Sie körperlich und geistig fit und genügend belastbar?	☐	☐
Kennen Sie die Grenzen Ihrer Leistungsfähigkeit?	☐	☐
Können Sie auf geregelte Arbeits- und Urlaubszeiten verzichten?	☐	☐
Sind Sie bereit, länger zu arbeiten als Ihre Mitarbeiter?	☐	☐
Können Sie sich selber Ziele setzen und diese auch ohne Druck von Vorgesetzten selbstständig verfolgen?	☐	☐
Sind Sie leistungs- und erfolgsorientiert?	☐	☐
Können Sie andere überzeugen und für Ihre Ideen gewinnen?	☐	☐
Gehen Sie gerne mit Menschen um?	☐	☐
Besitzen Sie Einfühlungsvermögen?	☐	☐
Können Sie andere Menschen führen und motivieren?	☐	☐
Sind Sie fähig zur Selbstkritik?	☐	☐
Können Sie auch Kritik von anderen annehmen und damit umgehen?	☐	☐
Sind Sie offen für Neues und innovativ?	☐	☐
Sind Sie flexibel und spontan?	☐	☐
Sind Sie kreativ?	☐	☐
Haben Sie Mut zum kalkulierten Risiko?	☐	☐
Besitzen Sie Durchsetzungsvermögen und können Sie, im Fall des Falles, Kompromisse zu machen?	☐	☐
Sind Sie bereit, für Ihr Handeln Verantwortung zu übernehmen?	☐	☐
Bleiben Sie auch in Stresssituationen gelassen?	☐	☐
Sind Sie entscheidungsfreudig?	☐	☐

Persönliche Eigenschaften Fortsetzung	**ja**	**nein**
Schieben Sie unangenehme Themen nicht auf die „lange Bank“, sondern erledigen Sie diese so schnell wie möglich?	☐	☐
Können Sie Krisen, Rückschläge und Enttäuschungen psychisch verkraften und durchstehen?	☐	☐
Wirken Sie vertrauenswürdig?	☐	☐
Ist Ihr Auftreten sicher und sympathisch?	☐	☐
Fachliche Situation		
Haben Sie bereits ausreichend Berufserfahrung?	☐	☐
Konnten Sie bereits Führungserfahrungen sammeln?	☐	☐
Verfügen Sie über kaufmännische und betriebswirtschaftliche Kenntnisse?	☐	☐
Sind Sie bereit, kaufmännische/betriebswirtschaftliche Defizite durch Weiterbildung auszugleichen?	☐	☐
Haben Sie Branchenkenntnisse und kennen Sie die neuesten Marktentwicklungen?	☐	☐
Kennen Sie das Dienstleistungsangebot Ihrer Konkurrenten?	☐	☐
Sind Sie bereit, sich auf Ihrem Fachgebiet „medizinische Fußpflege“ immer auf dem neuesten Stand zu halten?	☐	☐
Sind Sie mit der für die Podologiepraxis/Fußpflegepraxis möglichen Computersoftware bereits vertraut?	☐	☐
Können Sie aus Ihrer bisherigen Tätigkeit Kontakte zu Lieferanten, Kunden/Patienten oder möglichen Auftraggebern (z. B. Krankenhäuser, Altenheime etc.) nutzen?	☐	☐
Haben Sie Talent zum Verkaufen?	☐	☐
Finanzielle Voraussetzungen	☐	☐
Verfügen Sie über gewisse finanzielle Reserven?	☐	☐
Kann Ihr Ehe- oder Lebenspartner zumindest in der Startphase mit ihrem laufenden Einkommen für den gemeinsamen Lebensunterhalt aufkommen?	☐	☐
Besitzen Sie andere sichere Einkommensquellen, sodass Sie zunächst auf ein Einkommen aus Ihrer Praxis verzichten könnten?	☐	☐
Würden Ihnen Freunde oder Verwandte ein Darlehen gewähren?	☐	☐
Familiäres Umfeld	☐	☐
Steht Ihre Familie hinter Ihren Plänen?	☐	☐
Ist Ihre Familie bereit, Ihnen den Rücken freizuhalten?	☐	☐
Wird Ihre Familie und/oder Ihr Freundeskreis die durch die Selbstständigkeit bedingte Mehrarbeit, lange Arbeitszeit und knappe Freizeit akzeptieren können?	☐	☐

3 Die Geschäftsidee

Zum richtigen Zeitpunkt, am richtigen Ort, das richtige Produkt ist das Geheimnis einer guten Geschäftsidee, der Basis jeder erfolgreichen Unternehmensgründung. Die Geschäftsidee macht den Anfang und je früher man sich darüber klar wird, umso besser. Schließlich bauen alle künftigen Planungen und Entscheidungen darauf auf.

Als Fußpfleger/Podologe sind Sie hinsichtlich fachlicher Qualifikation sicher bestens gerüstet und können möglicherweise sogar bereits eine mehrjährige Berufserfahrung vorweisen. Vielleicht fragen Sie sich jetzt, Ihre Geschäftsidee, eine Fußpflegepraxis zu gründen, sei doch eindeutig – oder nicht? Sicher, die Richtung ist vorgegeben! Aber damit Kunden und/oder Patienten auf Ihre Praxis aufmerksam werden und nicht nur einmal, sondern immer wieder zu Ihnen kommen, sollten Sie Ihrer Praxis ein unverkennbares Profil geben und so Ihr Unternehmen durch eindeutige Positionierung im Markt auf Dauer mit Erfolg etablieren.

Lesen Sie in diesem Kapitel, wie es gelingt, eine geeignete Geschäftsidee zu entwickeln, mit der Sie sich von Mitbewerbern abheben können. Sie haben bereits konkrete Vorstellungen? Herzlichen Glückwunsch! Allerdings: Auch eine noch so gut klingende Geschäftsidee sollte erst dann umgesetzt werden, wenn sie die Prüfung auf Markttauglichkeit bestanden hat, also wirkliche Chancen hat, sich am Markt durchzusetzen. Gehen Sie bei der Verwirklichung Ihrer Idee zielstrebig vor, aber seien Sie stets offen für Verbesserungen, Anpassungen oder Veränderungen.

Wussten Sie, dass nur 5 % aller Geschäftsideen, mit denen sich Jungunternehmer jedes Jahr hierzulande selbstständig machen, tatsächlich neu sind? Und 50 % dieser neuen Ideen stammen ursprünglich aus den USA. Damit sind über 95 % der Gründungsideen Kopien, sogenannte Me-too-Produkte und völlig neue Ideen eher die Ausnahme. Mit anderen Worten: Eine Geschäftsidee muss nicht vollkommen neu sein, um erfolgreich ein Unternehmen zu gründen. Oft reicht es schon aus, bewährte Ideen als Vorbilder aufzugreifen und zu übernehmen, diese zu verbessern, auf Bedürfnisse und Wünsche der Kunden abzustimmen oder auch auf andere Märkte zu übertragen.

Sie müssen also keinesfalls eine Podologiepraxis oder ein Fußpflegestudio neu erfinden, sollten aber nach Möglichkeiten suchen, wie Sie sich von Wettbewerbern unterscheiden und einen erkennbaren Nutzen und Vorteil für Ihre Kunden und Patienten bieten können. Bei Unternehmen mit gleichartigem Angebot geht es darum, *Alleinstellungsmerkmale*, sogenannte Unique Selling Proposition (USP), herauszuarbeiten, um sich von Konkurrenzangeboten abzuheben und sich im Markt sichtbar zu machen.

Entwickeln Sie eine Vision, wie Ihre Praxis einmal aussehen soll, mit welchem Angebot Sie auf den Markt kommen und bestehen wollen, welche Kunden/ Patienten zu Ihnen kommen werden. Überlegen Sie, welche Zielgruppen Sie erreichen wollen. Spielen Sie mit Ihren Gedanken, träumen Sie ruhig ein bisschen und nutzen Sie auch sogenannte Kreativitätstechniken, um Ihre eigenen Ideen zu entwickeln.
Siehe Info: Kreativitätstechniken zur Ideenfindung

3.1 Tipps zur Ideensuche

Was Sie in der Orientierungsphase, in der Sie sich als Gründer zurzeit befinden, vor allem brauchen, sind Informationen. Wertvolle Informationsquellen sind das Lesen von Fachzeitschriften und der Besuch von Fachmessen und -kongressen, wie z. B. der Besuch der jedes Jahr im Frühjahr stattfindenden Beauty International in Düsseldorf oder der im Herbst in Kassel stattfindenden FUSS. Auch das Gespräch mit Kollegen, Mitbewerbern und Kunden, Weiterbildungsmaßnahmen oder Internetrecherchen kann Ihre Kreativität ankurbeln. Durchleuchten Sie ganz systematisch Ihre Branche zu allen Aspekten rund um die Fußpflege und informieren Sie sich auch über angrenzende Bereiche. Um ein gelungenes Konzept zu entwickeln, sind gute Branchenkenntnisse das A und O.

Verfolgen Sie aber auch politische und rechtliche Entwicklungen (z. B. neue Zulassungsempfehlungen für Heilmittelerbringer) sowie die allgemeine wirtschaftliche Lage. Ein weiterer wichtiger Aspekt sind gesellschaftliche Entwicklungen wie etwa der demografische Wandel, das wachsende Gesundheitsbewusstsein, Streben nach Nachhaltigkeit oder das zunehmende Umweltbewusstsein.

3.1.1 Trends

Weniger geeignet für ein dauerhaftes Konzept sind aktuelle Modeerscheinungen, da es sich hierbei nur um kurzfristige Vorlieben oder saisonale Highlights handelt, mit denen man nur ebenso kurzfristig Geld verdienen kann. Dagegen können sich ernsthafte Marktchancen aus Trends ergeben. Darunter versteht man Entwicklungen, die fünf bis 15 Jahre andauern und weite Teile der Bevölkerung erfassen können. Achten Sie beim Planen nicht nur auf Trends im Bereich Fußpflege, fragen Sie sich auch, welche Trends aus dem Bereich der Kosmetik, der Nailbranche oder Spa- und Wellness-Bereich für Ihr Praxiskonzept interessant sein könnten.

Ohne Zweifel hat bspw. der nun schon seit Jahren anhaltende Wellness- und Gesundheitstrend auch den Bereich der Fußpflege erreicht. Die Trendforschung ist zu dem Ergebnis gekommen, dass es sich hierbei um keine kurzlebige Modeerscheinung, sondern vielmehr sogar einen Megatrend handelt, der die künftige Entwicklung unserer Wirtschaft und Gesellschaft prägen wird. Tatsächlich hat sich die Nachfrage nach Wellnessleistungen heute zu einem Milliardenmarkt entwickelt und wie aktuelle Marktdaten zeigen ist der Wellness-Trend unaufhaltsam auf Wachstumskurs.

Laut dem Global Wellness Institute (GWI) wurden weltweit 2015 3,7 Milliarden US-Dollar und 2017 sogar 4,2 Milliarden US-Dollar für Wellness-Leistungen und Wellness-Produkte umgesetzt. In den Jahren von 2015 bis 2017 ist nach dem vom GWI veröffentlichten Global Wellness Economy Monitor 2018 die globale Wellnesswirtschaft jährlich um 6,4 % gewachsen und damit fast zweimal so schnell als die Weltwirtschaft (3,6 %). Der Monitor teilt die Wellnesswirtschaft in 10 Sektoren ein, die im Einzelnen 2017 folgende Jahresumsätze erzielten:

- Persönliche Pflege, Beauty und Anti-Aging: 1082,9 Mrd. US$
- Gesunde Ernährung und Abnehmen: 702,1 Mrd. US$
- Wellness-Tourismus: 639,4 Mrd. US$
- Fitness und Body Mind: 595,4 Mrd. US$
- Prävention, Personalisierte Medizin, Public Health: 574,8 Mrd. US$
- Traditionelle und komplementäre Medizin: 359,7 Mrd. US$
- Wellness-Lifestyle Immobilienwirtschaft: 134,3 Mrd. US$
- Spa-Industrie: 118,8 Mrd. US$
- Thermal- und Mineralbad: 56,2 Mrd. US$
- Betriebliche Gesundheitsförderung: 47,5 Mrd. US$

Ständig wachsender Nachfrage erfreut sich insbesondere der Wellness-Urlaub im Hotel. Nach dem Global Wellness Institut gab es 2017 830 Millionen Wellnessreisen weltweit. Allein in Deutschland waren es 66 Millionen Wellnessreisen, bei denen 65,7 Mio. US$ ausgegeben wurden. Nach dem Global Wellness Institute wächst der Wellness-Tourismus bis 2022 voraussichtlich jedes Jahr um 7,5 % und die Ausgaben werden von 2017 bis 2022 von 639,4 Mrd. US$ auf 919 Mrd. US$ ansteigen.

Mittlerweile erwirtschaftet die Wellness-Industrie 5,3 % der globalen Wirtschaftsleistung, wobei die Wellnessausgaben mit 4,2 Billionen US$ mehr als der Hälfte der gesamten weltweiten Gesundheitsausgaben (7,3 Billionen US$) entsprechen.

Der Marketing-Experte Bernd Eberle beschreibt in dem Buch *Wellness und Gesundheit als Marketingimpuls. Wie Sie den Mega-Trend für Ihre Produkte nutzen*, dass es eine Vielzahl von Entwicklungen gibt, die unmittelbar mit dem Gesundheitstrend zusammenhängen. Dazu gehören neben der demografischen Veränderung unserer Gesellschaft auch z. B. Veränderungen der Arbeitswelt und die daraus resultierenden Defizite und Bedürfnisse sowie technische Entwicklungen wie Innovationen in der Gesundheitsprävention und der Medizin.

Aber auch die Entwicklung der Wirtschaft und der damit verbundene Wohlstand sind von erheblicher Bedeutung. Der wichtigste Einflussfaktor ist, stellt Bernd Eberle fest, die demografische Entwicklung unserer Gesellschaft: „Wenn die Menschen immer älter werden, haben sie andere Bedürfnisse und Konsumgewohnheiten, die vorwiegend mit dem Gesundheitsaspekt zu tun haben.“ Ein wichtiger Aspekt des Gesundheitstrends ist die ganzheitliche Sichtweise, die den modernen Gesundheitsbegriff umfasst. „Gesundheit ist ein Zustand des vollständigen körperlichen, geistigen und sozialem Wohlbefindens, nicht nur die Abwesenheit von Krankheit und Gebrechen“, wie die Weltgesundheitsorganisation (WHO) bereits Ende der 1940er Jahre definiert hat.

Inzwischen wurde das Gesundheitsverständnis weiterentwickelt, sodass in Europa darunter verstanden wird: „Gesundheit ist die Fähigkeit und Motivation, ein wirtschaftlich und sozial aktives Leben zu führen.“ Diese Sichtweise hat inzwischen auch den Kosmetik- und Körperpflegemittelmarkt mit Pflegekonzepten erreicht, die nicht nur einzelne Wirkungen, sondern den ganzen Menschen in den Mittelpunkt stellen. So haben verschiedene Ausrüsterfirmen von Fußpflegepraxen neben Utensilien für die klassische Fußbehandlung heutzutage auch aufeinander abgestimmte Pflegeprodukte für Wellness-Treatments zum Entspannen, Verwöhnen und Wohlfühlen im Programm. Vielleicht könnte ja gerade dieser ganzheitliche Ansatz ein interessanter Aspekt bei der Entwicklung eines Konzepts für Ihr Studio oder Ihre Praxis sein. Denn ohne Zweifel: Eine wichtige Voraussetzung für das Wohlbefinden eines Menschen ist, dass es den Füßen gut geht.

3.1.2 Marktnischen

Aber auch eine Marktlücke, die Sie etwa beim Erforschen Ihrer Branche vor Ort entdeckt haben, kann die Basis für Ihr Praxiskonzept sein. Vielleicht gibt es z. B. Kunden/Patienten, die bisher von Ihrer Konkurrenz noch nicht oder nicht ausreichend angesprochen und bedient worden sind? Ist das Marktpotential dieser Zielgruppe groß genug, können Sie sich auf diese Zielgruppe spezialisieren und – wenn nicht – zumindest einen Schwerpunkt in Ihrem Leistungsangebot setzen. Wie auch immer! Auf jeden Fall haben Sie eine Nische gefunden. Sie können für ein bestimmtes Problem oder ein bestimmtes Bedürfnis eine Lösung anbieten und sich damit zugleich von anderen Konkurrenzangeboten unterscheiden.

3.1.3 Kundennutzen – Zusatznutzen

Wer als Unternehmer auf Dauer erfolgreich sein will, sollte stets sein Angebot auch aus dem Blickwinkel seiner Kunden betrachten und hinterfragen, ob sein Angebot von Nutzen ist und ob es deren Wünschen und Bedürfnissen entspricht. Denn nur wenn die angebotenen Leistungen vom Kunden nachgefragt werden, kann es einem Unternehmen gelingen, den nötigen Umsatz und Gewinn zu erwirtschaften und sich langfristig auf dem Markt zu behaupten.

Als Fußpfleger/Podologe können Sie aufgrund Ihrer Berufserfahrung gut einschätzen, wie es um die Nachfrage der Standardleistungen einer Fußpflege-Praxis bestellt ist. Damit sich jedoch potentielle Kunden/Patienten ganz speziell für das Leistungsangebot Ihrer Fußpflegepraxis interessieren und gewinnen lassen, müssen diese einen Nutzen und einen Vorteil für sich erkennen. Um sich von Mitbewerbern abzuheben, sollten Sie sich als Praxisgründer deshalb folgende Fragen stellen:

- Kann das vor Ort bestehende Angebot noch verbessert werden?
- Kann das Angebot noch besser auf die vorhandene Kundenstruktur angepasst werden?
- Gibt es Wünsche oder Bedürfnisse, die bisher nicht berücksichtigt worden sind?
- Können bei den Kunden neue, bisher unbekannte Wünsche geweckt werden?

Nach dem Motto: *Warum sollen die Kunden ausgerechnet zu Ihnen kommen? Warum sollen Sie sich erneut behandeln lassen? Welche Besonderheit hat Ihre Praxis zu bieten?* gilt es herauszustellen, welche besondere Zielsetzung Sie mit Ihrem Vorhaben verbinden, um den Kundennutzen sichtbar zu machen. Um sich einen Vorsprung vor der Konkurrenz zu sichern, müssen Sie allerdings nicht unbedingt eine brandneue Idee entwickeln. Oft reicht schon die Summe vieler Kleinigkeiten, wodurch Sie Ihrer Praxis das gewisse Etwas geben und für Ihre Kunden besonders attraktiv machen. Das können Details sein wie:

- eine verkehrsgünstige Lage,
- ein angenehmes Ambiente,
- besonders kundenfreundliche Öffnungszeiten (am Abend oder Samstagvormittag),
- keine langen Wartezeiten,
- eine Tasse Kaffee zur Begrüßung,
- ein Wasserspender im Wartezimmer zur Selbstbedienung,
- Ihr freundliches und kompetentes Auftreten,
- individuelle Beratung,

- spezielle Serviceangebote aus dem Bereich Kosmetik oder Wellness,
- regelmäßige Hausbesuche als Serviceleistung.

Es gibt unzählige Möglichkeiten, wie Sie das Basisangebot Ihrer Fußpflegepraxis *aufpeppen* und dadurch Kunden/Patienten binden können. Im Marketing-Vokabular spricht man von *Servicepolitik*. Schauen Sie auch, was die Konkurrenz in diesem Punkt zu bieten hat – die eine oder andere Idee *abzukupfern* ist durchaus erlaubt.

3.1.4 Spezialisierung

Hinzu kommt, dass die Aus- und Weiterbildung auf dem Fachgebiet der Fußpflege eine Reihe von Spezialisierungen eröffnet, z. B.:

- im medizinischen Bereich auf Fußbehandlungen für Patienten mit Rheuma oder Diabetes,
- auf bestimmte Zielgruppen wie Senioren, Sportler oder Kinder,
- auf Kooperationen mit angrenzenden Berufen wie Diabetologen, Orthopädieschuhmacher, Ernährungsberater, Gesundheitsberater oder anderen freien Heilberuflern wie z. B. Physiotherapeuten.

Halten Sie zudem mit Ihren Qualifikationen, die Sie bisher erworben haben, nicht hinter den Berg. Vielmehr sollten Sie damit glänzen. Bauen Sie beim *Schmieden* Ihres Praxiskonzepts darauf auf. Denn Ihre Qualifikationen zeichnen Sie als Profi aus, wodurch Sie gegenüber der Konkurrenz an Gewicht gewinnen.

3.1.5 Glaubwürdigkeit

Unabhängig davon, auf welcher Idee aufbauend Sie das Angebot Ihrer Praxis planen, gilt schließlich: Machen Sie sich nur mit dem Konzept selbstständig, das auch wirklich zu Ihnen passt. Denn Ihre Persönlichkeit samt Ihrer Stärken und Schwächen, Wünsche, Talente und Erfahrungen trägt maßgeblich zur unverwechselbaren Identität Ihrer Praxis bei. Ihr persönliches Profil ist ein Erfolgsfaktor, der garantiert von niemandem kopiert werden kann.

Entscheidend für Ihren Erfolg ist außerdem, dass Sie von Ihrer Idee hundertprozentig überzeugt sind. Nur dann wird es Ihnen gelingen, potentielle Geldgeber von der Ernsthaftigkeit Ihres Vorhabens zu überzeugen. Zudem können Sie eine mögliche Durststrecke in der Anfangsphase leichter durchstehen, wenn Sie voll und ganz hinter Ihrem Konzept stehen.

Aber auch Ihre möglichen Kunden/Patienten werden Ihnen das nötige Vertrauen entgegenbringen und gerne wieder kommen, wenn alles *stimmig* ist. Somit ist es auch eine ganz persönliche Angelegenheit, den Wunsch zu verwirklichen, ein Fußpflegestudio zu gründen. Daraus folgt: Sie können sich vieles von Ihren Mitbewerbern *abschauen*, aber letztendlich kommen Sie nicht darum herum, für sich ein ganz persönliches Unternehmenskonzept zu entwickeln.

3.2 Erfolg durch Marktforschung

Sie haben eine gute Geschäftsidee gefunden und sind von deren Erfolg überzeugt. Sie sind voll Elan und möchten sofort mit den Planungen für Ihre Praxis beginnen. Doch halt: Vor dem Start ist die Marktanalyse unverzichtbar.

Bevor Sie Entscheidungen treffen und investieren, sollten Sie den Markt erforschen; d. h., Sie sollten überprüfen, ob die Idee wirklich durchdacht ist und eine Chance auf dem Markt hat. Um diese Fragen beantworten zu können, müssen Sie zum einen herausfinden, wie es mit der Nachfrage für Ihr geplantes Angebot bestellt ist, und zum anderen systematisch die Kundenstruktur, Ihre Konkurrenten und Mitbewerber erkunden.

3.2.1 Die Zielgruppe

Wer auf Dauer erfolgreich sein will, sollte stets diejenigen Kunden und Patienten, die er ansprechen will, fest im Blick haben. Mit einer klaren Ausrichtung der Praxis unterstreichen Sie Ihre Kompetenz und stellen die Besonderheiten der Praxis heraus. Denn ein möglichst breites Konzept für alle und für jeden nach dem Motto *Für alle Menschen, ob jung oder alt* oder *Für jeden mit Fußproblemen* wirkt eher verwirrend auf potentielle Kunden oder Patienten. Hierbei können diese nur schwer einschätzen, „woran sie sind", das heißt, ob deren Wünsche und Bedürfnisse tatsächlich bestens erfüllt werden.

3.2.1.1 Zielgruppe(n) definieren

Definieren Sie Ihre Zielgruppe(n), grenzen Sie die potentiellen Kunden und Patienten ein. Damit können Sie zum einen das Angebot auf deren Wünsche und Bedürfnisse passgenau zuschneiden und zum anderen angemessene Kommunikationsstrategien bspw. mittels Webseite, Flyer, Tag der offenen Tür, Aktionstage im Kindergarten, für Schüler, Senioren oder für die Zielgruppe „Mann" etc. entwickeln und laufen nicht Gefahr, Zeit und Geld in fruchtlose Werbeaktivitäten zu stecken.

Sich für bestimmte Zielgruppen entscheiden, bedeutet natürlich aber nicht, dass nicht auch andere Kunden oder Patienten zu Ihnen in die Fußpflege-/Podologie-Praxis kommen können oder dürfen. Aber Zielgruppenorientierung ist ein wichtiger Aspekt für eine klare Marktpositionierung.

Bei der Definition einer Zielgruppe geht es um die Fragen, wer Ihre Dienstleistung „Fußpflege-Fußbehandlung" kaufen wird, wie diese Menschen „ticken", was treibt diese Menschen zur professionellen Fußpflege und von welchen Beweggründen lassen sie sich bei der Entscheidung für oder gegen eine Podologiepraxis oder ein Fußpflegestudio leiten. Während vielleicht die einen günstige Öffnungszeiten am Abend oder am Wochenende, ein hochmodernes Ambiente oder die Kombination von Fußbehandlung plus speziellen Wellness-Angeboten zu schätzen wissen, können für andere z. B. regelmäßige Hausbesuche, die Spezialisierung auf die Pflege von Diabetikerfüßen oder der sensible Umgang mit Kindern und deren Füßen ausschlaggebend sein. Schon diese wenigen Beispiele zeigen, wie unterschiedlich Zielgruppen sein können.

Beschreiben Sie deshalb so genau wie möglich Ihre potentiellen Kunden und Patienten anhand von sozidemografischen Merkmalen:

- Wie alt sind Ihre Kunden/Patienten?
- Sind Ihre Kunden/Patienten vor allem männlich oder weiblich?
- Über welches Einkommen verfügen sie?
- Was kennzeichnet Ihre Zielgruppe(n) darüber hinaus (bestimmte Lebenssituationen wie Familien, Single oder Rentner, Bildungsgrad, Berufstätigkeit, Wohnort, sportliche Aktivitäten, Hobbies, Urlaubsziele, Wertvorstellungen, Kaufverhalten, Preisbewusstsein)?

Nach der GEHWOL-Umfrage „Fußpflegetrends 2016", einer repräsentativen Online-Umfrage der Gesellschaft für Konsumforschung unter 1.000 Frauen und Männern in Deutschland ab 18 Jahren (Oktober 2016), ist ein gestiegenes Bewusstsein für Körper, Schönheit und die Gesunderhaltung der Füße bei den 50- bis 59-Jährigen der Hauptantreiber zur Fußpflege. Gesunderhaltung der Füße ist in fast allen anderen jüngeren und älteren Altersgruppen ebenso der Hauptbeweggrund für die Fußpflege. Schöne Füße als Ausdruck eines gepflegten Äußeren sind jedoch für die Best Ager (41 %) wichtiger als für die Über-60-Jährigen (37 %) und die 40- bis 49-Jährigen (37 %).

Die Studie zeigt unter anderem auch, dass mit dem Alter die Bedeutung der Fußpflege zunimmt. Vor allem die Senioren (60 Jahre und älter) vertrauen ihre Füße dem Fußspezialisten an. Es sind auch die über-60-Jährigen, die die Wichtigkeit regelmäßiger Fußpflege mit der Schulnote 1,9 bewerten. Wer Senioren als Zielgruppe gewinnen will, muss sich darüber im Klaren sein, dass ältere Menschen nicht nur eine der wichtigsten Zielgruppen in der Fußpflege-/Podologiepraxis sind, sondern dass es sich bei der Generation 50plus um eine äußerst heterogene Zielgruppe handelt .

Siehe Info: Senioren als vielschichtige Zielgruppe

Weitere wichtige Aspekte bei der Charakterisierung von Zielgruppen sind die Finanzkraft und die Preissensibilität. Hierbei stellt sich die Frage, welchen Preis sich die anvisierte Zielgruppe leisten kann. Doch selbst bei einem hohen Einkommen sollte man sich fragen, welchen Preis die potenziellen Kunden/Patienten bereit sind zu zahlen. Denn selbst wenn diese könnten, heißt das nicht, dass sie automatisch dazu bereit sind, einen hohen Preis zu zahlen. Davon abgesehen sollte man sich darüber im Klaren sein, dass in der Regel derjenige, der besonders zahlungskräftig ist, auch besondere Qualität und einen entsprechend hohen Standard erwartet. Wer dagegen weniger Geld hat, hält eher Ausschau nach günstigen Preisen.

3.2.1.2 Die Informationsbeschaffung

Wichtig ist natürlich auch zu wissen, wie viele Kunden es überhaupt am Markt insgesamt gibt und wie viele davon erreicht werden können. Schließlich muss die Zielgruppe oder müssen die Zielgruppen, die Sie erreichen wollen, so groß sein, dass Sie durch Ihre Tätigkeit ein ausreichendes Einkommen erzielen können.

Was Kaufkraft und Kundenstruktur angeht, sind die Kammern und/oder Banken vor Ort die richtigen Ansprechpartner. Wichtige Planungsgrundlage für Ihre Dienstleistung ist darüber hinaus das statistische Datenmaterial Ihrer Gemeinde oder Stadt, das Ihnen eine Vielzahl von wertvollen Informationen zur Bevölkerungsstruktur (Einwohnerzahl, Altersstruktur der Bevölkerung), Wirtschaftsstruktur sowie zum Leben und Arbeiten der Menschen vor Ort liefert. Eine weitere interessante Informationsmöglichkeit sind für allgemeine Marktinformationen das Statistische Bundesamt (www.destatis.de) und das Deutsche Institut für Wirtschaftsforschung (www.diw.de).

3.2.2 Die Nachfrage

Treffen Sie mit Ihrem geplanten Angebot die Wünsche und Bedürfnisse der Zielgruppe(n), die Sie erreichen wollen? Suchen Sie hierzu das Gespräch mit Ihren potentiellen Kunden/Patienten, z. B. in Fußgängerzonen, Sport- und Fitnesszentren oder auch Altenheimen.

Eine Möglichkeit ist, dafür einen kleinen Fragebogen zu erstellen, in dem Sie Ihre Dienstleistung kurz vorstellen und dann z. B. fragen, ob das Angebot dem Bedarf entspricht, welche Leistungen konkret gewünscht werden und welche nicht, ob auch Hausbesuche erwünscht sind, welcher Service erwartet wird, ob es vor Ort Probleme oder Mängel gibt, die gelöst werden sollten usw. Allerdings gibt es bei der Gestaltung eines Fragebogens Einiges zu beachten. Es ist daher empfehlenswert, sich zunächst in die Thematik einzulesen. Unter den Stichworten *Kundenbefragungen*, *Befragungen* oder auch *Marktforschung* finden Sie reichlich Literatur im Buchhandel oder in der Bibliothek.

Als Podologe/Medizinischer Fußpfleger sollten Sie auch versuchen, Kontakt zu Ärzten, Selbsthilfegruppen oder örtlichen Krankenkassen sowie Krankenhäusern und Altenheimen oder auch Gesundheitsamt aufzunehmen, um eine Vorstellung über die Versorgungslage vor Ort und den notwendigen Bedarf an therapeutisch zu behandelnden Krankheitsbildern zu erhalten.

Um Angebot und Nachfrage auf einen Nenner zu bringen, ist es ratsam, auch Informationsgespräche mit Wettbewerbern zu führen. Am besten natürlich mit Kollegen aus anderen Städten und Orten, weil Sie dann dafür keine direkte Konkurrenz sind und doch auf diese Weise den einen oder anderen Tipp bekommen und von deren unternehmerischen Erfahrungen lernen können.

3.2.3 Die Konkurrenz

Recherchieren Sie bei Ihren Berufsverbänden. Nutzen Sie das Know-how über die Branchen- und Marktsituation der örtlichen Kammern, der Banken oder Sparkassen. Eine Fundquelle ist das örtliche Branchenbuch, z. B. die Gelben Seiten (www.gelbeseiten.de). Wichtige Recherchehilfen sind im Internet auch die Podologenlisten der Berufsverbände.

Verschaffen Sie sich auch optisch einen Überblick über die örtliche Konkurrenzsituation und Wettbewerbsdichte, indem Sie auf einem Stadtplan oder einer Landkarte mit Hilfe von Stecknadeln mit bunten Köpfen markieren, wo sich Podologie-/Fußpflegepraxen befinden. Da sich Ihre Mitbewerber in der Öffentlichkeit bekannt machen müssen, sollten Sie die öffentlich zugänglichen Informationen eingehend studieren, wie z. B. Flyer, Werbeprospekte, Preislisten oder auch Internetauftritte. Analysieren Sie die Stärken und Schwächen Ihrer Mitbewerber (Angebot, Preise, Ausstattung, Ambiente, Öffnungszeiten, Parkplätze, Hausbesuche usw.). Sehen Sie eine Möglichkeit, sich von den Mitbewerbern abzuheben – etwa durch eine Marktlücke, die Sie schließen können, durch Schwerpunkte, die Sie problemlos setzen können oder durch bestimmte Angebote, auf die Sie sich spezialisiert haben?

3.2.4 Die Analyse des Beschaffungsmarkts

Für die Umsetzung Ihrer Ideen benötigen Sie zuverlässige Lieferanten, die gute Qualität zu günstigem Preis liefern. Schon jetzt sollten Sie sich damit befassen, wer eventuell dafür in Frage kommen kann. Eine gute Möglichkeit ist etwa, sich auf Messen über Qualität, Preise, Rabatte, Zahlungsmodalitäten, Lieferbedingungen oder Serviceleistungen verschiedener Anbieter von Praxisausstattungen und Pflegeprodukten zu informieren und diese zu vergleichen.

Ob das geplante Angebot für Ihre Fußpflegepraxis tatsächlich auf dem Markt erfolgreich sein kann, bedarf also eingehender Prüfung. Wenn Sie die *Checkliste:*

Geschäftsidee prüfen durcharbeiten, wissen Sie, wo noch Wissenslücken Ihrerseits vorhanden sind. Bevor Sie Ihre Pläne in die Tat umsetzen, sollten Sie diese Lücken schließen, dann ist noch genug Zeit dafür.

In der "Checkliste: Geschäftsidee prüfen" sind wichtige Fragen zusammengestellt, um Ihr Vorhaben auf Markttauglichkeit zu überprüfen.

Wichtig: Halten Sie alle Informationen, die Sie sammeln, schriftlich fest. Denn Sie werden diese beim Erstellen des Businessplans, eine der wichtigsten Gründerpflichten, wieder benötigen.

Sie haben den Markt erkundet, wissen nun Bescheid über Ihre Zielgruppe(n), über Konkurrenten und Lieferanten, kennen Ihre Branche und sind sich über Ihr Angebot, in der Marketingfachsprache *Produktpolitik* genannt, klar geworden. Damit haben Sie bereits die ersten Schritte Ihres Marketingkonzeptes mit Erfolg absolviert.

Info: Kreativitätstechniken zur Ideenfindung

Will die zündende Idee nicht kommen, können Ihnen bei der Suche sogenannte Kreativitätstechniken eine wertvolle Hilfe sein. Am weitesten verbreitet und am leichtesten zu erlernen sind das Brainstorming und das Brainwriting. Das sind Techniken, die das kreative Denken anregen und die Sie in der Gruppe oder auch für sich alleine durchführen können.

Brainstorming wurde Ende der 1930er Jahre von dem Amerikaner Alex J. Osborn entwickelt und wird in der Regel in kleinen Gruppen abgehalten. Ziel ist, innerhalb von 20 bis 40 Minuten eine Vielzahl von neuen Ideen zu finden. Die Teilnehmer sollen sich spontan und frei äußern. Weder Kritik noch Wertung der Ideen oder Äußerungen sind erlaubt. Ein Protokollant wird bestimmt, der alle Ideen notiert. Auch die verrücktesten Ideen werden zunächst ohne Kommentar aufgeschrieben. Schließlich kann eine abwegige Idee Auslöser für brauchbare Einfälle sein. Ein weiterer Vorteil der Methode besteht darin, dass bereits geäußerte Ideen aufgegriffen, weiterentwickelt, abgewandelt oder mit einer anderen zu einer neuen Idee kombiniert werden können. Erst im Nachhinein werden alle gesammelten Einfälle bewertet, sortiert und weiterentwickelt. Brainstorming eignet sich sehr gut als Einstieg in ein Problem oder Thema, um Lösungsmöglichkeiten auszuloten. Brainstorming können Sie auch als Einzelperson hervorragend durchführen. Stellen Sie sich selbst eine Frage und schreiben Sie alle Ihre Gedanken dazu auf. Ohne zu bewerten, ohne zu kritisieren. Die Auswertung erfolgt später.

Ob das Finden von Ideen im Alleingang nicht effizienter ist als in der Gruppe, ist nicht eindeutig geklärt. Als interessante Alternative bietet sich zum Brainstorming das **Brainwriting** an, wobei mehrere Personen ihre Ideen und Gedanken für sich aufschreiben und dann als Gesamtergebnis zusammenstellen.

Eine Möglichkeit des Brainwritings ist die 635-Methode. Sechs Teilnehmer bekommen ein Formblatt mit drei Spalten und sechs Zeilen. Jeder Teilnehmer trägt drei Ideen innerhalb von fünf Minuten in eine Zeile ein und gibt das Blatt im Uhrzeigersinn weiter. Auch beim Brainwriting wird während des Schreibens weder kommentiert noch kritisiert. Innerhalb einer halben Stunde können im besten Fall auf diese Weise 108 neue Ideen gefunden werden. Vorteil der Methode ist, dass jeder Teilnehmer für sich ungestört arbeiten kann und sich durch die Ideen der anderen inspirieren lassen und diese weiterentwickeln kann. Brainwriting können Sie auch mit weniger als sechs Personen durchführen. Sogar als Einzelperson können Sie Brainwriting ausüben. Zeichen Sie sich ein Formblatt mit drei Spalten und drei Zeilen auf. Tragen Sie in die erste Zeile Ihre Ideen und Vorschläge ein und entwickeln Sie diese in der nächsten Zeile weiter und noch einmal in der dritten Zeile. Erst dann erfolgt das Sortieren und Bewerten.

Info: Senioren als vielschichtige Zielgruppe

Von der Pflege und Betreuung über barrierefreies Wohnen, seniorengerechten Handys, speziellen Kosmetikprodukten bis hin zu Autos mit ergonomischen Extras hat sie der Markt mittlerweile als interessante Zielgruppe mit hohem wirtschaftlichen Potenztial entdeckt. Die Rede ist von der Kundengruppe Generation 50plus, die u. a. auch Best Ager, Silver Ager, Golden Oldies oder Senior Citizens genannt wird, als gut informiert und loyal gilt und durchaus bereit ist, für einen sinnvollen Zusatznutzen etwas mehr Geld auszugeben.

Die deutsche Bevölkerung wird immer älter. Bis zum Jahr 2030 werden, so ist in der vom Statistischen Bundesamt herausgegebenen Broschüre *Ältere Menschen in Deutschland und der EU* zu lesen, voraussichtlich 35 % der Bevölkerung und damit 28 Millionen Menschen 60 Jahre und älter sein. Daher ist es durchaus realistisch, dass auch in der Fußpflege ältere Menschen noch mehr als bisher als Kunden/Patienten an Bedeutung gewinnen werden. Wer sein Praxiskonzept nach den über 50-Jährigen ausrichten will, sollte sich bewusst sein, dass er eine ganz vielschichtige, stark differenzierte Zielgruppe, die bis zu drei Generationen umfasst, im Visier hat. So ist nicht erstaunlich, dass Wünsche und Bedürfnisse, aber auch die Potenziale älterer Menschen weit auseinander liegen können. Während die einen gut situiert sind und finanziell keine oder keine größeren Sorgen haben, kämpfen andere mit

Altersarmut. Während die einen selbstständig ihr Leben gestalten, benötigen andere Unterstützung.

Eine Studie der Marktforschungsgruppe TNS Infratest (heute: Kantar TNS), zitiert in „FUSSPFLEGE AKTUELL“ (3/16), teilt die Über- 50-Jährigen in drei Cluster ein, die deutlich machen, dass es sich bei den Älteren um eine äußerst heterogene Zielgruppe handelt:

Die Erlebnisorientierten: Sie lieben es zu konsumieren, sind einkommensstark, leben besonders lustorientiert, treten zugleich aber auch kritisch auf und wollen überzeugt werden.
Die Passiven: Typische Merkmale sind eher zurückgezogene, stark traditionsverbundene Lebensweise. Nur wenn zwingend notwendig, werden Produkte und Dienstleistungen in Anspruch genommen.
Die kulturell Aktiven: Sie sind an Literatur, Oper und Theater interessiert, halten Kontakt zur Familie und zu Freunden, treiben Sport und sind aufgeschlossen gegenüber Produkten und Dienstleistungen.

Nach der Studie *Ältere Menschen in Deutschland und der EU* sind im EU-Vergleich die deutschen Seniorinnen und Senioren sehr kaufkräftig. Nur in Frankreich, Österreich und vor allem Luxemburg können sich Menschen ab 65 Jahren noch mehr für ihr Geld leisten. Laut Statistik finanzierten im Jahr 2014 in Deutschland 88 % der Generation 65plus den Lebensunterhalt durch Rente oder Pension, wobei es zwischen Frauen und Männern nach wie vor deutliche Unterschiede gibt. In Paargemeinschaften waren 25 % der älteren Frauen überwiegend auf die Einkünften ihrer Angehörigen, in der Regel von Ehe- oder Lebenspartner, angewiesen. Bei den gleichaltrigen Männern waren es lediglich 0,5 %. Lebten ältere Menschen ab 65 Jahren alleine, hatten 21 % der Frauen und 15 % der Männer ein monatliches Einkommen von weniger als 900 Euro. Die durchschnittliche Rente lag 2014 bei 805 Euro. Männer erhielten im Schnitt 1.037 Euro und Frauen 618 Euro. Allerdings weisen die Statistiker darauf hin, dass die Höhe der gesetzlichen Altersrente keine vollständige Auskunft über dem Lebensstandard älterer Menschen gibt. Zusätzliche Einkünfte können z. B. aus privater oder betrieblicher Altersvorsorge, aus Vermögen oder Immobilien stammen.

Laut der oben erwähnten Altersstudie des Statistischen Bundesamtes fühlen sich drei Viertel der Menschen in Deutschland gesundheitlich fit. Erwartungsgemäß nehmen jedoch die gesundheitlichen Beeinträchtigungen mit steigendem Lebensalter zu. Durch Krankheit oder Unfallverletzung beeinträchtigt fühlten sich 18 % bei den 65- bis 69-Jährigen, in der Altersgruppe der

70- bis 74-Jährigen sind es 21 % und bei den 75-Jährigen und älteren Menschen 28 %. Im Vergleich zur jüngeren Bevölkerung sind ältere Menschen häufiger übergewichtig, rauchen aber seltener.
Ältere Menschen fühlen sich heute geistig zehn bis 15 Jahre jünger. „Vergessen Sie alte Klischees und Vorurteile. Schauen Sie sich um – die „Älteren“ sind keine unbeholfenen, unmündigen, von Demenz geprägten Menschen, denen man über die Straße helfen muss“, stellen Helmut Muthers (Betriebswirt, ehemaliger Bankvorstand und Banksanierer) sowie Wolfgang Ronzal (Trainer und Unternehmensberater) in ihrem Buch *30 Minuten Marketing 50+* fest. Ältere Menschen wünschen sich, wertgeschätzt, beachtet, respektiert, ernst genommen und nicht wie Kinder behandelt zu werden. Ältere Kunden seien mit Grundwerten wie Ehrlichkeit, Fairness und Zuverlässigkeit zu gewinnen, erklären die Autoren. „Wer von älteren Menschen nur ihr Geld will, wird schnell entlarvt und verliert am Ende. Wer sich auf ihre Lebensinteressen konzentriert und ihnen mit Wertschätzung und Respekt begegnet, schafft sich eine gute Ausgangsposition für geschäftlichen Erfolg.“

Haben jüngere wie ältere Menschen ähnliche Erwartungen in punkto Service, was z. B. Freundlichkeit, Servicequalität oder Beratungskompetenz anbetrifft, sind es im Umgang mit Älteren oftmals besonders die *kleinen Dinge des täglichen Lebens*, die über den Geschäftserfolg entscheiden. „Leistungen, die Alltagsprobleme lösen, die den Menschen das Leben einfacher, bequemer, sicherer, wohnlicher, unterhaltsamer, humorvoller, schöner oder letztendlich lebenswerter machen“, so Helmut Muthers und Wolfgang Ronzal, „wecken Begeisterung“. Dazu gehören beispielsweise Aufmerksamkeiten, Pünktlichkeit und kleine Gesten wie die das höfliche Aufhalten der Türe, die freundliche Begrüßung, die persönliche Ansprache als Stammkunde, das Hinausbegleiten beim Abschied sowie das Einhalten von Terminen. Und wenn es doch einmal eine Wartezeit gibt, dann können ein Getränk oder eine aufrichtige Bitte um Entschuldigung Wunder wirken. Dies sind nur einige wenige Beispiele für die vielen Kleinigkeiten, die ältere Menschen besonders schätzen und als Basis für eine gute und dauerhafte Kunden-/Patientenbeziehung und schließlich auch für eine Weiterempfehlung nicht unterschätzt werden dürfen.

Checkliste: Geschäftsidee prüfen		
Fragen	**ja**	**nein**
Haben Sie eine Marktnische oder Angebotslücke entdeckt?	☐	☐
Sind Sie mit Ihrem Vorhaben auf der Höhe der Zeit und wissen Bescheid über aktuelle Branchenentwicklungen, aber auch über Trends, die Ihre potentiellen Kunden betreffen?	☐	☐
Gibt es Mitbewerber vor Ort?	☐	☐
Wenn es Mitbewerber gibt, wissen Sie wo?	☐	☐
Haben Sie sich über das Angebot der anderen Fußpflegepraxen informiert?	☐	☐
Haben Sie die Stärken und Schwächen Ihrer Konkurrenten erforscht?	☐	☐
Gibt es Besonderheiten in der Servicepolitik Ihrer Mitbewerber, wodurch die Kundenbindung gestärkt wird?	☐	☐
Kennen Sie die Preise, die Ihre Mitbewerber verlangen?	☐	☐
Haben Sie einen Überblick, wie sich Ihre Konkurrenten in der Öffentlichkeit präsentieren (PR, Werbung)?	☐	☐
Gibt es einen Marktführer vor Ort?	☐	☐
Wissen Sie, welche Marktanteile Ihre Mitbewerber haben?	☐	☐
Haben Sie eine Vorstellung, welchen Marktanteil in welchem Zeitraum Sie mit Ihrem Vorhaben erreichen möchten?	☐	☐
Wird das Angebot vor Ort durch Ihr Vorhaben nicht nur bereichert, sondern auch verbessert?	☐	☐
Weist Ihr Vorhaben Besonderheiten auf gegenüber dem Angebot Ihrer Konkurrenten?	☐	☐
Wollen Sie bestimmte Zielgruppen ansprechen?	☐	☐
Kennen Sie die Wünsche und Bedürfnisse Ihrer potentiellen Kunden/Patienten?	☐	☐
Bieten Sie mit Ihrem Vorhaben eine Lösung für bisher nicht zufriedengestellte Wünsche und -probleme von Kunden/Patienten an?	☐	☐
Wissen Sie über die Zusammensetzung der möglichen Kunden-/Patientengruppen Bescheid (z. B. Alter, Geschlecht, Einkommen, Berufe, Haushaltsgröße, Familien, Singles, Lebensstil)?	☐	☐

Fragen Fortsetzung	**ja**	**nein**
Gibt es für Ihre Praxisidee eine ausreichende Anzahl an Kunden und Patienten auf dem Markt?	☐	☐
Schätzen Sie das Kaufkraftvolumen Ihrer möglichen Kunden genügend hoch ein?	☐	☐
Können Sie beschreiben, welchen Nutzen Ihre Patienten und Kunden haben werden, wenn sie sich für eine Behandlung in Ihrer Praxis entscheiden?	☐	☐
Haben Sie sich bereits über mögliche Lieferanten und deren Angebot, Qualität, Preise, Liefer- und Zahlungsbedingungen etc. informiert?	☐	☐
Wissen Sie über aktuelle Entwicklungen Bescheid (Politik, Wirtschaft, Recht, Gesellschaft, Altersstruktur)?	☐	☐
Wird Ihr Vorhaben von diesen Entwicklungen beeinflusst? Wenn ja, wie?	☐	☐
Reichen für Ihr geplantes Vorhaben Ihre persönlichen, fachlichen, rechtlichen und kaufmännischen Kenntnisse aus?	☐	☐
Haben Sie sich ein Ziel gesetzt, bis wann Sie starten wollen?	☐	☐

4 Frauen als Gründerinnen

Viele Frauen verwirklichen sich heutzutage den Traum von der Selbstständigkeit. Nach einer Studie der KfW Research, dem volkswirtschaftlichen Kompetenzzentrum der KfW-Bankengruppe, wurden 2016 rund 608.000 kleine und mittlere Unternehmen in Deutschland von Frauen geführt (Volkwirtschaft Kompakt, Nr. 164, 21. August 2018). Die von Frauen geführten Unternehmen beschäftigten mit 3,1 Mio. Menschen 10 % aller Erwerbstätigen im Mittelstand und erzielten einen Umsatz von 297 Mrd. Euro. Aber auch die Existenzgründungszahlen zeigen, eine selbstständige Erwerbstätigkeit ist für Frauen heute zu einer wichtigen beruflichen Option geworden. Waren im Jahr 2002 34 % der Unternehmensgründungen von Frauen initiiert, liegt der Frauenanteil an den Gründungsaktivitäten mittlerweile bei 40 % (KfW Gründungsmonitor 2019). Aus den jährlichen Ausgaben des KfW Gründungsmonitors geht hervor, dass sich knapp 700.000 Frauen in den Jahren 2016 bis 2018 auf den Weg in die Selbstständigkeit gemacht haben.

4.1 Gründerinnen 45+ im Kommen

Warum Frauen in die Selbstständigkeit starten, dafür gibt es vielfältige Beweggründe. Flexiblere Arbeitszeitgestaltung und damit bessere Vereinbarkeit von Beruf und Familie ist einer davon. Eine wichtige Gruppe sind zudem Frauen, die in der Selbstständigkeit die Möglichkeit sehen, nach der Familienphase oder Veränderungen im privaten Bereich wieder in das Berufsleben einzusteigen (Wiedereinsteigerinnen). Andere Frauen stehen mitten im Beruf, haben aber das Gefühl, nicht weiterzukommen („gläserne Decke“) und wollen noch einmal neu durchstarten.

Was auch immer dazu drängt, sich auf das Abenteuer Existenzgründung einzulassen – seit Jahren zeichnet sich in Deutschland im Gründungsgeschehen der Trend ab, dass nicht nur immer mehr Frauen sich auf den Weg in die Selbstständigkeit machen, sondern zunehmend auch Existenzgründerinnen und Existenzgründer mittleren Alters. Der typische Gründer 45plus ist zwar immer noch männlich. Dennoch gewinnen laut der RKW-Studie *Gründerinnen und Gründer ab dem mittleren Alter: Schlüsselfaktor für die Wirtschaft* Frauen an der Altersgruppe 45plus zunehmend an Bedeutung: „Die Dynamik der Unternehmensgründungen in der Gruppe der 45+ scheint im besonderen Maße von Frauen bestimmt zu sein, denn immer mehr von ihnen wechseln in der Lebensmitte in die berufliche Selbstständigkeit“. In der RKW-Studie wird die Gründung durch Ältere als *ein wachsendes Phänomen* bezeichnet.

Das Bundesministerium für Wirtschaft und Energie (BMWi) informiert in der Broschüre *Existenzgründungen im besten Alter*, dass etwas mehr als ein Drittel aller Gründungen bereits auf das Konto von Menschen ab 45 Jahren gehen. Entscheidende Startvorteile älterer Gründerinnen und Gründer seien langjährige Lebens- und Berufserfahrung, Branchenkenntnisse, Führungserfahrung, Eigenkapital und eine gute Vernetzung. Allerdings haben es Frauen besonders mittleren Alters immer noch schwerer, ihr Vorhaben umzusetzen. Der *RKW-Leitfaden für die Gründungsberatung 45plus* stellt dazu fest, dass vor allem für ältere Gründerinnen besondere Hürden zu meistern sind, wie traditionelle Rollen- und Familienbilder, klassische Arbeitsaufteilung der Familienarbeit oder auch Normen und Werte, wonach das Unternehmertum immer noch als *männliche* Tätigkeit angesehen wird.

4.2 Typische Merkmale von weiblichen Gründungen

Frauen gründen anders als Männer, heißt es an anderer Stelle des RKW-Leitfadens: „Sie gründen meistens mit kleineren Geschäften oder starten als Soloselbstständige und gründen hauptsächlich im Bereich von sozialen oder personenbezogenen Dienstleistungen." Weiterhin wird darauf hin gewiesen, dass auch zum Teil brüchigere Lebens- und Erwerbsbiografien, zum Zeitpunkt der Gründung ein höheres Lebensalter und die Doppelbelastung Familie/Beruf, von der viele Frauen betroffen sind, die Entscheidung, sich selbstständig zu machen, beeinflussen. Die bundesweite gründerinnenagentur (bga) spricht von der Gründung als Lebensabschnittprojekt, in dem Frauen Unternehmensführung und Familienaufgaben miteinander vereinbaren. In der bga-Broschüre *Wandel-Wirtschaft-Weichenstellung Unternehmensgründungen von Frauen im Fokus* heißt es dazu: „So kombinieren immer mehr Frauen in einem bestimmten Lebensabschnitt eine abhängige Beschäftigung in Teilzeit mit einer selbstständigen Tätigkeit im Nebenerwerb."

4.3 Spagat zwischen Familie und Beruf

Neben Anforderungen, die jeder Existenzgründer zu meistern hat, ist – wie Studien und Erfahrungen zeigen – für Frauen vor allem das Thema *Vereinbarkeit von Beruf und Familie* bei einer Unternehmensgründung von besonderer Bedeutung. Für Existenzgründerinnen mit Familie ist daher ein ganzheitlicher Ansatz bei der Gründung wichtig, um Partner, Kinder, Haushalt und Selbstständigkeit *unter einen Hut* zu bringen.

Denn nach wie vor sind für Haushaltsführung und Kinderbetreuung meistens die Frauen zuständig, obwohl, wie der Monitor Familienforschung (Ausgabe 38 – September 2017) aufzeigt, eine partnerschaftlich-egalitäre Aufgabenteilung von einem beträchtlichen Teil der Elternpaare heute angestrebt wird. „Insbesondere bei der Kinderbetreuung wollen sich viele Väter intensiv beteiligen, unabhängig davon, ob sie nur mit 35 oder 55 Wochenstunden im Beruf tätig sind." Auch im Monitor Familienforschung (Ausgabe 37 – August 2017) findet es eine Mehrheit von 60 % der Eltern kleiner Kinder ideal, wenn beide im ähnlichen Umfang erwerbstätig sind und sich gleichermaßen um Familie und Haushalt kümmern. Die Realität sieht aber anders aus. Nur eine Minderheit, heißt es im 37. Monitor Familienforschung, lebe nach solch einem Modell. „Stattdessen entwickeln sich die Arbeitszeiten von Frauen und Männern nach der Familiengründung auseinander. Die meisten Paare leben nach der ersten Elternzeit, und oft auf Dauer, ein Modell, in welchem der Vater des Kindes weiterhin Vollzeit arbeitet, die Mutter jedoch in Teilzeit oder geringfügig erwerbstätig ist."

4.4 Der maßgeschneiderte Arbeitsplatz

Um Familie und berufliche Tätigkeit zu vereinbaren, versuchen Frauen, wie die KfW-Studie *Chefinnen im Mittelstand* bereits 2011 aufgezeigt hat, mit Hilfe der Selbstständigkeit für sich einen maßgeschneiderten Arbeitsplatz zu schaffen. Um die Aufgaben als Mutter, Hausfrau, Partnerin und Unternehmerin in Einklang zu bringen, ziehen viele Frauen eine Nebenerwerbsgründung zunächst in Erwägung. Tatsächlich starten Frauen häufiger mit einem Nebenerwerb in die Selbstständigkeit als Männer. Bereits seit Jahren beginnen deutlich mehr als 60 % der Frauen ihre selbstständige Tätigkeit mit einer Nebenerwerbsgründung. Das spiegeln auch die Zahlen im KfW-Gründungsmonitor wider. Danach starteten 2017 32 % der Gründerinnen im Vollerwerb und 68 % im Nebenerwerb (2016: 31 zu 69 %). Dagegen begannen 48 % der Männer 2017 die selbstständige Erwerbstätigkeit im Vollerwerb (2016: 41 %). Betrachtet man alle Gründungen im Jahr 2017, waren Frauen mit 29 % an allen Vollerwerbsgründungen und mit 43 % an allen Nebenerwerbsgründungen beteiligt.

Die KfW-Research-Analyse *Gründen mit Kindern: Mompreneurs bringen Familie und Beruf unter einem Hut* macht zudem deutlich, dass für die meisten Mompreneurs, wie Gründerinnen mit minderjährigen Kindern genannt werden, die Vereinbarkeit von Beruf und Familie ein herausragendes Gründungsmotiv darstellt. Mompreneurs starteten 2016 105.000 Existenzgründungen, was jeder sechsten Gründung entspricht. Die Aussage *Ich habe mich beruflich selbstständig gemacht, um Beruf und Familie besser zu vereinen*, trifft für knapp die Hälfte *voll und ganz* und für ein Viertel *eher zu*.

Doch nicht nur was die Aufnahme, sondern auch den Umfang einer selbstständigen Tätigkeit angeht, spielt die Familie nach der KfW-Research-Analyse eine herausragende Rolle. So ist für 38 % der Mompreneurs die Sorge Nummer eins die Sorge über eine zu hohe Belastung für Familie und Partnerschaft. Die Sorge um die Familie ist auch ein häufiger Grund, Gründungsvorhaben abzubrechen. Auch der Gründerreport 2018 des Deutschen Industrie- und Handelskammertages (DIHK) bestätigt, dass trotz hohem Gründungsinteresse viele Frauen das Gründungsvorhaben wieder aufgeben. So weist der DIHK-Gründerreport unter anderem daraufhin, dass viele gründungsinteressierten Frauen von großen Herausforderungen bei der Vereinbarkeit von Vollzeiterwerbstätigkeit und Familie berichten. Danach übertrifft der Frauenanteil sowohl bei den Einstiegsgesprächen als auch den Gründungsberatungen und den Seminaren der IHK die 40-%-Marke, aber lediglich 30 % der Frauen würden dann tatsächlich gründen.

Obwohl von allen Gründerinnen, die minderjährige Kinder haben, und auch von Gründerinnen ohne Kinder jeweils ein Drittel im Vollerwerb starten, treten auch bei Vollerwerbsgründungen nach der oben genannten KfW-Studie Mompreneurs der Familie zuliebe kürzer. Begrenzen Mompreneurs die Wochenarbeitszeit im Vollerwerb auf 36 Stunden, geben im Vergleich dazu Gründerinnen ohne Kinder und männliche Gründerkollegen an, im Schnitt 50 Stunden pro Woche für die selbstständige Tätigkeit aufzuwenden.

Die Balance zwischen familiären und beruflichen Verpflichtungen zu finden, ist für alle Beteiligten nicht einfach. Wird auch nach der Gründung immer noch keine zufriedenstellende Lösung gefunden, diesen gordischen Knoten zu lösen, ist eine Beratung ratsam, die zudem staatlich gefördert werden kann. Denn nach der Gründung eines kleinen oder mittleren Unternehmens oder nach der Aufnahme einer freiberuflichen Tätigkeit, können Frauen bei der Bundesanstalt für Wirtschaft und Ausfuhrkontrolle (BAFA) im Rahmen des Programms *Förderung unternehmerischen Know-hows* eine Förderung für eine spezielle Beratungen zur besseren Vereinbarkeit von Familie und Beruf beantragen.
Siehe Kapitel 19: Die kompetente Beratung

4.5 Die Absprache mit der Familie

Die Berufstätigkeit von Frauen ist heute selbstverständlich geworden, auch weitgehend der Wiedereinstieg nach der Elternzeit. Dennoch ist die Vereinbarkeit von Beruf und Familie immer noch häufig ein echter *Knackpunkt.* Organisationstalent, gutes Zeitmanagement sowie die Unterstützung durch die Familie und/oder externe Hilfen sind notwendig, wenn der Spagat zwischen Familie und Beruf im Allgemeinen sowie Selbstständigkeit im Besonderen gelingen soll.

Unabdingbare Voraussetzung ist, dass Sie die Zeit für die Praxisgründung und spätere Praxisführung realistisch einschätzen. Das ist ziemlich schwierig, wenn man mit den Gründungsaktivitäten noch am Anfang steht. Am besten ist es, sich mit bereits etablierten Kolleginnen/Kollegen darüber auszutauschen. Leichter einschätzen lässt sich jedoch, wie viel Zeit für die familiären Verpflichtungen erforderlich ist. Sie müssen sich darüber im Klaren sein, dass Sie die Anforderungen im Haushalt, in der Familie sowie in der Praxis aufgrund Ihres Könnens und Wissens meistern können, aber – bitte – nicht gleichzeitig und alles auf einmal.

Als Mutter und Praxisinhaberin haben Sie zwei Berufe, denen Sie gerecht werden müssen, ohne sich dabei zu überfordern und aufzureiben. Suchen Sie deshalb von Anfang an zusammen mit Ihrer Familie nach tragbaren Lösungen für sich, Ihre Familie und Ihre Selbstständigkeit und lassen Sie sich nicht von Ratschlägen wie *Haushalt und Kinder erledigt man so nebenher* oder als *Hausfrau hat man ja ohnehin nicht viel zu tun* in die Irre führen.

Bereits bei den Vorbereitungen zur Gründung sollten Gründerinnen daher ihre Familie mit einbeziehen. Denn für die Gründung einer Podologie-/Fußpflegepraxis gilt, wie für jedes andere Unternehmen natürlich auch: Eine Unternehmensgründung kann nur dann ein Erfolg werden, wenn die gesamte Familie voll und ganz hinter Ihrem Vorhaben steht. Eine gute Möglichkeit, die Familie über die Pläne zu informieren und herauszufinden, was Partner und – je nach Alter – Kinder davon halten, ist, den *Familienrat* einzuberufen. Wichtig ist, dass Sie als angehende Gründerin mögliche Vorbehalte Ihrer Familie ernst nehmen, aber zugleich klar machen, wie wichtig Ihnen die Selbstständigkeit ist und dass letztendlich die Familie auch davon profitiert, z. B. weil Sie aufgrund einer erfolgreichen Gründung mehr Lebensfreude und Zufriedenheit ausstrahlen werden – ganz abgesehen von den finanziellen Aspekten.

Unbedingt sollten Sie die Fragen in der *Checkliste: Wie steht die Familie zu Ihren Plänen?* mit der gesamten Familie durcharbeiten. Auf diese Weise können Sie herausfinden, welche Haltung Ihre Familie Ihrem Vorhaben gegenüber hat, ob Sie mit zuverlässiger Unterstützung rechnen können, ob alle Beteiligten bereit sind, Veränderungen im Familienalltag mitzutragen und inwieweit Sie externe Hilfen benötigen. Sprechen Sie auch über Notfälle. Wer springt ein, wenn ein Kind krank wird oder der Unterricht unverhofft ausfällt?

Siehe Checkliste: Wie steht die Familie zu Ihren Plänen?

4.6 Die Organisation der Kinderbetreuung

In welchem Umfang Kinderbetreuung notwendig wird, hängt natürlich von Anzahl und vom Alter der Kinder ab. Ideal ist, wenn man auf ein familiäres Netz von Großeltern, Geschwistern, Tanten oder Onkeln zurückgreifen kann. Da aber die *Verwandtschaft*, auch wenn sie in der Nähe wohnt, *nicht überstrapaziert* werden sollte, ist es auf jeden Fall sinnvoll, zusätzlich innerhalb des Bekannten- und Freundeskreises oder der Nachbarschaft zu *netzwerken*.

Trotz allem wird es in den wenigsten Fällen ganz ohne professionelle Kinderbetreuung nicht gehen. Wichtig ist daher, sich vor der Gründung nach einer Betreuung umzusehen – in vielen Fällen ein nicht ganz einfaches Unterfangen. Es ist hinlänglich bekannt, und die permanente Diskussion rund um die Schaffung von Kinderkrippen oder dem Ausbau von Ganztagsschulen macht es zudem deutlich, dass es um die Kinderbetreuungsangebote in Deutschland immer noch nicht zum Besten steht. "In Ländern wie Dänemark oder Frankreich", war bereits im Monitor Familienforschung von 2006 zu lesen, „die ein verlässliches durchgängiges Betreuungssystem bieten, planen Frauen bereits vor der Geburt ihren beruflichen Wiedereinstieg. Deutsche Frauen müssen erst abwarten, ob die aufwändige und problematische Organisation der Kinderbetreuung gelingt." Je nach Alter, den finanziellen Möglichkeiten, der Region und dem familiären Umfeld müssen in der Regel die Mütter einen ganz individuellen Mix aus verschiedensten Angeboten stricken – das heißt Betreuung mittels

- Verwandten, Bekannten, Freunden,
- Nachbarschaftshilfe,
- Krippe,
- Kindertagesstätten,
- Hort,
- private Elterninitiativen,
- Tagesmutter,
- Kinderfrau,
- Au-pair,
- Babysitter,
- Notmütter.

Siehe auch Info: Unterstützung bei der Kinderbetreuung und Vereinbarkeit von Familie und Beruf

4.7 Die Organisation des Haushalts

Neben der Betreuung der Kinder gilt es aber auch beizeiten die Frage zu klären, wie der Haushalt gemanagt werden soll – das gilt bereits während der Gründungsphase und natürlich erst recht, wenn Sie als Praxisinhaberin selbstständig sind. Signalisiert die Familie Bereitschaft zur Mitarbeit – wunderbar! Aber damit ist es noch nicht getan. Sie sollten sich darüber klar werden, wie viel Zeit Ihr Haushalt benötigt, welche Arbeiten anfallen und wer welche Aufgaben übernimmt.

Es gibt kein Patentrezept dafür, wie der Spagat zwischen Selbstständigkeit, Haushalt und Familie zu schaffen ist. Zu unterschiedlich sind die einzelnen Lebenssituationen. Um eine individuelle Lösung zu finden, sollten Sie zusammen mit Ihrer Familie die Fragen in der *Checkliste: Den Haushalt organisieren* durcharbeiten. Auf diese Weise erhalten Sie am besten einen Überblick, wie viel Zeit die familiären Pflichten in Anspruch nehmen. Die Checkliste ist zugleich eine gute Grundlage, um herauszufinden, ob Sie sich nicht doch Unterstützung durch eine Haushaltshilfe holen sollten.

Siehe Checkliste: Den Haushalt organisieren

4.8 Die Haushaltshilfe

Zugegeben: Eine *gute Perle* zu finden ist allerdings nicht einfach. Mund-zu-Mund-Propaganda oder Stellengesuche bzw. -angebote in Tageszeitungen oder Anzeigenblättern gehören zu den häufigsten Rekrutierungsmöglichkeiten. Eine forsa-Umfrage im Auftrag der Minijob-Zentrale zum Thema *Haushaltshilfen im 21. Jahrhundert* hat gezeigt, dass rund 74 % der Menschen in Deutschland, die eine Haushaltshilfe beschäftigen, sich auf die Empfehlung von Familienangehörigen, Freunden und Nachbarn verlassen. Oft ist jedoch diese Form der Suche nicht nur langwierig, sondern bleibt häufig auch erfolglos. Das zeigt sich auch in der genannten forsa-Umfrage: Rund zwei Drittel der Deutschen (68 %) sind der Meinung, dass es heutzutage schwierig ist, eine gute und vertrauensvolle Haushaltshilfe zu finden.

Anbieter für haushaltsnahe Dienstleistungen sind Dienstleistungsagenturen, kleine Unternehmer oder auch Selbstständige. Links von Agenturen für haushaltsnahe Dienstleistungen und weiteren Anbietern findet man im Internet, wenn man z. B. unter Begriff *Haushalthilfe gesucht* recherchiert. Darüber hinaus kann es sich lohnen, beim örtlichen Hausfrauenbund, bei Wohlfahrtsverbänden oder bei Reinigungsdiensten, die heutzutage auch für private Haushalte häufig Dienstleistungen anbieten, nachzufragen.

Eine deutschlandweite Suchmöglichkeit nach einer passenden Haushaltshilfe bietet zudem die Haushaltsjob-Börse der Minijob-Zentrale. Hier können Haushalte nach einer Haushaltshilfe nicht nur kostenfrei suchen, sondern diese auch direkt kontaktieren. Die **Minijob-Zentrale** ist außerdem die zentrale Anlaufstelle für geringfügig Beschäftigte im Haushalt und Unternehmen und übernimmt den Einzug sämtlicher Abgaben für einen haushaltsnahen 450-Euro-Minijobber wie u. a. die Pauschalbeträge zur Kranken- und Rentenversicherung, eine einheitlichen Pauschalsteuer und die Unfallversicherungsbeiträge.

Informationen inklusive der Broschüre "Minijobs in Privathaushalten" zum Downloaden und Kontakt: www.minijob-zentrale.de

Neben einer wohltuenden Entlastung in Haushaltsangelegenheiten hilft eine Haushaltshilfe, die die Arbeit in einem Privathaushalt legal gegen Rechnung ausführt, auch beim Steuersparen. Wer einen selbstständigen Dienstleister oder eine Firma mit haushaltsnahen Dienstleistungen, wie z. B. putzen der Wohnung, beauftragt, oder eine Haushaltshilfe als sozialversicherungspflichtig Beschäftigte in eigenen Haushalt einstellt, kann dadurch seine Steuerschuld vermindern. Die in Rechnung gestellten Dienstleistungen können vom jeweiligen Haushalt mit 20 % der Aufwendungen von bis zu maximal 20,000 Euro/Jahr und damit bis zu einer Höhe von 4.000 Euro/Jahr in der Einkommensteuererklärung geltend gemacht werden. Wer eine Haushaltshilfe im Rahmen eines Minijobs in seinen Privathaushalt angestellt hat, erhält 20 % der Aufwendungen, aber maximal 510 Euro pro Jahr als Steuerermäßigung.

Informationen www.minijob-zentrale.de sowie bei Ihrem Steuerberater

Noch ein Wort zu Gründerinnen, die mit Ehemann oder Lebenspartner in einem Zwei-Personen-Haushalt leben. Auch in einem kleinen Haushalt fällt Hausarbeit an, die erledigt werden muss. Wenn beide Partner beruflich derart eingespannt sind, dass die Zeit dafür fehlt, kann sich die Hausarbeit zu einer enormen Belastungsprobe entwickeln. Daher ein durchaus ernst gemeinter Ratschlag: Schätzen Sie den Zeitaufwand zur Führung Ihres kleinen Haushalts realistisch ein und überlegen Sie gemeinsam mit Ihrem Ehemann/Lebenspartner, z. B. den Bügeldienst von Wäschereien in Anspruch zu nehmen oder für ein paar Stunden pro Woche eine Haushaltshilfe zu engagieren. Sicherlich werden einige Zeitgenossen mit einem mitleidigen Lächeln darauf reagieren. Ignorieren Sie es einfach!

4.9 Die Netzwerkverknüpfung

Nicht nur für die privaten Belange sollten Frauen so viele Kontakte wie möglich knüpfen, sondern auch für berufliche Zwecke. Mittlerweile gibt es speziell für Existenzgründerinnen eine Vielzahl von Informationsangeboten und Netzwerken. *Networking* hat viele Facetten. Netzwerke sind nicht nur Anlaufstelle für neue Kontakte, sondern auch ideale Plattformen, um z. B. Erfahrungswissen auszutauschen, Kooperationspartner zu finden oder sich bei Existenzgründungs- und/oder Qualifizierungskursen weiterzubilden. Eine Übersicht über Netzwerke für Gründerinnen in Form von Arbeitskreisen, Stammtischen, Verbänden oder Vereinen in den einzelnen Bundesländern gibt es im Internet auf der Webseite der bundesweiten gründerinnenagentur (bga) unter www.existenzgruenderinnen.de.

4.10 bundesweite gründerinnenagentur

Die bundesweite gründerinnenagentur (bga) wurde im Jahr 2004 gegründet und ist das erste und einzige deutschlandweite Kompetenz- und Servicezentrum zur unternehmerischen Selbstständigkeit von Frauen. Die bga berät Frauen über alle Branchen und Phasen der Existenzgründung, Festigung und Unternehmensnachfolge. Die bundesweite gründerinnenagentur wird gefördert vom Bundesministerium für Bildung und Forschung (BMBF), dem Bundesministerium für Familie, Senioren, Frauen und Jugend (BMFSJ), dem Bundesministerium für Wirtschaft und Energie (BMWi), dem Ministerium für Finanzen und Wirtschaft des Landes

Baden-Württemberg und dem Europäischen Sozialfond (ESF). Die bga fungiert für ganz Deutschland als zentrale Plattform für Kontakte und Informationen zur Veranstaltungen, Studien, Netzwerken und von Beratungsmöglichkeiten (von regionalen bis lokalen Gründungsinitiativen über die Kammern bis zu Serviceeinrichtungen). In der Rubrik „Beratung“ sind bundesweit Expertinnen und Experten sowie Beratungseinrichtungen aufgelistet, die sich speziell auf die Beratung von Existenzgründerinnen und solche, die es werden wollen, ausgerichtet haben.

Eine zentrale Telefonhotline bietet Erst- und Orientierungsberatung in allen Phasen des Gründungsprozesses, gibt Auskünfte zu Anlauf- und Beratungsstellen deutschlandweit und vermittelt Kontakte zu Expertinnen und Experten.

Zudem ist die gründerinnenagentur in allen 16 Bundesländern mit Regionalverantwortlichen vertreten, um Aktivitäten und Serviceleistungen zielgerecht zu gestalten. Ein Veranstaltungskalender informiert über speziell für Gründerinnen interessante Veranstaltungen, tagesaktuelle Neuigkeiten, Informationsmaterial und Literaturlisten, die für Gründerinnen interessant sind, sowie bga-Publikationen, Studien und bga-Tagungen zur Gründerinnenforschung runden das umfangreiche Angebot der gründerinnenagentur ab. Informationen und Kontakte zur bundesweiten gründerinnenagentur sind im Internet unter www.existernzgründerinnen.de abrufbar. Das Existenzgründerinnenportal ist zugleich ein ergänzendes Angebot zu den Informationen des BMWi-Existenzgründungsportal www.existenzgruender.de, das sich sowohl an Gründerinnen als auch Gründer richtet.

4.11 Frauen unternehmen

Auch wenn die Anzahl der Frauen, die jedes Jahr in die Selbstständigkeit starten, sechsstellig (siehe oben) ist, wird der Berufswunsch *Unternehmerin* immer noch nicht als eine Selbstverständlichkeit angesehen. Laut dem Forschungsbericht *Selbstständige Erwerbstätigkeit in Deutschland*, der im Auftrag des Bundesministeriums für Arbeit von Soziales vom Zentrum für Europäische Wirtschaftsforschung erstellt wurde, waren im Jahr 2016 mehr als 4 Millionen Menschen selbstständig, was einer Selbstständigenquote (= Anteil der Selbstständigen an allen Erwerbstätigen) von 10 % entspricht. Dabei waren fast 13 % der erwerbstätigen Männer, aber nur 7 % der erwerbstätigen Frauen selbstständig.

Um die Präsenz und Sichtbarkeit von Unternehmerinnen in der Öffentlichkeit zu erhöhen, aber auch Frauen zur beruflichen Selbstständigkeit zu ermuntern und Mädchen für das Berufsbild Unternehmerin zu begeistern, wurde bereits Oktober 2014 vom Bundesministerium für Wirtschaft und Energie die *Initiative Frauen unternehmen* ins Leben gerufen. Im Rahmen dieser Initiative geben sogenannte Vorbild-Unternehmerinnen – von der Einzelunternehmerin bis hin zur Unternehmerin mit mehreren hundert Beschäftigten – ihre Erfahrungen weiter und berichten über Anforderungen und Chancen der beruflichen Selbstständigkeit. Über die Geschäftsstelle der Initiative können Vorbild-Unternehmerinnen zu Veranstaltungen z. B. von Schulen und anderen Bildungseinrichtungen, von Wirtschaftskammern oder Verbänden eingeladen werden. Weitere Informationen unter www.frauen-unternehmen-initiative.de.

4.12 eTraining: Gründerinnen

An den Bedürfnissen und Anforderungen von Existenzgründerinnen ausgerichtet ist auf dem Existenzgründerportal des Bundesministeriums für Wirtschaft und Energie (BMWi) das Lernprogramm eTraining: „Gründerinnen". Das Lernprogramm wendet sich vor allem an Existenzgründerinnen mit Familie und an Frauen, die ein Kleinunternehmen gründen wollen. Das Programm umfasst sechs Lektionen, in denen sich Existenzgründerinnen mit Hilfe von vielseitigen Übungen, Schaubildern, Texten und Hintergrundmaterial ein Basiswissen zu Themen wie Zeitmanagement, Teamgründung, Businessplan, Finanzierung oder auch persönliche Absicherungen aneignen können. Das „eTraining" wurde mit Unterstützung der bundesweiten gründerinnenagentur (bga) entwickelt und steht unter www.existenzgruenderinnen.de als Online-Training zur Verfügung.

Checkliste: Wie steht die Familie zu Ihren Plänen		
Folgende Fragen müssen Sie klären:	**Geklärt**	**Nicht geklärt**
Stehen Partner und/oder Kind/-er voll hinter Ihrem Vorhaben?	☐	☐
Haben Partner/Kind oder Kinder Einwände und Befürchtungen und können Sie diese entkräften?	☐	☐
Kann Ihre Familie verstehen und akzeptieren, dass Sie in den Anfangsjahren vermutlich nicht mehr so viel Zeit für die Familie haben werden?	☐	☐
Ist geklärt, dass Sie während der Arbeitszeit nicht für Familienaufgaben zur Verfügung stehen?	☐	☐
Wie viel Zeit werden Sie täglich für die Familie auf jeden Fall einplanen müssen, wollen oder können?	☐	☐
Kann und/oder wird Sie Ihre Familie in der Haushaltsführung unterstützen (Partner, Oma, Schwester oder andere mithelfende Erwachsene sowie ältere Kinder)?	☐	☐
Wer wird sich an der Kinderbetreuung verbindlich und zuverlässig beteiligen?	☐	☐
Benötigen Sie zusätzlich oder ausschließlich externe Hilfen für die Kinderbetreuung?	☐	☐
Ist geklärt, wer in Notfällen wie Unterrichtsausfall oder bei Krankheit der Kinder einspringen kann?	☐	☐

Info: Unterstützung bei Kinderbetreuung und Vereinbarkeit von Familie und Beruf

„Eltern im Netz“
Ein Angebot vom Zentrum Bayern Familie und Soziales Bayerisches Landesjugendamt, liefert zahlreiche Informationen zu Themen rund um Familie und Kinder. www.elternimnetz.de

Bundesarbeitsgemeinschaft Elterninitiativen e. V. (BAGE)
Ein bundesweiter Zusammenschluss von Elterninitiativen, die die Kinderbetreuung selbst organisieren. Unterstützt die Elterninitiativen auf kommunaler und Landesebene. www.bage.de

Kindertagespflege in Bayern
Informationsservice über Kindertageseinrichtungen in Bayern. www.kita-bayern.de

Notmütterdienst Familien- und Seniorenhilfe e. V.
Dienstleistungen zur Betreuung und Versorgung für Familien und Senioren mit Stundenweise- bis Rund-um-die-Uhr-Angeboten in Deutschland und Europa. www.nmd-ev.de

au-pair-agenturen.de
Verzeichnis von deutschen Au-Pair-Agenturen mit umfassenden Beratungs-Infos für Gastfamilien und Au-pairs. www.au-pair-agenturen.de

Bundesverband für Tagespflege e. V.
Zahlreiche Informationen zum Thema Kinderbetreuung in Tagespflege. www.bvktp.de

Verband berufstätiger Mütter e. V.
Fördert die Vereinbarkeit von Familie und Beruf und bietet zahlreiche Informationen für berufstätige Mütter und Arbeitgeber zur familienfreundlichen Arbeitsplatzgestaltung. Informationen: www.vbm-online.de

„Erfolgsfaktor Familie“
Ein vom Bundesministerium für Familie, Senioren, Frauen und Jugend sowie vom DIHK und weiteren Spitzenverbänden der Deutschen Wirtschaft und dem DGB getragenes Unternehmensprogramm, das Hintergrundwissen und Praxiswissen rund um die Themen Vereinbarkeit von Familie und Beruf sowie Familienfreundlichkeit in Unternehmen bündelt. Es bietet Erfolgsbeispiele und Erfahrungsberichte von Unternehmen, die mit innovativen Maßnahmen

eine familienbewusste Personalpolitik praktizieren. Darüber hinaus steht auf der Wissensplattform eine breite Auswahl an Praxisbeispielen, Studien und Ratgebern zu Themen wie Arbeitszeitgestaltung, familienbewusstes Führen und Personalmarketing zur Verfügung. www.erfolgsfaktor-familie.de

Info: Internet-Seiten für Gründerinnen (eine kleine Auswahl)

www.dgfev.de: Das Deutsche Gründerinnen Forum e. V. ist ein bundesweites Expertinnen-Netzwerk zur Förderung der Existenzgründung von Frauen.

www.vdu.de: Verband deutscher Unternehmerinnen e. V. (VdU) vertritt seit 1954 als Wirtschaftsverband branchenübergreifend die Interessen von Unternehmerinnen aus Industrie, Handel, Handwerk und Dienstleistung in Deutschland und engagiert sich für mehr weibliches Unternehmertum, für die Förderungen von Frauen in Führungspositionen und bessere Bedingungen für Frauen in der Wirtschaft.

www.weiberwirtschaft.de: WeiberWirtschaft eG ist nach eigenen Angaben Europas größtes genossenschaftlich organisiertes Gründerinnen- und Unternehmerinnenzentrum in Berlin-Mitte.

www.gruendung-bw.de/themen/gruenderinnen-und-unternehmerinnen: Initiative für Existenzgründungen und Unternehmensnachfolge des Ministeriums für Wirtschaft, Arbeit und Wohnungsbau BW hat eine Informations-, Beratungs- und Kommunikationsplattform für Gründerinnen und Unternehmerinnen eingerichtet.

www.unternehmerinnen-in-brandenburg.de: Im Rahmen des Unternehmerinnen-Netzwerk im Land Brandenburg treffen sich Unternehmerinnen und Netzwerkunterstützerinnen aus der Stadt Brandenburg an der Havel und den Regionen Havelland, Potsdam und Potsdam-Mittelmark regelmäßig zu Vorträgen, Kontaktaufnahme und Ideenaustausch.

www.frau-und-beruf-sh.de: Die Beratungsstellen FRAU & BERUF in Schleswig-Holstein beraten zum Thema Existenzgründung im Vorfeld und informieren u. a. über weitere Anlaufstellen und Fortbildungsmöglichkeiten.

Weitere Kontakte zu Informations- und Beratungsangebote sowie zu Gründerinnen- und Unternehmerinnenzentren auf www.existenzgruenderinnen.de.

Checkliste: Den Haushalt organisieren		
Gehen Sie systematisch vor:	**Erledigt**	**Nicht erledigt**
Schreiben Sie alle im Haushalt anfallenden Aufgaben auf inklusive der dafür benötigten Zeit (am besten mit einem 7-Tage-Protokoll)	☐	☐
Gibt es Verbesserungsmöglichkeiten, um die Zeit effektiver zu nutzen, wie z. B. nur einmal anstelle von mehrmals pro Woche einzukaufen?	☐	☐
Überlegen Sie, wie die Aufgaben aufgeteilt werden sollten – nach einzelnen Tätigkeiten wie Aufräumen, Staubsaugen, Waschen, Einkaufen oder nach zusammengefassten Verantwortungsbereichen wie z. B. nach Küche, Bad, Kinderzimmer etc.	☐	☐
Teilen Sie die Tätigkeiten bzw. Verantwortungsbereiche gemeinsam untereinander auf. Achten Sie darauf, dass Ihnen zum Schluss genügend Zeit für Ihre Selbstständigkeit bleibt.	☐	☐
Halten Sie in einem Stundenplan fest, wer was wann erledigt.	☐	☐
Lernen Sie Ihr „Haushaltsteam" in allen Hausarbeiten an wie z. B. das Bedienen von Wasch- und Geschirrspülmaschine, die Verwendung von Putzmitteln, einfache Grundkenntnisse im Kochen etc.	☐	☐
Überprüfen Sie gemeinsam mit Ihrer Familie regelmäßig, z. B. alle ein oder zwei Monate, ob die Aufgabeneinteilung beibehalten oder geändert werden sollte.	☐	☐
Soll zusätzlich eine Haushaltshilfe engagiert werden und wenn ja für wie viele Stunden? Welche Arbeiten soll sie übernehmen?	☐	☐

Quelle: verändert nach „Selbständig ist die Frau. Tipps für Gründerinnen mit und ohne Familie. Ministerium für Arbeit, Soziales, Gesundheit und Frauen des Landes Brandenburg (Hrsg.), Dezember 2010, Download unter www.masgf.brandenburg.de

5 Einzelkämpfer oder Teamplayer

Vielleicht haben Sie schon des Öfteren darüber nachgedacht, ob Sie sich allein als Einzelkämpfer auf den Weg in die Selbstständigkeit machen wollen oder ob Sie doch lieber eine Podologie-/Fußpflegepraxis zusammen mit einer Kollegin oder einem Kollegen gründen sollten. Es gilt also, zu Beginn der Gründungsvorbereitungen eine Grundsatzentscheidung zu treffen: allein oder gemeinsam gründen. Vielleicht sind Sie bereits seit Ihrer Ausbildung mit einer Kollegin oder einem Kollegen gut befreundet, so dass der Wunsch, gemeinsam zu starten, nahe liegt. Damit eine Teamgründung jedoch ein Erfolg wird, sollten sich beide Gründer sowohl über die Chancen als auch über die Risiken bewusst werden.

5.1 Die Vorteile der gemeinsamen Gründung

Das Gründungsgeschehen in Deutschland ist stark von Solisten geprägt ist. Nur etwa ein Viertel aller Gründungen erfolgt durch ein Team. Existenzgründer starten zum großen Teil als Sologründer und damit ohne einen Teampartner an ihrer Seite (77 %: KfW Gründungsmonitor 2014): Frauen gründen häufiger solo als Männer. Nach der KfW-Analyse *Gründen mit Kindern* machen sich 77 % der Mompreneurs (= Gründerinnen mit minderjährigen Kindern), 71 % der Gründerinnen und 59 % der Gründer allein auf den Weg in die Selbstständigkeit. Sologründungen dominieren somit die Gründungsaktivitäten, obwohl einiges dafür spricht, zu zweit oder zu dritt an den Start zu gehen. So sind die Investitionen für zwei oder drei Partner leichter zu *schultern*. Die Basis für die Finanzierung wird erweitert durch mehr Eigenkapital und mehr Sicherheiten zur Kreditaufnahme. Sind zwei oder drei haftende Gesellschafter vorhanden, an die sich die Bank im Fall des Falles halten kann, kann es durchaus leichter sein, einen Kredit zu bekommen, als wenn Sie als Einzelunternehmer vorsprechen. Darüber hinaus teilen sich Teamgründer Verantwortung und Risiko.

Weil durch Gründungen im Team das unternehmerische Risiko, die Kosten und Investitionen für die Gründung einer Podologie-/Fußpflegepraxis aufgeteilt werden können, kommen Teamgründungen vielen Frauen eigentlich entgegen. Denn sie gründen erfahrungsgemäß häufig risikobewusster als Männer. Weiterer Pluspunkt von Teamgründungen ist speziell für Gründerinnen ein Mehr an Flexibilität in der Kinderbetreuung und Zeiteinteilung. So können Teampartnerinnen gemeinsam eine Tagesmutter engagieren, sich bei Unterbringung der Kinder in derselben Kita beim Abholen am Mittag oder Abend unterstützen oder bei unvorhergesehenen Ereignissen gegenseitig vertreten. Für Gründerinnen, die z. B. aufgrund familiärer Verpflichtungen nur in Teilzeit gründen wollen oder können, ist eine Teamgründung eine gute Möglichkeit für den Einstieg in die Selbstständigkeit. Sie können sich in der Zeiteinteilung mit Ihrem Partner/Ihrer Partnerin absprechen und dann bei gegebener Zeit Ihre Selbstständigkeit ausbauen.

Doch das ist noch nicht alles! Die Partner/-innen können sich natürlich auch im Urlaub oder bei Krankheit einander vertreten. Ideal für eine erfolgreiche Teamgründung ist zudem, wenn sich die Teamgründer durch verschiedene, sich ergänzende Fähigkeiten auszeichnen. So kann der eine von der Erfahrung und dem fachlichen Know-how, aber auch von den Talenten des anderen profitieren und umgekehrt. Nicht nur in schwierigen Fällen besteht die Möglichkeit, sich gegenseitig zu unterstützen und zu ergänzen. Vielleicht verfügt ein Teamgründer über besonderes Expertenwissen für spezielle Fußprobleme und der andere zeichnet sich neben seinem Fachwissen durch ein besonderes Geschick im Verkauf aus oder hat mit kaufmännischen Dingen keine Berührungsängste. Ein nicht zu unterschätzender Vorteil ist außerdem, dass sich das Netzwerk durch die Kontakte, die jeder Teampartner mitbringt, vergrößert.

5.2 Den passenden Teampartner finden

Wichtige Voraussetzung für eine erfolgreiche Teamgründung – die Chemie muss stimmen. Entscheiden Sie sich deshalb nicht voreilig, mit wem Sie eine Podologiepraxis oder ein Fußpflegestudio gemeinsam eröffnen wollen. Können Sie *gut miteinander*? Finden Sie sich sympathisch? Wie steht's mit Achtung und Respekt voreinander? Können Sie sich einander vertrauen? Sie sind überzeugt, dass Ihr Partner ehrlich zu Ihnen ist? Aber auch was die Arbeitsweise betrifft, sollten die Teamgründer zu einander passen. Wer nicht nur professionell, sondern auch z. B. gern zielstrebig und exakt vorausplanend arbeitet, wird sich schwer tun mit jemandem, der zwar auch ein Profi ist, aber einen eher lockeren, vielleicht sogar sprunghaften oder hektischen Arbeitsstil hat. Wichtig ist außerdem, dass der oder die künftigen Teampartner gleichermaßen stark motiviert sind wie man selbst.

Vorsicht bei Gründungen mit Freunden und Familienmitgliedern. Sie sind keine Gewähr dafür, dass die gemeinsame Gründung tatsächlich ein Erfolg wird. Gründungsexperten warnen im *RKW-Magazin Gründen im Team* regelrecht davor. Denn es ist gerade die persönliche Nähe und Vertrautheit im Freundes- oder Familienkreis, die Jungunternehmern zum Verhängnis werden kann. Konflikte können leicht zu einem handfesten Streit ausarten und den Wunsch, Beruf und Privatleben zu trennen, unmöglich machen.

Ein hohes Konfliktpotential kann insbesondere bei Fragen rund ums Geld stecken. Im Vergleich zu Fremden haben befreundete Gründer oft Hemmungen, Gelddinge offen anzusprechen und klammern daher diese Themen gerne aus. *Geld ist ja nicht so wichtig!* – Wer kennt den Spruch nicht? „Je enger die

Freundschaft, desto mehr Emotionalität steckt in der Beziehung", beschreibt die Existenzgründungsexpertin Svenja Hofert in dem Buch *Existenzgründung im Team*: „Wer sich privat kennt und ein gemeinsames Unternehmen aufzieht, muss oft mit schärferen Konflikten rechnen, mit fliegendem Geschirr, mit bösem Blut und radikaleren Trennungen."

Dennoch – es sind meistens Freunde und Bekannte, die gemeinsam an den Start gehen. Die Voraussetzung, dass das Vorhaben ein Erfolg wird, ist, sich an bestimmte Grundsätze zu halten. „Klären Sie jedoch", empfiehlt die Expertin, „von Anfang an die Ausgangsbasis (Ziele, Kompetenzen) und auch die Regeln im Umgang miteinander." Sprechen Sie alle möglichen Reibungspunkte an, die sich im Praxisalltag ergeben können, wie Dauer der Mittagspause oder Lautstärke und Art der Hintergrundmusik oder auch die Urlaubsplanung. Sprechen Sie über alles, auch was Ihnen im Augenblick sogar eher als „lächerlich" erscheinen mag. Doch denken Sie daran, ein nicht abgespülter Kaffeebecher kann im Fall des Falles durchaus in der Lage sein, bei Konflikten das Fass zum Überlaufen zu bringen.

Siehe auch Checkliste: Wenn Freunde gemeinsam gründen – Tipps für eine erfolgreiche Zusammenarbeit

5.3 Ziele und Vorstellungen

Bei einer Teamgründung sollten Sie die Ziele und Vorstellungen Ihres Teampartners „in spe" genau kennen und sich darüber hinaus über die Unterschiede zu Ihren eigenen Zielen klar werden. Wenn Sie sich gut kennen, besteht leicht die Gefahr zu denken, dass Sie bereits genau wissen, was der andere will. Aber stimmt es tatsächlich? Ganz gleich, ob Sie sich seit langem oder erst seit kurzem kennen: Reden Sie miteinander und erarbeiten Sie gemeinsam ein Konzept für Ihre Praxis. So finden Sie am besten heraus, ob Sie wirklich dieselben Ziele verfolgen und sich über den Weg dorthin einig sind oder werden können.

Sprechen Sie auch die finanzielle Seite an: Wie viel Kapital kann oder will jeder einbringen? Wie viel Geld wird von der Bank benötigt? Gelingt es, unterschiedliche Wertvorstellungen unter einen Hut zu bringen? So kann z. B. der eine durchaus Mut zum kalkulierbaren Risiko haben, bei dem anderen ist jedoch das Bedürfnis nach Sicherheit besonders ausgeprägt.

Scheuen Sie sich nicht über mögliche Konflikte und Probleme wie Einstellung von Mitarbeitern, Trennung oder Nachfolge zu sprechen. Spielen Sie die verschiedensten Lösungen durch, aber hüten Sie sich vor Sätzen wie *Das werden wir dann schon sehen!* Mit dieser Einstellung lassen sich Probleme nicht lösen, vielmehr sind Reibereien, möglicherweise sogar Zerwürfnisse vorprogrammiert. Halten Sie sich lieber an den Satz: *Probleme sind zum Lösen da!*

5.4 Aufgabenteilung

Auf den Existenzgründerseiten des Bundeswirtschaftsministeriums im Internet (www.existenzgruender.de) wird empfohlen: „Ihr Team sollte aus nicht mehr als drei Partnerinnen oder Partnern bestehen, um Entscheidungsprozesse nicht zu schwierig zu gestalten.“ Inhaber einer podologischen Praxis oder eines Fußpflegestudios wissen natürlich, dass neben der Fußbehandlung eine Vielzahl von weiteren Aufgaben anfallen. Im Team können die Aufgaben, wie z. B. Akquise, Marketing, Kommunikation mit Kunden, Kontrolle des Bestands an Pflege- und Behandlungsprodukten und Einkauf neuer Ware usw. aufgeteilt werden.

Möglichst frühzeitig sollte man sich klar werden, wer welche Aufgabe übernimmt, wer welche Entscheidungen für die gemeinsame Praxis treffen darf und auch dafür verantwortlich ist. Svenja Hofert empfiehlt bei der Teambesprechung als Methode, „mit Fragen zu arbeiten, die die Präferenzen der einzelnen Teammitglieder erkunden.“ Dabei hält sich die Gründungsexpertin an den angloamerikanischen Glaubenssatz, „dass jemand das, was er gern tut, in der Regel auch gut macht.“

Außerdem: Alle Absprachen und Vereinbarungen, die Sie rund um die Gründung und Führung einer podologischen oder fußpflegerischen Praxis im Team getroffen haben, sollten Sie auf jeden Fall schriftlich festhalten. Von der Rechtsform hängt es zudem ab, ob für Ihre Teamgründung ein notarieller Vertrag erforderlich ist oder zumindest empfohlen wird.

Siehe Info: Teamgründung schriftlich festlegen und Kapitel 6: Die Wahl der Rechtsform

Info: Teamgründung schriftlich festlegen

Wichtige Vereinbarungen und Absprachen sind z. B.

- Zielsetzung der Podologie-/Fußpflegepraxis,
- Höhe der Gesellschaftseinlagen,
- Verantwortungsbereiche,
- Aufgabenbereiche,
- Entscheidungsbefugnis,
- Abstimmungsverfahren bei Entscheidungen, die die gesamte Praxis betreffen,
- Vertretung nach außen,
- Höhe der monatlichen Privatentnahmen/Gehälter,
- Nutzung des Praxisfahrzeuges (wenn vorhanden),
- Austritt eines Gründers aus dem Team.

Checkliste: Wenn Freunde gemeinsam gründen Tipps für eine erfolgreiche Zusammenarbeit	
Damit aus Freundschaft nicht Feindschaft wird, gilt es von Anfang an sich der Rollen, in denen Sie sich gegenüberstehen, bewusst zu werden. Es sind mindestens zwei – die Rolle als Freund und die Rolle als Geschäftspartner. Damit sich die Rollen nicht ins Gehege kommen, sollten Sie als befreundete Unternehmer die unter Geschäftspartnern übliche Distanz wahren. Für ein harmonisches Miteinander und für eine erfolgreiche Zusammenarbeit von Freunden sollten folgende sieben Punkte beachtet werden.	
Der Freundschaft zuliebe keine Zugeständnisse machen, sondern nur das tun, was Sie in einer rein geschäftlichen Beziehung auch täten.	☐
In punkto Kooperation klare Vereinbarungen über die strategische Ausrichtung, die Ziele und Erwartungen treffen. Schließlich steht nicht nur Ihre geschäftliche Beziehung, sondern auch Ihre Freundschaft auf dem Spiel.	☐
Probleme, wie z. B. Differenzen in der Arbeitsweise, im Umgang mit Mitarbeitern oder in der Urlaubsplanung, immer sofort ansprechen und nicht warten, bis sie sich soweit aufgestaut haben, dass sie zu platzen drohen.	☐
Eine Form finden, in der Sie gut miteinander reden können. Führen Sie bspw. „ritualisierte Sprechstunden“ ein, in denen sowohl Positives wie Negatives auf den Tisch gebracht werden darf.	☐
Geldfragen offen und direkt besprechen, z. B. wie es um die Kreditwürdigkeit des befreundeten Mitgründers bestellt ist, wie Einnahmen und Ausgaben aufgeteilt werden sollen, wer was wem berechnet etc.	☐
Nicht an schlechten Angewohnheiten des Freundes herumnörgeln oder auch jede Kleinigkeit, die Sie stört, kritisieren.	☐
Außerhalb der Praxis mit gemeinsamen Treffen und Unternehmungen die Freundschaft weiterhin pflegen und darauf achten, dass das Gesprächsthema nicht permanent um die gemeinsame Arbeit kreist.	☐

6 Die Wahl der Rechtsform

Ganz gleich, ob Sie allein oder zusammen im Team eine Praxis gründen: Die nächste Frage in der Gründungsvorbereitung ist, welche Rechtsform für Ihr Unternehmen gewählt werden soll. Die Wahl der Rechtsform mag wohlüberlegt sein. Bevor Sie eine Entscheidung treffen, sollten Sie sich auf jeden Fall fachkundigen Rat (Steuerberater, Rechtsanwalt, Notar, Gründungberater) einholen, vor allem wenn Sie mit einem Partner gründen wollen. Die nachfolgenden Informationen können lediglich als erste Hinweise dienen, welche Rechtsform für Sie die passende sein könnte.

Bei der Gründung eines Unternehmens muss sich jeder Gründer für eine Rechtsform entscheiden. Mit der Rechtsform geben Sie Ihrem Unternehmen ein festes Gerüst dafür, wie Ihr Unternehmen bzw. Ihre Fußpflegepraxis am Wirtschaftsleben teilnimmt und von Ihrem Gegenüber, also Banken, Lieferanten, Kunden und Patienten einzuordnen ist. So hängt z. B. von der gewählten Rechtsform ab, ob Sie bei einem Scheitern Ihres Vorhabens – aus welchen Gründen auch immer – auch persönlich mit Ihrem Privatvermögen haften müssen.

Mit der Wahl der Rechtsform werden die Weichen für die künftige steuerliche Behandlung gestellt, wie etwa Buchführungspflicht mit Jahresabschluss oder lediglich einfache Einnahmen-/Überschussrechnung. Die Rechtsform bestimmt zudem die rechtlichen Vorschriften, die innerhalb eines Unternehmens sowie in Bezug auf seine Umwelt zu beachten sind. Darüber hinaus gehört auch das Ansehen oder Image einer Rechtsform zu den grundlegenden Überlegungen, ebenso wie die mit der jeweiligen Rechtsform verbundenen Gründungskosten.

Grundsätzlich gibt es keine Patentlösung. Was für den einen wichtig ist, mag für den anderen unwichtig sein, was dem einem zu kompliziert erscheint, mag für den anderen gerade richtig sein. Entscheidend ist immer die jeweilige Ausgangssituation, weshalb die Wahl für eine Rechtsform im Einzelfall immer ganz bewusst getroffen werden sollte. Wichtige Fragen, die Sie dabei im Vorfeld prüfen sollten, sind z. B.:

- Wollen Sie die Fußpflege-/Podologiepraxis alleine oder zusammen mit einem oder mehreren Partnern führen?
- Sind Sie und Ihre Partner alle Podologen und damit alle freiberuflich?
- Wollen Sie als Podologe mit Partner gründen, die eine gewerbliche Tätigkeit (z. B. als Kosmetiker) ausüben?
- Soll Ihr persönlicher Entscheidungsspielraum möglichst breit sein?
- Soll die Rechtsform mit möglichst wenigen Gründungsformalitäten einhergehen?

- Ist Ihnen eine Eintragung des Unternehmens ins Handelsregister/Partnerschaftsregister wichtig?
- Wie hoch dürfen die Gründungskosten sein?
- Soll der Aufwand für die Buchführung möglichst gering gehalten werden?
- Soll die Haftung beschränkt werden?
- Soll die Rechtsform hohe Kreditwürdigkeit ausstrahlen?
- Wie viel Eigenkapital steht Ihnen zur Verfügung?

Im Zusammenhang mit der Rechtsform tauchen immer wieder zwei wichtige Begriffe auf: Personenunternehmen und Kapitalgesellschaft.

Die Personenunternehmen werden eingeteilt in Einzelunternehmen, das von einem einzelnen Unternehmer gegründet wird, und in Personengesellschaften, zu denen sich mehrere Personen zusammenschließen. Hierbei können die Anteile der Gesellschafter sowie deren Rechte und Pflichten gleichmäßig oder auch unterschiedlich verteilt sein. Zu den Personengesellschaften gehören Rechtsformen wie z. B. die Gesellschaft des bürgerlichen Rechts (GbR), die Partnerschaftsgesellschaft (PartG) oder die offene Handelsgesellschaft (OHG). Kennzeichnend für ein Personenunternehmen ist, dass natürliche Personen, also der Einzelunternehmer bzw. die Gesellschafter, für die Schulden ihres Unternehmens persönlich und damit auch mit ihrem Privatvermögen haften.

Stehen bei den Personenunternehmen die Person(en) im Vordergrund, die das Unternehmen leiten, liegt der Akzent bei den Kapitalgesellschaften auf dem Unternehmen. Zu den Kapitalgesellschaften gehört u. a. die GmbH (Gesellschaft mit beschränkter Haftung), wobei die Gesellschafter nur mit dem Gesellschaftsvermögen haften, aber nicht mit dem Privatvermögen. Allerdings gibt es auch hier Ausnahmen. Typisch für eine Kapitalgesellschaft als Rechtsform ist die Haftungsbeschränkung, die das wirtschaftliche Risiko kalkulierbarer macht. Ein nicht zu unterschätzender Vorteil für Existenzgründer.

6.1 Freiberufler oder Gewerbetreibender

Als Selbstständige in einem Heilberuf gehören Podologen wie Physiotherapeuten, Logopäden und Ergotherapeuten als Heilmittelerbringer nach § 18 Einkommensteuergesetz (EStG) zu den sogenannten freien Berufen, was u. a. den Vorteil mit sich bringt, dass keine Gewerbesteuer gezahlt werden muss. Allerdings kann in bestimmten Fällen der Status der Freiberuflichkeit gefährdet sein und das Finanzamt die Tätigkeit als gewerblich einordnen, wenn Sie z. B. als Einzelunternehmer eine zweite Praxis eröffnen oder zusammen mit einem Gewerbetreibenden, etwa einem Kosmetiker, eine Praxis gemeinsam gründen.

Mehr zum Thema von "Beruf frei und dennoch gewerblich" finden Sie im Kapitel 14: Die Steuern

Schließen sich zwei oder drei Podologen zu einem Team zusammen, um eine medizinische Fußpflegepraxis zu gründen, und möchten dabei nicht auf den Steuerstatus als Freiberufler und die Freistellung von der Gewerbesteuer verzichten, dann stehen nur zwei Gesellschaftsformen zur Auswahl: die Gesellschaft bürgerlichen Rechts (GbR) und die Partnerschaftsgesellschaft (PartG).

Eine andere Möglichkeit für Podologen ist jedoch eine Teamgründung in der Rechtsform einer GmbH – in diesem Fall fällt jedoch immer Gewerbesteuer an, auch wenn alle Gesellschafter *Freiberufler* sind oder wenn nur ein Podologe eine Ein-Mann-GmbH gründet. Eine GmbH ist eine Kapitalgesellschaft und eine solche ist immer gewerbesteuerpflichtig. Gleichgültig zu welchem Geschäftszweck sie gegründet wird.

Wer entsprechend dem Podologengesetz nicht zum Führen der Berufsbezeichnung *Podologe* bzw. *Medizinischer Fußpfleger* berechtigt ist, übt eine gewerbliche Tätigkeit aus. Für die Gründung einer Fußpflegepraxis als gewerbliches Unternehmen kommen vor allem als Rechtsformen das Einzelunternehmen, die GbR und die GmbH infrage.

Siehe Kapitel 14.3: Die Umsatzsteuerbefreiung und Kapitel 15.1: Podologie und Fußpflege

Testen Sie anhand der *Info: Welche typische Rechtsform passt zur Ihrem Vorhaben?*, welche Rechtsform Ihren Vorstellungen am ehesten entspricht. Im Folgenden werden diese Rechtsformen ausführlicher beschrieben und weitere wichtige Rechtsformen, die Ihnen im Geschäftsleben begegnen können, mit jeweils einem kurzen Steckbrief vorgestellt.

Siehe Info: Welche typische Rechtsform passt zur Ihrem Vorhaben?

Welche Rechtsform bei einer Existenzgründung tatsächlich gewählt wird oder werden sollte, dafür ist neben diesen allgemeinen Informationen jedoch das Einholen einer fachlichen Beratung zu empfehlen und ganz individuell in jedem Einzelfall zu entscheiden.

6.2 Einzelunternehmen

Wer bei der Gründung mit möglichst wenig Formalitäten konfrontiert werden und vor allem in Zukunft als sein eigener Herr schalten und walten will, für denjenigen ist die Gründung einer Praxis als *Einzelunternehmen* das Modell der Wahl. Ein Einzelunternehmen entsteht mit Geschäftseröffnung immer dann, wenn sich ein Unternehmer ohne Partner selbstständig macht und für sein Unternehmen keine andere Rechtsform auswählt. Das bedeutet, immer wenn Sie als Podologe oder als Fußpfleger allein eine Praxis gründen und eröffnen, ohne eine andere Rechtsform zu wählen, gründen Sie ein Einzelunternehmen. Bei dieser Unternehmensform haben Sie den größtmöglichen Gestaltungsspielraum. Sie können alles nach Ihren eigenen Vorstellungen ohne große Absprachen bestimmen und entscheiden, tragen dafür aber auch allein die Verantwortung und das Risiko. Sie stehen in der Pflicht mit allem, was Sie haben. Das bedeutet, wenn die Praxis – aus welchen Gründen auch immer – einmal schlecht laufen sollte, dann müssen Sie zusätzlich zum Geschäftsvermögen mit Ihrem privaten Vermögen haften. Eine Podologie-/Fußpflegepraxis als Einzelunternehmen zu gründen, bringt daher sowohl Vorteile als auch Nachteile für den Praxisinhaber mit sich. Verschaffen Sie sich anhand der *Checkliste: Eine Podologie-/Fußpflegepraxis als Einzelunternehmen gründen* einen Überblick. Um ein Einzelunternehmen zu gründen, zeigen Freiberufler ihre Tätigkeit beim Finanzamt an und beantragen eine Steuernummer. Ein Gewerbebetrieb wird dagegen beim zuständigen Gewerbeamt angemeldet. Gewerbetreibende Kaufleute müssen zusätzlich ihr Unternehmen durch einen Notar in das Handelsregister eintragen lassen.

Siehe Checkliste: Eine Podologie-/Fußpflegepraxis als Einzelunternehmen gründen

6.3 GbR oder BGB-Gesellschaft

Eröffnen Sie gemeinsam mit mindestens einem Partner eine Fußpflegepraxis, ohne zuvor einen Vertrag schriftlich zu schließen und eine bestimmte Rechtsform zu wählen, ist automatisch eine Gesellschaft des bürgerlichen Rechts (GbR oder BGB-Gesellschaft) entstanden.

Die GbR ist eine weitverbreitete Rechtsform, die die Zusammenarbeit von mehreren Partnern nach den Vorgaben des Bürgerlichen Gesetzbuchs (BGB) in den §§ 705 bis 740 regelt. Für die Gründung einer GbR müssen sich mindestens zwei Gesellschafter zusammenschließen, die einen gemeinsamen Geschäftszweck verfolgen. Die Gründung ist formlos und kann ohne Anwalt oder Notar erfolgen. Das BGB geht davon aus, dass Anteile und somit auch Rechte und Pflichten gleichmäßig unter den Gesellschaftern verteilt werden. Davon abweichend können die Gesellschafter andere Regelungen treffen, um die GbR entsprechend für ihre Zwecke zu organisieren. Rein rechtlich reichen mündliche Vereinbarungen aus. Ein schriftlicher Gesellschaftsvertrag ist jedoch dringend zu empfehlen. Unstimmigkeiten können sich in schwierigen Situationen schnell zu Auseinandersetzungen entwickeln, die die Existenz der Praxis aufs Spiel setzen. Ein schriftlicher Vertrag kann helfen, eine schwierige Lage zu entspannen, weil jeder weiß, was er zu tun hat und was von ihm erwartet werden kann. Schriftliche Vereinbarungen treffen ist übrigens auch unter Familienmitgliedern, Verwandten und Freunden kein Zeichen von Misstrauen, sondern vielmehr ein Zeichen von Professionalität.

Stellen Sie Ihre Teamgründung auf eine solide rechtliche Basis in Form eines Gesellschaftsvertrages, in dem Sie alle Absprachen und Vereinbarungen schriftlich festhalten. Zu den Dingen, die in einem Gesellschaftsvertrag festgehalten werden sollen, gehören neben Namen und Anschrift der Gesellschafter, dem Zweck, Sitz und Beginn der Gesellschaft u. a. die Verantwortungsbereiche, Aufgaben und Pflichten sowie Entscheidungsbefugnisse der Gesellschafter, Verteilung des Gewinns und der Verluste, Höhe der monatlichen Privatentnahmen der Gesellschafter, Anteile am Gesellschaftsvermögen, Lösungen für Konfliktfälle, Regelungen bei Verkauf oder Auflösung der Praxis oder beim Ausscheiden eines Gesellschafters.

Wichtig: Einen Gesellschaftsvertrag sollten Sie nicht ohne juristischen Beistand schließen. Soll dieser Vertrag im Fall des Falles vor Gericht Bestand haben, muss er rechtssicher sein. Es gibt bereits vorgefertigte Musterverträge, die rechtssicher sind. Achten Sie aber auch darauf, dass sie dem aktuellen Stand der Rechtsprechung entsprechen.

Vorsicht ist geboten, wenn Sie Anpassungen vornehmen wollen. Dadurch kann die Rechtssicherheit verloren gehen.

Es liegt in der Natur der Sache, dass die Musterverträge nicht jedem einzelnen Fall vollkommen gerecht werden können. Sollten individuelle Änderungen und Ergänzungen vorgenommen werden, sollten Sie diese Bestimmungen unbedingt juristisch abklären lassen! Der Vertrag muss nicht notariell beurkundet werden. Allerdings ist die notarielle Beurkundung verpflichtend, wenn von einem Gesellschafter z. B. ein Grundstück eingebracht werden soll.

Die Gründung einer GbR bietet einem Team einen bequemen Weg, um in die berufliche Selbstständigkeit zu starten. Aber eine GbR hat auch ihre Risiken und Tücken. Das gilt besonders für die Haftung. Denn jeder Gesellschafter einer GbR haftet als Gesamtschuldner grundsätzlich gegenüber Gläubigern für alle Verbindlichkeiten der GbR unbeschränkt, also auch mit seinem Privatvermögen. Das heißt z. B., wenn ein Gesellschafter nicht für seinen Anteil an der Miete oder an einem Kredit aufkommen kann, müssen der oder die anderen dafür gerade stehen. Denn jeder Gläubiger kann jeden Gesellschafter als Schuldner im vollen Umfang zur Kasse bitten, auch wenn dieser die Ansprüche nicht selbst begründet hat.

Im Innenverhältnis, d. h. im Verhältnis der Gesellschafter untereinander, können Sie Regelungen zu Haftungsfragen vertraglich festlegen. So können Sie die Höhe des Haftungsrisikos, das jeder Gesellschafter zu übernehmen bereit ist, vereinbaren oder angeben, dass jeder Gesellschafter für die wirtschaftlichen Folgen eines von ihm verursachten Schadens selbst aufkommt. Allerdings hat das nur dann einen Nutzen, wenn der Mitgesellschafter das Geld dafür auch aufbringen kann. Wenn *nichts zu holen* ist, sind diese Regeln *nichts wert*. Nach außen haben solche Vereinbarungen ohnehin keine Wirkung.

Gerade weil eine GbR einfach zu gründen ist, sollte man sich über seine Gesellschafter und auch über die rechtlichen Folgen dieser Rechtsform genau informieren. Überprüfen Sie sich anhand der *Checkliste: Eine Podologie-/Fußpflegepraxis als GbR gründen*, welche Vor- und Nachteile diese Rechtsform mit sich bringt.
Siehe Checkliste: Eine Podologie-/Fußpflegepraxis als GbR gründen

Wichtig: Eine GbR können Freiberufler und Kleingewerbetreibende (Nichtkaufleute) gründen. Schließen sich Freiberufler, z. B. zwei Podologen, zu einer GbR zusammen, bleibt der Steuerstatus der Freiberuflichkeit erhalten: keine Gewerbesteuer sowie lediglich Einnahmen- und Überschussrechnung für die Steuererklärung unabhängig von der Höhe des Umsatzes und Gewinns, der im Jahr erwirtschaftet wird. Schließen sich dagegen zwei Fußpfleger als Kleingewerbetreibende zu einer GbR zusammen, so handelt es sich um eine gewerbliche GbR, und ab einer bestimmten Gewinnhöhe fällt Gewerbesteuer an. Werden die Grenzen eines Kleinbetriebs überschritten, besteht zudem Buchführungspflicht. Eine GbR kann nicht ins Handelsregister eingetragen werden.

Eine GbR darf kein Handelsgewerbe, d. h. nach Art oder Umfang ein in kaufmännischer Weise eingerichteter Geschäftsbetrieb sein. Entwickelt sich aber eine gewerbliche GbR zu einem vollkaufmännischen Betrieb, entsteht daraus automatisch eine OHG (offene Handelsgesellschaft) und muss ins Handelsregister eingetragen werden. Vorsicht: Durch eine Mischung freiberuflicher und gewerblicher Tätigkeiten wird eine GbR automatisch gewerblich.
Siehe Kapitel 14: Steuern

In Form einer GbR lassen sich Geschäftspartnerschaften unkompliziert gründen. Im Prinzip reichen mündliche Vereinbarungen aus, ein schriftlicher Gesellschaftsvertrag wird jedoch empfohlen. Darüber hinaus meldet bei einer gewerblichen GbR jeder Gesellschafter die Tätigkeit beim Gewerbeamt an, bei einer freiberuflichen Tätigkeit beantragen die Gesellschafter lediglich eine Steuernummer für die GbR beim Finanzamt.

6.4 Gemeinschaftspraxis oder Praxisgemeinschaft

Mindestens zwei Gesellschafter sind erforderlich, um eine GbR zu gründen. Für die Gründung einer Podologiepraxis im Team als GbR stehen Ihnen zwei Kooperationsmodelle zur Auswahl: die Gemeinschaftspraxis und die Praxisgemeinschaft.

Eine Gemeinschaftspraxis ist eine sogenannte Außen-GbR, denn sie macht ihren Geschäftszweck nach außen hin deutlich. Das ist leicht erkennbar für Kunden, Patienten und eventuelle Gläubiger durch einen gemeinsamen Praxisnamen, durch gemeinsame Geschäftspapiere und einem gemeinsamen Internetauftritt. Die Gemeinschaftspraxis stellt eine sogenannte Berufsausübungsgemeinschaft dar. Bei diesem Kooperationsmodell werden z. B. Räumlichkeiten und Geräte gemeinsam genutzt, Praxisbedarf gemeinsam angeschafft und Mitarbeiter gemeinsam beschäftigt sowie die Leistungen gemeinsam dem Patienten/Kunden in Rechnung gestellt bzw. gemeinsam unter einem Institutionskennzeichen mit der Krankenkasse abgerechnet Das bedeutet, dass sämtliche Kosten und alle Einnahmen, unabhängig davon, wer diese erzielt hat, der Praxis zugerechnet werden. Die Gesellschafter der Praxis wirtschaften sozusagen *in einen Topf* mit der Absicht, gemeinsam Gewinne zu erzielen.

Siehe Kapitel 15.14.2 und 15.14.4

Bei einer Praxisgemeinschaft bilden zwei Leistungserbringer eine GbR nur im Verhältnis untereinander und damit als reine Innengesellschaft. Nach außen treten sie aber als zwei Einzelunternehmen auf. So schließen sich bei einer Praxisgemeinschaft mindestens zwei Podologen zusammen, um z. B. Büro- und Praxisräume gemeinsam zu mieten, gemeinsam Mitarbeiter zu beschäftigen oder Einrichtungsgegenstände oder Geräte zusammen anzuschaffen. Die Kosten für gemeinsam genutzte Räumlichkeiten wie Sanitärräume oder Wartezone sowie für gemeinsames Personal teilen sich die Gründer. Darüber hinaus hat jeder seine eigenen Behandlungsräume, die nur er selbst benutzt, übt jeder seinen Beruf selbstständig aus und benötigt daher ein eigenes Institutionskennzeichen, um erbrachte Leistungen mit den Krankenkassen abrechnen zu können. Nach außen hin tritt jeder Praxisinhaber außerdem mit eigenem Namen, mit eigenem Briefkopf und eigenem Geschäftskonto auf.

Siehe Kapitel 15.14.2 und 15.14.4

6.5 Die Partnerschaftsgesellschaft

Eine interessante Alternative zur GbR ist die Partnerschaftsgesellschaft – eine relativ neue Rechtsform, die es erst mit Inkrafttreten des Partnerschaftsgesellschaftsgesetzes (PartGG) 1995 gibt und exklusiv freien Berufen vorbehalten ist. Die Partnerschaftsgesellschaft ist eine Gesellschaftsform, in der sich nur Angehörige Freier Berufe zur Ausübung ihrer Tätigkeiten zusammenschließen können; sowohl Zusammenschlüsse aus demselben Metier als auch interdisziplinäre Kooperationen unter Berücksichtigung des jeweiligen Berufsrechts sind möglich. So kann sich ein Podologe mit einem anderen Podologen oder aber z. B. mit einem Physiotherapeuten oder einer Ergotherapeutin in einer Partnerschaftsgesellschaft zusammenschließen. Gesellschafter können nur Freiberufler und nur natürliche Personen, also keine GmbH oder eine andere Partnerschaft werden.

Diese Rechtsform ist für Freiberufler deshalb so attraktiv, weil sie eine besondere Form der Haftungsbeschränkung ermöglicht. Zwar haften die Gesellschafter neben dem Vermögen der Partnerschaftsgesellschaft für alle Verbindlichkeiten der Gesellschaft gesamtschuldnerisch und persönlich, dennoch gibt es eine

Einschränkung bei *Fehlern in der Berufsausübung*. In § 8 PartGG Absatz 2 ist geregelt: „Waren nur einzelne Partner mit der Bearbeitung eines Auftrags befasst, so haften nur sie gemäß Absatz 1 für berufliche Fehler neben der Partnerschaft; ausgenommen sind Bearbeitungsbeiträge von untergeordneter Bedeutung."

Verursacht also ein Partner durch *fehlerhafte Berufsausübung* einen Schaden, haftet neben der Partnerschaft allein derjenige Partner persönlich mit seinem Privatvermögen, der für diesen Fehler verantwortlich war (Handelnden-Haftung), soweit seine Haftpflichtversicherung dafür nicht aufkommt. Die anderen Partner, sofern sie nicht an der Bearbeitung des Auftrags beteiligt waren, haften in diesem Fall nicht mit ihrem Privatvermögen.

Anders als bei der GbR muss zur Gründung einer Partnerschaftsgesellschaft ein schriftlicher Gesellschaftsvertrag abgeschlossen werden. Darin müssen als Mindestangaben enthalten sein: Namen und Sitz der Partnerschaft, den Namen und Vornamen sowie den Wohnort jedes Partners einschließlich des freien Berufes, den er in der Partnerschaft ausübt, sowie der Gegenstand der Partnerschaft, also das *Geschäft*, das die Gesellschaft ausüben will. Außerdem ist die Eintragung der Gesellschaft in das Partnerschaftsregister notwendig, was allerdings als Aufwertung des Ansehens – ähnlich wie die Eintragung von Kaufleuten ins Handelsregister – verstanden wird.

Nicht erforderlich ist eine notarielle Beurkundung des Partnerschaftsvertrags. Der Notar jedoch ist für die Anmeldung der PartG beim Partnerschaftsregister zuständig.

Einen Überblick über wichtige Merkmale, Vor- und Nachteile dieser Rechtsform gibt die "Checkliste: Eine podologische Praxis als Partnerschaftsgesellschaft gründen".

An dieser Stelle sei als Ergänzung auf eine besondere Variante der Partnerschaftsgesellschaft hingewiesen. Bei der Partnerschaftsgesellschaft mit beschränkter Berufshaftung (PartG mbB), die 2013 eingeführt wurde, ist die Haftung für Ansprüche aus Schäden aufgrund von fehlerhafter Berufsausübung auf das Gesellschaftsvermögen beschränkt. Das bedeutet, bei dieser Rechtsform muss kein Partner für berufliche Fehler persönlich haften. Hier ist sowohl das Privatvermögen des Partners, der seinen Beruf fehlerhaft ausgeführt hat, als auch der anderen Partner geschützt. Für alle anderen Verbindlichkeiten der Partnerschaft wie z. B. Miete, Leasingverträge oder Ansprüche auf Arbeitsentgelte, haften neben dem Vermögen der Gesellschaft die einzelnen Partner wie bei der PartG auch persönlich mit ihrem Privatvermögen. Allerdings ist die Gründung einer PartG mbB derzeit nur einigen bestimmten freien Berufen vorbehalten, wie etwa Rechtsanwälten, Steuerberatern, Wirtschaftsprüfern oder Architekten. Denn Voraussetzung ist, dass per bundes- oder landesrechtliche Berufsgesetze eine Berufshaftpflichtversicherung vorgeschrieben ist. Der Abschluss dieser gesetzlich vorgegebenen Berufshaftpflichtversicherung muss bei Anmeldung der PartG mbB nachgewiesen werden.

6.6 Die GmbH

Eine beliebte Rechtsform ist die GmbH, eine Gesellschaft mit beschränkter Haftung. Dabei handelt es sich um eine Kapitalgesellschaft mit eigener Rechtspersönlichkeit. Juristen sprechen von einer *juristischen Person*, die Rechte und Pflichten hat. Die GmbH kann Verträge schließen, Vermögen besitzen, vor Gericht klagen oder verklagt werden und muss Steuern zahlen. Damit die GmbH aber überhaupt handlungsfähig ist, benötigt die GmbH mindesten einen Geschäftsführer. Es wird durch die Gesellschaftsversammlung bestellt. Zu seinen Aufgaben gehören zum einen die Geschäfte der GmbH zu führen und die Gesellschaft nach außen zu vertreten, zum anderen z. B. auch Gesellschafterversammlungen einzuberufen sowie jedem Gesellschafter über die Gesellschaftsangelegenheiten unverzüglich Auskunft zu geben. Zum Geschäftsführer kann nur eine natürliche und unbeschränkt geschäftsfähige Person berufen werden. Ein Geschäftsführer kann, muss aber nicht selbst Gesellschafter der GmbH sein.

Die Gründung einer GmbH kann auch für Podologen infrage kommen, jedoch geht bei diesem Rechtsmodell automatisch der Status der Freiberuflichkeit verloren. Denn eine GmbH ist *Kaufmann kraft Rechtsform* durch die Eintragung im Handelsregister, die bei einer GmbH immer vorgenommen werden muss, *unabhängig von der Art der ausgeübten Tätigkeit*. So ist eine podologische Praxis in diesem Fall ein Gewerbe und gewerbesteuerpflichtig.

Die Gründung einer GmbH kann von Vorteil sein, wenn das Risiko beschränkt werden soll. Bei Haftungsansprüchen können die Gläubiger nur auf das Gesellschaftsvermögen zugreifen. Die Gesellschafter haften aber nicht mit ihrem Privatvermögen. Das ist die Regel, jedoch gibt es auch Ausnahmen. Bei persönlichen Krediten haften z. B. die Gesellschafter auch mit ihrem Privatvermögen.

Eine GmbH kann darüber hinaus sinnvoll sein, wenn andere Unternehmer, die nicht aktiv mitarbeiten, beteiligt werden sollen.

Eine GmbH kann aber auch durch einen einzelnen Gesellschafter gegründet werden (Ein-Personen-GmbH). Es gelten dann dieselben Regeln wie bei einer *normalen* GmbH, wobei der Unternehmer zugleich angestellter Geschäftsführer der GmbH ist. Der Unternehmer kann allein entscheiden und zugleich ist die Haftung auf die Höhe des Stammkapitals beschränkt. Das Privatkapital steht in der Haftung gegenüber Dritten außen vor.

Die gesetzliche Grundlage für die Gründung einer Gesellschaft mit beschränkter Haftung (GmbH) ist das GmbH-Gesetz. Um eine GmbH zu gründen, schließen die Gesellschafter im ersten Schritt einen Gesellschaftsvertrag, der notariell beurkundet und von allen Gesellschaftern unterschrieben werden muss. Um das Gründungsverfahren bei unkomplizierten Standardgründungen zu vereinfachen, steht ein sogenanntes Musterprotokoll zur Verfügung, das drei Dokumente – den Gesellschaftsvertrag, die Gesellschafterliste und die Bestellung des Geschäftsführers – vereint. Es gibt ein Musterprotokoll sowohl für die Gründung einer Einpersonengesellschaft als für die Gründung einer Mehrpersonengesellschaft. Aber auch beim Musterprotokoll ist eine notarielle Beurkundung erforderlich.

Eine Variante der GmbH ist die sogenannte Unternehmergesellschaft (haftungsbeschränkt) oder kurz UG (haftungsbeschränkt). Sie wird häufig umgangssprachlich auch als Mini-GmbH bezeichnet und eignet sich für kleinere gewerblich Unternehmen, die die Haftung beschränken wollen.

Muss das Stammkapital einer GmbH mindestens 25.000 Euro betragen, darf das Mindeststammkapital bei einer UG (haftungsbeschränkt) in beliebiger Höhe darunter liegen. Allerdings muss der Betrag auf volle Euro lauten. Da es möglich ist, dass bereits ein einzelner Gesellschafter eine UG (haftungsbeschränkt) gründet, reicht theoretisch ein Stammkapital von 1 Euro bei der Gründung aus. Allerdings wird empfohlen, die Höhe des Stammkapitals am konkreten Finanzbedarf auszurichten. Denn über einer Gesellschaft, die über zu wenig Kapital verfügt, schwebt von Anfang an das Damokles-Schwert der Insolvenz. Das Mindeststammkapital der UG (haftungsbeschränkt) kann ausschließlich nur als Geldeinlage und muss vor der Anmeldung beim Handelsregister in voller Höhe eingebracht werden. Das Stammkapital soll bis zur Höhe von 25.000 Euro im Laufe der Geschäftstätigkeit nach und nach angespart werden, indem jedes Jahr die Gewinne nicht voll ausgeschüttet werden. Ein Viertel der Gewinne müssen so lange in eine gesetzliche Rücklage fließen, bis das Stammkapital von 25.000 Euro erreicht ist. Dann kann die UG in die GmbH umgewandelt werden. Um die notwendigen Formalitäten für die Umwandlung zu erledigen, ist der Notar der richtige Ansprechpartner.

Darüber hinaus gelten für die UG (haftungsbeschränkt), bei der es sich ja lediglich um eine Sonderform der Gesellschaft mit beschränkter Haftung handelt, dieselben Vorschriften und Regelungen wie bei der GmbH. So wird eine UG (haftungsbeschränkt) wie die GmbH mit einem Gesellschaftsvertrag, der individuell ausgehandelt wird, oder mit Musterprotokoll (siehe oben) gegründet. Gesellschaftsvertrag bzw. Musterprotokoll muss wie bei der GmbH vom Notar beurkundet werden.

In der "Checkliste: Eine Podologie-/Fußpflegepraxis als GmbH gründen" sind wichtige Merkmale dieser Rechtform zusammengestellt.

6.7 Offene Handelsgesellschaft (OHG)

- Personengesellschaft
- Mindestens zwei Gesellschafter
- Zweck: Betrieb eines Handelsgewerbes (= vollkaufmännisches Gewerbe)
- Kein Mindestkapital
- Formfreier Gesellschaftsvertrag
- Eintragung ins Handelsregister
- Haftung: persönlich und gesamtschuldnerisch auch mit dem Privatvermögen
- Wegen persönlicher Haftung hohes Ansehen bei Geschäftspartnern und Kreditinstituten
- Kleingewerbetreibende können durch einen freiwilligen Eintrag ins Handelsregister eine GbR in eine OHG umwandeln.
- Freiberufler können keine OHG gründen.

6.8 Kommanditgesellschaft (KG)

- Personengesellschaft
- Mindestens zwei Gesellschafter: ein oder mehrere Komplementär(e), ein oder mehrere Kommanditist(en)
- Komplementär (Vollhafter) haftet persönlich und unbeschränkt auch mit dem Privatvermögen; Kommanditist (Teilhafter) haftet persönlich bis zur Höhe seiner Einlage
- Zweck: Betrieb eines Handelsgewerbes
- Kein Mindestkapital erforderlich
- Formfreier Gesellschaftsvertrag
- Eintragung ins Handelsregister
- Komplementär führt die Geschäfte der KG, Kommanditisten sind von der Geschäftsführung und Vertretung der Gesellschaft nach außen ausgeschlossen
- Komplementär kann auch eine GmbH sein, die mit ihrem Gesamtvermögen haftet (GmbH & Co.KG).
- Vorteil der KG: Verbreiterung der Kapitalbasis für ein Unternehmen mit Hilfe von Partnern, die sich finanziell am Unternehmen beteiligen, aber nicht über ihre Einlage hinaus persönlich haften wollen und auch an der Geschäftsführung nicht beteiligt sein wollen oder sollen

6.9 Kleine Aktiengesellschaft (Kleine AG)

- Jede AG ohne Börsennotierung ist eine kleine AG.
- Mindestens ein Aktionär
- Unternehmer kann sowohl alleiniger Aktionär als auch Vorstand sein.
- Dem Vorstand obliegt Geschäftsführung und Vertretung nach außen.
- Aufsichtsrat mit mindestens drei Mitgliedern hat Kontrollfunktion

- Notarielle Satzung
- Grundkapital mindestens 50.000 Euro
- Eintragung ins Handelsregister
- Haftung beschränkt auf das Gesellschaftsvermögen
- Auch Kleingewerbetreibende können eine AG gründen.

6.10 Stille Gesellschaft

- Ein oder mehrere stille Teilhaber beteiligen sich mit einer stillen Einlage am Unternehmen, wobei die Geldgeber nach außen nicht in Erscheinung treten.
- Gründung der stillen Teilhaber mit einem Einzelunternehmer oder einer Gesellschaft
- Die Beteiligung stiller Gesellschafter ist bei jeder Rechtsform möglich.
- Stille Teilhaber sind immer am Gewinn beteiligt und – wenn vereinbart – auch am Verlust; die Haftung ist auf die Einlage beschränkt.

6.11 Ein Name für die Praxis

Ein wichtiger Schritt in der Praxisgründung ist die Wahl des richtigen Namens. Er ist Visitenkarte und soll den Eindruck von Qualität, Professionalität, Zuverlässigkeit vermitteln. Nicht zuletzt soll er auch die Aufmerksamkeit wecken, einprägsam und leicht wiederzuerkennen sein. Unternehmen werden umgangssprachlich häufig als Firma bezeichnet. Rechtlich gesehen ist *Firma* aber nur der Name von Unternehmen, die ins Handelsregister eingetragen sind. Der Name von Unternehmen ohne Handelsregistereintrag wird dagegen *Unternehmensbezeichnung* genannt.

Den richtigen Namen zu finden ist nicht ganz einfach, zumal Kreativität und Fantasie mit rechtlichen Bestimmungen in Einklang zu bringen sind. Ferner darf das Namensrecht eines anderen Unternehmens nicht verletzt werden. Das kann bei der Verwendung von Fantasienamen oder Buchstabenkombinationen passieren, wenn ein Unternehmen bereits unter diesem Namen auf dem Markt ist, als Firma im Handelsregister oder der gewählte Name als Marke beim Deutschen Patent- und Markenamt in München eingetragen ist. Das macht deutlich: Namen sind alles andere als nur *Schall und Rauch*.

Grundsätzlich gilt: Entscheidend für die Namensgebung eines Unternehmens und für Angaben im Geschäftsverkehr sind vor allem die Frage, ob das Unternehmen im Handelsregister eingetragen ist oder nicht. Kaufleute und Kapitalgesellschaften, also auch z. B. eine Pedifit-GmbH, sind dazu verpflichtet. Das Handelsregister ist eine öffentliche Auskunftsquelle beim Amtsgericht, das z. B. über Firmeninhaber, Gesellschafter sowie Haftungs- und Vertretungsverhältnisse informiert. Jeder kann dort nachschauen, wenn er wissen will, mit wem er Geschäfte macht.

Während sich Kleingewerbetreibende (Einzelunternehmer) freiwillig ins Handelsregister eintragen lassen können, ist dies für Freiberufler, Gesellschaften des bürgerlichen Rechts und Partnerschaftsgesellschaften nicht möglich. Um die Individualität eines Unternehmens, das nicht im Handelsregister eingetragen ist, deutlich zu machen, spielt daher bei der Namensgebung im gesamten Geschäftsverkehr mit Banken, Lieferanten, Behörden oder Kunden der Name des Praxisinhabers bzw. die Namen der Gesellschafter eine herausragende Rolle.

6.11.1 Praxis als Kleingewerbetreibender oder Freiberufler führen

Für Bezeichnungen von Unternehmen, die nicht im Handelsregister eingetragen sind, und damit für Kleingewerbetreibende (Einzelunternehmen) ohne Handelsregistereintrag, für Freiberufler sowie für Gesellschaften bürgerlichen Rechts gilt:

- Verwendung von Fantasie-, Branchen- oder Tätigkeitsbezeichnung sowie Zusätze in Form von Buchstabenkombinationen ist zulässig. Diese sogenannten Geschäftsbezeichnungen sind Zusätze zum Unternehmensnamen und dienen dazu, ein Unternehmen werbewirksam zu beschreiben und auf diese Weise die Individualität, Identität und Unterscheidbarkeit von Unternehmen gegenüber anderen hervorzuheben. Diese Wahlnamen haben eine schmückende Funktion und werden in kein Register eingetragen.
- Geschäftsbezeichnungen dürfen nicht das Namensrecht eines Anderen verletzen. Das kann passieren, wenn ein gleichlautender oder ähnlicher Namenszusatz bereits vor Ort verwendet wird oder als Firma im Handelsregister eingetragen ist. Vielleicht ist der Namenszusatz sogar geschützt und beim Deutschen Patent- und Markenamt als Marke eingetragen? Darüber hinaus gilt: Ein Namenszusatz darf weder ein im Handelsregister eingetragenes Unternehmen vortäuschen noch eine nicht vorhandene Größe vorgaukeln, etwa durch Zusätze wie *Zentrale, Fabrik, Deutsche …, Bayerische …* . Ein Kürzel, das als Zusatz gewählt wird, darf auch nicht den Eindruck erwecken, dass das Unternehmen eine andere Rechtsform hat, d. h. Kürzel wie z. B. … *ag* oder … *GmbH*, die auf eine Aktiengesellschaft bzw. auf die Rechtsform einer Gesellschaft mit beschränkter Haftung schließen lassen könnten, wären unzulässig.
- Die Verwendung von Geschäftsbezeichnungen ohne die Angabe von Vor- und Familienname kann ausschließlich für Werbezwecke (beispielsweise Werbung, Einkaufstüten, Leuchtreklame), die sich nicht an bestimmte Personen richten, oder auch am Telefon wendet werden. Für Werbung und Abgrenzung von anderen Unternehmen kann auch ein Logo eingesetzt werden.

- Mit oder ohne dem Zusatz einer Geschäftsbezeichnung im Namen eines Unternehmens muss im Geschäftsverkehr (z. B. Geschäftsbriefe, Rechnungen, Bestellungen, Telefaxe, E-Mails, Webseite) auf jeden Fall der Familienname des Einzelunternehmers mit mindestens einem ausgeschriebenen Vornamen bzw. bei einer GbR Vor- und Familienname aller Gesellschafter angeben werden, um deutlich zu machen, dass Unternehmen und Inhaber identisch sind.
- Freiberufler können, müssen aber nicht im Geschäftsverkehr mit Vor- und Nachnamen auftreten, der Familiennamen genügt (Vorsicht: Bei häufigen Familiennamen besteht Verwechslungsgefahr!).
- Wenn Freiberufler zum Unternehmensnamen zusätzlich Branchen- oder Berufsbezeichnungen aufnehmen, sollte diese dem Freien Beruf entsprechen, um vorzubeugen, dass eine freiberufliche Tätigkeit von Finanzamt nicht irrtümlicherweise nachträglich als gewerblich eingestuft wird.
- Bei einer Gesellschaft des bürgerlichen Rechts ist ein Zusatz, der die Tätigkeit der GbR kennzeichnet, erlaubt. Außerdem sorgt für mehr Rechtsklarheit der Zusatz GbR, der aber keine Pflicht ist.
- Zudem muss im Geschäftsverkehr eine ladungsfähige Anschrift angeben werden, d. h. die vollständige Adresse des Unternehmers bzw. Unternehmens, an die eine gerichtliche Ladung zugestellt werden kann.
- Bei Handel- und Kommunikation im Internet ist das Telekommunikationsgesetz (§§ 5 und 6) zu beachten.
- In § 2 Abs. 1 der Dienstleistungs-Informationspflichten-Verordnung sind zudem sämtliche Regelungen aufgelistet, die Dienstleister für den Auftritt im allgemeinen Geschäftsverkehr vor Abschluss eines schriftlichen Vertrages oder dem Erbringen einer Dienstleistung beachten müssen, wie Angabe in klarer und verständlicher Form von Vor- und Familienname sowie von Anschrift, Telefonnummer, Fax und E-Mail.
- Bei einer Partnerschaftsgesellschaft, die ausschließlich Freiberuflern vorbehalten ist, besteht der Name aus drei Elementen:
  - dem Namen mindestens eines Partners (Es können aber die Namen von zwei oder mehr Partnern aufgeführt werden),
  - dem Zusatz „und Partner“ oder „Partnerschaft“ oder „Partners“ sowie den Berufsbezeichnungen aller in der Partnerschaft vertretenen Berufe.

6.11.2 Praxis in der Rechtsform einer GmbH führen

Wird gewünscht, eine Podologie-/Fußpflegepraxis in der Rechtsform einer GmbH zu führen, muss das Unternehmen in das Handelsregister eingetragen werden. Für die Namensbezeichnung gelten dann folgende Regelungen:

- Der Name muss sich deutlich von anderen bereits im Handelsregister Ihrer Stadt oder Gemeinde eingetragenen Firmen unterscheiden. Au-

ßerdem darf er nicht von einem anderen Unternehmen benutzt werden und für Kunden, Lieferanten, Banken oder auch Mitbewerber irreführend sein.
- Beim Namen muss „GmbH“ als Rechtsform angegeben werden.
- Als Namen- oder genauer Firmenbezeichnung möglich sind ein frei erfundener Begriff (Fantasiefirma), der Name eines oder mehreren Gesellschafters Gesellschaftern (Namensfirma), Angabe der Tätigkeit oder Branche plus eines Zusatzes, der individuell dieses bestimmte Unternehmen kennzeichnet und von anderen unterscheidet (Sachfirma).
- Auch gemischte Firmenbezeichnungen aus Namen-, Sach- und/oder Fantasiebezeichnungen sind möglich.
- Folgende Angaben müssen in den Geschäftsbriefen einer GmbH (auch auf Telefaxen und in E-Mails) enthalten sein: Firmenbezeichnung, Rechtsform, Sitz der Gesellschaft, Registergericht des Sitzes der Gesellschaft und Registernummer, alle Geschäftsführer mit Familiennamen und mindestens einem ausgeschriebenen Vornamen. Falls ein Aufsichtsrat gebildet wurde und dieser einen Vorsitzenden hat, muss dessen Familienname mit mindestens einem ausgeschriebenen Vornamen angegeben werden. Auf Rechnungen muss zusätzlich die vom Finanzamt erteilte Steuernummer angegeben sein.

6.11.3 Tipps zur Namenssuche

Wenn Sie Buchstabenkombinationen oder Fantasienamen als Zusatz zum Namen Ihrer Podologie-/Fußpflegepraxis führen wollen, achten Sie darauf, dass diese entsprechenden Begriffe nicht bereits vergeben sind, d. h. als dieselbe oder ähnliche Firma im Handelsregister eingetragen sind, als Marke beim Deutschen Patent- und Markenamt (DPMA) in München geschützt wurden oder als gleiche oder ähnliche Geschäftsbezeichnung von Mitbewerbern, welche auf demselben Markt wie Sie auftreten, bereits benutzt wird.

Im ersten Schritt bei der Frage, ob der gewählte Name passen könnte, hilft ein Blick in die Branchenbücher sowie eine Internetrecherche weiter. Auch die Industrie- und Handelskammern sowie die Handwerkskammer prüfen, ob ähnliche oder identische Namen bereits auf dem Markt sind. Hilfreich ist natürlich auch die Suche in den Suchmaschinen auf den Internetseiten der Berufsverbände für Podologie und Fußpflege. Möglich ist zudem eine Anfrage im Unternehmensregister (www.unternehmensregister.de) oder in der Datenbank für Marken des DPMA (www.dpma.de). Darüber hinaus können auch auf Markenrecht spezialisierte Anwälte beim Abgleich einer beachsichtigen Firma- oder Geschäftsbezeichnung unterstützen. Wichtig ist auf jeden Fall darüber hinaus, dass der von Ihnen beabsichtigte Name gut einprägsam ist, sich leicht aussprechen lässt und auch eine möglichst unkomplizierte Schreibweise aufweist.

Info: Welche typische Rechtsform passt zu Ihrem Vorhaben?				
Anforderungen	**Einzelunternehmen**	**GbR**	**Partnerschaftsgesellschaft**	**GmbH**
für Freiberufler (medizinische Fußpflege) geeignet	ja	ja	ja	möglich
für Gewerbetreibende (kosmetische Fußpflege) geeignet	ja	ja	nein	ja
möglichst großer persönlicher Entscheidungsspielraum	ja	ja	ja	nein
möglichst wenig Gründungsformalitäten	ja	ja	nein	nein
Eintrag in das Handelsregister	nein[1]	nein	nein, aber in das Partnerschaftsregister	ja
möglichst wenig Gründungskosten	ja	ja	nein	nein
möglichst wenig Aufwand hinsichtlich Buchführung	ja[2]	ja[3]	ja	nein
Haftungsbeschränkung	nein	nein	ja, aber begrenzt[4]	ja
hohe Kreditwürdigkeit aufgrund persönlicher Haftung	ja	ja	ja	nein
Mindestkapital erforderlich?	nein	nein	nein	ja[5]

[1] *Ja, wenn der Gründer Kaufmann ist oder der gewerbetreibende Einzelunternehmer als Kleingewerbetreibende sich freiwillig ins Handelsregister eintragen lässt (Freiberufler können dies nicht).*

[2] *Gilt für Freiberufler und Kleingewerbetreibende (= Unternehmen mit einem Jahresgewinn bis 60.000 Euro oder Jahresumsatz bis 600.000 Euro) und nach § 241a Handelsgesetzbuch (HGB) für Einzelkaufleute, die an den Abschlussstichtagen von zwei aufeinanderfolgenden Geschäftsjahren nicht mehr als 600.000 Euro Umsatzerlöse und jeweils 60.000 Euro Jahresüberschuss ausweisen.*

[3] *Gilt für Freiberufler und für kleingewerbliche GbR (Jahresgewinn bis 60.000 Euro oder Jahresumsatz bis 600.000 Euro).*

[4] *Für Fehler in der Berufsausübung haftet nur derjenige Partner mit seinem Privatvermögen, der mit der Bearbeitung des jeweiligen Auftrags befasst war, aber nicht auch die anderen Partner.*

[5] *Ausnahme: Mini-GmbH – Unternehmergesellschaft (haftungsbeschränkt)*

Checkliste: Eine Podologie-/Fußpflegepraxis als Einzelunternehmen gründen	
Wichtige Merkmale der Rechtsform:	**Für mich wichtig**
Automatische Gründung einer Podologie-/Fußpflegepraxis als Einzelunternehmen, wenn ein Podologe /Fußpfleger allein eine Praxis eröffnet, ohne eine andere Rechtsform zu wählen	☐
Nur ein Unternehmer	☐
Kein Mindestkapital erforderlich	☐
Unbeschränkte Haftung mit dem gesamten Vermögen einschließlich mit dem Privatvermögen für alle Verbindlichkeiten der Praxis (auch für Steuerschulden!) sowie für Schäden durch Behandlungsfehler, soweit die Haftpflichtversicherung nicht einspringt	☐
Keine notariellen Beurkundungen bei der Gründung	☐
Keine Gewerbesteuer bei einer podologischen Praxis (als Freiberufler)	☐
Gewinnermittlung: lediglich Einnahmen- und Überschussrechnung für Freiberufler und Kleingewerbetreibende (bis zu bestimmten Schwellenwerten von Jahresumsatz/-gewinn); Befreiung von der Buchhaltungspflicht für Einzelkaufleute bis zu bestimmten Grenzwerten im Hinblick auf Jahresumsatz und -überschuss (siehe dazu Info: Welche typische Rechtsform passt zur Ihrem Vorhaben?)	☐
Als Einzelunternehmer können sich Kleingewerbetreibende freiwillig in das Handelsregister eintragen lassen, wobei sie aber mit der Eintragung alle Rechte und Pflichten eines Kaufmanns übernehmen. *Siehe auch Kapitel 15.5.1: Der Kaufmann*	☐
Vor- und Nachteile:	
Höchstmögliche Entscheidungs- und Gestaltungsfreiheit	☐
Hohe Kreditwürdigkeit durch persönliche Haftung	☐
Einfache Gründung	☐
Geringe Gründungskosten	☐
Kein Aufteilen des Gewinns	☐
Alleinige Verantwortung des Praxisinhabers für seine Entscheidungen, keine Unterstützung bei Problemen durch einen Partner	☐
Alleine für Kapitalbeschaffung und Finanzierung zuständig	☐
Hohe Arbeitsbelastung, hohes Risiko für Überforderung	☐
Durch persönlichen Ausfall, etwa durch Krankheit, kann das Unternehmen schnell in eine Krise geraten.	☐

Checkliste: Eine Podologie-/Fußpflegepraxis als GbR gründen	
Wichtige Merkmale der Rechtsform: Fortsetzung	**Für mich wichtig**
Eine GbR entsteht, wenn sich zwei oder mehr Personen zusammenschließen, um einen „gemeinsamen Zweck" zu erreichen. Dieser kann jede erlaubte Tätigkeit sein, auch ein nichtgewerblicher Zweck.	☐
Mindestens zwei Gesellschafter erforderlich	☐
Formlose Gründung, mündliche Vereinbarung genügt	☐
Schriftlicher Gesellschaftsvertrag nicht vorgeschrieben, aber empfehlenswert	☐
Kein Mindestkapital notwendig	☐
Nicht nur die einzelnen Gesellschafter, sondern auch die GbR als Gesellschaft kann klagen und verklagt werden	☐
Haftung: unbeschränkt, auch mit dem Privatvermögen und gesamtschuldnerisch (jeder für jeden!)	☐
Jeder Gesellschafter ist zur Geschäftsführung und zur Vertretung der GbR nach Außen in allen Bereichen berechtigt. Intern können jedoch die Tätigkeiten vertraglich aufgeteilt und der Einfluss eingeschränkt werden.	☐
Gewinnermittlung: Einnahme- und Überschuss-Rechnung; für Freiberufler keine Buchführungspflicht – auch nicht, wenn das Geschäftsvolumen bestimmte Grenzen überschreitet. Buchführungspflicht bei gewerblicher Tätigkeit ab Jahresgewinn von 60.000 Euro und Jahresumsatz von 600.000 Euro	☐
Für GbR unter Freiberuflern keine Gewerbeanmeldung und keine Gewerbesteuer	☐
Wenige Formalitäten bei der Gründung	☐
Geringe Gründungskosten	☐
Großer Gestaltungsspielraum der Unternehmer	☐
Hohe Kreditwürdigkeit durch mindestens zwei persönliche, haftende Gesellschafter	☐
Verantwortung und Risiko wird auf mehrere Schultern verteilt	☐

Checkliste: Eine podologische Praxis als Partnerschaftsgesellschaft gründen	
Wichtige Merkmale der Rechtsform:	**Für mich wichtig**
Mindestens zwei Gesellschafter	☐
Schriftlicher Partnerschaftsvertrag erforderlich (notarielle Beurkundung)	☐
Eintragung der Gesellschaft im Partnerschaftsregister erforderlich	☐
Haftung für Verbindlichkeiten der Partnerschaft mit dem Gesellschaftsvermögen und dem Privatvermögen der Partner; außerdem haftet jeder Partner persönlich nur noch für seinen eigenen Fehler in der Berufsausübung, aber nicht mehr für die Fehler der anderen	☐
Kein Mindestkapital erforderlich	☐
Keine Gewerbesteuer, keine Körperschaftssteuer	☐
Gewinnermittlung: Einnahmen- Überschuss-Rechnung	☐
Partnerschaftsgesellschaft kann unter ihrem Namen klagen oder verklagt werden	☐
Gesellschaftsform genießt hohes Ansehen und hohe Kreditwürdigkeit	☐
Außerhalb der Haftung flexible vertragliche Gestaltung der Rechte und Pflichten der Partner möglich	☐
Vorteile des Freiberufler-Status bleibt erhalten wie keine Buchführungspflicht und keine Gewerbesteuer	☐

Checkliste: Eine Podologie-/Fußpflegepraxis als GmbH gründen	
Wichtige Merkmale der Rechtsform:	**Für mich wichtig**
In der Regel erfolgt die Gründung durch mehrere Gesellschafter (Mehr-Personen-GmbH).	☐
Gründung einer GmbH ist für jeden gesetzlich zulässigen Zweck erlaubt.	☐
Eintragung ins Handelsregister ist vorgeschrieben.	☐
25.000 Euro sind als Mindeststammkapital der GmbH erforderlich, das durch Bareinlagen oder Sacheinlagen oder durch die Kombination davon geleistet werden kann. Vor der Anmeldung zum Handelsregister müssen Sacheinlagen voll erbracht werden, von den Bareinlagen müssen mindestens ein Viertel einbezahlt sein. Insgesamt muss mindestens die Hälfte des Stammkapitals, also mindestens 12.500 Euro, vor Eintragung ins Handelsregister erbracht sein. (Stammkapital ist die Summe der von den einzelnen Gesellschaftern eingebrachten Kapitaleinlagen).	☐
Die Kapitaleinlagen (= Stammeinlagen) der Gesellschafter können unterschiedlich hoch sein. Der Nennbetrag jedes Geschäftsanteils muss auf volle Euro lauten. Die für die Geschäftsanteile erbrachten Einlagen können Bar- und Sacheinlagen sein.	☐
Gesellschafter haften nicht mit dem Privatvermögen.	☐
Haftung für Schulden der Gesellschaft ist auf die Höhe des gesamten Gesellschaftsvermögens beschränkt bzw. Gesellschafter haften in der Höhe ihrer Einlage.	☐
Achtung – bei Aufnahme von Krediten fordern jedoch Banken wegen der Haftungsbeschränkung der GmbH in der Regel von den Gesellschaftern die Haftung mit dem Privatvermögen zur Absicherung der Kreditvergabe.	☐
Geschäftsführung erfolgt durch einen oder mehrere Gesellschafter oder durch angestellte, gesellschaftsfremde Geschäftsführer.	☐
Bezüge der Gesellschafter, die als Geschäftsführer tätig sind, können als Betriebsausgaben geltend gemacht werden und verringern somit den Gewinn.	☐
Der Gewinn einer GmbH unterliegt der Gewerbesteuer (der für Einzelunternehmen und Personengesellschaften gewährte Freibetrag von 24.500 Euro gilt nicht) und der Körperschaftssteuer. Außerdem muss der Solidaritätszuschlag entrichtet werden. Gewinnausschüttungen an die Anteilseigner unterliegen der Kapitalertragssteuer.	☐
Vorgeschrieben ist ein notariell beurkundeter Gesellschaftsvertrag oder ein Musterprotokoll bei einfachen Gründungen, das aber ebenfalls von einem Notar beurkundet werden muss.	☐

Checkliste: Eine Podologie-/Fußpflegepraxis als GmbH gründen	
Fortsetzung	**Für mich wichtig**
Gründungskosten (für Notar, Registergericht, Bekanntmachung in Tageszeitungen und Bundesanzeiger und – falls in Anspruch genommen – für Beratung durch einen Anwalt) sind höher und Gründungsformalitäten umfangreicher als bei Einzelunternehmen oder GbR.	☐
Umfangreiche Buchführungspflichten, Verpflichtung zur Erstellung einer Jahresbilanz	☐
Bei der Firmenbezeichnung muss immer GmbH als Rechtsform angegeben werden.	☐
Die GmbH als Ein-Mann-Gesellschaft gründen: Die Vorteile sind hohe Entscheidungsbefugnis (Gesellschafter = Geschäftsführer) kombiniert mit der Haftung für betriebliche Verbindlichkeiten in der Höhe des Stammkapitals. Lediglich zur Absicherung von Krediten werden von der Bank private Sicherheiten gefordert.	☐
Unternehmergesellschaft (haftungsbeschränkt): flexibles Stammkapital, volle Einzahlung des Stammkapitals bei Gründung erforderlich (nur Bargründung möglich, Sacheinlagen sind ausgeschlossen), Gesellschaftsvertrag oder Musterprotokoll (beide notariell beurkundet), niedrige Gründungskosten	☐

7 Der Kauf einer bestehenden Praxis

Wer sich als Fußpfleger/Podologe selbstständig machen will, muss nicht immer eine Fußpflegepraxis komplett neu gründen. Als Alternative bietet sich die Übernahme einer bestehenden Praxis an. Auch wenn die Praxis und alles, was dazugehört – von der Einrichtung und den Räumlichkeiten bis hin zu Kunden/Patienten und Lieferanten –, bereits vorhanden ist, darf eine Praxisübernahme nicht als *Existenzgründung light* angesehen werden. Bevor Sie sich entscheiden, als Nachfolger eine bestehende Podologie- oder Fußpflegepraxis zu übernehmen, müssen Sie eine Vielzahl von Informationen einholen und Vor- und Nachteile gegeneinander abwägen. Denn die Übernahme eines Unternehmens ist keineswegs leichter als eine Neugründung und auch wie diese mit Risiken verbunden.

Der Generationswechsel, vor dem viele mittlere und kleine Unternehmen in Deutschland derzeit und auch in den nächsten Jahren stehen, könnte möglicherweise eine Chance für Sie sein, eine geeignete Praxis zu finden. Das Familienunternehmen in die Hände eines Familienangehörigen zu geben ist allerdings nach wie vor die bevorzugte Nachfolgelösung. Laut der Studie *Daten und Fakten. Unternehmensnachfolgen in Deutschland 2018 bis 2022* des Instituts für Mittelstandsforschung (IfM) Bonn geben 53 % der Eigentümer das Familienunternehmen an die eigenen Kinder oder andere Familienmitglieder, etwa 18 % übertragen das Unternehmen an Mitarbeiter und 29 % der Familienunternehmen werden an einen Interessenten von außerhalb verkauft. 93,6 % der rund 3,6 Mio. Unternehmen in Deutschland sind Familienunternehmen. Nach aktuellen Schätzungen des Bonner Instituts stehen in den Jahren 2018 bis 2022 etwa 150.000 Familienunternehmen in Deutschland mit rund 2,4 Mio. Beschäftigten zur Nachfolge an, weil der Eigentümer sich aufgrund persönlicher Gründe, wie z.B. Alter oder Krankheit, aus dem Unternehmen zurückzieht. Allerdings kursieren auch andere Zahlen zum Nachfolgegeschehen hierzulande, da eine amtliche Statistik fehlt.

Werden z. B. in der oben angeführten IfM-Studie die Übergaben von Unternehmen, die bis 2022 tatsächlich stattfinden, geschätzt, stehen etwa in den Analysen der KfW-Bank die geplanten Nachfolgen von kleinen und mittleren Unternehmen (aller Wirtschaftszweige bis zu einem Umsatz von 500 Millionen Euro pro Jahr) der nächsten Jahre im Fokus. So streben bspw. nach der KfW-Research-Analyse *Nachfolge-Monitoring Mittelstand: Planungen stabil auf hohem Niveau* bis Ende des Jahres 2020 rund 227.000 Inhaber im Mittelstand die Fortführung des Unternehmens durch einen Nachfolger an. Über ein Drittel davon hat bereits einen konkreten Nachfolger gefunden und die Übergabe-Verhandlungen abgeschlossen. Die Analyse bescheinigt dem Mittelstand ein erhöhtes Bewusstsein, sich dem Thema Nachfolge rechtzeitig zu stellen, warnt aber auch davor, dass der Rückzug der geburtenstarken Jahrgänge, der sogenannten Babyboomer aus dem Erwerbsleben auch „in den Chefsesseln im Mittelstand" eine Lücke hinterlassen werden.

Steigende Sensibilität bei Senior-Unternehmern für Fragen der Unternehmensnachfolge beobachten auch die Industrie- und Handelskammern (IHKs). Laut dem DIHK-Report zur Unternehmensnachfolge 2018 haben zuletzt so viele Alt-Inhaber wie noch nie zuvor Rat bei den IHKs gesucht. Fast jeder zweite der Ratsuchenden hatte noch keinen Nachfolger im Blickfeld. Andererseits wird in dem Bericht auch darauf hingewiesen, dass 70 % der an einer Übernahme Interessierten bei der IHK-Beratung angeben, noch kein geeignetes Unternehmen gefunden zu haben, was ebenfalls als Rekord gilt.

Die Übertragung eines Unternehmens ist sowohl für Senior-Inhaber als auch für potenzielle Nachfolger eine große Herausforderung. Wichtige Erfolgsfaktoren sind sorgfältige Vorbereitung, realistische Vorstellungen etwa über den Verkaufs- bzw. Kaufpreis des Unternehmens, aber auch eine angemessene Zeitplanung für die Nachfolgersuche und den gesamten Übergabeprozess. Die Industrie- und Handelskammern empfehlen spätestens drei Jahre, besser noch fünf Jahre vor der geplanten Unternehmensübergabe, mit der Suche nach einem Nachfolger zu beginnen, und mindestens zwölf Monate für den Prozess der Unternehmensübergabe einzuplanen. Diese Zeitangaben sind Mindestrichtwerte. Denn wie ein Puzzle müssen die verschiedensten Aspekte von der Nachfolgersuche über Kaufvereinbarungen, Kaufvertrag, Zahlungsmodalitäten bis hin zur passenden Finanzierung zusammengefügt werden. Doch zunächst stellt sich für Sie als Nachfolgeinteressent die Frage, wie und wo können Sie überhaupt eine Podologie- bzw. Fußpflegepraxis finden, die zur Übergabe ansteht?

7.1 Die geeignete Praxis finden

Eine andere Untersuchung des Instituts für Mittelstandsforschung Bonn mit dem Titel *Familienexterne Nachfolge – Das Zusammenfinden von Übergebern und Übernehmern* hat jedoch gezeigt, dass sich die Realisierung einer familienexternen Nachfolge allerdings deutlich schwieriger gestaltet als die Realisierung einer familieninternen Lösung. Das gilt insbesondere für die so genannte Matchingphase, die durch Suchen geeigneter Übernahmeinteressierter bzw. Unternehmen sowie durch die Verhandlungen der beiden Parteien über die Details der Nachfolge gekennzeichnet ist. Das Hauptproblem ist offenbar die *nicht öffentliche Suche* der übergabeinteressierten Eigentümer. Denn viele Unternehmer machen die Suche nach einem externen Nachfolger nicht der Allgemeinheit publik, sondern nutzen zunächst ihr persönliches Netzwerk. Erst wenn die Suche erfolglos ist, dann gehen sie an die Öffentlichkeit und bitten verstärkt Dritte um Unterstützung. Das macht die Suche nach einem Unternehmen für Übernahmeinteressierte natürlich nicht gerade einfach.

Vielleicht werden Sie tatsächlich von solch einem *Networker* angesprochen, der einen Nachfolger für seine Praxis sucht? Wenn nicht, dann *networken* Sie doch selbst und nutzen Sie die Möglichkeiten, um innerhalb Ihres Branchenverbandes fündig zu werden.

Eine andere wichtige Informationsquelle sind die einschlägigen Fachzeitschriften aus dem Bereich Fußpflege/Podologie. Vor Ort bieten auch die lokalen Industrie- und Handelskammern (IHKs) und die Handwerkskammern Unterstützung an, um Übergabe- und Übernahmeinteressierte zusammen zu bringen.

Schließlich kann sich auch eine Recherche in der Unternehmensnachfolgebörse im Internet unter www.nexxt-change.org lohnen. Die bundesweite Plattform wird gemeinsam vom Bundesministerium für Wirtschaft und Energie, von der KfW Bankengruppe, dem Deutschen Industrie- und Handelskammertag, dem Zentralverband des Deutschen Handwerks, dem Bundesverband der Deutschen Volks- und Raiffeisenbanken sowie von dem Deutschen Sparkassen- und Giroverband initiiert mit dem Ziel, Übergeber von Unternehmern und Nachfolgeinteressent zusammenzubringen. In der Online-Börse können sowohl Unternehmer, die einen Nachfolger suchen, als auch Existenzgründer und Unternehmer, die ein Unternehmen als Nachfolger übernehmen möchten, anonymisiert ein Inserat einstellen. Ein Netzwerk aus Regionalpartnern, zu denen z. B. die IHKs, Handwerkskammern oder Sparkassen gehören, vermitteln und betreuen Inserent und Interessent, indem sie etwa beim Erstellen und Formulieren der Anzeigen unterstützen und den Kontakt zwischen Übergeber und Übernehmer herstellen. Seit dem Start der Unternehmensnachfolgebörse im Jahr 2006 bis zum Sommer 2018 wurde auf diese Weise mehr als 15.600 Vermittlungen mit Erfolg durchgeführt. Ein Blick in die Online-Börse lohnt sich also auf jeden Fall – zumal das Serviceangebot auch noch kostenfrei ist.

7.2 Den Anderen verstehen

Bei der Übergabe eines jeden Unternehmens spielen auch immer Gefühle eine wichtige Rolle. Wer eine Podologie- bzw. Fußpflegepraxis von Grund auf aufgebaut und über Jahre oder Jahrzehnte geprägt hat, bei seinen Patienten/Kunden geschätzt war, auch über so manches private Problem Bescheid wusste und sich überhaupt in der Branche gut auskannte und in seinem Beruf wohlfühlte, dem fällt es gewiss nicht leicht, sich aus der Praxis zurückzuziehen und sein Lebenswerk in fremde Hände zu geben. Häufig unterschätzen Unternehmer das Gefühlschaos, das Rückzug vom Unternehmen auslösen kann. Nach dem

DIHK-Report zur Unternehmensnachfolge 2018 fällt es 36 % der Alt-Inhaber schwer, emotional von ihrem Unternehmen loszulassen.

Der studierte Rechts- und Wirtschaftswissenschaftler Carl Ludwig Prinz zu Hohenlohe schreibt darüber in seinem Buch *Die erfolgreiche Unternehmensnachfolge* wie wichtig es ist, den anderen zu verstehen, dem man bei den Verhandlungen gegenübersitzt: „In letzter Konsequenz sind Gefühle stärker als der kühle Verstand. Ihr Verhandlungspartner wird ja kein Manager einer internationalen Aktiengesellschaft sein, den nichts Persönliches mit einem Großunternehmen des anonymen Kapitals verbindet, sondern ein Gründer! Spürt dieser, dass Sie begreifen, was in ihm vorgeht, dann wird er Ihnen entgegenkommen."

Auf der anderen Seite müssen Sie sich als zukünftiger Nachfolger über die Vor- und Nachteile, die mit einer Praxisübernahme verbunden sind, im Klaren sein und die Möglichkeit haben, sich einen detaillierten Überblick über die Fußpflegepraxis zu verschaffen. Bei anstehenden Kaufpreisverhandlungen sollten Altinhaber und künftige Nachfolger über denselben Wissensstand verfügen.

7.3 Vor- und Nachteile einer Praxisübernahme

Ohne Zweifel bringt eine Praxisübernahme eine Reihe von Vorteilen mit sich, die den Schritt in die Selbstständigkeit erleichtern können:

- Die Praxis ist auf dem Markt bereits etabliert.
- Die Dienstleistung *medizinische und/oder kosmetische Fußpflege* ist vor Ort bereits eingeführt und bekannt.
- Praxisräume und Praxiseinrichtung (Möbel, Fußpflegegeräte, Instrumente, Computer, Telefon etc.) sind vorhanden.
- Ein Patienten- und Kundenstamm besteht bereits. Damit jedoch Patienten/Kunden nach der Praxisübergabe nicht abwandern, wird *Kundenpflege* zu den wichtigsten Ihrer Aufgaben gehören.
- Anlaufschwierigkeiten sind in der Regel geringer als bei Neugründung.
- Die Praxis macht ab dem ersten Tag der Übernahme Umsatz.
- *Kein Sprung ins kalte Wasser*, wenn der Praxisübergeber bereit ist, den Praxisnachfolger für eine gewisse Zeit zu begleiten und einzuführen.
- Zusätzliche Unterstützung durch eingearbeitete Mitarbeiter (falls vorhanden).
- Beziehungen zu Lieferanten sind schon geknüpft.

Obwohl vieles für eine Praxisübernahme spricht, sollten mögliche Vorbehalte nicht unbeachtet bleiben. So sieht sich der Nachfolger von Anfang an einer Vielzahl von Erwartungen gegenüber. Bei einer bereits etablierten Praxis muss er sein Können auf mehreren Baustellen gleichzeitig unter Beweis stellen, d. h. Patienten/Kunden, Mitarbeiter (falls vorhanden) und Lieferanten von seiner Kompetenz überzeugen. Will er seine Praxis nach seinen eigenen Vorstellungen betreiben, muss er dort anknüpfen, wo sein Vorgänger aufgehört hat. Es ist keine leichte Aufgabe, gleichzeitig das Vertrauen von Mitarbeitern und Patienten/ Kunden zu gewinnen, das Praxisteam für Veränderungen und Neuerungen zu motivieren und auch Patienten/Kunden daran zu gewöhnen und nicht zu verschrecken.

Hinzu kommt, dass in einer Podologie-/Fußpflegepraxis der Praxisbetrieb ganz besonders durch die Persönlichkeit des Inhabers geprägt ist. Die Kunden/Patienten entscheiden sich für eine bestimmte Praxis nicht nur aufgrund der Qualität bei Angebot und Leistung, günstiger Preise oder exakter Terminplanung, sondern auch deshalb, weil sie sich in der Praxis wohlfühlen und Sympathie gegenüber Praxis und Inhaber empfinden. *Sympathie* gilt als das höchste Kapital im Marketing, ganz gleich, ob es sich dabei um die Sympathie gegenüber einer Marke, einem speziellen Produkt oder einer bestimmten Führungspersönlichkeit handelt. „Derartige Sympathiewerte lassen sich nicht ohne weiteres auf eine andere Person übertragen," schreibt Carl Ludwig Prinz zu Hohenlohe in seinem Buch. „Dies dennoch zu bewerkstelligen, ist für den Nachfolger eine Aufgabe, bei der er de facto auf sich allein gestellt ist."

Ob oder wie schnell er diese Hürde zu überwinden in der Lage ist, darüber entscheidet sein persönliches Geschick und sein Einfühlungsvermögen in die Gegebenheiten. „Diese sehr persönliche Angelegenheit muss jeder Einzelne", so Carl Ludwig Prinz zu Hohenlohe, „auf seine eigene Weise in den Griff bekommen."

7.4 Die Prüfung der Praxis

Bevor Sie sich für den Kauf einer bestehenden Podologie-/Fußpflegepraxis entscheiden, müssen Sie die Praxis genau unter die Lupe nehmen und kritisch prüfen. Denn vor der Übergabe und den damit verbundenen Kaufpreisverhandlungen ist es wichtig, dass Sie sich ein detailliertes Bild von der Situation der Praxis machen. Dabei müssen alle wesentlichen Faktoren, die ein Unternehmen betreffen, geprüft und realistisch eingeschätzt werden. Es ist die Aufgabe des Praxisinhabers, seine Praxis noch einmal genau zu durchleuchten und dann von einem Experten überprüfen und bewerten zu lassen.

Ihre Aufgabe als Praxiskäufer ist, die Unterlagen und Angaben des Verkäufers durch fach- und sachkundige Berater überprüfen zu lassen. Wichtig: Vor Beginn der Verhandlungen über den Kaufpreis sollten beide – Käufer und Verkäufer – über denselben Informationsstand verfügen.

Folgende Faktoren sind von besonderer Bedeutung für die Übergabe eines Unternehmens bzw. einer Podologie-/Fußpflegepraxis:

- Grund der Übergabe
- Ruf der Praxis
- Angebot
- Marktsituation
- Lage und Standort der Praxis
- Zustand der Praxisräume und -einrichtung
- Kunden/Patienten (Struktur, Merkmale, Beziehung zum bisherigen Praxisinhaber)
- Lieferanten (Schriftwechsel, Lieferverträge, Zahlungsmodi, Informationsmaterial über die Lieferanten)
- Mitarbeiter (Qualifikation, Entlohnung, Fluktuation, frei oder festangestellt)
- Warenbestand
- Gesellschaftervertrag (wenn die Praxis als Gesellschaft geführt wird)
- Kosten- und Ertragsstruktur der letzten drei bis fünf Jahre
- Betrieblicher Erfolg: Bilanzen und Gewinn- und Verlustrechnung
- Haftungsrisiken
- Sämtliche vertragliche Beziehungen der Praxis
- Unternehmenswert und Kaufpreis

7.4.1 Grund der Praxisübergabe

Sie sollten unbedingt den Grund herausfinden, warum eine Praxis verkauft werden soll. Der häufigste Übergabegrund ist das Erreichen des Ruhestandsalters. Weitere wichtige Gründe sind unerwartete Ereignisse, wie Unfall, Krankheit oder Tod des Inhabers. Darüber hinaus kann auch der Wunsch, sich zu verändern und eine andere Tätigkeit nachzugehen, zur Aufgabe des Unternehmens führen. Bei anderen Gründen wie Standortschwierigkeiten, Konkurrenzprobleme oder rückläufige Gewinne und Umsätze sollten Sie *hellhörig* werden. Das sind Probleme, die auch für Sie als künftiger Inhaber von Bedeutung sein werden.

7.4.2 Der Ruf der Praxis

Die Frage, welchen Ruf die Praxis genießt, ist von höchster Bedeutung für Sie als Gründer. Ist das Verhältnis zwischen dem bisherigen Inhaber und seinen Patienten/Kunden von Sympathie und hohem Ansehen geprägt, sodass Sie als Nachfolger daran anknüpfen können? Oder ist der Ruf der Praxis beschädigt?

Das muss nicht unbedingt mit Defiziten in der fachlichen Qualität oder Leistungsfähigkeit zusammenhängen, sondern kann auch z. B. in besonderen Eigenheiten oder einem unfreundlichen Verhalten des bisherigen Inhabers begründet sein. Ein schlechter Ruf ist eine Belastung für den Nachfolger. Für Sie würde es aber bedeuten, dass Sie am Image der Praxis arbeiten müssten. Das kostet Zeit und auch Geld und ob die Werbemaßnahmen dann wirklich Kunden/Patienten überzeugen werden, ist ungewiss.

7.4.3 Das Angebot der Praxis

Das Angebot des Fußpflegestudios ist darauf zu prüfen, ob es den Wünschen und Bedürfnissen der Kunden und Patienten entspricht. Es stellt sich die Frage, ob Sie das bisherige Programm an Behandlungen und Pflegeprodukten beibehalten können oder Veränderungen vornehmen müssen. Andererseits sollten Sie aber bedenken, wenn Kunden oder Patienten z. B. gewohnt waren, neben der Behandlung auch Produkte zur Pflege für zu Hause zu kaufen, dann sind sie an diese Pflegeprodukte gewöhnt. Eine sofortige Änderung des Sortiments an Pflegeprodukten birgt das Risiko, dass Kunden oder Patienten diese Neuerungen nicht akzeptieren und deshalb weg bleiben.

Eine weitere wichtige Überlegung ist darüber hinaus die Frage, ob das Therapie- und Pflegeangebot der Praxis überhaupt zu den Qualifikationen passt, die der Praxiskäufer mitbringt. Diese Punkt ist relevant, wenn es darum geht, die Tätigkeit auf dem vorhandenen Patienten-/Kundenstamm aufzubauen. Gibt es keine oder nur wenig Übereinstimmung zwischen bisherigem Angebot und den Qualifikationen des Praxiskäufers, besteht die Gefahr, dass sich Patienten/Kunden abwenden und auf Einnahmen durch den bisherigen Patienten-/Kundenstamm verzichtet werden muss. Auf diese Weise wäre dann ein wichtiger Vorteil, den eine Praxisübernahme gegenüber einer Neugründung aufweist, verloren (siehe oben Punkt 7.3). So wird etwa ein Käufer, der eine Praxis, die z. B. auf die Behandlung von Füßen von Diabetes-Patienten spezialisiert ist, den Patientenstamm nur halten können, wenn er die nötige Ausbildung und Erfahrung auf diesem Gebiet mitbringt. Natürlich kann sich der Praxiserwerber weiterbilden, aber Patienten warten aus leicht nachvollziehbaren Gründen nicht, bis sich der „Neue“ das nötige Wissen und Rüstzeug angeeignet hat, sondern suchen nach Alternativen. Entsprechendes gilt für eine kosmetische Fußpflegepraxis, die sich neben der Pediküre z. B. auf Nageldesign spezialisiert hat. Nur wer diese Kunst genauso gut beherrscht wie der Praxisverkäufer, wird Kunden, die besonderen Wert auf Verzierungen der Nägel legen, halten können.

7.4.4 Marktsituation, Standort und Lage der Praxis

Auch die Marktsituation muss durchleuchtet werden, die bei der Übernahme vorhanden ist. Für Sie ist wichtig zu wissen, ob es Konkurrenten vor Ort gibt oder ob weitere Fußpflegepraxen hinzukommen werden.

Ein wichtiger Aspekt ist natürlich auch der Standort und die Lage der Praxis. Es ist entscheidend, ob die Praxis in der Innenstadt oder abgelegen in einem Randgebiet liegt, ob sie mit öffentlichen Verkehrsmitteln gut erreichbar ist oder ob es genügend Parkplätze gibt. Von großer Bedeutung ist zudem die Entwicklung des Standorts. Gibt es Planungen, die die Standortqualität verschlechtern werden?

7.4.5 Zustand der Praxisräume und -einrichtung

Hat sich der Standort als günstig erwiesen, ist der Zustand der Praxisräume und Praxiseinrichtung zu prüfen. Der Vorteil einer Praxisübernahme ist, dass Ihnen von Anfang an zweckentsprechende Räumlichkeiten samt erforderlichem Inventar zur Verfügung stehen. Allerdings kann es sein, dass der bisherige Inhaber nur noch das Nötigste investiert hat. Vielleicht muss die Praxis renoviert werden. Vielleicht sind Einrichtung und Gerätschaften veraltet oder es muss die eine oder andere Reparatur durchgeführt werden. So kann zusätzlich zum Kaufpreis ein erheblicher Investitionsbedarf für Renovierungsmaßnahmen, Neuanschaffungen und/oder Reparaturarbeiten bestehen, um die Praxis auf den neuesten Stand zu bringen. Die erforderlichen finanziellen Mittel sollten Sie bereits jetzt in der Prüfungsphase der Praxis bestimmen.

In den wenigsten Fällen wird die Praxis genau den eigenen Vorstellungen entsprechen. Auch für die Finanzierung wünschenswerter, jedoch nicht unbedingt notwendiger Veränderungen brauchen Sie Geld, das Sie bei den Planungen eines Praxiskaufs von Anfang an berücksichtigen sollten, damit Sie auch nach der Übernahme noch den dafür nötigen finanziellen Spielraum haben. Soll die Praxis in den bisherigen Räumlichkeiten fortgeführt werden, muss vor Abschluss des Praxisübernahmevertrages geklärt werden, ob der Vermieter der Übertragung des Nutzungsrechts auf den neuen Inhaber zustimmt oder nicht.

Abzuklären ist ferner, ob die Miete den Räumlichkeiten überhaupt angemessen ist, ob der künftige Inhaber die Praxisräume zu denselben Konditionen weitermieten kann oder ob der Vermieter beim Mieterwechsel die Miete erhöht.

7.4.6 Kommunikation mit Patienten, Kunden und Lieferanten

Eine bestehende Podologie-/Fußpflegepraxis zu kaufen, hat wie bereits erwähnt den Vorteil, den vorhandenen Kunden-/Patientenstamm zu übernehmen. Damit verbunden ist allerdings auch das Risiko, dass einige Kunden/Patienten aufgrund der Praxisübernahme abwandern werden. Denn kein Kunde/Patient ist natürlich gezwungen, weiterhin in die Praxis zu kommen.

Eine podologische/fußpflegerische Praxis gehört zu den Betrieben, bei denen der Erfolg im besonderen Maße auch von der Beziehung der Kunden/Patienten zum Praxisinhaber abhängt. Fühlten sich Kunden/Patienten beim Altinhaber wohl und brachten sie ihm besonderes Vertrauen entgegen, kann es durchaus sein, dass sie auf den neuen Inhaber mit Vorbehalten reagieren und ihn vielleicht sogar ablehnen.

Bei einer sorgfältig geplanten Praxisübergabe gehört sich deshalb, Kunden/Patienten frühzeitig von der Übergabe zu informieren, z. B. durch persönliche Mitteilung, durch Inserate in der Zeitung oder durch ein Rundschreiben und persönliche Vorstellung des Nachfolgers durch den Altinhaber.

Beim Verkauf einer Podologiepraxis sind außerdem die besonderen Anforderungen im Umgang mit Patientenkarteien zu beachten. Für deren Weitergabe an dem Praxiserwerber ist die ausdrückliche Zustimmung der Patienten erforderlich, um nicht gegen das Gebot der Schweigepflicht zu verstoßen. Ein grundlegender Paragraf zum Schutz des Patientengeheimnisses ist § 203 Abs. 1 Nr. 1 StGB, wonach *derjenige, der unbefugt ein fremdes Geheimnis, namentlich ein zum persönlichen Lebensbereich gehörendes Geheimnis oder ein Betriebs- oder Geschäftsgeheimnis, offenbart, das ihm als Arzt, Zahnarzt, Tierarzt, Apotheker oder Angehörigen eines anderen Heilberufs, der für die Berufsausübung oder die Führung der Berufsbezeichnung eine staatlich geregelte Ausbildung erfordert, anvertraut worden oder sonst bekannt geworden ist, mit Freiheitsstrafe bis zu einem Jahr oder mit Geldstrafe bestraft wird.* Wer also, ohne dass Patienten ausdrücklich eingewilligt haben, Patientenunterlagen weitergibt, macht sich strafbar. Eine Weitergabe von Patientendaten ohne die Zustimmung der Patienten kann dazu führen, dass der Praxisübernahmevertrag nichtig ist und rückabgewickelt werden muss. Umso wichtiger ist für Verkäufer und Käufer einer Podologiepraxis, sich über das rechtlich einwandfreie Prozedere hinsichtlich der Übergabe der Patientendaten beraten zu lassen.

Um leichter mit Patienten/Kunden in Kontakt zu kommen und eine Vertrauensbasis aufzubauen, wird besonders empfohlen, dass Praxisübergeber und -nachfolger für eine gewisse Zeit nach der Übernahme der Praxis eine so genannte *überleitende Mitarbeit* vereinbaren. Hierbei verpflichtet sich der Praxisübergeber, den neuen Inhaber einzuarbeiten und mit Kunden/Patienten bekannt zu machen. Es wird vertraglich vereinbart, wie lange und wie oft pro Woche der Praxisübergeber mitarbeiten und welches Honorar er für seine Leistung bekommen wird. Die anfängliche Mitarbeit und Unterstützung durch den Altinhaber ist zudem bei der Kontaktpflege zu guten Lieferanten von Nutzen und kann dazu beitragen, dass günstige Lieferantenverträge und besondere Zahlungsvereinbarungen auch seinem Nachfolger gewährt werden.

7.4.7 Die Mitarbeiter der Praxis

Die Einarbeitung durch den bisherigen Inhaber kann es dem Nachfolger leichter machen, das Vertrauen der Mitarbeiterinnen und Mitarbeiter zu gewinnen. Wird ein Unternehmen mit Mitarbeitern geführt, gilt für den Käufer nach § 613a BGB, dass er in die Rechte und Pflichten aus den im Zeitpunkt des Übergangs bestehenden Arbeitsverhältnissen eintritt. Damit gehen alle Arbeitsverhältnisse, wozu u. a. auch Ausbildungs-, Aushilfs- oder ruhende Arbeitsverhältnisse gehören, auf den neuen Praxisinhaber über. Das gilt auch, wenn kein schriftlicher Vertrag besteht.

Auch Sondervereinbarungen zwischen dem Praxisübergeber und seinen Mitarbeitern, wie etwa für Sonderzahlungen oder spezielle Urlaubsregelungen, müssen vom Praxisnachfolger übernommen werden. Er muss auch für Lohn- und Gehaltsschulden der letzten zwölf Monate haften, nicht aber für nicht abgeführte Sozialversicherungsbeiträge.

Eine Kündigung, die aufgrund des Praxisübergangs ausgesprochen wird, ist nach § 613a, Abs. 4 BGB unwirksam. Die betroffenen Mitarbeiter haben darüber hinaus das Recht, binnen eines Monats nach Übertragung, dem Übergang des Arbeitsverhältnisses zu widersprechen. Der Widerspruch muss schriftlich erfolgen.

7.4.8 Konkurrenzschutzklausel

Ein bereits vorhandener Patienten-/Kundenstamm ist nur dann für den neuen Praxisinhaber von Vorteil, wenn ihm der Praxisverkäufer nicht unmittelbar nach der Übergabe Konkurrenz macht. Es sollte verhindert werden, dass der Praxisverkäufer in der Nähe der alten Praxis direkt nach der Übergabe eine neue eröffnet. Deshalb sollte der Praxiserwerber auf die Vereinbarung einer Konkurrenzschutzklausel im Übernahmevertrag bestehen, bei der sich der Praxisverkäufer einem so genannten Rückkehrverbot unterwirft und sich verpflichtet, für eine bestimmte Zeit und in einem bestimmten Umkreis keine neue Praxis zu eröffnen oder zu übernehmen sowie durch andere vergleichbare Tätigkeiten mit dem neuen Praxisinhaber in Wettbewerb zu treten. Wird die Konkurrenzschutzklausel missachtet, wird eine Vertragsstrafe fällig. Gelegentliche Praxisvertretungen sollten allerdings auch weiterhin erlaubt sein.

7.4.9 Die Finanzsituation der Praxis

Machen Sie sich ein genaues Bild über die Finanzsituation der Praxis, d. h. über Umsatzentwicklung sowie Kosten- und Ertragsstruktur der letzten Jahre, Verbindlichkeiten und Haftungsrisiken sowie mögliche Steuerrückstände. So muss z. B. geklärt werden, inwieweit der Verkäufer nach der Übertragung für zurückliegende Verbindlichkeiten die Haftung übernimmt bzw. der Praxiskäufer für Schulden haftet, die vor der Übernahme entstanden sind.

Vorsicht: Die Haftung für betriebliche Steuern kann nicht durch irgendwelche Klauseln im Kaufvertrag ausgeschlossen werden. So haftet etwa ein Nachfolger für nicht abgeführte betriebliche Steuern, die im letzten Kalenderjahr vor der Übernahme fällig gewesen sind, wie z. B. an das Finanzamt nicht bezahlte Umsatzsteuer oder nicht oder unvollständig abgeführte Lohnsteuer sowie an die Gemeinde nicht bezahlte Gewerbesteuer. Dabei ist die Haftung jedoch begrenzt auf die Höhe des Unternehmenswertes. Der Käufer sollte sich vom Praxisverkäufer die entsprechenden Bescheinigungen vom Finanzamt und Gemeinde vorlegen lassen, dass alle erforderlichen Steuern bezahlt worden sind.

7.4.10 Weitere wichtige Aspekte der Praxisübernahme

Ferner müssen noch eine Reihe weiterer wichtiger rechtlicher Aspekte bei einer Praxisübergabe geklärt werden. Dazu gehört z. B., ob die Rechtsform geändert oder wie das Risiko für Verkäufer und Käufer abgesichert werden sollte, falls der Käufer zwischen Vertragsunterzeichnung und Praxisübergabe plötzlich arbeitsunfähig wird oder sogar verstirbt. Was gilt, wenn Behandlungshonorare bis zum Zeitpunkt der Übergabe noch nicht auf dem Praxiskonto eingezahlt worden sind? Welche betrieblichen Versicherungen hat der Altinhaber der Praxis abgeschlossen. Können oder müssen diese übernommen werden? Reicht der bisherige Versicherungsschutz überhaupt aus? Wie hoch sind die Beiträge für die einzelnen Versicherungen?

Somit ist die Gestaltung des Praxiskaufvertrages nicht nur in praktischer, sondern auch in rechtlicher, steuerlicher und wirtschaftlicher Hinsicht eine äußerst komplexe Aufgabe. Deshalb sollten Sie auf jeden Fall, bevor Sie irgendeine Unterschrift leisten, unbedingt qualifizierte Beratung einholen. Zur Beurteilung des Unternehmens und Ermittlung des Unternehmenswertes sind Wirtschaftsprüfer, Gutachter der zuständigen Kammern oder spezialisierte Unternehmensberater die richtigen Ansprechpartner. Für die Umsetzung der verschiedenen rechtlichen Vorschriften, für Ausarbeitung und Prüfung von Verträgen sollten Sie sich an einen Rechtsanwalt oder Notar wenden. Alle rechtlichen und wirtschaftlichen Verhältnisse, wie vom Eintritt in den Mietvertrag, von der Übernahme der Mitarbeiter bis hin zur Weitergabe von Patientendaten und der richtigen Rechtsform sollten eindeutig geklärt sein, bevor ein Kaufvertrag für die Praxis abgeschlossen wird.

Eine notarielle Beurkundung ist bei Kauf eines Einzelunternehmens nicht zwingend erforderlich, wird jedoch empfohlen. Ein Notar ist jedoch immer mit von der Partie, wenn ein Grundstück, eine Immobilie oder auch GmbH-Anteile übertragen werden sollen.

Noch ein Tipp: Um die Übersicht nicht zu verlieren, sollten Übergeber und Übernehmer der Praxis eine Inventarliste anlegen, um zu dokumentieren, welche Gegenstände übertragen werden. Bei Praxisübergabe hilft ein Übernahmeprotokoll, spätere Streitigkeiten über die Vollständigkeit des übertragenen Praxisinventars zu vermeiden.

7.5 Der Wert der Praxis

Einer der wichtigsten Punkte im Praxiskaufvertrag ist jedoch der Kaufpreis. Nicht selten sind unterschiedliche Vorstellungen über die Kaufpreishöhe ein häufiger Anlass für Differenzen zwischen Verkäufer und Käufer. Der Käufer möchte einen möglichst geringen Kaufpreis zahlen. Der Verkäufer betrachtet seine Praxis als sein Lebenswerk und wünscht sich, dass sich all die Arbeit, Kraft und Mühe, die er in die Praxis investiert hat, im Verkaufspreis wiederspiegeln. Dabei überschätzt der Altinhaber aber häufig den Marktwert seines Unternehmens, was zu unrealistischen Preisvorstellungen führen kann.

Davon abgesehen ist die Berechnung des Praxiswertes und des Praxispreises tatsächlich eine komplizierte Angelegenheit. Denn der Gegenwert einer Fußpflegepraxis ergibt sich einerseits aus einer Vielzahl von Vermögensgegenständen, z. B. Praxiseinrichtung, Computer, medizinische Geräte sowie Vorräte an Therapie- und Pflegematerialien, und andererseits aus dem so genannten Goodwill. Damit gemeint sind die ideellen Werte eines Unternehmens, wie etwa der Ruf der Praxis, das Know-how der Praxis, der Kunden-/Patientenstamm und die bestehenden Beziehungen des Altinhabers zu Patienten/Kunden und zu anderen Auftraggebern wie Altenheimen oder Krankenhäusern, aber auch die geschätzte künftige Entwicklung von Umsätzen und Erträgen.

Lassen sich die materiellen Werte einer Praxis ohne größere Schwierigkeiten bewerten, ist der Wert der immateriellen Güter nur schwer einzuschätzen. Wer kann schon exakt vorhersagen, wie z. B. die Kunden/Patienten auf den Inhaberwechsel reagieren werden? Außerdem sind weder der Praxisverkäufer noch der Praxiskäufer Experten auf dem Gebiet der Unternehmensbewertung, weshalb zur Ermittlung des Unternehmenswertes unbedingt der Rat von Experten (Gutachter der Wirtschaftskammern, Unternehmensberater, Wirtschaftsprüfer, Steuerberater, Branchenverband) eingeholt werden sollte.

Dabei müssen sich jedoch Verkäufer und Käufer klar sein, dass der von den Profis ermittelte Unternehmenswert nicht dem Kaufpreis gleichzusetzen ist, sondern lediglich die Basis für die anschließenden Kaufpreisverhandlungen darstellt. Denn wie in der Marktwirtschaft üblich, gelten auch beim Kauf einer Podologie-/Fußpflegepraxis oder einem anderen Unternehmen die Spielregeln von Angebot und Nachfrage, wodurch der Preis bestimmt wird. Schließlich lässt sich ein bestimmter Preis nur dann durchsetzen, wenn man einen Käufer findet, der auch bereit ist, diesen Preis zu zahlen. Auch spielt Ihr Verhandlungsgeschick eine wichtige Rolle, ob Sie die Praxis zu einem für Sie möglichst günstigen Preis bekommen.

7.6 Häufige Bewertungsverfahren

Es gibt eine Reihe von unterschiedlichen Verfahren, um einen Unternehmenswert zu ermitteln, wobei je nach Methode der Unternehmenswert unterschiedlich hoch ausfällt. Die gebräuchlichsten Verfahren sind:

- das Vergleichswertverfahren
- das Ertragswertverfahren
- das Substanzwertverfahren
- das Mittelwertverfahren

7.6.1 Vergleichswertverfahren

Vor allem bei kleinen und mittleren Unternehmen, die miteinander vergleichbar sind und derselben Branche angehören, bietet sich Vergleichswertverfahren an. Hierbei dienen als Verhandlungsbasis die Preise für Verkäufe branchengleicher Unternehmen mit ähnlichen oder fast übereinstimmenden Kennziffern, wie z. B. etwa Unternehmensgröße, Kunden-/Patientenstruktur und Region. Kammern, Branchenverband oder spezialisierte Unternehmensberater sind die richtigen Ansprechpartner, um die Vergleichsdaten zu erhalten.

7.6.2 Ertragswertverfahren

Die gebräuchlichste Methode zur Wertermittlung eines Unternehmens ist das Ertragswertverfahren, bei der die zukünftige Ertragskraft eines Unternehmens (in der Regel geschätzt für die nächsten fünf Jahre) im Vordergrund steht. Hierbei werden die erwirtschafteten Gewinne der nächsten Jahre vorausberechnet. Die Basis bilden um verschiedene Positionen bereinigte Gewinn- und Verlustrechnungen der letzten drei Jahre.

Die Kernfrage der Ertragswertmethode lautet, ob die investierte Summe für den Kaufpreis genügend Zinsen in Form der künftig erwirtschafteten Unternehmensgewinne abwerfen wird. Für den Käufer hat die Bewertungsmethode den Vorteil herauszufinden, ob sich die Investition für den Unternehmenskauf lohnen wird oder ob das Geld nicht doch besser in gut verzinsbaren Wertpapieren angelegt wäre. Soll der Unternehmenskauf zumindest teilweise fremdfinanziert werden, sind auch für die Banken die künftigen Ertragsaussichten von besonderem Interesse. Denn nur wenn sich der Kaufpreis angemessen verzinst, dann ist gewährleistet, dass der Nachfolger seinen Zahlungsverpflichtungen für Zinsen und Tilgungen nachkommen und so das aufgenommene Darlehen zurückzahlen kann. Häufig erfolgt die Unternehmensbewertung auf der Basis der vom Institut für Wirtschaftsprüfer (IDW) entwickelten Grundsätze. Hierbei wird der Wert eines Unternehmens auf Basis der finanziellen Erträge bestimmt, die sich aus dem Weiterführen des Unternehmens und dem Veräußern von nicht betriebsnotwendigen Vermögen ergeben. Einen Eindruck über die vielseitigen Aspekte, die bei der Unternehmensbewertung zu berücksichtigen sind, vermitteln die Hinweise der *Bundessteuerberaterkammer zu den Besonderheiten bei der Ermittlung eines objektivierten Unternehmenswerts kleiner und mittelgroßer Unternehmen* (abrufbar auf der Internetseite der Bundessteuerberaterkammer (BStK) www.bstk.de).

7.6.3. Substanzwertverfahren

Das Substanzwertverfahren geht von der Frage aus, was es kosten würde, ein Unternehmen in seinem gegenwärtigen Zustand neu zu errichten. Unter Substanzwert wird die Summe aller in einem Unternehmen vorhandener Vermögensgegenstände wie Grundstücke, Gebäude, Einrichtung, Geräte usw. abzüglich der Schulden verstanden.

Für die Bewertung von betriebsnotwendigen Vermögensgegenständen wird der Wiederbeschaffungswert unter Berücksichtigung von Wertminderungen etwa durch Alter oder Abnutzung herangezogen. Nicht betriebsnotwendiges Vermögen wird mit zu erzielenden Veräußerungspreis angesetzt. Es wird empfohlen, zur Ermittlung des Substanzwertes eines Unternehmens neutrale Sachverständige (Adressen gibt es bei Industrie- und Handelskammern sowie Handwerkskammern) hinzuzuziehen.

Bei der Bewertung von Unternehmen spielt der Substanzwert heute eine untergeordnete Rolle. Das Verfahren eignet sich vor allem für kleinere Betriebe und ist in erster Linie als Hilfswert anzusehen. So ist der Wert für Kapitalgeber für die Besicherung von Darlehen von Nutzen und bildet als nachrechenbare Größe einen Orientierungsrahmen für Investitionsentscheidungen.

Bei der Ermittlung des Unternehmenswertes nach dem Substanzwertverfahren bleiben wichtige Aspekte, die den Wert eines Unternehmens ebenfalls bestimmen, außer Acht. Dazu gehören Ruf, Image, Standort, Kunden-/Patientenstamm, Beziehung zwischen Praxisinhaber und seinen Kunden/Patienten oder auch die Qualifikation der Mitarbeiter sowie die geschätzte zukünftige Ertragslage. Diese Einflussgrößen werden als Geschäftswert, ideeller Firmenwert oder auch Goodwill bezeichnet, sind schwer zu bewerten und werden bei der Kaufpreisbildung noch hinzugerechnet. Das heißt, die Differenz zwischen Kaufpreis und Substanzwert ergibt den ideellen Firmenwert.

Mit der Substanzwertmethode wird also keine Aussage über zukünftige Erträge eines Unternehmens gemacht, was für einen Käufer natürlich von besonderem Interesse ist. Schließlich wird man zwei Unternehmen mit demselben Substanzwert unterschiedlich bewerten müssen, wenn das eine z. B. Gewinne erwirtschaftet, das andere jedoch kurz vor dem Aus steht. Bei einem hohen Substanzwert und geringer Ertragskraft wird jedoch der Verkäufer sein Augenmerk auf das Substanzwertverfahren richten, um über den hohen Substanzwert einen möglichst guten Verkaufspreis zu erzielen.

7.6.4 Mittelwertverfahren

In der Praxis werden häufig beide Verfahren – das Ertragswertverfahren und das Substanzwertverfahren – miteinander kombiniert, wobei der Kaufpreis in der Regel zu 90 % durch den Ertragswert und zu 10 % durch den Substanzwert bestimmt wird. Allerdings sind die Methoden, wie diese Verfahren kombiniert werden, verschieden. Schließlich ist es von Bank zu Bank unterschiedlich, wie die Einschätzung der künftigen Ertragslage oder der Berücksichtigung des Substanzwertes gehandhabt wird.

7.7 Formen der Übergabe

Eine Praxis ist gefunden, die Kaufpreisverhandlungen waren erfolgreich und zufriedenstellend. Nun stellt sich die Frage nach den Zahlungsmodalitäten. Wie der Kaufpreis entrichtet werden sollte, dafür gibt es folgende Möglichkeiten:

7.7.1 Einmalzahlung

Beim Kauf der Praxis gegen Einmalzahlung wird der gesamte Kaufpreis an einem bestimmten Stichtag auf einmal dem Verkäufer bezahlt. Das hat den Vorteil, dass Sie als Praxisübernehmer sofort Eigentümer der Wirtschaftsgüter werden, die Besitzverhältnisse eindeutig geklärt sind und – falls Immobilien im Kauf enthalten sind – deren künftigen Wertesteigerungen Ihnen zukommen. Von Nachteil kann jedoch sein, dass Sie auf einmal eine hohe Kapitalsumme aufbringen müssen, der Kapitalbedarf entsprechend hoch ist, weshalb die Aufnahme von Fremdkapital erforderlich wird.

7.7.2 Raten- und Rentenzahlungen

Eine mögliche Alternative zur Einmalzahlung ist der Kauf gegen wiederkehrende Zahlungen in Form von Raten- oder Rentenzahlungen. Als Käufer müssen Sie sich aber vorher genau überlegen, ob Sie künftig in der Lage sein werden, die wiederkehrenden Zahlungen zu leisten. Bei Ratenzahlungen wird im Kaufvertrag der Zeitraum, in dem der Kaufpreis in Raten abgezahlt wird, festgelegt und das Ende der wiederkehrenden Belastungen ist vorhersehbar. Das gilt auch für die Zeitrente, bei der die Laufzeit ebenfalls auf eine bestimmte Dauer festgelegt ist, mindestens auf zehn Jahre.

Bei Bezahlung des Kaufpreises in Form einer Leibrente dagegen gibt es keinen festgelegten Zahlungszeitraum. Die regelmäßigen Rentenzahlungen erfolgen bis zum Tod des Berechtigten.

Der Vorteil der wiederkehrenden Zahlung liegt in der leichteren Finanzierbarkeit des Kaufpreises. Das gilt in erster Linie für die Ratenzahlung. Bei Zahlung per Rente kann es je nach Rentenform passieren, dass die Rentenbeiträge insgesamt eine höhere Summe ergeben als der Wert bzw. der Kaufpreis des zu übernehmenden Unternehmens.

Ob einmalige oder wiederkehrende Zahlungen – das Finanzamt ist bei einer Unternehmensübertragung immer mit von der Partie. Die vielfältigen steuerlichen Möglichkeiten sowie Be- und Entlastungen, die mit dem Kauf eines Unternehmens verbunden sind, empfehlen auf jeden Fall die Beratung durch einen Steuerberater.

Sobald Sie eine bestimmte Podologie-/Fußpflegepraxis im Auge haben, die Sie gerne übernehmen möchten, sollten Sie die Praxis genau *unter die Lupe* nehmen und einer eingehenden Prüfung unterziehen. Die *Checkliste: Übernahme einer Podologie-/Fußpflegepraxis* soll Ihnen als roter Faden dienen, um herauszufinden, ob Ihr Wunschobjekt auch tatsächlich das Richtige für Sie ist. Die Checkliste hilft Ihnen auch zu erkennen, wo Sie noch Beratungsbedarf haben. Wenn Sie zweifeln, unsicher sind und häufig mit Nein antworten, dann ist das ein sicheres Zeichen dafür, dass Sie Vorsicht walten lassen sollten und vielleicht sogar doch besser noch nach weiteren Angeboten Ausschau halten sollten.
Siehe Checkliste: Übernahme einer Podologie-/Fußpflegepraxis und Kapitel 19: Die kompetente Beratung

Auch im Internet unter www.existenzgruender.de in der Rubrik *Unternehmen führen* finden Sie eine Reihe von detaillierten Checklisten zum Thema Unternehmensnachfolge, in denen einzelne Aspekte der Unternehmensübertragung wie Finanzsituation, Konkurrenzsituation, Beleuchtung des Kundenstamms oder Analyse der Betriebsstätte eingehend durchgearbeitet werden können. Auf der Webseite der Unternehmensnachfolgebörse www.nexxt-change.org gibt es neben einer Vielzahl von Informationen rund um die Unternehmensnachfolge einen Link zum KMUrechner, der den individuellen Unternehmenswert und die Finanzierbarkeit des Kaufpreises online berechnet. Entwickelt wurde das Online-Tool zur Unternehmensbewertung am Institut für Entrepreneurship, Mittelstand und Familienunternehmen (EMF-Institut) der Hochschule für Wirtschaft und Recht (HWR) Berlin. Die Nutzung des Online-Rechners ist anonym und kostenlos und mag als Einstieg in die Materie durchaus interessant sein.

7.8 Nicht vergessen – Neuzulassung beantragen!

Wird eine Podologiepraxis verkauft, endet damit auch die Krankenkassenzulassung. Will der Praxiserwerber wie sein Vorgänger auch weiterhin seine Leistungen zu Lasten der gesetzlichen Krankenversicherung an seine Patienten abgeben, benötigt er eine Zulassung der gesetzlichen Krankenkassen. Nach dem Kauf der Praxis darf er daher nicht vergessen eine Neuzulassung zu beantragen. In den Zulassungsempfehlungen des GKV-Spitzenverbandes (Stand: Fassung vom 26.11.2018) ist dazu unter Punkt 2.3.1 zu lesen: „Im Falle des Verkaufs – ohne Verlegung – werden die persönlichen Zulassungsvoraussetzungen des neuen Praxisinhabers sowie die Pflichtausstattung geprüft, nicht jedoch die räumlichen Anforderungen".

Checkliste: Übernahme einer Podologie-/Fußpflegepraxis			
Wichtige Fragen bei der Praxisübergabe	**Ja**	**Nein**	**Ich bin nicht sicher/ Weiß ich nicht**
Allgemein			
Ist Ihnen der wahre Grund bekannt, warum die Praxis aufgeben werden soll?	☐	☐	☐
Hat die Praxis einen guten Ruf bei Patienten, Mitarbeitern und Lieferanten?	☐	☐	☐
Ist die Geschichte der Praxis von der Gründung bis heute bekannt?	☐	☐	☐
Legt der Praxisinhaber Wert auf ein professionelles, zur Branche passendes Corporate Identity (Logo, Berufskleidung, Werbemittel)?	☐	☐	☐
Ist die Darstellung der Praxis nach außen veraltet, uneinheitlich oder ohne Konzept?	☐	☐	☐
Ist der Praxisverkäufer für eine Einarbeitungsphase nach der Übergabe bereit?	☐	☐	☐
Stimmt die „Chemie" zwischen Ihnen und dem Praxisverkäufer?	☐	☐	☐
Wissen Sie, seit wann die Praxis zum Kauf angeboten und ein Nachfolger gesucht wird?	☐	☐	☐
Praxisausstattung und -räumlichkeiten			
Ist der Zustand der Praxis (Einrichtung, Geräteausstattung, Zuschnitt der Räumlichkeiten, Ambiente) positiv?	☐	☐	☐
Müssen Einrichtungsgegenstände, Gerätschaften oder Instrumente erneuert oder ergänzt werden?	☐	☐	☐
Sind Renovierungs- oder Umbauarbeiten erforderlich?	☐	☐	☐
Entspricht die Praxisausstattung den Anforderungen für eine Zulassung der gesetzlichen Krankenversicherer?	☐	☐	☐
Können Sie die Räumlichkeiten langfristig für als Podologie-/Fußpflegepraxis nutzen?	☐	☐	☐
Ist der Vermieter mit dem Mieterwechsel einverstanden?	☐	☐	☐
Werden die Mietkonditionen geändert?	☐	☐	☐
Entspricht der Mietpreis Ihren Vorstellungen?	☐	☐	☐
Standort			
Passt der Standort zu Ihrem Praxiskonzept?	☐	☐	☐
Ist die Praxis gut erreichbar (öffentlichem Nahverkehr und PKW)?	☐	☐	☐

Fortsetzung	Ja	Nein	Ich bin nicht sicher/ Weiß ich nicht
Gibt es Parkplätze?	☐	☐	☐
Sind Standortveränderungen geplant, die die Qualität des Standorts beeinträchtigen, verschlechtern oder eventuell noch verbessern werden?	☐	☐	☐
Angebot, Markt und Konkurrenz			
Wissen Sie, mit welchen Leistungen und Angeboten die Praxis besonders erfolgreich ist oder war?	☐	☐	☐
Wird das Angebot auch künftig den Bedürfnissen der Kunden gerecht oder sind Anpassungen erforderlich (z. B. aufgrund neuer Trends, neuer Produkte, moderner Behandlungsmethoden)?	☐	☐	☐
Gibt es noch Marktlücken?	☐	☐	☐
Gibt es im näheren Umfeld einen oder mehrere Konkurrenten?	☐	☐	☐
Hebt sich die Praxis im Angebot und Service von der Konkurrenz ab?	☐	☐	☐
Kennen Sie die Stärken und Schwächen Ihrer Konkurrenten?	☐	☐	☐
Müssen Sie mit neuen Praxisöffnungen im Umfeld rechnen?	☐	☐	☐
Patienten/Kunden			
Ist die Patienten-/Kundendatei auf dem neuesten Stand?	☐	☐	☐
Ist die Patienten-/Kundenzahl ausreichend?	☐	☐	☐
Gibt es einen festen Patienten-/Kundenstamm?	☐	☐	☐
Wie ist die Struktur der Patienten/Kunden und wie ist es um deren Zahlungsfähigkeit bestellt?	☐	☐	☐
Werden Sie den Stamm an Patienten/Kunden halten können?	☐	☐	☐
Sehen Sie Möglichkeiten, neue Patienten/Kunden zu gewinnen?	☐	☐	☐
Ist der Praxisbetrieb von einem Großkunden abhängig, z. B. Altenheim, Krankenhaus?	☐	☐	☐
Ist der Praxisverkäufer bereit, mit Ihnen gemeinsam die Patienten über die Praxisübergabe zu informieren?	☐	☐	☐
Sind Sie über die in der Praxis üblichen Zahlungsmodalitäten informiert?	☐	☐	☐

Fortsetzung	Ja	Nein	Ich bin nicht sicher/ Weiß ich nicht
Lieferanten			
Wissen Sie, welche Fachfirmen die Praxis beliefern?	☐	☐	☐
Kennen Sie die Lieferverträge, deren Laufzeiten und Konditionen?	☐	☐	☐
Sind Sie mit dem gelieferten Sortiment und der Qualität der Waren einverstanden?	☐	☐	☐
Werden Sie künftig zu denselben Konditionen wie bisher beliefert?	☐	☐	☐
Hat es in den letzten drei Jahren Reklamationen gegeben?	☐	☐	☐
Sind noch Forderungen gegenüber der Praxis offen?	☐	☐	☐
Sind Sie über die mit den Lieferanten getroffenen Zahlungsvereinbarungen informiert?	☐	☐	☐
Möchten oder müssen Sie sich neue Lieferanten suchen?	☐	☐	☐
Personal			
Beschäftigt der Praxisinhaber angestellte Mitarbeiter?	☐	☐	☐
Sind auch freie Mitarbeiter in der Praxis tätig?	☐	☐	☐
Arbeiten ausschließlich freie Mitarbeiter mit?	☐	☐	☐
Wie lange schon gehören die Mitarbeiter zur Praxis?	☐	☐	☐
Sind Sie über die Arbeitszeiten der Mitarbeiter (Vollzeit/Teilzeit) informiert?	☐	☐	☐
Sind Gehälter und Honorare angemessen?	☐	☐	☐
Ist das Betriebsklima gut?	☐	☐	☐
Wurde das Praxisteam bereits über die Praxisübertragung informiert (muss schriftlich erfolgen!)?	☐	☐	☐
Sind die Mitarbeiter qualifiziert genug?	☐	☐	☐
Haben die Mitarbeiter sich regelmäßig weitergebildet?	☐	☐	☐
Wird das Praxisteam Sie akzeptieren (stimmt die Chemie)?	☐	☐	☐

Fortsetzung	Ja	Nein	Ich bin nicht sicher/ Weiß ich nicht
Praxisbetrieb			
Haben Sie sich über die Entwicklung der Ertrags- und Kostensituation in den vergangenen fünf Jahren informiert?	☐	☐	☐
Gibt es Gesellschafter, die der Übertragung zustimmen müssen?	☐	☐	☐
Wurden die Versicherungsgesellschaften, bei denen die betrieblichen Risiken versichert sind, von der Übertragung informiert und sind diese damit einverstanden?	☐	☐	☐
Soll die bisherige Rechtsform beibehalten werden?	☐	☐	☐
Sind Ihnen alle Verbindlichkeiten der Praxis bekannt?	☐	☐	☐
Ist geklärt, wer die Haftung dafür übernimmt?	☐	☐	☐
Kann der Praxisübergeber vom Finanzamt eine Negativbescheinigung vorlegen, dass er keine betrieblichen Steuerschulden hat (Die Haftung des Praxisübernehmers kann für Steuerschulden vertraglich nicht ausgeschlossen werden.)?	☐	☐	☐
Kaufvertrag			
Halten Sie den Kaufpreis für angemessen?	☐	☐	☐
Hat der bisherige Inhaber eine qualifizierte Bewertung der Praxis durch einen unabhängigen Dritten vornehmen lassen?	☐	☐	☐
Ist der Zeitpunkt festgelegt, wann die Praxis übergeben werden soll?	☐	☐	☐
Ist angegeben, wie der Kaufpreis zu bezahlen ist?	☐	☐	☐
Enthält der Kaufvertrag ggf. eine Konkurrenzschutzklausel?	☐	☐	☐
Finden Sie alle Vereinbarungen, die Sie und der Praxisübergeber mündlich miteinander getroffen haben, im Kaufvertrag in schriftlicher Form wieder?	☐	☐	☐
Lassen Sie den Kaufvertrag von einem Rechtsanwalt überprüfen?	☐	☐	☐

Typische Fehler bei der Übergabe von Unternehmen

- Der Senior-Unternehmer überschätzt den Wert des Unternehmens und fordert einen überhöhten Kaufpreis.
- Eine Betriebsübernahme wird im Vergleich zur Neugründung als leichter zu meistern eingeschätzt.
- Der Planungszeitraum für eine Unternehmensübergabe wird unterschätzt.
- Der Nachfolger wird nur unzureichend eingeführt.
- Notwendige Ersatzinvestitionen werden vom Übergeber in den letzten Jahren vor der Übergabe nicht mehr durchgeführt.
- Kinder des Unternehmensinhabers werden als Nachfolger zu lange eingeplant. Stellt sich heraus, dass sie weder geeignet noch gewillt sind, wird häufig versäumt, rechtzeitig nach einem Nachfolger Ausschau zu halten.
- Für den Fall des plötzlichen Todes werden keine Erbschaftsregelungen getroffen.
- Keine Vorkehrungen (z. B. Erteilen von Vollmachten, Kopien der wichtigsten Unterlagen etc.) werden für den Fall getroffen, dass der Inhaber aufgrund von unerwarteten Ereignissen, wie z. B. durch eine Krankheit, plötzlich ausfällt und das Unternehmen ohne Führung ist.
- Beratungszuschüsse werden nicht genutzt.
- Öffentliche, zinsgünstige Fördermöglichkeiten für Existenzgründer werden nicht in Anspruch genommen.

8 Die Standortwahl

Wer träumt nicht davon? Eine Podologie-/Fußpflegepraxis in einem modernen Gebäude in bester Geschäftslage! Aufgrund der idealen Lage wird die Praxis zum Selbstläufer! Leider ist es nicht ganz so einfach. Eine dem ersten Anschein nach wohlklingende Adresse kann, aber muss nicht automatisch der richtige Standort für eine Praxis sein. Die Standortfrage ist eine der wichtigsten Grundsatzüberlegungen, die Sie vor der Gründung anstellen müssen. Als Dienstleistungsunternehmung, das die sich auf einem räumlich begrenzten Absatzmarkt behaupten muss, hat – langfristig betrachtet – die Wahl des Standorts einen großen Einfluss auf den wirtschaftlichen Erfolg Ihrer Praxis. Einmal getroffen ist bei falscher Einschätzung eine Standortentscheidung oft nur mit erheblichen Schwierigkeiten rückgängig zu machen und kann unter Umständen sogar das Aus für Ihr Unternehmen bedeuten. Lesen Sie in diesem Kapitel, welche Kriterien bei der Wahl des richtigen Standorts berücksichtigt werden sollten.

8.1 Der optimale Standort

Gibt es überhaupt den optimalen Standort? Was tatsächlich optimal ist, hängt natürlich von dem jeweiligen Unternehmen ab. Zugleich wird die Standortqualität immer von verschiedenen Faktoren bestimmt, die sich auch gegenseitig beeinflussen können. So kann z. B. ein Standort, obwohl die Miete für die Praxisräume günstig wäre, aufgrund einer schlechten Verkehrsanbindung trotzdem nicht in Frage kommen.

Die Wahl des Standorts berührt alle wichtigen Bereiche Ihres Praxiskonzepts von Kunden- und Patientenstruktur über Standortkosten, Mitbewerber, Lieferanten, Größe der geplanten Praxis, Arbeitskräftepotential, Arbeits- und Lebenssituation, behördliche Auflagen und Genehmigungen bis hin zur Infrastruktur und Verkehrsanbindung. Es gilt, den Standort herauszufinden, an dem die für die eigene Praxis relevanten Standortfaktoren vorhanden und so gut aufeinander abgestimmt sind, dass Sie Ihre Pläne und Zielsetzungen am besten verwirklichen können.

8.2 Kunden-/Patientenpotential abschätzen

Erreiche ich am Standort meine Zielgruppe(n)? und Gibt es dort überhaupt genügend Kunden/Patienten? Diese Fragen sollten Sie eindeutig mit Ja beantworten können. Denn der Einzugsbereich gehört zu den bedeutendsten Standortfaktoren Ihrer Praxis. Verschaffen Sie sich deshalb einen Überblick über das Kunden-/Patientenpotenzial am Standort. Berücksichtigen Sie hierbei auch die Faustregel, die für Einzelhandel wie Dienstleister gleichermaßen gilt: 70 % der potenziellen Kunden wohnen im Umkreis vom Standort bis zu 5 Gehminuten und weitere

20 % bis zu 8 Minuten entfernt. Als äußerste Grenze wird eine Fahrzeit von 30 Minuten mit dem Auto angesehen. Allerdings – bei einem Standort im ländlichen Raum kann aufgrund seiner dünneren Besiedlung der Einzugsbereich jedoch großzügiger ausfallen.

Machen Sie sich so genau wie möglich ein Bild von Ihren potenziellen Kunden und Patienten. Informieren Sie sich über Anzahl der Haushalte, über Alter, Familienstand, Arbeitsmarktsituation, Einkommen, Bildungsgrad, aber auch z. B. hinsichtlich Wertvorstellungen, Preisbewusstsein und Kaufverhalten. Wie und wo sich Zahlen und Daten hinsichtlich der potenziellen Kunden und Patienten und zur Kaufkraft vor Ort ermitteln lassen. Der Überblick hinsichtlich der demographischen Zusammensetzung der Bevölkerung innerhalb des Einzugsbereichs der Praxis ist wichtig, um abschätzen zu können, ob sich am gewählten Standort eine Podologie-/Fußpflegepraxis überhaupt mit Erfolg führen lassen wird bzw. ob die Zielsetzung Ihrer Praxis auch zum Standort passt. Was nützt es, den Schwerpunkt der Praxis z. B. auf Kinder, ältere Menschen oder auf Diabetiker zu legen, wenn die Klientel zahlenmäßig zu gering ist?

Siehe Kapitel 3: Die Geschäftsidee, v.a. 3.2.1 Die Zielgruppe, 3.2.1.1 Die Informationsbeschaffung und 3.2.2 Die Nachfrage

Ausgehend von der Anzahl der potenziellen Kunden/Patienten lässt sich dann auch der mögliche Umsatz errechnen, der an diesem Standort voraussichtlich erzielt werden kann. Wer berufliche Erfahrung mitbringt und daher weiß, wie viel im Durchschnitt je nach Alter und Behandlung pro Patient/Kunde abgerechnet werden kann, kann natürlich am besten die mögliche Umsatzsituation abschätzen.

8.3 Synergien nutzen, Konkurrenz prüfen

Grundsätzlich sollte man vor der Entscheidung für bestimmte Praxisräume das Umfeld des Standorts durch eine Begehung vor Ort in Augenschein nehmen und prüfen. Eine Podologie-/Fußpflegepraxis muss nicht unbedingt in der besten Lauflage der City angesiedelt sein. Dennoch sind Kundennähe und Nachfragepotential wichtige Aspekte bei der Wahl der Räumlichkeiten. So kann es nur von Vorteil für Ihre eigene Praxis sein, wenn im näheren Umfeld oder im selben Gebäudekomplex ergänzende Dienstleistungsangebote zur Verfügung stehen, die potenzielle Kunden/Patienten ebenfalls in Anspruch nehmen könnten und zugleich für Ihre Praxis Kooperationsmöglichkeiten eröffnen. Dazu zählen Ärzte, Orthopädieschuhmacher, Sanitätshäuser, Apotheken, Gesundheits- und/oder Wellnesszentren, Kosmetikinstitute und sogar Ernährungsberatungen. Interessant ist ferner die Möglichkeit, mit nahegelegenen Krankenhäusern, Alten- und Pflegeheimen zu kooperieren.

Sie müssen sich aber auch über die Konkurrenzsituation vor Ort einen Überblick verschaffen. Das Vorhandensein anderer Anbieter medizinischer/kosmetischer Fußpflege muss nicht unbedingt gegen einen Standort sprechen, vorausgesetzt Sie kennen das Angebot Ihrer Konkurrenten und haben eine Vorstellung darüber, wie Sie sich durch Spezialisierungen und Setzen von Schwerpunkten davon abheben und den Kunden-/Patientennutzen steigern könnten.

Kennzeichnen Sie in der Nadelkarte, in der Sie bereits konkurrierende podologische/fußpflegerische Praxen eingetragen haben, ergänzende Betriebe und für Ihr Angebot interessante nahegelegene Care-Einrichtungen wie Kliniken, Alten- und Pflegeheime, mit andersfarbigen Stecknadeln. Auf diese Weise erhalten Sie auch plastisch einen Überblick über Unternehmen benachbarter Branchen in der Nähe des von Ihnen anvisierten Standorts. Durch Unternehmen im Umfeld, die zur Podologie/Fußpflege ergänzende Dienstleistungen anbieten, können sich für Ihre Praxis wertvolle Synergien daraus ergeben. Wenn Sie sich für einen bestimmten Standort entschieden haben, machen Sie sich bei den entsprechenden Einrichtungen an dem Standort, bekannt. Gehen Sie auf die infrage kommenden Unternehmen in Ihrer Nachbarschaft zu, stellen Sie sich vor und bitten Sie z. B. darum, zur Eröffnung denr Praxis-Flyer auslegen zu dürfen oder laden Sie die Geschäftsinhaber ein, sich die Praxis anzuschauen, wenn Sie einen „Tag der offenen Tür" veranstalten etc.

Siehe Kapitel 3.2.3

8.4 Die Erreichbarkeit

Ebenfalls bedeutende Standortfaktoren für eine podologische/fußpflegerische Praxis sind die Infrastruktur und die Verkehrsanbindung. Gute Erreichbarkeit gehört einfach dazu, um den Besuch für Ihre Kunden und Patienten von Anfang an so angenehm wie möglich zu machen. Aber auch für Sie selbst oder Ihre Mitarbeiter, falls Sie welche einstellen wollen, ist eine verkehrsgünstige Lage von Vorteil. Gute Erreichbarkeit einer Praxis ist aber auch ein weiteres Plus für den Standort, wenn Sie medizinische/kosmetische Fußpflege ambulant anbieten und Hausbesuche machen möchten – d. h. für den schnellen Weg von der Praxis zum Kunden/Patienten.

Nicht nur die Stadt oder die Gemeinde, die Sie als Standort im Auge haben, sondern auch die Praxis innerhalb des Ortes soll gut erreichbar sein. Ein wichtiger Aspekt bei der Standortwahl ist daher auch die Anbindung an das öffentliche Nahverkehrsnetz, also an Bus oder Tram-, U- oder S-Bahn. Denken Sie zudem an ältere Kunden/Patienten mit schmerzenden Füßen sowie an Lieferanten. Sind die Zufahrtswege gut ausgebaut, was etwa Breite oder Wendemöglichkeiten anbetrifft? Sind genügend Parkplätze vor oder in unmittelbarer Nähe der Praxis vorhanden? Erkundigen Sie bei der Gemeinde vor Ort, ob und wie viele

Parkplätze Sie nachweisen müssten, wenn Sie an dem anvisierten Standort eine Praxis eröffnen wollten. Können Sie die vorgeschriebene Anzahl an Stellplätzen aber nicht vorweisen, müssten Sie dafür an die Gemeinde Ausgleichszahlungen leisten. Fragen Sie deshalb auch nach, in welcher Höhe in diesem Fall Gebühren anfallen würden. Denn die Beträge müssten Sie in Ihren Finanzplanungen berücksichtigen, falls Sie trotzdem bei diesem Standort bleiben wollten. Aber abgesehen davon, dass die geforderten Zahlungen Ihr Budget belasten, macht es wenig Sinn, an die Gemeinde hohe Gebühren für fehlende Parkplätze zu zahlen, wenn öffentliche Parkplätze von der Praxis zu weit entfernt sind. Für Kunden/Patienten mit Gehproblemen kann ein zu langer Fußweg so abschreckend wirken, dass sie vereinbarte Termine absagen oder von vorneherein ausbleiben.
Ein weiteres wichtiges Kriterium ist zudem die Lage der Praxis innerhalb des Hauses. Eine Fußpflegepraxis im vierten Stock eines Hauses, in dem sich kein Fahrstuhl befindet, ist sicher ein Problem für Menschen mit Geheinschränkungen. Für Rollstuhlfahrer kann ein Zugang zum Haus, der zu steil abfällt oder ansteigt, unüberwindlich sein. Ebenso kann eine lange, steile Außentreppe ältere Patienten, die nicht mehr so sicher auf den Beinen ist, von einem Besuch abhalten. Liegt die Praxis nicht ebenerdig, sondern in einer höheren Etage, ist ein Lift im Haus ein Muss, damit auch Menschen mit einer Gehbehinderung problemlos zu Ihnen kommen können.

8.5 Die Räumlichkeiten

Doch nicht nur ob die Praxisräume innerhalb des Hauses gut zugänglich sind, sollten Sie überprüfen, sondern auch ob die Räumlichkeiten den Anforderungen entsprechen. So muss die Größe der Praxis insgesamt, aber auch die Größe und Anzahl der Behandlungsräume zu Ihrem Praxiskonzept passen. Gibt es ausreichend Räumlichkeiten, um Sterilisationsraum (Labor), Lagerraum, Teeküche und eventuell getrennte Toiletten für das Praxisteam und Kunden/Patienten? Lassen sich die Räumlichkeiten in einen Empfangs-, Verkaufs- und Wartebereich sowie einem Behandlungsbereich aufteilen? Stimmt zudem der Zuschnitt der Praxis – Stichwort kurze Wege? Legen Sie Wert auf eine Praxis mit Schaufenster oder genügt Ihnen ein Praxisschild am Eingang des Hauses? Wird die Zulassung durch die gesetzlichen Krankenkassen gewünscht und falls ja, erfüllen die Räumlichkeiten die Zulassungskriterien? Beachten Sie, wenn Sie Mitarbeiter beschäftigen, ob sich die arbeitsschutzrechtlichen Bestimmungen umsetzen lassen (Stichpunkt: Arbeitsstättenverordnung, Vorschriften, Regeln und Schriften der Berufsgenossenschaft für Gesundheitsdienst und Wohlfahrtspflege – BGW). Welche Räumlichkeiten sind nun am geeignetsten? Um diese herauszufinden, stellen Sie eine Liste auf mit all den Kriterien, die Ihre neuen Praxisräume erfüllen müssen. Danach vergleichen Sie anhand der Liste, welche der an den Standortalternativen zur Wahl stehenden Räumlichkeiten diese

Anforderungen am besten entsprechen. Natürlich sollten Ihnen aber die neuen Räume auch gefallen. Überlegen Sie daher: Wo fühlen Sie sich wohl? Wo könnten Sie sich vorstellen, den ganzen Tag über zu arbeiten?

Siehe Kapitel 9: Einrichtung und Ausstattung

8.6 Bau- und Gewerbevorschriften einhalten

Es gibt zahlreiche gewerbe- und baurechtliche Gesetze und Vorschriften, die zum Teil nicht bundeseinheitlich geregelt sind. Daher ist die nächste Frage, die geklärt werden muss: „Spricht rechtlich etwas dagegen, an dem präferierten Standort eine Praxis zu gründen?“

War z. B. in den Räumlichkeiten vorher ein Friseursalon oder ein Schreibwarengeschäft angesiedelt, brauchen Sie die Genehmigung zur Nutzungsänderung. Soll eine bisher privat genutzte Mietwohnung in eine medizinische/kosmetische Fußpflegepraxis umgestaltet werden, ist zum einen die Erlaubnis des Vermieters erforderlich. Zum anderen muss bei Stadt oder Gemeinde nachgefragt werden, ob eine Zweckentfremdung des Wohnraums genehmigt werden muss. Eine andere wichtige Frage ist, unter welche Gebietskategorie das Gebiet fällt, in dem die Praxis eröffnet werden soll. So sind die Einschränkungen für Betriebsansiedlungen in einem reinen Wohngebiet am größten, weshalb sich in einem solchen Gebiet der Gründungswunsch – wenn überhaupt – nur ausnahmsweise verwirklichen lassen wird. Außerdem muss individuell vorab geprüft werden, ob eine Praxisgründung in einem allgemeinen Wohngebiet mit zur Versorgung der Bevölkerung dienenden, nicht störenden Betrieben sowie in einem Mischgebiet oder sogar in einem Gewerbe- oder Industriegebiet zulässig ist.

Daher ist jedem Gründungswilligen zu empfehlen, bevor er einen Mietvertrag für Praxisräume unterschreibt, rechtzeitig Kontakt mit dem Bauplanungsamt/ Bauverwaltungsamt, Gewerbeamt und Gewerbeaufsichtsamt aufzunehmen, um zu verhindern, dass das Vorhaben an fehlenden Genehmigungen scheitert.

Klären Sie auch mit der örtlichen Baubehörde die Anzahl der Parkplätze, die für Ihre Praxis vorzuweisen sind, und falls Sie diese nicht anmieten können, wie hoch die Stellplatzablöse (= an die Gemeinde zu zahlende Gebühr für fehlenden Parkraum) ausfallen wird.

Fragen Sie zudem bei der örtlichen Baubehörde nach, ob es Einschränkungen hinsichtlich der Gestaltung von Außenwerbemaßnahmen gibt. Nutzen Sie den Besuch bei der Baubehörde, um sich anhand von Flächennutzungs- und Bebauungsplänen zu informieren, ob und – wenn ja – mit welchen Veränderungen und Umstrukturierungen Sie im Umfeld Ihrer Praxis künftig rechnen müssen.

8.7 Standortkosten

Bei der Wahl des Standorts sind auch die Kosten ein wichtiger Aspekt. Dazu gehören Steuern (vor allem Gewerbesteuer, gilt nicht für Freiberufler), Personalkosten, Energiekosten und insbesondere Miete und Nebenkosten. Allerdings sollten die Kostenvorteile, die ein Standort bietet, immer im Zusammenhang mit anderen Standortparametern wie etwa Konkurrenzsituation, Verkehrsanbindung sowie Synergien und Kooperationsmöglichkeiten gesehen werden. Was nützt z. B. eine preisgünstige Lage, wenn Parkplätze fehlen, die Anbindung an den öffentlichen Nahverkehr schlecht oder die Praxis so weit vom Schuss ist, dass Kunden/Patienten trotz Werbemaßnahmen nicht den Weg zu Ihnen finden?

Die Höhe der Miete für die in Frage kommenden Räumlichkeiten muss stimmen! Können Sie die Miet- und Nebenkosten auch in der Anlaufphase der Praxis und in den ersten ein oder zwei Jahren stemmen? Der Mietzins hängt u. a. von der Attraktivität oder auch vom Angebot und Nachfrage des jeweiligen Standorts ab. Das Mietkostengefälle kann nicht nur zwischen den gut frequentierten Fußgängerzonen oder Einkaufspassagen und den Randlagen der Stadt, sondern auch zwischen Stadt und Land beträchtlich sein. Auf der Hut sollten Sie aber auf jeden Fall sein, wenn die Räumlichkeiten zu einem besonderen günstigen Preis angeboten werden. Versuchen Sie die Gründe dafür zu ermitteln.

8.8 Gewerbemietvertrag

Wurde das passende Objekt gefunden, ist der nächste Schritt der Abschluss des Mietvertrages. Grundsätzlich können Gewerbemietverträge und damit auch solche für eine Podologie-/Fußpflege-Praxis mündlich geschlossen werden, was jedoch aus Beweisgründen über den Vertragsinhalt nicht zu empfehlen ist. Außerdem gilt: Für Gewerbemietverträge, die für einen Zeitraum länger als ein Jahr laufen sollen, bedürfen ohnehin zwingend der Schriftform (§ 550 BGB), da sie sonst für unbestimmte Zeit gelten und frühestens erst nach Ablauf von einem Jahr gekündigt werden können. Die Kündigung folgt dann nach den Regeln der gesetzlichen Kündigungsfrist (= spätestens am 3. Werktag eines Kalendervierteljahres zum Ablauf des nächsten Kalendervierteljahres, § 580a Abs. 2 BGB), was aber in den meisten Fällen einem sicheren Planen und Arbeiten entgegenstehen dürfte.

Das Nutzungsrecht an den angemieteten Räumlichkeiten ist von entscheidender Bedeutung für die künftige Entwicklung Ihrer Praxis. Deshalb brauchen Sie Planungssicherheit, zum einen um eine langfristige Bindung zu Ihren Kunden/Patienten aufbauen zu können, zum anderen um sich Optionen offen zu halten, wie etwa eine spätere gemeinsame Führung der Praxis mit einem Partner oder Übertragung des Mietvertrages auf einen Nachfolger.

Natürlich soll auch das Verhältnis zum Vermieter möglichst störungsfrei verlaufen. Die beste Basis dafür ist ein schriftlicher Mietvertrag, in dem alle Regelungen, Zusagen und Absprachen festgehalten werden. Wichtig: Um die *Schriftform* zu erfüllen, sollten der Hauptvertrag und alle dazugehörigen Vertragsvereinbarungen fest miteinander verbunden werden. Der Abschluss eines Gewerbemietvertrages ist ein komplexes Thema. Neben der korrekten Einhaltung der Schriftform – auch hinsichtlich späterer Ergänzungen zum ursprünglichen Vertrag – sind eine Vielzahl von rechtlich bedeutsamen Regelungen zu beachten.

Zugleich soll der Vertrag auch Ihren Vorstellungen und Zielsetzungen gerecht werden. Daher ist es ratsam, zur Ausgestaltung, aber spätestens zur Überprüfung des Vertrages den Rat eines im Immobilienrecht versierten Rechtsanwalts einzuholen. Bevor Sie Ihre Unterschrift unter den Vertrag setzen, sollten Sie sich absolut sicher sein, dass alles juristisch seine Richtigkeit hat. Auf diese Weise lassen sich Vertragsfehler hinsichtlich der Anforderungen zur Schriftform und/oder bezüglich des Vertragsinhalts bereits im Vorfeld am besten vermeiden und damit in spe auch Unstimmigkeiten oder Streitigkeiten mit dem Vermieter.

Die Bedeutung des Mietvertrages sollten Sie nicht unterschätzen, denn es könnte im schlimmsten Fall sogar Ihre Existenz kosten, wenn z. B. Uneinigkeiten über die Laufzeit des Mietvertrages Sie unverhofft und kurzfristig zur Aufgabe der Praxis und damit des sorgfältig ausgewählten Standorts zwingen würden. Die *Checkliste: Der Gewerbemietvertrag* nennt eine Reihe von Punkten, die unbedingt vor Vertragsabschluss eindeutig geklärt werden sollten.

Siehe Checkliste: Der Gewerbemietvertrag

8.9 Die weichen Standortfaktoren

Das Umfeld des Unternehmens wird vor allem durch die sogenannten „weichen Standortfaktoren" bestimmt, die die konkrete Unternehmertätigkeit kaum beeinflussen, aber erheblich erleichtern können und hinsichtlich des verfügbaren Arbeitskräftepotentials, der Arbeitsmotivation und für die Anziehungskraft der Kunden/Patienten nicht zu unterschätzen sind.

Neben den sogenannten harten Standortfaktoren, die sich in Zahlen und Daten gut erfassen lassen, sind die weichen Standortfaktoren nur schwer zu messen, aber dennoch nicht weniger wichtig. Herrscht in der Stadt- oder Gemeindeverwaltung sowie im Landkreis des Standorts ein gründer- bzw. unternehmerfreundliches Klima (gute Beratungsnagebote, schnelle Bearbeitung von Anfragen und Anträgen etc.)? Welches Image hat der Standort? Wie ist die Wohnsituation? Sind die Mieten (noch) bezahlbar? Gibt es ausreichend Schulen und Kindergärten? Was wird kulturell geboten? Bietet die Region genügend Freizeitmöglichkeiten? Die weichen Standortfaktoren sollten Sie nicht nur in Bezug auf Ihre eigene Person unter die Lupe nehmen, sondern vor allem auch dann, wenn Sie planen, Mitarbeiter einzustellen. Das gilt nicht nur, aber insbesondere dann, wenn Sie eine Praxis im ländlichen Raum eröffnen wollen. Qualifizierte neue Mitarbeiter lassen sich leichter gewinnen und halten, wenn die Lebens- und Arbeitsbedingungen am Standort stimmen: ein wichtiges Argument in den heutigen Zeiten, in denen Fachkräfte Mangelware sind.

8.10 Standortbewertung

Doch bevor Sie einen Mietvertrag unterzeichnen, müssen Sie sich sicher sein, dass der gewählte Standort für Ihre Praxis der richtige ist. Hierbei sind – wie beschrieben - eine Reihe von Fragen zu beantworten. Hilfestellung gibt Ihnen die *Checkliste: Standortanalyse*. Haben Sie mehrere Standorte ins Auge gefasst, sollten Sie diese bewerten und vergleichen, um herauszufinden, welcher Standort der richtige Platz für Ihren Betrieb ist. Wie Sie hierbei vorgehen können, zeigt die *Checkliste: Standorte analysieren, bewerten und vergleichen*.

Siehe Checkliste: Standortanalyse und Checkliste: Standorte analysieren, bewerten und vergleichen

Checkliste: Standortanalyse	
Fragen zum Standort	**beantwortet**
Wie groß ist die Anzahl potenzieller Kunden/Patienten im Einzugsbereich und ist diese ausreichend?	☐
Wie ist die demographische Zusammensetzung im Einzugsgebiet der Praxis? Gibt es vor allem ältere Menschen oder wohnen in der Umgebung viele junge Familien? Ist die Bevölkerungsstruktur gut durchmischt?	☐
Wie hoch ist die Kaufkraft im Einzugsgebiet, also das durchschnittliche Einkommen?	☐
Wie ist die Lage des gewählten Standorts (in der Fußgängerzone der Stadt oder in einer gut besuchten Nebenstraße, aber immer noch zentral oder im Randgebiet)?	☐
Zeichnet sich der Standort durch sogenannte *Frequenzbringer* wie Einkaufszentren oder Firmen aus?	☐
Wie viele Fußpflegepraxen in welcher Entfernung, in welcher Größe und mit welchem Angebot gibt es vor Ort?	☐
Verkraftet die Konkurrenzsituation die Eröffnung einer weiteren Fußpflegepraxis?	☐
Gibt es Synergien- und/oder Kooperationsmöglichkeiten vor Ort, die Sie nutzen können (Krankenhäuser, Altenheime etc.)?	☐
Ist die Lage der Praxis verkehrsgünstig?	☐
Ist die Praxis für Kunden/Patienten durch öffentliche Verkehrsmittel gut erreichbar?	☐

Checkliste: Standortanalyse	
Fragen zum Standort Fortsetzung	**beantwortet**
Sind ausreichend Parkplätze für Kunden/Patienten, aber auch Lieferanten vorhanden?	☐
Wie weit ist Ihr eigener Anfahrtsweg zur Praxis?	☐
Wie ist die Lage der Praxis innerhalb des Gebäudes?	☐
Können Patienten/Kunden die Praxis innerhalb des Gebäudes gut erreichen (behinderten gerechter Zugang, Lift ...)?	☐
Gibt es Beeinträchtigungen durch Lärm (z. B. Verkehr, Gewerbebetriebe) oder durch Geruch (z. B. Restaurants) zu befürchten?	☐
Wenn eine Kassenzulassung beantragt werden soll: Entsprechen die Räumlichkeiten den von den Krankenkassen aufgestellten räumlichen Mindestvoraussetzungen (siehe Kapitel 9)?	☐
Entsprechen die Räumlichkeiten den Anforderung der Arbeitsstättenverordnung (siehe Kapitel 9)?	☐
Lassen Größe und Anordnung der Räumlichkeiten ein rationelles Arbeiten zu?	☐
Muss ein Nutzungsänderungsantrag gestellt werden?	☐
Besteht die Möglichkeit für Außenwerbung?	☐
Dürfen vor dem Gebäude Werbeträger, sogenannte Straßenstopper, aufgestellt werden?	☐
Sind am Standort Veränderungen geplant, die die Qualität des Standorts beeinträchtigen, verschlechtern oder eventuell noch verbessern werden?	☐
Sind die Kosten für Miete ortsüblich und angemessen?	☐
Wissen Sie, welche Standortkosten neben der Miete auf Sie zukommen werden?	☐
Was für ein Image hat der Standort?	☐
Wie beurteilen Sie die weichen Standortfaktoren wie Freizeitmöglichkeiten, Angebot an Schulen etc.?	☐

Checkliste: Standorte analysieren, bewerten und vergleichen

Um sich ein Bild von einem Standort zu machen, werden die wichtigsten Standortfaktoren analysiert und bewertet. Kommen beispielweise zwei Standorte in Frage, können Sie für Standort A und Standort B auf diese Weise eine Bewertung vornehmen und diese dann miteinander vergleichen.

Im ersten Schritt gewichten Sie jeden einzelnen Standortfaktor danach, wie wichtig dieser Faktor für Sie ist, und tragen die Gewichtungszahl in der Spalte „Bedeutung" ein: 3 = sehr wichtig, 2 = wichtig, 1 = unwichtig.

Im zweiten Schritt werden die Standortfaktoren bewertet und die Bewertungspunkte in die Spalte „Bewertung" eingetragen: 6 = sehr gut, 5 = gut, 4 = befriedigend, 3 = ausreichend, 2 = mangelhaft, 1 = ungenügend.

Im dritten Schritt multiplizieren Sie für jeden Standortfaktor Bewertungspunkte mit der Gewichtungszahl und tragen das Ergebnis in der Spalte „Punkte" ein. Anschließend werden für Standort A und Standort B die Punkte addiert – der Standort mit der höchsten Punktzahl ist für Ihr geplantes Unternehmen am günstigsten.

		Standort A		**Standort B**	
Standortfaktoren	**Bedeutung**	**Bewertung**	**Punkte**	**Bewertung**	**Punkte**
Einzugsbereich					
Kundenpotenzial					
Kundennähe					
Kaufkraft					
Praxislage					
Konkurrenzsituation					
Kooperationsmöglichkeiten					
Größe, Anzahl und Anordnung der Räumlichkeiten[1]					
Ausstattung der Räumlichkeiten wie z. B. Heizung, Wärmedämmung, Schallisolierung[1]					

		Standort A		Standort B	
Standortfaktoren	**Bedeutung**	**Bewertung**	**Punkte**	**Bewertung**	**Punkte**
Notwendigkeit von Umbau- und/oder Renovierungsarbeiten					
Voraussetzung der Räumlichkeiten für die Kassenzulassung[1]					
Erweiterungsmöglichkeiten					
Überregionale Verkehrsanbindung (Zug, Autobahn)					
Anbindung an öffentlichen Nahverkehr					
Zufahrtsmöglichkeiten für PKW und Lieferantenfahrzeuge					
Parkmöglichkeiten					
Höhe der Miete					
Gewerbesteuerhebesatz[2]					
Kosten für Versorgung und Entsorgung					
Stellplatzablöse					
Arbeitskräftepotential					
Image von Stadt und Region					
Wohnmöglichkeiten und Wohnumfeld					
Angebot an Kindergärten und Schulen					
Freizeitwert					
Summe der Punkte					
Rang					

[1] *Informationen zu Anforderungen an Räumlichkeiten, Einrichtung und Ausstattung einer medizinischen Fußpflegepraxis und über die Mindestanforderungen für die Kassenzulassung im nächsten Kapitel.*

[2] *wichtig für podologische Praxen, die durch Rechtsformwahl oder Kooperation den Status der Freiberuflichkeit aufgeben haben*

Checkliste: Der Gewerbemietvertrag

Folgende Punkte sollten Vermieter und Mieter regeln:

- Vertragszweck festlegen
- Mietobjekt genau bezeichnen und beschreiben (Räumlichkeiten einschließlich Nebenräume, wie Keller, Garage etc.).
- Höhe der Miete bestimmen
- Vereinbarung über Nebenkosten treffen
- Höhe der Kaution festlegen
- Möglichkeiten zur Erhöhung der Miete bestimmen
- Recht auf Außenwerbung abklären
- Änderungsmöglichkeiten im Praxisbetrieb vorausschauend vereinbaren, (z. B. Ausbau zur Gemeinschaftspraxis oder Übertragung des Mietvertrags auf einen Nachfolger)
- Konkurrenzschutzklausel einbauen
- Laufzeit und Kündigung des Mietvertrages festlegen
- Vereinbarungen zur Frage der Instandhaltung und Renovierung der Räumlichkeiten treffen
- Inventarliste erstellen, um Streitigkeiten über den Zustand oder auch Fehlen von Gegenständen bei Beendigung des Mietverhältnisses vorzubeugen

9 Einrichtung und Ausstattung

Sie haben einen geeigneten Standort für Ihre Podologie-/Fußpflegepraxis und schon müssen weitere Fragen geklärt werden. Passen die ausgewählten Räumlichkeiten zu Ihrem Vorhaben? Welche Grundausstattung benötigen Sie, um die Arbeitsabläufe optimal zu organisieren und gesetzliche Bestimmungen sowie Anforderungen der Hygiene zu erfüllen? Wird geplant, einen oder mehrere Mitarbeiter einzustellen, müssen Vorgaben des Arbeitsschutzes berücksichtigt werden. Beabsichtigen Sie die Kassenzulassung zu beantragen, sind Mindestanforderungen zu erfüllen. Außerdem sollten Kunden/Patienten die Atmosphäre in Ihrer Praxis als angenehm empfinden, sodass sie sich während des Aufenthaltes bei Ihnen wohl und gut aufgehoben fühlen. Lesen Sie deshalb in diesem Kapitel, welche Kriterien Räumlichkeiten, Einrichtung und Ausstattung einer Podologie-/Fußpflegepraxis erfüllen sollten, um ein professionelles Arbeitsumfeld zu schaffen.

Ist die künftige Praxis groß genug? Schon jetzt gilt es zu entscheiden, ob Sie auf Dauer *allein* oder in naher Zukunft gemeinsam mit Mitarbeitern in der Praxis tätig sein wollen. Die richtige Planung des künftigen Raumbedarfs hilft, spätere teure Umzugskosten zu vermeiden. Arbeiten Sie allein, sind zwei Kabinen, arbeiten sie zu zweit, drei Behandlungsräume ideal. Die Größe der Praxis insgesamt, aber auch die Größe der künftigen Behandlungsräume ist zudem ein wichtiges Kriterium für die Kassenzulassung. Die Räume sollten so geschnitten sein, dass sie funktionsgerecht angeordnet und die Wege in der Praxis *kurz* sind.

Ein anderer wichtiger Aspekt ist die Anzahl der Toiletten. Sind zwei vorhanden, so können Sie eine davon für Patienten/Kunden reservieren, was unter hygienischen Gesichtspunkten von Vorteil ist. Natürlich – auch wenn es nirgendwo vorgeschrieben ist – brauchen Sie auch eine kleine Teeküche. Schließlich werden auch Sie einmal im Laufe eines langen Arbeitstages Pause machen und sich stärken wollen. Außerdem sollten Sie Kunden/Patienten eine Erfrischung oder eine Tasse Tee/Kaffee als Willkommensgruß anbieten können, z. B. zur Überbrückung von Wartezeiten oder als angenehmen Abschluss der einen oder anderen Fußbehandlung.

9.1 Die Eignung der Räume als Arbeitsstätte

Haben Sie Ihren Vorstellungen entsprechend geeignete Räumlichkeiten für Ihre Praxis gefunden, ist dafür keine Genehmigung von der Gewerbeaufsicht erforderlich. Sollten Sie aber unsicher sein, ob die Räumlichkeiten den arbeitsschutzrechtlichen Bestimmungen standhalten und sich als Arbeitsstätte eignen, können Sie sich von den zuständigen Arbeitsschutzbehörden (je nach Bundesland

Gewerbeaufsichtsämter oder staatliche Ämter für Arbeitsschutz) beraten lassen. Die Beratung ist kostenlos und kann sehr sinnvoll sein, wenn Sie – vielleicht nicht sofort, aber später – beabsichtigen, einen oder mehrere Mitarbeiter einzustellen, um nachträgliche kostspielige Korrekturen an den Räumlichkeiten vorzubeugen. Wenn Sie Mitarbeiter beschäftigen, sind Sie als Arbeitgeber für deren Sicherheit und Gesundheit verantwortlich und müssen daher beim Ausstatten und Einrichten der Praxisräume eine Vielzahl von Vorschriften und Regelungen zum Arbeits- und Gesundheitsschutz beachten. Grundsätzlich verpflichtend für Sie als Praxisinhaber ist hierbei die Arbeitsstättenverordnung (ArbStättV), die zum Ziel hat, zum einen Beschäftigte in Arbeitsstätten zu schützen und zur Verhütung von Arbeitsunfällen und Berufskrankheiten beizutragen, zum anderen die Arbeit menschengerecht zu gestalten.

Im Jahr 2016 wurde die ArbStättV von 2004 grundlegend geändert. Vorschriften, die bislang in gesonderten Verordnungen enthalten waren, wurden zusammengeführt und an die sich verändernde Arbeitswelt angepasst. So wurde z. B. die Bildschirmarbeitsverordnung außer Kraft gesetzt und in die ArbStättV integriert.

Die ArbStättV besteht aus einem allgemeinen Vorschriftenteil mit insgesamt 10 Paragrafen und einem in sechs Abschnitten unterteilten Anhang mit Anforderungen an Arbeitsstätten. Die Verordnung schreibt keine konkreten Maßzahlen und Detailanforderungen vor, sondern legt lediglich Schutzziele und allgemein gehaltene Anforderungen fest. Auf diese Weise soll dem Arbeitgeber mehr Gestaltungsspielraum und Freiheit eingeräumt werden, um für seine Situation maßgeschneiderte Lösungen zu finden. Dies geht aber mit einer erhöhten Eigenverantwortlichkeit einher. Denn für die Beschäftigten darf von den Arbeitsstätten keine Gefährdung ihrer Sicherheit und Gesundheit ausgehen.

In der ArbStättV und dem dazugehörigen Anhang sind u. a. folgende Zielvorgaben aufgeführt:

- Arbeitsstätten müssen so eingerichtet und betrieben werden, dass Gefährdungen für die Sicherheit und Gesundheit der Beschäftigten möglichst vermieden und verbleibende Gefährdungen möglichst gering gehalten werden.
- Beschäftigt ein Arbeitgeber Menschen mit Behinderungen, hat er die Arbeitsstätte so einzurichten und zu betreiben, dass die besonderen Belange von Menschen mit Behinderungen im Hinblick auf Sicherheit und Gesundheitsschutz berücksichtigt werden (z. B. barrierefreie Gestaltung von Arbeitsplätzen, Sanitär- und Pausenräumen).
- Der Arbeitgeber muss die Arbeitsstätte nicht nur instand halten, sondern auch dafür sorgen, dass festgestellte Mängel unverzüglich beseitigt werden.

- Konkret genannt werden die Gefährdungen (z. B. Brandschutzmaßnahmen, Erste Hilfe, Fluchtwerge und Notausgänge), über die der Arbeitgeber die Beschäftigten unterweisen muss.
- Räumlichkeiten, wie Arbeits-, Sanitär- oder Pausenräume, müssen eine ausreichende Grundfläche und eine, in Abhängigkeit von der Größe der Grundfläche der Räume ausreichende lichte Höhe aufweisen, so dass die Beschäftigten ohne Beeinträchtigung ihrer Sicherheit, ihrer Gesundheit oder ihres Wohlbefindens ihre Arbeit verrichten können.
- Die Oberflächen der Fußböden, Wände und Decken der Räume müssen so beschaffen sein, dass sie den Erfordernissen des sicheren Betreibens entsprechen sowie leicht und sicher zu reinigen sind.
- Die Fußböden dürfen weder Unebenheiten, Löcher, Stolpersteine noch gefährliche Schrägen aufweisen. Zudem ist vorgeschrieben, dass Fußböden gegen Verrutschen gesichert, tragfähig, trittsicher und rutschhemmend sind.
- Für durchsichtige oder lichtdurchlässige Wände, vor allem Ganzglaswände im Bereich von Arbeitsplätzen oder Verkehrswegen, ist eine deutliche Kennzeichnung vorgeschrieben. Außerdem müssen sie entweder aus einem bruchsicheren Werkstoff bestehen oder so abgeschirmt sein, dass die Beschäftigten nicht mit den Wänden in Berührung kommen und beim Zersplittern nicht verletzt werden.
- Arbeitnehmer müssen Fenster, Oberlichter und Lüftungsvorrichtungen sicher öffnen, schließen, verstellen oder arretieren können. Im geöffneten Zustand dürfen sie keine Gefahr für die Beschäftigten darstellen.
- Durchsichtige Türen sind in Augenhöhe zu kennzeichnen, Pendeltüren müssen durchsichtig bzw. ein Sichtfenster aufweisen, Türen im Verlauf von Fluchtwegen und Türen von Notausgängen sind angemessen und dauerhaft zu kennzeichnen und müssen auch von innen jederzeit ohne besondere Hilfsmittel leicht zu öffnen sein, solange sich Beschäftigte in der Arbeitsstätte befinden.
- Die freie unverstellte Bewegungsfläche am Arbeitsplatz ist so zu bemessen, dass der Arbeitnehmer sich bei seiner Tätigkeit ungehindert bewegen kann.
- Es muss möglich sein, Fenster, Glaswände und Oberlichter gegen übermäßige Sonneneinstrahlung abzuschirmen.
- Die Raumtemperaturen in Arbeitsräumen, in denen aus betriebstechnischer Sicht keine spezifischen Anforderungen an die Raumtemperatur gestellt werden, müssen unter Berücksichtigung der Arbeitsverfahren und der physischen Belastungen der Beschäftigten gesundheitlich zuträglich sein.
- Durch raumlufttechnische Maßnahmen, wie z. B. Klimaanlagen, dürfen Arbeitnehmer keinem störenden Luftzug ausgesetzt sein.
- Ist bei der Tätigkeit besondere Arbeitskleidung zu tragen, müssen geeignete Umkleideräume vorhanden sein, wenn es nicht zumutbar ist, sich in einem anderen Raum umzuziehen. Nach Männern und Frauen getrennt sind Umkleide-, Wasch- und Toilettenräume einzurichten oder eine getrennte Nutzung zu ermöglichen.

- Bei mehr als zehn Beschäftigten oder wenn Sicherheits- oder Gesundheitsgründe dies erfordern, muss ein Pausenraum oder ein entsprechender Pausenbereich zur Verfügung gestellt werden. Dies gilt jedoch nicht bei der Beschäftigung in Büroräumen oder vergleichbaren Arbeitsräumen, wo gleichwertige Voraussetzungen für eine Erholung während der Pause gegeben sind.
- Schwangeren Frauen und stillenden Müttern muss ermöglicht werden, sich während der Pausen und – soweit erforderlich – auch während der Arbeitszeit unter geeigneten Bedingungen hinzulegen und auszuruhen.

Um die abstrakten Zielvorgaben der ArbStättV samt Anhang sinnvoll in die Praxis umzusetzen, werden vom Ausschuss für Arbeitsstätten (ASTA), der sich aus Vertretern von Arbeitgebern, Gewerkschaften, Wissenschaft, gesetzlichen Unfallversicherung und Länderbehörden zusammensetzt, technische Regeln für Arbeitsstätten (Arbeitsstättenregeln – ASR) erarbeitet. Die ASR sollen den Arbeitgeber bei der Anwendung und Umsetzung der Arbeitsstättenverordnung unterstützen. Die ASR beinhalten Maßnahmen und praktische Durchführungshilfen und entsprechen dem aktuellen Stand der Technik.

Die Anwendung der Arbeitsstättenregeln ist nicht verpflichtend. Allerdings wenn abweichend von den ASR die Schutzbestimmungen der ArbStättV auf andere Weise erfüllt werden sollen, dann müssen die getroffenen Maßnahmen mindestens das gleiche Schutzniveau wie die ARS aufweisen. Wer sich jedoch an die technischen Regeln für Arbeitsstätten hält, ist auf der sicheren Seite. Denn er kann davon ausgehen, dass die entsprechenden Anforderungen der Arbeitsstättenverordnung erfüllt sind. Mittlerweile sind eine ganze Reihe von Arbeitsstättenregeln ausgearbeitet Worden.
Siehe Info: ASR im Überblick

Nachzulesen ist die vollständige Arbeitsstättenverordnung samt Anhang in ihrem genauen Wortlaut im Internet z. B. unter www.gesetze-im-internet.de oder als Buchausgabe: Bundesanstalt für Arbeitsschutz und Arbeitsmedizin (Hrg.): Arbeitsstätten. Arbeitsstättenverordnung, Technische Regeln für Arbeitsstätten. 4. Auflage, Stand Januar 2017, 374 Seiten, Preis 19,50 Euro, zu bestellen im Internet unter www.baua.de.

Um die Anforderungen in puncto Sicherheit und Gesundheitsschutz am Arbeitsplatz zu erfüllen, können neben den Arbeitsstättenregeln weitere Regeln und Normen als Orientierungshilfe dienen, wie die DIN-Normen, die Regelwerke von VDI, aber vor allem das Vorschriften- und Regelwerk sowie die branchenbezogenen Handlungshilfen der Berufsgenossenschaften. Die Berufsgenossenschaften sind die Träger der gesetzlichen Unfallversicherung im gewerblichen Bereich. Zu den zentralen Aufgaben gehört die Prävention von Arbeitsunfällen, Berufskrankheiten und arbeitsbedingten Gesundheitsgefahren. Um die erforderlichen Vorkehrungen für Sicherheit und Gesundheitsschutz am Arbeitsplatz zu treffen, sollten Sie unbedingt das umfangreiche Informationsangebot der Berufsgenossenschaft für Gesundheitsdienst und Wohlfahrtspflege (BGW) nutzen. Die BGW ist die für Podologen und Fußpfleger zuständige gesetzliche Unfallversicherung. Im Internet unter www.bgw-online.de, können Sie eine Vielzahl von Vorschriften, Regeln und anderen Schriften zur Gestaltung von Arbeitsstätten unter dem Gesichtspunkt des Arbeitsschutzes finden, direkt herunterladen oder bestellen.

Siehe auch Kapitel 15.9: Berufsgenossenschaft

9.2 Die Mindestanforderungen der gesetzlichen Krankenkassen

Besteht die Absicht, eine Zulassung durch die gesetzlichen Krankenkassen zu beantragen, müssen Räume und Ausstattung für eine podologische Praxis bestimmte Anforderungen erfüllen. Eine Praxisausstattung, die eine zweckmäßige und wirtschaftliche Leistungserbringung ermöglicht, ist neben der entsprechenden Berufsausbildung die Voraussetzung für die Krankenkassenzulassung. Die Praxisvoraussetzungen sind in den Zulassungsempfehlungen, die der GKV-Spitzenverband zur einheitlichen Anwendung der Zulassungsbedingungen herausgibt, zusammengestellt. In den aktualisierten und überarbeiteten Zulassungsempfehlungen nach § 124 Abs. 4 SGB V für Heilmittelerbringer in der Fassung vom 26. November 2018 wird explizit daraufhin gewiesen, dass zusätzlich das Arbeitsstättenrecht zu beachten ist. Denn die Zulassungsempfehlung, so heißt es im Papier des GKV-Spitzenverbandes, weise lediglich auf einzelne Regelungen des Arbeitsstättenrechts hin, die für die Leistungserbringung unmittelbar erforderlich seien.

Siehe Kapitel 9.1

In den neuen Zulassungsempfehlungen, die seit 1. Dezember 2018 anzuwenden sind, werden unter Punkt 8 die allgemeinen Anforderungen an die Praxisausstattung, die Podologen und Heilmittelerbringer anderer Disziplinen beachten müssen, aufgeführt:

- Die Praxis muss öffentlich zugänglich sein, von privaten Bereichen räumlich getrennt und auf die Abgabe von therapeutischen Leistungen aus verschiedenen Tätigkeitsfeldern im Bereich der jeweiligen Heilmitteldisziplin (z. B. Prävention, Therapie, Rehabilitation) ausgerichtet sein. Die Praxisräume sollen zusammenhängend sein. Werden während den Öffnungszeiten in der Praxis oder angrenzend an die Praxis weitere Leistungen außerhalb der Heilmitteldisziplin angeboten, dann wird zum einen gefordert, dass die Heilmittelabgabe ungestört möglich ist, und zum anderen muss gewährleistet sein, dass der Patient die für diese Leistungen vorzuhaltenden Räume oder Bereiche nicht betreten muss. Wartebereich und Toiletten können jedoch gemeinsam benutzt

werden. Die Patientendokumentation für die Heilmittelabgabe hingegen muss separat vorgehalten werden.
- Um Gehbehinderten und Menschen im Rollstuhl einen Zugang ohne fremde Hilfe zu ermöglichen, sollte die Praxis und im erforderlichen Umfang die Behandlungsräume behindertengerecht zugänglich sein. Weitere Zulassungsvoraussetzungen sind ein Wartebereich mit ausreichenden Sitzgelegenheiten, Toilette mit Handwaschbecken und die Möglichkeit der Händedesinfektion sowie ein Verbandskasten zum Leisten von Erster Hilfe.
- Werden Geräte, welche den Bestimmungen des Medizinproduktegesetz (MPG) unterliegen, eingesetzt, müssen diese die Anforderungen des MPG in seiner jeweils aktuell gültigen Fassung erfüllen. In der jeweils gültigen Fassung sind auch die Medizinproduktebetreiberverordnung (MPBetreibV) und andere Sicherheitsvorschriften zu beachten.

Neben diesen allgemeinen Anforderungen müssen die Praxisräume die speziell für eine podologische Praxis geforderten Mindestvoraussetzungen erfüllen. Diese sind immer auf den Zugelassenen ausgerichtet.

- In der Praxis muss ein Behandlungsraum vorhanden sein. Für jede zusätzlich gleichzeitig tätige Fachkraft ist ein weiterer Behandlungsraum erforderlich. Sind mehrere Fachkräfte gleichzeitig in einer podologischen Praxis tätig, ist für die Ermittlung der erforderlichen Therapiefläche und der Anzahl der benötigten Behandlungsräume die Art des Beschäftigungsverhältnisses – Angestellter, freier Mitarbeiter etc. – unerheblich. Ergänzend sei erwähnt, dass laut Punkt 8.9 der Zulassungsempfehlungen die Forderung, weitere Behandlungsräume vorzuhalten nicht gilt, wenn sich die Arbeitszeiten der Therapeuten nicht überschneiden.
- In den Zulassungsempfehlungen werden Behandlungsräume als Räume definiert, die aus festen Wänden bestehen, über eine Tür zugänglich sind, über mindestens ein Fenster verfügen und eine Größe von 8 m2 nicht unterschreiten. Es ist sicherzustellen, dass kein Einblick möglich ist. In einer Podologiepraxis muss zudem an der Fußseite des Patientenstuhls eine ausreichend freie Bewegungsfläche mit einer Mindesttiefe von 1 m zur Verfügung stehen. Zusätzlich ist eine Sitzgelegenheit für den Therapeuten vorzuhalten.
- Die Behandlungsräume dürfen keine Durchgangsräume sein, es sei denn, dahinter befinden sich ausschließlich Räume, die für den Praxisbetrieb während der Therapie nicht genutzt werden.
- Durchgehend muss die Raumhöhe der Behandlungsräume eine lichte Höhe von mindestens 2,40 Meter aufweisen. Alle Räume müssen angemessen zu be- und entlüften sowie zu beheizen und zu beleuchten sein.
- In den Behandlungsräumen sind nur glatte Wände erlaubt, die bis zu einer Höhe von mindestens 1,80 m abwaschfest sind. Die Fußböden müssen trittsicher (R9 oder höher), fugenarm, leicht zu reinigen und zu desinfizieren sein.

- In jeden Behandlungsraum muss mit einer Möglichkeit zur Händedesinfektion, einem Schrank zur Aufbewahrung der erforderlichen Materialien sowie mit Einmalhandschuhen und Mundschutz in ausreichender Zahl ausgestattet sein.
- Außerdem müssen eine Sitzgelegenheit, eine ausreichende Kleiderablage (zumindest ein Kleiderhaken) und die Möglichkeit zur Fußwaschung vorhanden sein.
- Ferner ist getrennt von den Behandlungsbereich und der Wartezone ein Hygienebereich einzurichten, der als Sammelplatz für die während den Therapien anfallenden Abfälle und zur Aufbereitung der gebrauchten Instrumente dient.
- Darüber hinaus wird für jeden Behandlungsraum eine bestimmte Pflichtausstattung vorgeschrieben, muss eine Behandlungsausstattung für den Hausbesuch vorgehalten werden und sind eine Reihe von Hygieneanforderungen einzuhalten

Die Zulassungsempfehlungen können Sie im Internet downloaden beim GKV-Spitzenverband, dem Spitzenverband Bund der Krankenkassen, unter www.gkv-spitzenverband.de. Überprüfen Sie anhand der *Checkliste: Praxisräume und -ausstattung: Sind die Anforderungen der Krankenkassen erfüllt?,* ob Sie für die Krankenkassenzulassung gerüstet sind.

Siehe Checkliste: Praxisräume und -ausstattung: Sind die Anforderungen der Krankenkassen erfüllt?

9.3 Funktionalität und Ambiente

Die Krankenkassenzulassung ist keine zwingende Voraussetzung, um eine medizinische Fußpflegepraxis zu führen. Auch wenn Sie eine Zulassung durch die Krankenkassen nicht beantragen wollen, sollten Sie bei der Planung, Einrichtung und Ausstattung der Praxis Funktionalität und Hygiene nicht außer Acht lassen. Dies gilt natürlich auch, wenn Sie nur kosmetische Fußpflege anbieten.

Wichtige grundsätzliche Anforderungen an Räumlichkeiten für eine Fußpflegepraxis sind in der "Checkliste: Praxisräume" zusammengestellt.

Bei der Innenraumgestaltung geht man von der grundsätzlichen Überlegung aus, ob sich Kunden/Patienten in diesen Räumen aufhalten oder nicht. Entsprechend wird die Gestaltung eher nach betriebswirtschaftlichen oder eher kundenorientierten Gesichtspunkten ausgerichtet.

Aufbereitungsraum, auch Hygieneraum genannt, sowie Lagerraum, Teeküche, Aufenthaltsraum und Personaltoilette sind z. B. Räumlichkeiten, zu denen Außenstehende keinen Zugang haben. Natürlich sollten diese Räumlichkeiten sauber, hygienisch, ordentlich und damit in einem einwandfreien Zustand sein, falls ein Kunde/Patient doch einmal einen Blick erhascht. Von Nachlässigkeiten und Schlampereien in diesen Bereichen werden schnell Rückschlüsse auf die Qualität und Kompetenz des Praxisinhabers und den Mitarbeitern gezogen. Dennoch stehen bei der Gestaltung dieser Bereiche, die für die internen Abläufe der Praxis bestimmt sind, nicht Ambiente und Geschmack im Vordergrund, sondern Kriterien, nach denen die Arbeitsabläufe optimiert und zugleich die Ausstattungs- und Instandhaltungskosten minimiert werden.

In Räumen, in denen sich Kunden/Patienten aufhalten, wie z. B. der Empfang, und der Behandlungsraum, soll eine angenehme Atmosphäre herrschen und Kunden/Patienten sollen sich wohlfühlen. Mittel für eine kundenorientierte Praxisgestaltung sind Farben, Beleuchtung, dekorative Elemente sowie Musik und Düfte.

9.3.1 Farben

Farben lösen eine Vielzahl von Assoziationen, Emotionen und Reaktionen aus, die sowohl von persönlichen Erfahrungen als auch von ererbten Überlieferungen bestimmt werden. Farben können gute Laune oder Missbehagen wecken, andererseits drücken wir unsere Gefühle und Stimmungen und auch unsere eigene Persönlichkeit mit Farben aus. In der Arbeitswelt steht heute fest, dass sich durch schön gestaltete farbige Räume die Stimmung, die Zufriedenheit und die Leistungsfähigkeit der Menschen günstig beeinflussen lassen. Für das richtige Ambiente der Praxisräume ist eine genaue Farbplanung wichtig.

Siehe Info: Die Farbensymbolik. Wie Farben auf uns wirken und Info: Tipps zur Farbgestaltung

9.3.2 Beleuchtung

Die Beleuchtung ist ein wesentliches Element der Innenraumgestaltung, um Akzente zu setzen, eine angenehme, freundliche Atmosphäre zu erzeugen, Vertrauen zu schaffen, Schwellenangst zu nehmen, aber auch um Räume aufzuteilen, Orientierung zu geben, die Blicke der Kunden/Patienten zu lenken und natürlich auch die Arbeitsplätze optimal mit Licht auszustatten. Denn gut beleuchtete Arbeitsplätze, wie z. B. bei der Anmeldung oder im Behandlungsraum, sind für Sie, weil Sie ja den ganzen Tag hier verbringen müssen, unverzichtbar für Ihr persönliches Wohlbefinden und für Ihre Gesundheit.

Ob Sie eine Podologie-/Fußpflegepraxis neu gründen oder übernehmen, das Thema *Beleuchtung* sollten Sie nicht nebenher behandeln. Gutes Licht überall in den Räumen der Praxis ist für Kunden/Patienten ein Zeichen von Servicequalität und auch ein wichtiger Wohlfühlfaktor. Für Sie als Praxisinhaber und für Ihr Praxisteam steht die funktionale Bedeutung der Beleuchtung im Vordergrund, um den verschiedensten Sehanforderungen im Behandlungsraum, im Aufbereitungsraum sowie im Back-Office-Bereich gerecht werden zu können. Darüber hinaus erleichtert helles und ausreichendes Licht am Arbeitsplatz nicht nur die verschiedensten Sehaufgaben, sondern beeinflusst positiv die Leistungsfähigkeit und Motivation, stärkt Aufmerksamkeit und Reaktionsvermögen, beugt Ermüdung vor und trägt schließlich auch dazu bei, Unfälle oder gar Fehler zu vermeiden. Neben all dem soll die Beleuchtungseinrichtung der Praxis wirtschaftlich sein. Der Einsatz von modernen Beleuchtungstechniken wie von energiesparenden Lampen oder LEDs spart ebenso Energiekosten wie ein sinnvolles Einbeziehen des Tageslichts in das Beleuchtungskonzept oder ein bedarfsgerechtes und flexibles Lichtmanagement, bspw. mit einer tageslicht- und anwesenheitsabhängigen Lichtsteuerung.

Bei der Beleuchtung von Arbeitsplätzen müssen eine Reihe von Vorschriften, Regeln und Normen beachtet werden. Die Basis bildet die Arbeitsstättenverordnung, die aber keine Detailangaben vorgibt. Lediglich im Anhang werden grundlegende Anforderungen gemacht.

Im Abschnitt 3.4 ArbStättV Beleuchtung und Sichtverbindung spielt neben der künstlichen Beleuchtung auch das Tageslicht eine wichtige Rolle. Unter Punkt 3.4 (1) wird gefordert: „Der Arbeitgeber darf als Arbeitsräume nur solche Räume betreiben, die möglichst ausreichend Tageslicht erhalten und die eine Sichtverbindung nach außen haben." Davon ausgenommen sind z. B. Räume, in denen sich Beschäftigte während der Arbeitszeit nur kurzzeitig aufhalten, wie etwa Teeküchen oder Nebenräume. Ausreichend Tageslicht und eine Sichtverbindung nach draußen wird unter Punkt 3.4 (2) u. a. auch für Pausenräume gefordert.

Anforderungen zum Regulieren des Tageslichts und Ausstatten mit künstlicher Beleuchtung enthalten die Absätze 4 bis 7:

- "(4) In Arbeitsräumen muss die Stärke des Tageslichteinfalls je nach Art der Tätigkeit reguliert werden können.
- (5) Arbeitsstätten müssen mit Einrichtungen ausgestattet sein, die eine angemessene künstliche Beleuchtung ermöglichen, so dass die Sicherheit und der Schutz der Gesundheit der Beschäftigten gewährleistet ist.
- (6) Die Beleuchtungsanlagen sind so auszuwählen und anzuordnen, dass dadurch die Sicherheit und Gesundheit der Beschäftigten nicht gefährdet werden.
- (7) Arbeitsstätten, in denen bei Ausfall der Allgemeinbeleuchtung die Sicherheit der Beschäftigten gefährdet werden kann, müssen eine ausreichende Sicherheitsbeleuchtung haben."

Im Abschnitt 3.5 (3) wird zudem gefordert:
„Fenster, Oberlichter und Glaswände müssen unter Berücksichtigung der Arbeitsverfahren und der Art der Arbeitsstätte eine Abschirmung gegen übermäßige Sonneneinstrahlung ermöglichen."

Wie diese allgemein gehaltenen Anforderungen hinsichtlich der Beleuchtung von Arbeitsstätten sowie des Blendschutzes bei Sonneneinstrahlung konkret umzusetzen sind, beschreibt die die Technischen Regel für Arbeitsstätten Beleuchtung (ASR A 3.4).

Darüber hinaus bieten eine Reihe von berufsgenossenschaftlichen Informationsschriften Orientierungshilfe bei der Lichtgestaltung der Praxis, die bei der Deutschen Gesetzlichen Unfallversicherung e.V. (DGUV) unter www.dguv.de/publikationen bezogen werden können:

- Natürliche und künstliche Beleuchtung von Arbeitsstätten. DGUV-Information 215-210
- Tageslicht am Arbeitsplatz – leistungsfördernd und gesund. DGUV-Information 215-211
- Bildschirm- und Büroarbeitsplätze. Leitfaden für die Gestaltung. DGUV-Information 215-410
- Beleuchtung im Büro. DGUV-Information 215-442
- Sonnenschutz im Büro. DGUV-Information 215-444

Wichtige DIN-Normen, die Sie bei der Planung der Beleuchtung beachten sollten, sind:
- DIN EN 12464 1 Licht und Beleuchtung – Beleuchtung von Arbeitsstätten – Teil 1: Arbeitsstätten in Innenräumen
- DIN 5035-3: Beleuchtung mit künstlichem Licht; Teil 3: Beleuchtung im Gesundheitswesen

Herstellerneutrale Informationen rund um das Thema Licht und Beleuchtung finden Sie im Internet unter www.licht.de, der Webseite der Brancheninitiative licht.de.
Bei der Lichtgestaltung stehen inzwischen LEDs (= Licht Emittierende Dioden) im Mittelpunkt. Die Glühbirne hat seit Jahren bereits ausgedient, aber auch Halogenlampen wurden von den energieeffizienten LED-Lampen zunehmend ersetzt. Seit September 2018 dürfen nur noch klare Hochvolt-Halogenlampen mit Sockel R7s und G9 in Effizienzklasse C und Niedervolt-Halogenlampen Effizienzklasse B in den Verkehr gebracht werden. Die Wattangabe reicht für die Beschreibung des Lichts moderner Lampen heute nicht mehr aus.
Wichtige lichttechnische Begriffe sind in der "Info: Lumen, Kelvin und Co – Was bedeutet das?" aufgeführt.

In der gesamten Praxis ist für eine gute Beleuchtung durch die Kombination verschiedener Beleuchtungssysteme zu sorgen. Die Auswahl an Leuchten ist vielfältig, richtet sich auch nach der Architektur, den Anforderungen der jeweiligen Arbeitsbereiche und auch natürlich nach dem Geschmack und dem Einrichtungsstil der Praxis insgesamt. Angesichts der Vielfalt der Leuchten und Gestaltungsmöglichkeiten sowie Vorschriften und Regeln ist das Thema Beleuchtung in der Praxis ausgesprochen komplex. Ziehen Sie deshalb einen Beleuchtungsfachmann zu Rate, um ein in sich stimmiges Beleuchtungskonzept für die Praxis zu entwickeln. Darüber hinaus können Sie sich an Ihre Fachkraft für Arbeitssicherheit wenden um sicher zu gehen, dass gesetzliche und berufsgenossenschaftliche Vorgaben eingehalten werden. In der *Info: Anforderungen an die Beleuchtung* sind einige wichtige Aspekte zusammengestellt, die Ihnen bei der Ausstattung einer Podologie-/Fußpflegepraxis mit dem richtigen Licht Orientierung und Anregung geben will.

Siehe Info: Anforderungen an die Beleuchtung und Kapitel 15.9: Berufsgenossenschaft

9.3.3 Dekoration

Bei der Ausschmückung Ihres Studios oder Ihrer Praxis können Sie Ihre Kreativität, Ihren Geschmack und Ihre Vorlieben spielen lassen. Alles gehört zur Dekoration, was nicht für den Praxisablauf erforderlich ist, also Blumen, Bilder, Wandschmuck, Zimmerbrunnen, Vorhänge oder Plakate. Natürlich sollten die dekorativen Elemente auch zu Ihrer Zielgruppe passen. Wer vor allem Kinder ansprechen will, wird sicher in einer anderen Stilrichtung seine Praxis ausschmücken wollen als jemand, der sich z. B. auf Senioren spezialisieren möchte.

Durch Dekoration können Sie ein angenehmes und einzigartiges Ambiente schaffen und Ihrer Praxis einen ganz persönlichen Stempel aufdrücken. Ziel ist, dass sich Ihre Kunden/Patienten bei Ihnen wohlfühlen, aber auch Sie selbst, weil in einem angenehmen Umfeld die tägliche Arbeit leichter von der Hand geht.

9.3.4 Musik und Düfte

Ein weiteres Gestaltungselement für das Ambiente sind Musik und Düfte. Sollen beide Elemente während der Behandlung eingesetzt werden, wie z. B. bei einem entspannenden Fußbad oder bei einer entspannenden Aroma-Fußmassage, dann sollten Sie sich den individuellen Vorlieben Ihrer Kunden/Patienten richten. Doch Achtung! Wer das Radio für Hintergrundmusik und Nachrichten laufen lassen will, muss Rundfunkbeitrag und GEMA-Gebühren berappen. Nutzen Sie CDs, fallen GEMA-Gebühren an Aber es gibt auch CDs, die gebührenfrei sind, wie z. B. von Arnold Stein.

Siehe Kapitel 15.12: Rundfunkbeitrag und GEMA

Beim Umgang mit Düften empfehlen Aromaexperten auf Naturreinheit zu achten. Ob erfrischende Zitrusdüfte, liebliche Blüten- oder erdige Wurzeldüfte – reine ätherische Öle fördern unser Wohlbefinden und hellen die Stimmung auf. Ätherische Öle können Freude und Energie vermitteln, Körper und Geist beleben, entspannen oder sinnlich stimulieren, sie können harmonisieren, ausgleichend auf die Psyche wirken und sogar die Abwehrkräfte unseres Körpers stimulieren. Darüber hinaus können ätherische Öle nachweislich die Raumluft reinigen und desinfizieren.

9.4 Der Empfangsbereich

In welchem Stil Sie vor allem Empfangs- und Wartebereich gestalten, dafür gibt es kein Patentrezept. Ob eher modern, luxuriös oder doch lieber gemütlich. Neben Ihrem persönlichen Geschmack und Vorlieben sollten Sie sich dabei auch von den Erwartungen und Bedürfnissen der Zielgruppe(n) leiten lassen, die Sie ansprechen möchten.

Möglichst freundlich und einladend sollte der Empfangsbereich gestaltet werden, denn er ist die Visitenkarte Ihrer Praxis. Hier gewinnen Kunden/Patienten den ersten Eindruck; sie sollen sich willkommen fühlen. So lassen sich Wartezeiten, die trotz Terminvergabe manchmal unvermeidlich sind, leichter überbrücken, wenn eine gefällige Sitzgruppe zum Platznehmen einlädt und für aktuellen Lesestoff und gute Beleuchtung gesorgt ist.

Legen Sie auch Wert auf die Gestaltung der Garderobe. Nicht nur ein paar lieblose Haken an der Wand und ein Schirmständer, der leicht mit einem Papierkorb verwechselt wird. Bilder, leise Musik oder auch ein Zimmerbrunnen runden den Gesamteindruck ab. Lassen Sie Ihre Kreativität spielen! Ideal ist, wenn man von der Empfangstheke aus Eingang und Wartebereich überblicken kann.

An der Rezeption laufen alle Fäden der Praxis zusammen. Hier befindet sich alles, was für die Verwaltung einer Fußpflegepraxis erforderlich ist , etwa Kasse, Kartenterminal für die bargeldlose Zahlung, Telefon, Fax, PC, Kartenlesegerät zum Einlesen der Daten der Krankenkassenversicherungskarte, Drucker sowie Kunden-/Patientendatei Hier ist auch der richtige Ort für den Erste-Hilfe-Kasten und den Feuerlöscher.

Siehe Checkliste: Ankommen, Warten, Verwalten und Kapitel 17: Die Praxis verwalten und organisieren

Empfangszone ist zudem Verkaufszone, also der Bereich, in dem Pflegeprodukte rund um den Fuß zum Verkauf angeboten werden. Doch es genügt nicht, die Waren einfach irgendwie im Regal zu stapeln. Um Kunden darauf aufmerksam zu machen und zum Kauf anzuregen, müssen die Präparate professionell präsentiert werden. Vielleicht lassen sich die Verkaufsregale sogar so platzieren, dass diese von der Wartezone aus gut einsehbar sind und der Kunde/Patient bereits während des Wartens einen Überblick über das gesamte Warenangebot vermittelt bekommt.

Der Verkauf von Fußpflegeprodukten neben den eigentlichen Behandlungsprogrammen steigert sowohl Umsatz als auch das Image der Praxis. Für den Verkauf entscheidend ist jedoch, ob es Ihnen gelingt, Emotionen und Bedürfnisse zu wecken und angenehme Kauferlebnisse für Ihre Kunden/Patienten zu schaffen. Voraussetzungen dafür sind zum einen Kaufanregungen und zum anderen eine professionelle Warenpräsentation. Beides weckt den Wunsch, die Füße auch zu Hause mit geeigneten Produkten zu pflegen.

Nicht jeder Bereich in der Praxis kommt für die Warenpräsentation infrage. Wichtig ist, dass Warenträger zur Lagerung und Präsentation der Waren mit den angebotenen Waren zusammenpassen. Häufig treffen Kunden/Patienten erst dann ihre Kaufentscheidung, wenn sie vor dem Regal stehen. Daher sollten Sie sich der unterschiedlichen Verkaufswirksamkeit bewusst sein, die die jeweiligen Bereiche eines Warenträgers haben.

Ein weiteres wichtiges Kriterium ist die Platzierung der Produkte, wobei besonders auf die Übersichtlichkeit zu achten ist. Natürlich sollten die Produkte stets mit einem Preis ausgezeichnet sein. Doch bei Verkaufsgesprächen wird empfohlen, nicht über den Preis zu argumentieren, sondern das Angebot nach den Wünschen des Kunden zu formulieren und den Kundennutzen zu betonen. Wie es Ihnen gelingen kann, Ihre Waren ins richtige Blickfeld zu rücken, um den Appetit darauf zu wecken und den Verkauf zu fördern, dafür gibt es einige wichtige Grundregeln, die Sie als Existenzgründer unbedingt wissen sollten.

In der "Info: Waren professionell präsentieren" sind dafür wichtige Kriterien zusammengestellt.

9.5 Der Behandlungsraum

Elegant, optisch ansprechend, professionell, aber zugleich funktionell sollte die Ausgestaltung des Behandlungsraums sein. Auf grundlegende Kriterien, auf die Sie hierbei achten sollten, sind in der *Checkliste: Behandlungsraum* zusammengestellt. Haupteinrichtungsgegenstände sind der Fußpflegestuhl, der Arbeitsstuhl des Behandlers, der Fußpflegeschrank, die Arbeitsleuchte und das Fußpflegegerät. Die dazugehörigen Checklisten sollen das Vergleichen der Angebote erleichtern.

9.5.1 Der Behandlungsstuhl

Der Behandlungsstuhl (Fußpflegestuhl), an den Sie ja einen großen Teil des Tages verbringen, sollte sich durch eine hohe Bedienqualität auszeichnen. Modelle einfacherer Ausführungen, wie etwa Einsteigermodelle, sind mit hydraulischer Ölpumpe zur Höhenverstellung ausgestattet, die per Fuß betrieben werden.

Höchsten Komfort bieten Behandlungsstühle, bei denen sich die Stuhlpositionen per Elektromotoren – mehrere elektrische Antriebsmotoren – einstellen lassen:

Auf- und Abwärtsbewegung der Sitzhöhe sowie Verstellung der Sitzneigung und Rückenlehne bis zur horizontalen Liege sowie Verstellung der Beinauflagen. Bei manchen Modellen lassen sich mehrere Standardsitzpositionen speichern und jederzeit abrufen.

Besonders praktisch und bequem ist die Bedienung eines elektromotorisch betriebenen Behandlungsstuhls per Fußschalter, weil sie die Stuhlposition verstellen können, ohne dafür die Behandlung unterbrechen zu müssen. Neben vollelektrisch verstellbaren gibt es auch halbautomatische Behandlungsstühle, bei denen z. B. die Sitzneigung mechanisch eingestellt werden muss.

Fußpflegestühle sollten standsicher, ohne großen Kraftaufwand drehbar, zum besseren Ein- und Aussteigen und zum Arbeiten mit aufrechten Rücken in der Höhe verstellbar sein. Verstellbare Sitzneigung erleichtert das Arbeiten an der Fußunterseite und erhöht den Liegekomfort für den Kunden/Patienten. Komfortabel ist zudem eine stufenlose Rückenlehnenverstellung. Lässt sich die Rückenlehne um 180° in die waagrechte Liegeposition bringen, wird aus dem Fußpflegestuhl eine Kosmetik- und Massageliege. Die Möglichkeit, den Behandlungsstuhl in die horizontale Lage zu bringen ist zudem wichtig für Notsituationen, wenn ein Kunde/Patient z. B. einmal einen Schwächeanfall erleiden sollte.

Sind die Armlehnen zudem seitlich drehbar und laufen synchron mit der Rückenlehne mit, können die Arme in Bauch- oder Rückenlage bequem abgelegt werden. Armstützen, die sich bequem nach oben oder unten klappen oder seitlich ausklappen lassen, erleichtern außerdem besonders kleineren oder älteren Kunden/Patienten den seitlichen Ein- oder Ausstieg in oder aus dem Behandlungsstuhl.

Kopfteil sowie Fuß- und Beinstützen sollten ausziehbar sein, um sie individuell den Körpermaßen von Kunden/Patienten anpassen zu können. Eine Nackenstütze sorgt für ein komfortables Aufliegen des Kopfes und ermöglicht auch den Blickkontakt zum Behandler zu halten, auch wenn der Fußpflegestuhl nach hinten geneigt wird und gleichzeitig das Fußteil angehoben wird.

Praktisch ist, wenn sich bei getrennten Bein- und Fußstützen die Unterschenkelauflage variabel nachschieben lässt. Einen sicheren Halt findet der Fuß sowohl auf anatomisch ausgeformten Fußstützen als auch auf speziell geformten Fußrollen oder Fersenpolstern. Stabilisiert werden Fuß und Wade aber auch durch anatomisch geformte, aus einem Stück bestehende Bein-/Fußstützen. Zeichen für besonderen Komfort sind Beinstützen, die sich nach außen schwenken lassen. Neben bequemem Auf- und Absteigen erlauben die schwenkbaren Beinstützen ein leichteres und präziseres Arbeiten an schwer zugänglichen Zonen im Innenfußbereich. Außerdem kann eine fahrbare Fußbadewanne problemlos vor dem Behandlungsstuhl gestellt werden.

Der Behandlungsstuhl sollte eine gute, formstabile und ergonomisch geformte Polsterung aufweisen. Der Überzugsstoff sollte anschmiegsam, angenehm im Griff, atmungsaktiv und pflegeleicht sein. Er muss abwaschbar und desinfizierbar sein.

Insgesamt gilt: Die Handhabung eines Behandlungsstuhls sollte unkompliziert sein. Lassen Sie sich die Funktionen genau erklären. Machen Sie selbst eine Sitz- und Liegeprobe. Überprüfen Sie, ob die Höhenverstellbarkeit für Ihre Körpergröße ausreicht. Lässt die Höhe rückenfreundliches Arbeiten mit aufrechter Haltung – auch bei Fersenbehandlungen – zu? Können Sie bequem im Stehen arbeiten? Und schließlich: Achten Sie auch darauf, ob Sie den Behandlungsstuhl dann noch ohne Kraftanstrengung bedienen können, wenn ein Patient darin Platz genommen hat. Auf jeden Fall sollte man in die Rolle des Kunden/Patienten schlüpfen und selbst Platz nehmen, um zu überprüfen, ob das Sitzen auf dem Fußpflegestuhl angenehm ist.

Siehe Checkliste: Behandlungsstuhl

9.5.2 Der Arbeitsstuhl

So sorgfältig wie den Behandlungsstuhl sollten Sie auch das Sitzmöbel für Ihre Arbeit auswählen. Um Bandscheiben gesund zu erhalten und Rückenschmerzen vorzubeugen, sollte der Arbeitsstuhl *dynamisch-aktives Sitzen* möglich machen. Der Arbeitsstuhl darf Sie nicht einengen oder in eine starre Sitzposition zwingen, sondern sollte die Bewegungsabläufe unterstützen und wechselnde Sitzpositionen zulassen.

Gefördert wird die Bewegung im Sitzen heute häufig durch die sogenannte Synchronmechanik, bei der sich Sitz und Rückenlehne gleichzeitig bewegen, aber auch mit schwingender Sitzfläche, wobei sich der Stuhl bei jeder Körperbewegung – auch zur Seite – mitbewegt. Der Arbeitsstuhl sollte in der Höhe verstellbar, drehbar, mit einem fünfarmigen Fußkreuz standfest und kippsicher ausgerüstet und die Rollen sollten an den Fußbodenbelag angepasst sein.

Eine hohe Rückenlehne entlastet den Rücken. Da die Menschen unterschiedlich groß sind, sollte sie sich in der Höhe verstellen lassen. Ein Lendenbausch, eine integrierte Stütze im Lendenwirbelsäulenbereich, unterstützt Kreuzbein und Lendenwirbelsäule. Die Sitzfläche darf weder zu groß noch zu klein sein, außerdem sollte die Vorderkante der Sitzfläche abgerundet sein, um zu vermeiden, dass Blutgefäße und Nerven an der Rückseite der Oberschenkel abgepresst werden. Für ein angenehmes trockenes Stuhlklima sorgt eine wasserdampf- und luftdurchlässige Polsterung. Der Bezug sollte rutschfest und desinfizierbar sein. Um herauszufinden, welcher Arbeitsstuhl für Sie am angenehmsten ist, prüfen Sie die verschiedenen Modelle genau.

Wichtig: Ausgiebiges Probesitzen nicht vergessen.

Die "Checkliste: Arbeitsstuhl" hilft beim Vergleich der verschiedenen Ausstattungsmerkmale.

9.5.3 Der Fußpflegeschrank

Direkt neben Fußpflegestuhl und Arbeitsstuhl befindet sich Fußpflegeschrank. Dieser sollte fahrbar sein und genügend Ablagefläche zur Zwischenlagerung von Instrumenten und Utensilien während der Behandlung und ausreichend Schubkästen zur Aufbewahrung von Instrumenten, Pflegeprodukten, Verbandmaterialien etc. aufweisen. Daher muss ein Fußpflegeschrank zum einen ausreichend Stauraum bieten und sich zum anderen durch eine intelligente Raumaufteilung auszeichnen.

Zu einer modernen, komfortablen Ausstattung gehören Schubfächer in unterschiedlichen Größen mit leichtgängigem Vollauszug und Softeinzug für sanftes Schließen (ein Fingertipp genügt). Zum Schutz vor Staub sollten die Schubladen zudem staubdicht sein. Das gelingt z. B. durch die Ausrüstung mit einer Schmutzfanglippe. Um den Überblick über Instrumente und Materialien zu bewahren, werden ein oder mehrere Schubfächer mit unterteilten Einsätzen ausgestattet.

Für einen hohen Hygienestandard sorgt ein integriertes UV-Fach zur keimarmen Aufbewahrung von aufbereiteten Instrumenten direkt am Behandlungsplatz. Entsprechend den Anforderungen der Hygiene muss ein Fußpflegeschrank pflegeleicht sein, d. h. er muss aus Materialien bestehen, die gegenüber Reinigungs- und Desinfektionsmittel unempfindlich sind. Darüber hinaus sollen zu leichteren Reinigung Kanten und Ecken abgerundet und die Deckplatte mit einer umlaufenden, erhöhten Abschlusskante ausgestattet sein.

Ein weiteres Kriterium ist eine gute Beweglichkeit durch leicht laufende Rollen, die sich zudem arretieren lassen. Damit sowohl Rechts- wie Linkshänder gut arbeiten können, sollte der Handstückhalter für das Elektromikromotor-Handstück sowie der Lampenhalter für die Arbeitsleuchte jeweils auf der richtigen Seite platziert werden können.

Weiteres Zubehör können integrierte Steckdosenleisten an der Rückwand und an der Vorderseite des Fußpflegeschranks Abwurfbehälter, schwenkbare Tabletts aus Edelstahl oder Glas, sowie Schlauchführung zur Entlastung gegen den abwärts gerichteten Zug des Saugschlauches des Fußpflegegeräts sein. Manche Modelle sind mit seitlichen Griffen ausgestattet, die zum Schieben oder als Handtuchhalter verwendet werden können.

In den klassischen Versionen ist in den Fußpflegeschränken ein Fach für das Fußpflegegerät reserviert. Es gibt aber auch Fußpflegeschränke, in denen das Gerät bereits fest eingebaut ist. Diese *Behandlungseinheiten* bieten z. B. auch High-Tech-Lösungen mit Spray- und Absaugtechnik.

Siehe Checkliste: Fußpflegeschrank

9.5.4 Die Arbeitsleuchte

In der Fußpflege unverzichtbar für optimale Ausleuchtung, qualifizierte Diagnose und bei Arbeiten mit hohem Verletzungsrisiko ist eine am Fußpflegeschrank befestigte Ringlupenleuchte mit beweglichem Arm, bei der eine Lupe ringförmig von einer Lichtquelle umgeben ist. Moderne Ringlupenleuchten sind mit LED als Leuchtmittel ausgestattet, weisen eine Beleuchtungsstärke bis zu 6.000 Lux und mehr auf, zeichnen sich durch eine neutralweiße Lichtfarbe und hohe Farbwiedergabe (Ra = 80 – 90) aus, sind dimmbar und haben in der Regel eine Lupenstärke von 3 bis 5 Dioptrien, bei manchen Exemplaren sogar bis 12 Dioptrien.

Es gibt sie in unterschiedlichen Ausführungen – rund, mit und ohne Abdeckhaube. Neben dem Design kommt es aber in erster Linie auf die Funktionalität an. Der Durchmesser der Lupe sollte so bemessen sein, dass ein Hindurchsehen mit beiden Augen möglich ist. Das Licht muss flimmer- und flackerfrei sein. Bei manchen Modellen ist sogar ein Austausch der Linsen möglich, so dass unterschiedlich stark vergrößernde Linsen eingesetzt werden können. Im Idealfall ist das vergrößerte Bild auch noch am Rand verzerrungsfrei. Darüber hinaus sollte der Arm der Lupenleuchte Stabilität und genügend Bewegungsfreiheit aufweisen. Mittlerweile gibt es außerdem Tischlupenleuchten, die auf den Tisch gestellt werden und sich daher sowohl für den Einsatz in der Praxis wie für Hausbesuche eignen. Eine flexible Positionierung ermöglichen darüber hinaus mit Rollen ausgestattete, fahrbare Stative, auf die Lupenleuchten mit Zapfen gesteckt werden. Auch Lupenleuchten sollte man vor dem Kauf eingehend testen. Vergleichen Sie die Angebote.

Siehe Checkliste: Lupenleuchte

9.5.5 Fußpflegegerät plus Mikromotor

Für die Entfernung von Hornhaut oder Bearbeitung von Nägeln unentbehrlich in der modernen Fußpflege ist der Einsatz von rotierenden Instrumenten, die mit einem elektrischen Fußpflegegerät betrieben werden. Die Geräte können fest im Fußpflegeschrank integriert sein. Tragbare Geräte finden Platz im obersten Fach des Fußpflegeschranks oder können in einem Fußpflegekoffer/-trolley transportiert bei Hausbesuchen eingesetzt werden. Der Mikromotor befindet sich im Handstück für Fräser und Schleifer. Je nach Modell lassen sich die Geschwindigkeiten – in Stufen oder stufenlos – variabel einstellen.

Die Geräte sollten eine maximale Drehzahl von mindestens 25.000 bis 30.000 erreichen. Doch Umdrehungsleistungen von bis zu maximal 42.000 Umdrehungen/Minute sind heute keine Seltenheit mehr. Reguliert werden die verschiedenen Drehzahlen mit dem Steuergerät im Fußpflegeschrank bzw. im Fußpflegekoffer. Über das Tastaturfeld lassen sich die Umdrehungsgeschwindigkeiten abrufen. Bei manchen Fußgeräten ist die Bedienung aber auch über einen kabellosen Fußschalter möglich.

Das Mikromotor-Handstück sollte leicht, vibrationsarm und ergonomisch geformt sowie mit einer Automatikspannung für den schnellen Fräserwechsel versehen sein. Darüber hinaus gibt es seit einiger Zeit Handstücke, in denen am vorderen Ende eine Beleuchtung mittels Leuchtdioden integriert ist. Auf diese Weise sorgen diese modernen Exemplare für eine ganz gezielte Ausleuchtung im Arbeitsgebiet. Störende Schattenwirkung durch die benachbarte Zehe oder das Handstück wird so vermieden.

Worauf man noch achten sollte: wählbare Fräserdrehrichtung (Rechts-Links-Lauf) sowie hohe Rundlaufgenauigkeit.

Um die bei der Arbeit aufgewirbelten Staubpartikel aus der Luft zu entfernen, sind Fußpflegegeräte entweder mit Spray- oder mit Absaugtechnik ausgerüstet. Bei Geräten mit Wasser-Sprühvernebelung wird durch eine im Handstück befindliche Düse Wasser auf das Arbeitsfeld gesprüht und der Feilstaub durch das feinvernebelte Wasser gebunden, gleichzeitig wird aber auch das rotierende Instrument und die zu behandelnde Hautstelle gekühlt. Bei der Absaugtechnik werden die abgeschliffenen Haut- und Nagelpartikel abgesaugt und einfach mittels Staubbeutel entsorgt. Bei Absauggeräten sollte man darauf achten, dass sich Drehzahlwahl und Absaugturbine separat regeln lassen und die Geräte geräuscharm sind und mit einem Mikrofeinstaubfiltersystem zur Reinhaltung der Abluft ausgestattet sind. Das Herzstück von Fußpflegegeräten mit Absaugtechnik ist eine starke Saugturbine für eine hohe Absaugleistung. Diese variiert von Gerät zu Gerät. Da die Angaben aufgrund von unterschiedlichen Messverfahren variieren, gilt auch hier: Eingehende Prüfung ist unentbehrlich. Lassen Sie sich die Geräte genau erklären und im Betrieb zeigen.

Siehe Checkliste: Fußpflegeräte

9.6 Anforderungen an die Hygiene

Die Hygieneanforderungen in der Fußpflege- oder Podologiepraxis stellen jeden Tag aufs Neue eine Herausforderung dar. Gilt es doch auf jeden Fall die Übertragung von Krankheiten zu vermeiden und die Gesundheit von Kunden/Patienten sowie vom Behandelnden zu schützen. Anderenfalls spielt man mit seinem guten Ruf und riskiert durch Regressforderungen oder auch Umsatzeinbußen seine berufliche Existenz. Daher ist auf dem Weg zur eigenen Praxis auch ein wichtiges Thema, welche Utensilien, Präparate und Geräte und Gerätschaften zur Reinigung, Desinfektion und Sterilisation benötigt werden. Ausführliche Informationen in puncto Hygiene finden Sie in der Fachliteratur, die im Buchhandel aber auch im Internet u. a. unter www.fachbuchdirekt.de bestellt werden kann. Bücher, in denen speziell Anforderungen an die Hygiene im Zusammenhang mit Fußpflege/Podologie aufbereitet wird, sind z. B.:

- Tanzer, Wolfgang: Hygienekurs für Podologen (Verlag Neuer Merkur)
- Grünewald, Klaus et al.: Theorie der medizinischen Fußbehandlung. Ein Fachbuch für die Podologie. Band 2 (Verlag Neuer Merkur)
- Fütterer, Friederike: Praxishygiene (Verlag Hellmut Ruck)

Darüber hinaus hat sich die Broschüre *Hygiene in der Arztpraxis. Ein Leitfaden.* als kompaktes Unterstützungs- und Nachschlagewerk bundesweit etabliert, die vom Kompetenzzentrum Hygiene und Medizinprodukte der Kassenärztlichen Vereinigungen (KVen) und der KBV erstmal im Jahr 2014 herausgegeben wurde und 2019 in einer überarbeiteten Version als 2. Auflage erschienen ist. Der Schwerpunkt des Leitfadens liegt auf allgemeinen Hygienethemen wie Personal- und Umgebungshygiene. Er geht auch auf Spezialthemen ein, die für die Behandlung von Patienten mit übertragbaren Krankheiten von Bedeutung sind, und führt die wichtigsten Rechtsgrundlagen zu den Themen Hygiene, Medizinprodukte und Arbeitsschutz auf, stellt die daraus sich ableitenden Pflichten dar und gibt praktische Empfehlungen zu deren Umsetzung. Neu aufgenommen wurde bspw. der Themenbereich Mikroorganismen und angepasste Desinfektionsmittel, weil die Vielfalt der Mikroorganismen, mit denen Gesundheitseinrichtungen mittlerweile konfrontiert werden, darauf ausgerichtete Hygienemaßnahmen erfordern. Eine zentrale Rolle für die Aufbereitung von Medizinprodukte spielt die Validierung. Der neu aufgelegte Leitfaden hat auch dieses Thema aufgegriffen und gibt Hilfestellung für die Durchführung in der Praxis. Der Leitfaden kann im Downloadbereich auf www.hygiene-medizinprodukte.de kostenfrei heruntergeladen werden.

Von zentraler Bedeutung für die Hygiene in einer Fußpflege-/Podologiepraxis ist die Desinfektion. Desinfizieren bedeutet, die Anzahl von krankmachenden (pathogenen) oder möglicherweise krankmachenden (fakultativ-pathogenen) Keimen (Mikroorganismen) durch Abtöten/Inaktivieren auf oder in einem Objekt oder auf biologischen Oberflächen soweit zu reduzieren, dass davon keine Infektionsgefahr mehr ausgehen kann. Desinfektionsmittel werden benötigt zur Haut-, Hände-, Wund-, Flächen- und Instrumentendesinfektion. Alle Desinfektionsmittel, die in der Praxis verwendet werden, müssen in der Desinfektionsmittel-Liste des *Verbunds für Angewandte Hygiene* (VAH) e.V. aufgeführt sein. Die

VAH-Liste enthält alle vom VAH zertifizierten Produkte samt Gebrauchsinformationen, Anwendungshinweisen und Erläuterungen zur Prüfmethodik und ist die Grundlage für die Auswahl von Desinfektionsmitteln für die routinemäßige und prophylaktische Desinfektion. Die VAH-Liste ist als gedrucktes Buch oder als E-Book erhältlich, steht aber auch als *datenbankbasierte VAH-Liste online* im Internet zur Verfügung (nähere Informationen unter www.vah-online.de).

9.6.1 Die Aufbereitung von Instrumenten

Um bei podologischen Behandlungen oder bei der kosmetischen Fußpflege die Übertragung von Krankheitskeimen zu vermeiden, ist die lückenlose, fachgerechte Instrumentenhygiene ein *unverzichtbares Muss.*
Die zur Fußpflege/-behandlung eingesetzten Instrumente sind Medizinprodukte, weshalb für deren Anwendung zahlreiche Anforderungen gemäß dem Medizinproduktegesetz (MPG) und der Medizinprodukte-Betreiberverordnung (MPBetreibV) zu beachten und zu erfüllen sind. Nach § 8 der MPBetreibV ist für die Aufbereitung von Medizinprodukten, die bestimmungsgemäß keimarm oder steril zur Anwendung kommen sollen, unter Berücksichtigung der Angaben des Herstellers mit geeigneten validierten Verfahren so durchzuführen, dass zum einen der Erfolg der Verfahren gewährleistet ist und zum anderen die Sicherheit und Gesundheit von Patienten, Anwendern oder Dritten nicht gefährdet wird. Dies gilt auch für Medizinprodukte, die vor der ersten Anwendung desinfiziert oder sterilisiert werden. Im § 8 heißt es weiter: dass eine ordnungsgemäße Aufbereitung vermutet wird, wenn die gemeinsame Empfehlung der Kommission für Krankenhaushygiene und Infektionsprävention (KRINKO) beim Robert Koch Institut und des Bundesinstitutes für Arzneimittel und Medizinprodukte (BfArM) zu den Anforderungen an die Hygiene bei der Aufbereitung der Medizinprodukte beachtet wird (www.rki.de > Infektionsschutz > Infektions- und Krankenhaushygiene). Gemäß der KRINKO-BfArM-Empfehlung sind geeignete validierte Verfahren solche Verfahren, die ein definiertes Ergebnis jeder Zeit reproduzierbar und nachweisbar erbringen. Das betrifft insbesondere Sauberkeit, Keimarmut, Sterilität und Funktionalität. Nach der KRINKO-BfArM-Empfehlung kann die hygienische Aufbereitung des Instrumentariums, um eine erneute sichere Verwendung von Zangen, Schleifkörper und Co. zu gewährleisten, bis zu folgenden 12 Einzelschritten umfassen:

- Vorbereiten, z. B. sortieren, vorreinigen, ggf. zerlegen, zum Aufbereitungsort transportieren
- Reinigung, z. B. im Ultraschallbad
- Desinfektion
- Spülung
- Trocknung
- Prüfung auf Sauberkeit und Unversehrtheit

- Pflege und Instandsetzung
- Funktionsprüfung
- Kennzeichnung
- Verpacken
- Sterilisation und
- dokumentierte Freigabe

Ob die Instrumente keimarm oder steril aufbereitet werden müssen, hängt von der Risikoeinstufung ab, die der Praxisleiter für jedes Instrument vornehmen muss. Der Praxisleiter ist als Betreiber von Medizinprodukten für die korrekte Risikoeinstufung und die Festlegung von Art und Durchführung der Aufbereitung verantwortlich, wobei dieser auch die Herstellerangaben berücksichtigen muss.

Denn der Hersteller ist dazu verpflichtet, Angaben zur Aufbereitung einschließlich Reinigung, Desinfektion, Spülung, Trocknung, ggf. Verpackung und Sterilisation, Transport sowie sachgerechten Lagerung und ggf. auch über Risiken bei der Aufbereitung zur Verfügung zu stellen. Darüber hinaus sind in die Risikobewertung von Medizinprodukten sowohl die Art der vorausgegangenen als auch die Art der nachfolgenden Anwendungen einzubeziehen. Zu berücksichtigen sind auch funktionelle (z. B. schneidend) und konstruktionsbedingte Eigenschaften (z. B. Gelenke).
Der Rahmenhygieneplan für Einrichtungen der Medizinischen Fußpflege/Podologie zeigt auf, welche Risiken bei der Einstufung des Instrumentariums und dessen Aufbereitung zu berücksichtigen sind:

„Bei den üblichen Tätigkeiten von Podologen zur Entfernung von Haut, Nägeln oder Hornhaut wird die Haut nicht durchdrungen, es wird kein Kontakt zu Blut oder inneren Geweben hergestellt. Das kann jedoch ungewollt passieren und muss bei den Hygienemaßnahmen berücksichtigt werden.
Skalpelle, die beim Schneiden von Hornhaut eingesetzt werden, sind üblicherweise als Einwegmaterialien steril. Sie werden jedoch nicht mit dem Ziel verwendet, die Haut zu durchtrennen.
Zudem sind Schmerzreaktionen als natürlicher Schutz nicht bei allen Patienten (z. B. mit diabetischem Fuß) zuverlässig gegeben. Patienten mit stoffwechselbedingten Veränderungen der peripheren Nerven empfinden oft weder leichten Druck noch eine Schnittverletzung.
Sondierungen, Manipulationen oder Behandlungen an infektiösen Prozessen (Nagel-/Nagelfalzinfektionen) oder Schleifen/Fräsen z. B. an mykotischen Nägeln haben ein höheres Risiko, mit Blut in Kontakt zu kommen, ebenso die Anwendung von schnell drehenden Schleifkörpern oder Fräsern (z. B. 20.000 U/min) an Nägeln, Haut und Hornhaut“.

Siehe Kapitel 17.9: Der Hygieneplan

Nach der KRINKO-BfArM-Empfehlung werden Hygienerisiken von Medizinprodukten in drei Kategorien unterschieden:

- Unkritische Medizinprodukte kommen ausschließlich mit intakter Haut in Kontakt.
- Semikritische Medizinprodukte kommen mit krankhaft veränderter Haut oder mit Schleimhäuten in Berührung.
- Kritische Medizinprodukte: zur Anwendung von Blut und Blutprodukten oder anderen sterilen Arzneimitteln/sterilen Medizinprodukten und Medizinprodukte, die bestimmungsgemäß die Haut und Schleimhaut durchdringen und dabei in Kontakt mit Blut bzw. an inneren Geweben oder Organen zur Anwendung kommen, einschließlich Wunden (in der Podologie z. B. bei tiefem Hühnerauge, tiefer Warze, lokaler Infektion, diabetischem Fuß).

Die Anforderungen an die Aufbereitung von wiederverwendbaren Medizinprodukten können konstruktiven und materialtechnischen Details erhöht sein. Deshalb werden semikritische und kritische Medizinprodukte weiter in Gruppe A (ohne besondere Anforderungen an die Aufbereitung) und Gruppe B (mit erhöhten Anforderungen an die Aufbereitung) unterteilt. Medizinprodukte, die besonders hohe Anforderungen an die Aufbereitung stellen, werden der Gruppe C zugeordnet. Das sind u. a. Medizinprodukte, bei denen die Effektivität der Reinigung nicht durch Inspektion unmittelbar beurteilbar ist z. B. wegen komplexer, rauer oder schlecht zugänglicher und daher schlecht zu reinigenden Oberflächen.

Abhängig von der Risikoeinstufung wird die Art der Aufbereitung der Instrumente durchgeführt. Unkritische, semikritische und kritische Instrumente müssen zur sicheren Wiederverwendung gereinigt und desinfiziert werden. Kritische Instrumente müssen nach der Reinigung und Desinfektion zusätzlich einer Sterilisation (grundsätzlich Dampfsterilisation) unterzogen werden. Ziel einer Sterilisation (= Entkeimung) ist völlige Keimfreiheit. Im Pschyrembel, dem bekannten klinischen Wörterbuch, wird Sterilisation wie folgt definiert: *„Abtöten und Entfernen aller lebensfähigen Vegetativ- und Dauerformen von pathogenen und apathogenen Mikroorganismen in Stoffen, Zubereitungen oder an Gegenständen“.*

Semikritische Instrumente können, müssen aber nicht zwingend sterilisiert werden. Erfolgt bei semikritischen Instrumenten keine Sterilisation, muss die Abschlussdesinfektion nachweislich bakterizid (einschließlich Mykobakterien), viruzid und fungizid sein. Bei unkritischen Instrumenten ist darauf zu achten, dass das Desinfektionsmittel für die Desinfektion von Medizinprodukten zugelassen ist. Am effektivsten ist die Desinfektion im Sterilisator (mit Heißluft oder Dampf), in dem die die Instrumente unverpackt eingelegt und sterilisiert werden.

Da die unverpackten Instrumente nach dem Öffnen der Gerätetür, nicht mehr steril sind, spricht man hierbei von Thermo- oder thermischer Desinfektion.

Personen, die Medizinprodukte aufbereiten, müssen über die erforderlichen Sachkenntnisse in der Aufbereitung verfügen und brauchen dafür einen Sachkundenachweis.

Siehe Kapitel 15: Formalitäten

9.6.2 Geräte für die Instrumentenaufbereitung

Die Aufbereitungsschritte Reinigung und Desinfektion können manuell oder maschinell erfolgen. Aufgrund von Nachteilen, die mit der manuellen Aufbereitung einhergehen können (z. B. der Probleme mit der Standardisierung des Verfahrens), gibt die KRINKO-BfArM-Empfehlung der maschinellen Aufbereitung den Vorzug, da sich deren Ergebnisse ständig nachvollziehen und reproduzieren lassen und damit besser für eine korrekte Validierung geeignet sind.

Als wirksame Methode, um Instrumente schonend und gründlich zu reinigen, hat sich die Reinigung im Ultraschallbad bewährt. Das gilt nicht nur, aber besonders für Instrumente mit Verschmutzungen, die sich nur schwer entfernen lassen, wie z. B. bei Fräsern aufgrund ihrer rauen Oberfläche. Bei Verwendung von Ultraschall-geeigneten Desinfektionsmitteln sind Reinigung und Desinfektion sogar in einem Arbeitsgang möglich. Die Ultraschall-Reinigung ist ein mechanischer Vorgang. Hierbei bilden sich durch die Ultraschallwellen mit Schwingungen von ca. 35 kHz (= 35.000 Schwingungen/Sekunde) kleinste instabile Dampfbläschen, sogenannte Kavitationsbläschen, die beim Zusammenfallen den an den Instrumenten anhaftenden Schmutz ablösen – auch an schwer zugänglichen Stellen. Bei gleichzeitiger Reinigung und Desinfektion von Instrumenten im Ultraschallbad sind unbedingt die vorgeschriebene Dosierung und Einwirkungsdauer einzuhalten.

Ultraschallgeräte können mit zusätzlichen Funktionen ausgestattet sein, wie z. B. mit einer Heizung für ein schnelleres und verbessertes Reinigungsergebnis, mit einer ständigen Ultraschall-Frequenzmodulation für eine gleichmäßige intensive Reinigung (Vermeidung von toten Stellen) sowie einer Entgasungsfunktion, um Gasbläschen für eine bessere Reinigungswirkung bei frischen Flüssigkeiten vor dem ersten Einsatz zu entfernen. Wichtig ist, dass die Temperatur im Ultraschallbad nicht über die vom Hersteller angegebene Beschallungstemperatur ansteigt, weil sonst die Gefahr besteht, dass Eiweiße (Proteine) denaturieren und sich auf den Instrumenten schwer entfernbare Rückstände bilden.

Reinigung, Desinfektion und Trocknung in einem Arbeitsgang macht heute ein sogenanntes Reinigungs- und Desinfektionsgerät (RDG) möglich. Dabei handelt es sich um einen Spülautomaten, mit dem Reinigung und Desinfektion sowie anschließende Trocknung nach einem automatischen und standardisierten Verfahren ablaufen.

Zur Sterilisation von semi-kritischen und kritischen Instrumenten wird die Dampfsterilisation heute als sicherstes Verfahren bevorzugt bzw. von den gesetzlichen Krankenkassen als Zulassungskriterium sogar gefordert. Bei der Sterilisation im Autoklav wird das Instrumentarium bei 134 °C und 2 bar über dem Normaldruck für 5 Minuten oder bei einer Temperatur von 121 °C bei 1 bar über dem Normaldruck für eine Dauer von 20 Minuten ausgesetzt. Im Autoklav können neben Instrumenten auch Gegenstände aus Gummi oder Kunststoff sowie Textilien sterilisiert werden. Es gibt Dampfsterilisatoren unterschiedlicher Technologien. Für die Podologie geeignet sind Geräte der Klasse S mit Kühlung und Trocknung. Für die Sterilisation müssen die Instrumente zuvor verpackt werden. Als Verpackung kommen Sterilisationscontainer aus Metall oder sogenannte Weichverpackungen aus Papier oder Folie oder Vlies (Herstellerangaben beachten!) infrage.

Heißluftsterilisatoren werden heute für den nicht-medizinischen Bereich und damit für die kosmetische Fußpflege, zur thermischen Desinfektion empfohlen. Moderne Heißluftsterilisatoren arbeiten mit Umluft, also mechanischer Luftbewegung, um zu garantieren, dass überall in der Sterilisationskammer die erforderliche Temperatur von 180 °C (30 Minuten Haltezeit) erreicht und die Bildung von sogenannten „Kaltnestern" vermieden wird.

9.6.3 Weiteres Hygienezubehör

An jedem Behandlungsplatz benötigen Sie zur Aufnahme von bei der Behandlung anfallenden größeren Abfällen wie Sterilisationsfolien einen Abfalleimer mit Müllbeutel und Deckel, der über einen Tretmechanismus per Fuß zu öffnen ist. Am Fußpflegeschrank sollte sich ein Abwurfbehälter befinden, in dem z. B. Nagelreste oder gebrauchte Tupfer abgeworfen werden. Für die Entsorgung von mit Blut und Körpersekreten behafteten Abfällen wie Wundverbände oder Einwegmaterialien sind reißfeste, feuchtigkeitsbeständige, dichte Säcke erforderlich. Scharfe, spitze Einmalmaterialien, wie z. B. Skalpell- und Hohlmeißelklingen, müssen in einem durchstoßsicheren, bruchfesten und fest verschlossenen Entsorgungsbehältern gesammelt werden. Wichtig: Diese getrennt gesammelten spitzen, scharfen oder mit Blut oder Sekreten behafteten Materialien nicht umfüllen, trennen oder sortieren, sondern so wie gesammelt in den Behältnissen zum Hausmüll geben. Praktisch ist im Hygieneraum ein Abfallsammler mit mehreren Kammern, in dem der im Zusammenhang mit der Behandlung anfallende Müll getrennt nach Hausmüll plus oben genannte Entsorgungsbehälter, Papier und Kunststoff entsorgt werden kann. Wichtige Basis für die Abfallregelung in der

Podologiepraxis ist der Rahmenhygieneplan für Einrichtungen der medizinischen Fußpflege, die Technischen Regeln für biologische Arbeitsstoffe (TRBA 250) und die Vollzugshilfe zur Entsorgung von Abfällen aus Einrichtungen des Gesundheitsdienstes der Bund-Länder-Arbeitsgemeinschaft Abfall (LAGA).

Zur Hygieneprophylaxe außerdem erforderlich sind Utensilien wie Arbeitskleidung, Schutzkleidung, Schutzbrille, Mund- und Nasenschutz sowie Einmal- und Haushaltshandschuhe, aber auch Reinigungsmittel, Einweghandtücher, Servietten und Kosmetiktücher, Wäschesack für unreine Kleidung und eine Waschmaschine, falls die Praxiswäsche nicht in eine professionelle Wäscherei gegeben wird.

9.6.4 Der Aufbereitungsraum

Gerätschaften zur Reinigung, Desinfektion und Sterilisation befinden sich in der Praxis im Aufbereitungsraum, der oft auch Hygieneraum genannt wird. Der Aufbereitungsraum sollte in der Praxis von allen anderen Räumen aus zentral erreichbar sein – ein wichtiger Gesichtspunkt für größere Praxen. Während für die Desinfektion von unkritischen Medizinprodukten, die nur mit intakter Haut in Berührung kommen, keine besonderen Anforderungen an den Ort für die Aufbereitung gestellt werden, müssen semikritische und kritische Medizinprodukten in einem separaten Aufbereitungsraum aufbereitet werden, in dem der Arbeitsbereich eindeutig in einen unreinen und reinen Bereich aufgeteilt ist. Alle Aufbereitungsschritte vor der Desinfektion finden auf der unreinen Seite statt. Alle Aufbereitungsschritte, die nach der Desinfektion erfolgen, werden im reinen Bereich erledigt. Beide Bereiche müssen eindeutig gekennzeichnet werden, z. B. durch Beschilderung oder einer Plexiglaswand auf der Arbeitsfläche. Wichtig ist, dass der Hygienearbeitsbereich ausreichend Platz bietet für die anfallenden Tätigkeiten. Hier ist auch der geeignete Ort, um den während der Behandlung anfallenden Müll zu trennen sowie die Ausstattung für die ambulante Fußpflegebehandlung aufzubewahren.

Siehe Checkliste: Hygieneraum

9.7 Instrumente und Co.

Abgesehen von den *großen* Gerätschaften benötigen Sie, um Fußpflege als professionelle Dienstleistung anbieten zu können, eine Vielzahl von kleinen Utensilien. Dazu gehört eine Grundausstattung an Handinstrumenten, an rotierenden Instrumenten, an Pflegeprodukten und Therapiematerialien rund um den Fuß.

Pro Behandlungsraum sind ausreichende desinfizierte/sterilisierte Instrumentensätze sowie ausreichende sterilisierbare Schleif- und Fräskörper erforderlich. Wie viele Instrumenten- und Fräsersätze gebraucht werden, hängt von der Anzahl der geplanten Behandlungen pro Tag ab – gerechnet wird für jeden Patienten/Kunden ein Satz und ein Satz pro Tag als Reserve. Steht in der Mittagspause ausreichend

Zeit für die Aufbereitung zur Verfügung, kann die Anzahl der erforderlichen Instrumentensätze halbiert werden.

Zur Grundausstattung der Handinstrumenten-Sets werden benötigt Hautzange, Eckenzange, Nagelzange, Nagelhautzange, Splitterpinzette, Wattepinzette, Skalpellgriff und mehrere Skalpellklingen, Hohlmeißelgriff mit den dazugehörigen Klingen, Doppelinstrument, Tamponstopfer (doppelendig), Verbandschere sowie Nagel- und Eckenfeile. Das Set lässt sich individuell erweitern.

Wichtig ist beim Instrumentenkauf die Qualität. Achten Sie auf die CE-Kennzeichnung, um sicher zu sein, dass die Anforderungen als Medizinprodukt erfüllt sind. Durch hochwertige Qualität zeichnen sich insbesondere Instrumente aus rostfreiem Edelstahl aus, die nicht nur unempfindlich gegenüber Reinigungs- und Desinfektionsmittel sind, sondern auch durch ihre Chromanteile bis in den Kern gegenüber Rost geschützt sind und daher im Autoklav problemlos sterilisiert werden können.

Variabel in der Zusammensetzung ist ebenso das Set rotierender Instrumente, zu denen Edelstahlfräser, Hartmetallfräser, Diamantschleifer, keramische Schleifinstrumente und Kappenschleifer zum Einmalgebrauch gehören. Fräser und Schleifkörper werden in unterschiedlichsten Formen, Größen und Oberflächenstruktur angeboten. Ein Set sollte mit Instrumenten für verschiedensten Aufgaben von der Bearbeitung von Hühneraugen über Hornhautentfernung bis hin zur Nagelpflege ausgerüstet sein. Als Rohstoffmaterialien haben sich für rotierende Instrumente insbesondere Edelstahl, Hartmetall und Diamant aufgrund ihrer hohen Korrosionsbeständigkeit und Langlebigkeit bewährt. Wichtig ist auch das Zubehör für rotierende Instrumente für Aufbewahrung und Reinigung wie Fräserständer für den Transport und zur Reinigung/Desinfektion in Ultraschallgerät und Reinigungsbürste aus Messingdraht zur Entfernung von hartnäckigen Schmutzresten.

Was noch an weiterem Werkzeug benötigt wird, hängt vom geplanten Angebot ab, z. B. Zubehör für Spangenbehandlung oder Zubehör für Nagelprothetik.

Abgerundet wird das Rüstzeug für die Praxis mit einer Grundausstattung mit den wichtigsten Pflegeprodukten für die Füße, wie z. B. Fußbäder, Hornhauterweicher, Cremes, Balsame, Schäume und Lotionen für unterschiedliche Haut- und Fußprobleme, Haut- und Nagelöl, Präparate zur Vorbeugung von Haut- und Nagelpilz, Fußpuder sowie Spezialpräparate zur Behandlung von Nagelproblemen und Spezialpräparate wie keratolytisch wirksame Medizinprodukte zur Behandlung von Hühneraugen. Ebenso erforderlich sind Verbandsmaterialien und Wundauflagen wie z. B. Zellstofftupfer, Wundpflaster, Wundschnellverband und Folien für Okklusiv-Verbände. Nicht fehlen sollten Zehenspreizer oder auch Druckschutzmaterialien wie etwa Ballenschutz, Filzringe oder Druckschutzpflaster.

9.8 Überblick gewinnen

Wichtig ist, dass Sie sich als Gründer in der Vorbereitungsphase Ihrer Praxis darüber einen Überblick verschaffen, was Sie als Grundausstattung benötigen und entsprechend Ihrer Zielsetzungen zusätzlich für Ihr geplantes Behandlungsangebot, auch in puncto Wellness, anschaffen müssen.

Siehe Checkliste: Grundausstattung für die professionelle Fußpflege

Studieren Sie für die Einrichtung und Ausstattung Ihrer Praxis die entsprechenden Fachkataloge, besuchen Sie Messen und lassen Sie sich eingehend von den einschlägigen Fachfirmen beraten. Nutzen Sie deren Know-how, vergleichen Sie Angebot und Preise. Vielleicht sind sogenannte Einsteiger- und Startersets für Sie eine gute Lösung.

Siehe Info: Adressen für die Praxiseinrichtung und -ausstattung

Informieren Sie sich auch über eventuelle gebrauchte Einrichtungsgegenstände. Hüten Sie sich jedoch vor Lösungen, bei denen Sie gefühlsmäßig nicht ganz einverstanden sind. Denn die Erfahrung zeigt, dass sich ungeliebte Notlösungen immer am längsten halten.

Machen Sie sich nun eine Liste über sämtliche Anschaffungen, die Sie für die Erstausstattung der gesamten Praxis – vom Empfangsbereich bis zum Behandlungsraum – tätigen müssen und überschlagen Sie die Kosten. Sind Umbau- und Renovierungsarbeiten notwendig, holen Sie auch hierfür Kostenvoranschläge ein.

Siehe Checkliste: Praxis-Erstausstattung und ihre Kosten

Auf diese Weise gewinnen Sie einen Überblick, welche Kosten auf Sie zukommen werden. Die Aufgabe, eine entsprechende Kostenaufstellung zu machen, ist mühevoll, aber empfehlenswert. Schließlich will das Vorhaben, eine Fußpflege-/Podologiepraxis zu gründen, finanziert werden. Dieses Wissen brauchen Sie später, wenn es um Fragen der Finanzierung geht und Sie einen Businessplan erarbeiten müssen.

Info: Technische Regeln für Arbeitsstätten (ASR) im Überblick	
Bezeichnung der ASR	**Titel**
ASR V3a.2	Barrierefreie Gestaltung von Arbeitsstätten
ASR A1.2	Raumabmessungen und Bewegungsflächen
ASR A1.3	Sicherheits- und Gesundheitsschutzkennzeichnung
ASR A1.5/1,2	Fußböden
ASR A1.6	Fenster, Oberlichter, lichtdurchlässige Wände
ASR A1.7	Türen und Tore
ASR A1.8	Verkehrswege
ASR A2.1	Schutz vor Absturz und herabfallenden Gegenständen, Betreten von Gefahrenbereichen
ASR A2.2	Maßnahmen gegen Brände
ASR A2.3	Fluchtwege und Notausgänge, Flucht und Rettungsplan
ASR A3.4	Beleuchtung
ASR A3.4/3	Sicherheitsbeleuchtung, optische Sicherheitsleitsysteme
ASR A3.5	Raumtemperatur
ASR A3.6	Lüftung
ASR A4.1	Sanitärräume
ASR A4.2	Pausen- und Bereitschaftsräume
ASR A4.3	Erste-Hilfe-Räume, Mittel und Einrichtungen zur Ersten Hilfe
ASR A4.4	Unterkünfte

Checkliste: Praxisräume und -ausstattung: Sind die Anforderungen der Krankenkassen erfüllt?

Eine Zulassung ohne Praxisräume beziehungsweise Praxisausstattung entspricht nicht den Anforderungen nach § 124 Abs. 2 Nr. 2 SGB V. Haken Sie anhand der Checkliste ab, wo Räumlichkeiten und Ausstattung der Praxis die Zulassungskriterien erfüllen. So erhalten Sie einen Überblick, wo Sie noch nachrüsten müssen.

Checkliste: Praxisräume und -ausstattung: Sind die Anforderungen der Krankenkassen erfüllt?	
Allgemeine Mindestanforderungen	
Die Praxis ist öffentlich zugänglich.	☐
Die Praxisräume sind räumlich zusammenhängend (Soll-Bestimmung).	☐
Die Praxis ist von privaten Bereichen räumlich getrennt und auf die Abgabe von therapeutischen Leistungen ausgerichtet.	☐
Die Praxis sowie im erforderlichen Umfang die Behandlungsräume sind behindertengerecht zugänglich (Soll-Bestimmung).	☐

Allgemeine Mindestanforderungen Fortsetzung	
Räumlichkeiten oder Bereiche, in denen weitere Leistungen außerhalb der Heilmitteldisziplin angeboten werden, sind baulich von den Räumen der Heilmittelpraxis getrennt. • Wartebereich und Toiletten werden – wie erlaubt – von beiden Einrichtungen gemeinsam benutzt. • Die Maßnahmen zur separaten Führung der Patientendokumentation sind getroffen.	☐
Es gibt einen Warteraum mit ausreichend Sitzgelegenheiten.	☐
Toilette und Handwaschbecken sowie Möglichkeit zur Händedesinfektion sind vorhanden.	☐
Verbandskasten für Erste Hilfe ist vorhanden.	☐
Sämtliche in der Praxis eingesetzte Geräte entsprechen den Anforderungen des Medizinproduktegesetzes (MPG) in dessen jeweils gültigen Fassung, soweit sie unter die Bestimmungen dieses Gesetzes fallen. Auch die Medizinprodukte-Betreiberverordnung (MPBetreibV) und sonstige Sicherheitsvorschriften in der jeweils gültigen Fassung werden beachtet.	☐
Räumliche Mindestvoraussetzung	
Mindestens ein Behandlungsraum ist vorhanden.	☐
Für jede neben dem Zugelassenen gleichzeitig weitere tätige Fachkraft ist ein zusätzlicher Behandlungsraum vorhanden.	☐
Jeder Behandlungsraum hat eine Größe von mindestens 8 m^2.	☐
Jeder Behandlungsraum besteht aus festen Wänden, ist über eine Tür zugänglich und verfügt über mindestens ein Fenster, wobei sichergestellt ist, dass kein Einblick möglich ist.	☐
In jedem Behandlungsraum gibt es ein ausreichende Bewegungsfläche mit einer Mindesttiefe von 1 m an der Fußseite des Behandlungsstuhls und eine Sitzgelegenheit für den Therapeuten.	☐
Die Behandlungsräume sind keine Durchgangsräume.	☐
Die Behandlungsräume sind Durchgangsräume, aber die Räume dahinter werden während der Therapie nicht genutzt.	☐
Die Raumhöhe der Behandlungsräume beträgt durchgehend mindestens 2,40 m – lichte Höhe.	☐
Alle Räume sind angemessen be- und entlüftbar sowie beheiz- und beleuchtbar.	☐
Die Fußböden in Behandlungsräumen sind trittsicher, fugenarm, leicht zu reinigen und zu desinfizieren.	☐
Die Wände im Behandlungstrakt sind glatt und bis zu einer Höhe von mindestens 1,80 m abwaschfest.	☐
In jedem Behandlungsraum ist vorhanden: • Möglichkeit zur Handdesinfektion, • Schrank zur Aufbewahrung der erforderlichen Materialien, • Einmalhandschuhe und Mundschutz in ausreichender Zahl, • Sitzgelegenheit und eine ausreichende Kleiderablage, • Möglichkeit zur Fußwaschung.	☐

Räumliche Mindestanforderungen Fortsetzung	
Behandlungsausstattung für den Hausbesuch ist vorhanden.	☐
Sammelplatz für während der Therapie entstandenen Abfall und zur Aufbereitung gebrauchter Instrumente getrennt vom Behandlungs- und dem Wartebereich.	☐
Erforderliche Grundausstattung (Pflichtausstattung) im Behandlungsraum	
Fräsgerät mit Staubabsaugung oder Nasstechnik	☐
Patientenstuhl mit teilbaren und ausziehbaren Fußstützen	☐
Leuchte mit Lupe oder Lupenbrille mit Beleuchtung	☐
Behälter für jeweils Tupfer, Tamponade	☐
Fünf sterilisierbare Instrumentensätze (Medizinprodukte) bestehend mindestens aus Hautzange, Nagelzange, Skalpell, Pinzette und Sondierinstrument sowie Schleif- und Fräskörper	☐
Entsorgungsbehälter	☐
Sterilisierbare Verbandschere	☐
Sterilisierbare Pinzette	☐
Hygieneanforderungen	
Sterilisation der Instrumentensätze • durch einen Dampfsterilisator (Autokclav) in der Praxis oder • gültiger Vertrag mit einer zentralen Aufbereitungsstelle mit Haftungshinweis	☐
Einhaltung der gültigen Hygieneverordnungen des jeweiligen Bundeslandes	☐
Hygieneplan, der vom gesamten Personal zu unterschreiben ist und die Maßnahmen zur Desinfektion, Reinigung und Sterilisation sowie zur Ver- und Entsorgung festlegt. Dies gilt insbesondere bezogen auf die hygienische Händedesinfektion, die Aufbereitung des Behandlungsraumes sowie der Instrumentenaufbereitung.	☐
Quelle für den Anforderungskatalog: GKV-Spitzenverband: Zulassungsempfehlungen nach § 124 Abs. 4 SGB V für Heilmittelerbringer in der Fassung vom 26. 11. 2018, anzuwenden ab dem 01. 12. 2018.	

Checkliste: Praxisräume

Wer eine kosmetische Fußpflegepraxis einrichtet oder als Podologe keine Kassenzulassung anstrebt, sollte beim Planen und Einrichten der Fußpflegepraxis dennoch auf Hygiene und Funktionalität achten.

Checkliste: Praxisräume			
Wichtige Kriterien, auf die Sie bei der Wahl und Gestaltung der Praxisräume achten sollten	**Ja**	**Nein**	**ist noch zu tun**
Die Praxis ist gut zugänglich, auch für Menschen mit Gehbehinderung oder im Rollstuhl.	☐	☐	☐
Die Räumlichkeiten bieten genügend Bewegungsraum, auch für Patienten/Kunden im Rollstuhl.	☐	☐	☐
Die Praxisräume werden durch natürliches Tageslicht gut beleuchtet.	☐	☐	☐
Die Praxisräume lassen sich gut be- und entlüften und auch beheizen.	☐	☐	☐
Lichtanschlüsse sind ausreichend vorhanden	☐	☐	☐
Ausreichend Kalt- und Warmwasseranschlüsse sind vorhanden (Hygieneraum, Teeküche, Behandlungsräume etc.).	☐	☐	☐
Die Praxis kann eindeutig in Empfangs-/Wartebereich inklusive Garderobe und Behandlungsbereich aufgeteilt werden.	☐	☐	☐
Es sind genügend Räume vorhanden, die als Behandlungsräume in Frage kommen (z. B. mindestens drei Behandlungsräume für zwei Podologen/Fußpfleger).	☐	☐	☐
Der als Hygieneraum vorgesehene Raum ist im Sinne von *kurzen* Wegen zentral erreichbar.	☐	☐	☐
Der künftige Hygieneraum bietet genügend Platz für Desinfektion, Reinigung und Sterilisation der Instrumente, für Schränke zur Aufbewahrung für Praxisutensilien sowie für Arbeiten, die nicht direkt am Fuß des Patienten/Kunden durchgeführt werden wie z. B. die Bearbeitung von Spangen oder das Ausgießen von Silikonmodellen.	☐	☐	☐
Der Empfangs-, Verkaufs- und Wartebereich bietet genügend Platz für die Empfangstheke samt Telefon, Fax, PC und Kunden-/Patientendatei, für Verkaufsvitrinen, -regale und/oder -schränke sowie für Sitzgelegenheiten und Garderobe für Kunden/Patienten.	☐	☐	☐
Getrennte Toiletten für Praxisteam und Kunden/Patienten	☐	☐	☐
Wandständig angebrachte Toiletten (empfohlen)	☐	☐	☐

Checkliste: **Praxisräume** Fortsetzung			
Wichtige Kriterien, auf die Sie bei der Wahl und Gestaltung der Praxisräume achten sollten	**Ja**	**Nein**	**ist noch zu tun**
Der Platz zum Händewaschen vor den Toiletten (kann gemeinsam vom Praxisteam und Kunden/Patienten benutzt werden) ist mit Handwaschbecken mit Spender für Seife, Desinfektionsmittel und Einmalhandtüchern und Papierkorb gestattet.	☐	☐	☐
Der Fußboden ist ein freundlicher, zur Praxiseinrichtung farblich abgestimmter Fußbodenbelag wie PVC oder Linoleum, der den hygienischen Anforderungen gerecht wird (kein Teppichboden). Der Boden ist tritt- und rutschsicher sowie fugenlos, pflegeleicht, desinfizierbar und desinfektionsmittelbeständig.	☐	☐	☐
Der Fußboden ist ein freundlicher, zur Praxiseinrichtung farblich abgestimmter Fußbodenbelag wie PVC oder Linoleum, der den hygienischen Anforderungen gerecht wird (kein Teppichboden). Der Boden ist tritt- und rutschsicher sowie fugenlos, pflegeleicht, desinfizierbar und desinfektionsmittelbeständig.	☐	☐	☐
Vorhänge sollten wasch- und desinfizierbar sein. Sie sind – wie auch Jalousien – abwaschbar.	☐	☐	☐
Genügend Steckdosen sind vorhanden (um Stolperfallen zu vermeiden).	☐	☐	☐

Info: Tipps zur Farbgestaltung

Darauf sollten Sie bei der Farbplanung der Praxisräume achten:

- Testen Sie grundsätzlich in der Praxis Muster von Farben und Materialien.
- Pastelltöne gelten als erholsam, weil sie Stimmungen neutralisieren und eine angenehme Abwechslung für die Augen bieten.
- Lebhafte Farbtöne, vor allem aus der warmen Farbskala, wirken anregend.
- Warme Farben enthalten vorwiegend gelb, orange, gelbrot oder rötliches violett und lassen den Raum dem subjektiven Eindruck nach wärmer erscheinen.
- Kalte Farben sind blau, violettblau, blaugrün, grün oder auch grüngelb und vermitteln ein kühleres Raumgefühl.
- Die Wirkung der Farben hängt auch von den Lichtverhältnissen (einfallendes Tageslicht, Sonneneinstrahlung, Himmelsrichtung) ab: In einem vom Sonnenlicht durchfluteten Raum oder in einem Nordzimmer wirken Farben unterschiedlich.
- Kühler wirkende, nach Norden gelegene Zimmer erscheinen mit warmen Wandfarben wärmer. Sonnige und damit wärmere Räume auf der Süd- oder Westseite können auch Flächen mit einem Anstrich in kühlen Farben, wie z. B. hellblau, gut vertragen, da diese lichtdämpfend wirken.

Info: Die Farbensymbolik: Wie Farben auf uns wirken	
Farbe	**Assoziationen, Gefühle und Stimmungen**
Rot	Dient als Signalfarbe, steht für Kraft, Gesundheit, Leistungsfähigkeit, Energie, Zuversicht, kraftvolle Männlichkeit, Eroberung, Macht und Herrschaftsanspruch, wirkt anregend, lebendig, aber auch gemütlich. Kräftiges Rot ermüdet auf Dauer, aber wirkt aber positiv in kleineren Räumen mit kurzem Aufenthalt (z. B. im Wartebereich).
Blau	Wirkt passiv, ruhig, beruhigend, konzentrationsfördernd, fern, zurückgezogen, kalt, nass, glatt, sauber, geruchlos, leise, steht für Himmel, Meer, Sehnsucht, Ferne, Traum, Melancholie, Nachdenken. Räume mit zuviel Blau wirken leicht kühl. Blau eignet sich als Farbe für das Behandlungszimmer, wenn es mit Vanille oder Naturfarben, sogenannten *unbunten* Farben kombiniert wird.
Gelb	Wird mit Sonne, Tag, Wärme, Heiterkeit verknüpft, ist Ausdruck für hell, klar, bewegt, frei, kommunikationsfördernd, stimmt optimistisch. Gelb ist für Empfangs- und Besprechungszimmer geeignet und kann Nordzimmern mit wenig Tageslicht in *sonnige* Zimmer verwandeln.
Grün	Steht für Beruhigung und Erholung, Entspannung, auch Urlaub und Ausruhen, Ausgleich, Milderung. Grün kommt für Flure und Arbeitszimmer in Frage, aber auch in Maßen und kombiniert mit Gelb oder Weiß für Behandlungsräume.
Orange	Wirkt fröhlich, warm, sonnig, trocken, herzhaft, kommunikativ, festlich, gemütlich, behaglich, gesellig, jugendlich und eitel. Orange eignet sich für den Wellnessbereich. Orange macht Räume kleiner, zuviel wirkt jedoch leicht aufdringlich. Daher mit sanften Beigetönen oder hellen Naturfarben kombinieren.
Violett	Wird verbunden mit düster, samtig, zwielichtig, verboten, intim, sinnlich, verführbar, Magie, Mystik, Trauer, Geheimnis. Ist aufgrund der Dominanz und Intensität für Arbeitsräume weniger geeignet.
Braun	Ist Ausdruck für Erde, Herbst, Fell, Holz, Ruhe, Geborgenheit, Sinnlichkeit, Bequemlichkeit, Behaglichkeit, Zurückgezogenheit, Anpassung, Beständigkeit. Natürlich wirkende Brauntöne eignen sich gut für den Wellnessbereich. Es wird empfohlen, Braun immer mit anderen Farben zu kombinieren, wie z. B. ein helles Holzbraun mit Orange oder Gelb.
Weiß	Steht für Loslösung, Befreiung, Reinheit, Sauberkeit und Hygiene, Klarheit, Unschuld. Weiß und alle hellen Farben machen einen Raum optisch weiträumiger: Doch Vorsicht: Völlig in Weiß gestrichene Räume wirken schnell kalt und unpersönlich.
Grau	Neutral, nüchtern, sachlich, funktional, trostlos, schlicht, nachdenklich, unbeteiligt. Grau unterstreicht andere Farben und lässt sie edler wirken. Ein gleichmäßiges, lichtes Grau eignet sich für den Empfangsbereich, vermittelt Ruhe, Gelassenheit und Klarheit. Wichtig: Farbige Akzente setzen durch Einrichtung und Dekoration.

- Dunkle, warme Farben lassen einen Raum kleiner und enger wirken.
- In hellen Farben gestrichen, ob in Weißtönen, hellblau, hellviolett oder hellgrün, erscheinen kleine Räume größer.
- Hell-Dunkel-Kontrast: Helle Einrichtungsgegenstände, wie z. B. ein weißer oder lichtgrauer Fußpflegeschrank, wirkt vor einer dunkleren Wand am hellsten, vor einer hellen Wand dagegen dunkel.
- Lange, enge Gänge oder Räume wirken mit einem kräftigen, dunklen Farbanstrich an der Stirnseite und hellen Farben an den Seitenwänden kürzer und weiter und vermitteln ein helleres, freundlicheres Raumgefühl. Um das schlauchartige Raumgefühl in sehr langen Fluren zu reduzieren, wird empfohlen, die Wände abschnittsweise in unterschiedlichen Wandfarben zu streichen.
- Ein dunkler Fußboden, aber helle Farben an Decke und Wänden, lassen einen niedrigen, engen Raum größer, lichter und höher erscheinen.
- Heller Boden, helle Decke und dunklere Farben im mittleren Bereich machen einen zu großen Raum geschlossener und enger.
- Mit Hilfe einer dunklen Farbe kann man eine zu hohe Zimmerdecke, wie man sie häufig in Altbauwohnungen antrifft, *herunterholen*.
- Werden sowohl für Wände, Decke als auch Fußboden dunkle Farben gewählt, entsteht der Eindruck einer *Höhle*.

Info: Lumen, Kelvin und Co – Was bedeutet das?

Für die **Helligkeit** einer Lampe ist der Lichtstrom, der in Lumen (lm) angegeben wird, maßgebend.

Der **Farbeindruck** und damit die Lichtfarbe des abgestrahlten Lichts einer Lampe wird als Farbtemperatur in Kelvin (K) angegeben. Für eine behagliche, wohnliche Atmosphäre sorgt warmweißes Licht mit einer Lichtfarbe unter 3300 Kelvin. Eine sachliche Stimmung bewirkt neutralweißes Licht zwischen 3300 bis 5300 Kelvin. Eine Lichtfarbe von über 5300 Kelvin entspricht Tageslichtweiß.

Der **Farbwiedergabeindex R_a** gibt an, wie die natürliche Farbe eines Gegenstandes unter künstlicher Beleuchtung wiedergegeben wird. Der Farbwiedergabeindex Ra reicht von 0 bis 100: je höher der Wert, desto besser die Farbwiedergabe. Als sehr gut wird die Farbwiedergabequalität bei einem Ra-Wert von 80 bis 89 beurteilt, von höchster Qualität ist die Farbwiedergabe bei einem Ra-Wert von 90 bis 100.

Die **Beleuchtungsstärke** gibt den Lichtstrom an, der von einer Lichtquelle ausgehend auf eine bestimmte Fläche trifft. Die Maßeinheit dafür ist Lux (lx): Leuchtet ein Lichtstrom von 1 Lumen (lm) eine Fläche von 1 m^2 gleichmäßig aus, dann beträgt die Beleuchtungsstärke 1 Lux (= lm/m^2). Sowohl die Arbeitsstättenregel als auch die DIN-Normen zum Thema Beleuchtung geben Mindestwerte für die Beleuchtungsstärken vor, die nicht unterschritten werden dürfen.

Info: Anforderungen an die Beleuchtung

Treppenhaus

- Die Beleuchtung ist hell und freundlich.
- Die Hinweisschilder sind gut lesbar.
- Beim Hinabsteigen der Treppe sind die einzelnen Stufen von oben nach unten gut zu erkennen.
- Die Beleuchtungsstärke beträgt mindestens 100 Lux.

Empfang

- Die Beleuchtung wirkt harmonisch und einladend.
- Die Beleuchtung bietet Orientierung.
- Die Beleuchtung erleichtert das gegenseitige Erkennen.
- Gleichmäßige Allgemeinbeleuchtung (z. B. Leuchtstofflampen, Pendellampen, Downlights) ist mit Lichtakzenten (z. B. Wandleuchten mit indirektem Licht) kombiniert, um eine aufgelockerte, angenehme Lichtatmosphäre zu erreichen.
- Die Beleuchtungsstärke an Empfangstheke beträgt mindestens 300 Lux.

Back Office im Empfangsbereich

- Leuchten blenden nicht und erzeugen keine Reflexe beim Blick auf den Bildschirm.
- Die Beleuchtungsstärke bei Anmeldungs- und Schreibplätzen beträgt mindestens 500 Lux.
- Wichtig: harmonische Allgemeinbeleuchtung (Helligkeitsverteilung), um die Augen vor Überanstrengung und Übermüdung zu schützen.

Flur

- Die Anordnung der Leuchten (z. B. Downlights) unterstützt die Wegführung.
- Das Licht im Flur blendet nicht.
- Die Flure sind nicht dunkel, um die Anpassung an unterschiedliche Helligkeiten beim Raumwechsel zu erleichtern.
- Die Beleuchtungsstärke beträgt mindestens 100 Lux.
- An der Garderobe ist ausreichend Licht vorhanden. Wenn nicht, dann sind zusätzlich Leuchten, wie z.B. Wandleuchten in Schulterhöhe, erforderlich.

Wartezimmer/-bereich

- Die Lichtatmosphäre ist freundlich, beruhigend und wirkt ausgleichend, z. B. durch eine akzentuierte Allgemeinbeleuchtung mittels Wand- oder Deckenleuchten, ggf. ergänzt durch Licht zum Lesen.
- Als Mittel der Wahl werden erhöhte Anteile indirekt strahlendes Licht und warmweiße Lichtfarbe empfohlen.
- Als Beleuchtungsstärke werden mindestens 200 Lux gefordert.
- Reicht die Allgemeinbeleuchtung zum Lesen nicht aus, können bewegliche Stehleuchten für zusätzliches Leselicht sorgen.

Behandlungsraum

- Grundregel – das Licht sollte für die Arbeit des Fußpflegers/Podologen optimal, für den Kunden/Patienten angenehm sein.
- Anteile indirekten Lichts lassen den Raum freundlicher und großzügiger wirken.
- Für die Allgemeinbeleuchtung (z. B. direkt und indirekt strahlendes Licht von Deckenleuchten mit LEDs oder kompakten Leuchtstofflampen) werden mindestens 500 Lux im gesamten Raum gefordert.
- Es ist darauf zu achten, dass der Kunde/Patient durch direkt strahlendes Deckenlicht im Bereich des Behandlungsstuhls nicht geblendet wird. Deckenleuchten mit Verblendung oder auch Deckenfluter beugen unangenehmen Blendungen vor.
- Für zusätzliches Licht zur Untersuchung der Fußhaut und Verbesserung des Sehqualität haben sich in der Fußpflege Ringlupenleuchten, die am Fußpflegeschrank eingesetzt werden, durchgesetzt.

Sanitärbereich

- Auch in den Toiletten herrscht ein helles und freundliches Licht
- Als Beleuchtungsstärke hat mindestens 200 Lux.
- Achtung: Bei dunklen Fliesen/dunklem Anstrich ist für dieselbe Beleuchtungsstärke eine höhere Leistung der Lampen erforderlich als bei hellen/m Fliesen/Anstrich.

Checkliste: Ankommen, Warten, Verwalten	
Ausrüstung für Eingangs-, Empfangs- und Wartebereich	**vorhanden**
Einrichtung für Garderobe: Garderobenständer oder ähnliches Schirmständer	☐
Einrichtung für den Wartebereich: Sitzgelegenheiten Tischchen Leselicht Zeitungsständer etc.	☐
Eingangs- und Empfangsbereich: Arbeitsstuhl Bedientheke Praxisschränke für Karteikarten, Formulare etc. Telefonanlage samt Faxgerät Verkaufsregale und Verkaufsvitrinen Feuerlöscher Erste Hilfekasten PC Bildschirm Drucker Kasse/Kassenschublade Eventuell Barcodescanner für Abverkauf von Pflegeprodukten und Therapiematerialien Kartenterminal für bargeldlose Bezahlverfahren Kartenlesegerät für die Krankenversicherungskarte Internetanschluss Internet-Security (Virenprogramm, Firewall usw.) Praxismanagement-Software Digitalkamera für die Behandlungs-Dokumentation mit digitalen Bildern Eventuell Camcorder für die Videodokumentation der Behandlungen	☐

Info: Waren professionell präsentieren

Zonen zur Warenpräsentation:
- Geeignet: Eingangs-, Empfangs- und Wartebereich
- Ungünstig: lange Flure und Ecken
- Auf Rechtsdrall beim Kundenlauf achten: Die meisten Kunden wenden sich beim Betreten eines Raums nach rechts.
- Kassenbereich (besonders geeignet für Impulsartikel)
- Eingangsbereich (besonders geeignet für Sonderangebote)

Mögliche Warenträger:
- Regale (regen an, die Ware in Hand zu nehmen und zu begutachten)
- Glasvitrinen (setzen exklusive und kostbare Produkte in Szene)
- Von der Industrie angebotene Displays (sind zur Präsentation bestimmter Produkte vorgesehen)
- Verkaufsschütten (für Sonderangebote, Kennenlerngrößen und Saisonartikel)

Regalzonen:

Sichtzone = die in Augenhöhe in der Regalmitte ausgestellten Produkte
- Regalhöhe mit bester Verkaufswirksamkeit
- Der Kunde/Patient nimmt zuerst Produkte dieser Zone wahr.
- Deshalb: Richtige Platzierung für alle Artikel, die gut kalkuliert sind und deren Abverkauf forciert werden soll (Produkte mit der höchsten Handelsspanne, Premium-Produkte, Renner, Impulsartikel).

Greifzone = direkt unterhalb der Sichtzone bis zur Kniehöhe
- Regalzone mit zweitbester Verkaufswirksamkeit
- Produkte können in die Hand genommen werden, ohne sich bücken oder recken zu müssen.
- Deshalb: Ebenfalls richtige Platzierung für Produkte, die hohe Erträge bringen und deren Abverkauf forciert werden soll.

Reckzone = oberhalb der Sichtzone von 180 bis 200 cm
- Drittbeste Platzierung der Produkte
- Eignet sich zur Präsentation von Produkten mit Signalwirkung
- Auch für Suchartikel, die der Kunde/Patient kennt und gezielt sucht.

Bückzone = unterer Regalbereich bis etwa zur Höhe von 60 cm
- Am wenigsten verkaufswirksame Regalzone
- Geeignet für preiswerte und sich schnell umschlagende Artikel, die der Kunde/Patient kennt und gezielt sucht (Suchartikel).

Anordnung der Waren:

- ***Warenblöcke*** (Anordnung nach Herstellern oder von Systempflegen für ein bestimmtes Fußproblem sorgen für Übersichtlichkeit)
- ***Aktionsplatzierung*** (lenkt den Blick auf bestimmte Bereiche im Verkaufsraum, um z. B. den Abverkauf von Neuheiten zu fördern)
- ***Zweitplatzierung*** (Produkt wird an zwei Orten, z. B. an der Kasse und im Regal, aufgestellt)

Preisorientierte Warenpräsentation:

- Durch ausschließlich hochpreisige Ware ohne preisgünstigere Alternativen im Angebot kann das gesamte Warensortiment insgesamt als zu teuer abgestraft werden.
- Vorsicht: Eine Überbetonung der unteren Preislage kann jedoch mit einem Imageverlust in puncto Qualität einhergehen.
- Preisreduzierte Ware sollte nicht als Ramschware offeriert werden.
- Komplettangebote zu Aktionspreisen ermöglichen dem Kunden, mehrere Produkte auf einmal kennenzulernen.

Checkliste: Behandlungsraum		
Welche Anforderungen werden an den Behandlungsraum gestellt?	**erfüllt**	**nicht erfüllt**
Es ist genügend Bewegungsspielraum für Behandlungsablauf und der Einsatz von Geräten vorhanden ist (mindestens acht Quadratmeter).	☐	☐
Die Behandlungsräume sind ausreichend schallisoliert, sodass die Behandlung weder durch Lärm von außen (Straßenlärm, Nachbarwohnungen) noch durch Geräusche aus den Nebenräumen (Gespräche, elektrische Geräte etc.) gestört wird.	☐	☐
Es ist weder ein Einblick von außen möglich noch können Beratungsgespräche mitgehört werden (feste Türe, kein Vorhang!).	☐	☐
Es ist eine gute Beleuchtung vorhanden.	☐	☐
Gute Lüftung vorhanden (Fenster, Klimaanlage) und die Raumtemperatur ist individuell steuerbar.	☐	☐
Die Wände sind bis zu einer Höhe von 1,80 bis 2 Meter nass abwaschbar (Fließen oder abwischbarer Anstrich).	☐	☐
Handwaschbecken mit fließend kaltem und warmem Wasser samt einem Spender für Flüssigseife, Händedesinfektionsmittel und Hautpflegelotion plus Behälter für Einweghandtücher (Waschbecken und Spendern mit Ellenbogenbedienung).	☐	☐
Alle Oberflächen und Einrichtungsgegenstände sind aus einem Material, das glatt, wisch- und wasserfest sowie leicht zu desinfizieren ist. Gilt auch für Bezüge von Behandlungsstühlen und -liegen (Abgerundete Ecken und Kanten erleichtern das Reinigen und Desinfizieren).	☐	☐
Kleiderablage (Haken, Bügel und ein Stuhl)	☐	☐
Zur Grundausstattung gehören:		
◆ Behandlungsstuhl und Arbeitsstuhl	☐	☐
◆ Fußpflegeschrank	☐	☐
◆ Lupenleuchte	☐	☐
◆ Fußpflegegerät mit Staubabsaugung oder Nasstechnik/Spraytechnik	☐	☐
◆ fest installiertes Fußbecken oder mobile Fußwannenwagen	☐	☐
◆ am Fußpflegeschrank befestigter Abwurfbehälter für Tupfer und Tamponaden	☐	☐
◆ Abfalleimer mit Müllbeutel und Deckel	☐	☐
◆ Unter- und Oberschränke als Stauraum	☐	☐
◆ weitere Therapiegeräte, wie z. B. Bedampfungsgerät zur Fußbedampfung oder Paraffinerhitzer, Kompressenwärmer etc.	☐	☐
◆ ausreichend Instrumentensätze	☐	☐
◆ ausreichende rotierende Instrumentensätze	☐	☐

Checkliste: Behandlungsstuhl			
Wichtige Ausstattungsmerkmale eines Fußpflegestuhls	**Angebot 1**	**Angebot 2**	**Angebot 3**
Höhenverstellung mit hydraulischer Ölpumpe: ◆ manuell bedienbar			
Bei Verstellung von Höhe, Sitzneigung und Rücklehne mittels Elektromotoren: ◆ Anzahl der Elektromotoren ◆ Speicherbarkeit verschiedener Behandlungspositionen ◆ Bedienbarkeit über Fußsteuerung			
Verstellung der Sitzneigung: ◆ Ausmaß ◆ Elektromechanisch ◆ Mechanisch			
Neigungsverstellung der Rückenlehne: ◆ Ausmaß ◆ Elektromechanisch ◆ Mechanisch			
Trendelenburg-Stellung (Verstellbarkeit von Höhe und Neigung des Sitzes synchron mit Rückenlehne)			
Breite und Tiefe der Sitzfläche			
Breite und Tiefe der Rückenlehne			
Einstiegshöhe			
Maximale Sitzhöhe			
Maximale Höhenverstellbarkeit der Fußauflagen (Fersenpolster)			
Art der Bein-/Fußteilverstellung: ◆ Elektrisch ◆ Mittels Gasdruckfeder			
Fuß- und Beinstützen: ◆ Einteilig und ausziehbar ◆ Zweiteilig und getrennt voneinander ausziehbar mit drehbar Fußauflage ◆ Nach außen schwenkbar ◆ Separat ab- und hochklappbar			

Checkliste: Behandlungsstuhl Fortsetzung			
Wichtige Ausstattungsmerkmale eines Fußpflegestuhls	**Angebot 1**	**Angebot 2**	**Angebot 3**
Armlehnen: ◆ Verstellbar synchron zur Neigung der Rückenlehne ◆ Nach oben, unten oder seitlich klappbar			
Kopfteil: ◆ Breite und Tiefe ◆ Ausziehbar			
Polsterung: ◆ Formstabil ◆ Ergonomisch geformt			
Drehbarkeit des Stuhls			
Art der Feststellbremse: ◆ Per Fußschalter ◆ Per Hand			
Maximale Belastung des Stuhls			
Standfestigkeit			
Stuhlgewicht			
Bewertung der Handhabung			
Preis			

Checkliste: Arbeitsstuhl			
Wichtige Ausstattungsmerkmale eines Fußpflegestuhls	**Angebot 1**	**Angebot 2**	**Angebot 3**
Höhenverstellbar			
Drehbar			
Kippsicher			
Standfest			
Ausreichend große und neigbare Sitzfläche			
Sitzfläche mit abgerundeter Vorderkante			
Sitz und Rückenlehne beweglich für dynamisch-aktives Sitzen			
Beweglichkeit von Sitz und Rückenlehne arretierbar			
Rückenlehne: ◆ Höhenverstellbar ◆ Lendenbausch			
Polsterung: ◆ Wasserdampflässig ◆ Luftdurchlässig			
Bezug: ◆ Desinfizierbar ◆ Rutschfest			
Rollen: ◆ Dem Fußbodenbelag angepasst			
Bewertung des Handlings			
Preis			

Checkliste: Fußpflegeschrank			
Wichtige Ausstattungsmerkmale eines Fußpflegeschranks	**Angebot 1**	**Angebot 2**	**Angebot 3**
Maße: ◆ Breite x Tiefe ohne Anbauten und Zubehör ◆ Höhe mit Rollen			
Motorfach: ◆ Maße (H/B/T) ◆ Name des passenden Fußpflegegeräts ◆ Herausziehbar			
Schubfächer unterhalb des Motorfachs: ◆ Anzahl ◆ Maße (H/B/T) ◆ Softeinzug ◆ Vollauszug ◆ Staubschutz			
UV-Fach			
Rollen: ◆ Leichtgängig ◆ Für harte Böden ◆ Arretierbar mit Feststellbremse			
Arbeitsplatte: ◆ Material ◆ Farbe ◆ Aufklappbar			
Korpus: ◆ Material ◆ Farbe			
Schubladenblenden: ◆ Material ◆ Farbe			
Gewicht			
Fußschalter			
Weitere Merkmale: ◆ Montiermöglichkeit für Handstückhalterung(en) rechts/links ◆ Integrierte Steckdosen ◆ Leuchtlupenhalterung(en) ◆ Kabeldurchlässe ◆ Lüftungsschlitze ◆ Schubladeneinsätze ◆ Montierbarer Abwurfbehälter ◆ Ablagetabletts			
Preis			

Checkliste: Lupenleuchte			
Wichtige Ausstattungsmerkmale einer Lupenleuchte	**Angebot 1**	**Angebot 2**	**Angebot 3**
Leuchtmittel			
Beleuchtungsstärke (Lux)			
Lichtfarbe (Kelvin)			
Farbwiedergabeindex (R_a)			
Durchmesser der Glaslinse (mm)			
Lupenstärke (Dioptrien)			
Vergrößerung			
Material des Gehäuses			
Armlänge			
Beweglichkeit			
Maximale Reichweite des beweglichen Arms			
Dimmung			
Leistungsaufnahme			
Anschluss Passende Lupenleuchtenhalterung			
Preis			

Checkliste: Fußpflegegerät			
Wichtige Ausstattungsmerkmale eines Fußpflegegeräts	**Angebot 1**	**Angebot 2**	**Angebot 3**
Fußpflege-Spraygerät mit Mikromotor			
Gewicht			
Maße Steuergerät			
Anschlusswert Steuergerät			
Mikromotorhandstück: Länge Gewicht Leerlaufgeschwindigkeit (minimale bis maximale Umdrehungszahl pro Minute) Automatikspannung für schnellen Fäserwechsel Integrierte Sprayleitung Rechts-/Linkslauf Beleuchtung mittels Leuchtdioden			
Spraymenge: Einstellung Speicherfunktion für verschiedene Spraymengen			
Umdrehungszahl: Einstellung Speicherfunktion für verschiedene Geschwindigkeitsstufen			
Volumen Spraytank			
Lautstärke			
Gehäuse: Material Farbe			
Fußpflege-Absauggerät mit Mikromotor			
Gewicht			
Maße Steuergerät			
Anschlusswert Steuergerät			
Mikromotorhandstück: Gewicht Länge Rechts-/Linkslauf Leerlaufgeschwindigkeit (minimale bis maximale Umdrehungszahl pro Minute) Rundum-Absaugung Automatik-Spannfutter für schnellen Fräserwechsel Ein-/Aus-Schalter			

Checkliste: Fußpflegegerät Fortsetzung			
Wichtige Ausstattungsmerkmale eines Fußpflegegeräts	**Angebot 1**	**Angebot 2**	**Angebot 3**
Fußpflege-Absauggerät mit Mikromotor Fortsetzung			
Absaugleistung (l/m)			
Lautstärke			
Filtersystem für reine Raumluft			
Gehäuse: Material Farbe			
Preis			

Checkliste: Hygieneraum	
Was gehört in den Hygieneraum?	**erledigt**
Ablage für Schutzkleidung	☐
Hygienischer Handwaschplatz (Hebelarmatur zur Bedienung ohne Handberührung, kein Überlauf, Spender für Handwaschmittel, Handdesinfektionsmittel, Einmalhandtücher)	☐
Genügend Ablage- und Arbeitsflächen sowohl auf der unreinen als auch der reinen Seite der Hygienestrecke	☐
Unter- und Oberschränke	☐
Abfallsammelsystem zum Trennen und Sammeln von Müll	☐
Spülbecken mit warmen/kalten Wasser und Ellenbogenbedienung	☐
Ultraschall-Reinigungsgerät für maschinelle Reinigung	☐
Instrumenten-Desinfektionswannen für manuelle Aufbereitung	☐
Reinigungs- und Desinfektionsgerät (RDG) für maschinelle Aufbereitung	☐
Folienschweißgerät zum Einschweißen der Instrumente vor der Sterilisation oder Metallcontainer plus Zubehör	☐
Destilliergerät zur eigenen Herstellung in der Praxis von demineralisiertem Wasser für den Autoklaven	☐
Dampfsterilisator (Autoklav)	☐
Heißluftsterilisator (nur noch für kosmetische Fußpflegepraxen zur Thermo-Desinfektion empfohlen)	☐
Mini-Kühlschrank für Hilfsmittel und Präparate, die gekühlt werden müssen	☐
Hygieneplan	☐
Behandlungsausstattung für die ambulante Fußpflege	☐

<table>
<tr><th colspan="2">Checkliste: Grundausstattung für die professionelle Fußpflege</th></tr>
<tr><th>Ausstattung</th><th>Kosten</th></tr>
<tr><td>Behandlungsstuhl
Arbeitsstuhl
Fußpflegeschrank
Lupenleuchte (am Fußpflegeschrank befestigt)
Abwurfbehälter (Am Fußpflegeschrank befestigt)
Fußpflegegerät mit Staubabsaugung oder
Nasstechnik/Spraytechnik

Weitere Therapiegeräte, wie z. B.:
◆ Für Kryotherapie
◆ Für Behandlungen mit Laserlicht
◆ Zur Intensivpflege im Paraffinerhitzer

Fest installiertes Fußbecken oder mobilen Fußwannenwagen
Abfalleimer mit Müllbeutel und Deckel

Grundausstattung Instrumente:

Ausreichende Instrumentensätze. Dazu gehören:
◆ Nagelzangen
◆ Eckenzangen
◆ Kopfschneider
◆ Hautzangen
◆ Verbandschere
◆ Skalpellgriff und -klingen
◆ Pinzette
◆ Hohlmeißelklingenhalter und Holmeißelklingen
◆ Sondierinstrumente
◆ Hobeln und Raspeln
◆ Feilen

Ausreichende Sätze an rotierender rotierenden Instrumente, sterilisierbar. Dazu gehören:
◆ Fräser wie Kugel-, Hohl- oder Rundfräser
◆ Schleifkörper wie z. B. Diamantschleifer für Haut, für Nägel und für Nagelfalz
◆ Schleifkappen
◆ Zubehör für Reinigung und Pflege
◆ Geeignete Behältnisse zur Aufbewahrung

Grundausstattung zur Hygienevorsorge. Dazu gehören:
◆ Desinfektionswannen zur Instrumentendesinfektion
◆ Ultraschallgerät
◆ Reinigungs- und Desinfektionsgerät
◆ Sterilisiergerät (Autoklav und/oder Heißluftsterilisator)
◆ Präparate zur Reinigung und Pflege der Hände
◆ Präparate zur Haut- und Händedesinfektion
◆ Präparate zur Wund-Desinfektion
◆ Präparate zur Flächenreinigung
◆ Präparate zur Flächen-Desinfektion</td><td></td></tr>
</table>

Checkliste: Grundausstattung für die professionelle Fußpflege Fortsetzung	
Ausstattung	**Kosten**
◆ Präparate zur Instrumentendesinfektion und -reinigung ◆ Präparate zur Fräserdesinfektion ◆ Verpackungsmaterialien für Sterilisation wie etwa Sterilisationsfolie/-papier oder Metallcontainer ◆ Instrumententabletts ◆ Greifpinzette zum Herausnehmen der Instrumente aus einer Desinfektionsmittellösung ◆ Haushaltshandschuhe ◆ Einmalhandschuhe ◆ Mund- und Nasenschutz und eventuell auch Schutzschild ◆ Praxiskleidung ◆ Einweghandtücher, Servietten, Kosmetiktücher etc. ***Grundausstattung an Verbandsmaterialien und Wundauflagen wie z. B.:*** ◆ Zellstofftupfer ◆ Wundpflaster ◆ Rollenpflaster ◆ Wundschnellverband ◆ Mullkompressen ◆ Fixierbinden ◆ Vliesbinden für Nagelfalz-Tamponaden ◆ Folien für Okklusiv-Verbände ***Grundsortiment an Druckschutzmaterialien, wie z. B.:*** ◆ Ballenschutz ◆ Filzringe ◆ Druckschutzpflaster ◆ Hühneraugenpolster ◆ Zehenspreizer ◆ Zehenkappen ◆ Vorfußpolster ***Grundsortiment an Fußpflegeprodukte. Dazu gehören:*** ◆ Fußbäder ◆ Hornhauterweicher ◆ Cremes, Balsame, Schäume und Lotionen für unterschiedliche Haut- und Fußprobleme ◆ Haut- und Nagelöl ◆ Präparate zur Vorbeugung von Haut- und Nagelpilz ◆ Fußpuder ◆ Spezialpräparate zur Behandlung von Nagelproblemen ◆ Spezialpräparate wie keratolytisch wirksame Medizinprodukte zur Behandlung von Hühneraugen Kühlschrank z. B. für Medikamente und Arbeitsmaterialien, die gekühlt aufbewahrt werden müssen Praxisschränke (Unter- und Oberschränke) für Behandlungs- und Aufbereitungsraum	

Checkliste: Grundausstattung für die professionelle Fußpflege Fortsetzung	
Ausstattung	**Kosten**
Für die ambulante Fußpflege: ◆ Behandlungskoffer für Fußpflegegerät, Instrumente, Pflegeprodukte etc. ◆ Transportable Beinstütze ◆ Eventuell Falthocker für komfortable Arbeits- und Sitzhöhe ◆ Eventuell einen Trolley für den Transport	

Checkliste: Erstausstattung und Kosten	
Anschaffungen	**Kosten**
Grundausstattung für die professionelle Fußpflege	
Ausstattung Eingangs-, Empfangs- und Wartebereich	
Ausstattung Hygieneraum	
Ausstattung Teeküche/Pausenraum	
Ausstattung Sanitärräume	
Renovierungsmaßnahmen	
Beleuchtung	
Dekoration (Vorhänge, Jalousien, Bilder etc.)	
Sonstiges	

Info: Adressen für Praxiseinrichtung und -ausstattung (Beispiele)

Komplettausstatter

Gustav Baehr GmbH, www.baehrshop.de
Berchtold GmbH & Co. KG, www.berchtold-shop.de
Cosmoderm Reichert GmbH, www.cosmoderm.de
EDUARD GERLACH GmbH, www.gehwol.de
Electro-Medical Gharieni GmbH, www.gharieni.com
IONTO Health & Beauty GmbH, www.sueda.de
Franz Lütticke GmbH, www.luetticke.de
Raue GmbH, www.raue-shop.de
Hellmut Ruck GmbH, www.hellmut-ruck.de

Instrumente

BUSCH GmbH&Co.KG, www.busch.eu
Clauberg®, Zangen-Manufaktur Solingen, www.clauberg-solingen.de

Pflegeprodukte

Guderma GmbH, www.guderma.de
neubourg skin sare GmbH, www.allpresan.de
Prontomed GmbH, www.prontoman.de
Remmele's Propolis GmbH, www.remmele-propolis.de
WILDE COSMETICS GmbH, www.wilde-group.com

10 Kapitalbedarf, Kosten, Umsatz

Ein Thema, an dem Existenzgründer nicht vorbeikommen, ist die Finanzplanung. Das gilt selbst dann, wenn das benötigte Startkapital mit Eigenmitteln finanziert werden kann. Wird nämlich das Vorhaben – was nur allzu leicht passieren kann – teurer als erwartet und reichen die eigenen Ersparnisse nicht mehr, entsteht ein finanzieller Engpass, der den Traum von der eigenen Praxis im Keim ersticken kann. In so einem Fall wäre z. B. auch der Weg zu günstigen öffentlichen Förderdarlehen versperrt, da Förderungen zur Existenzgründung immer vor der Gründung beantragt werden müssen. Der beste Schutz vor einem derart nervenzerrenden Debakel ist eine sorgfältige Planung des Kapitalbedarfs, um sämtliche Kosten vor und während der Praxisgründung finanzieren zu können.

Mehr dazu im Kapitel 11: Das Startkapital

Die Finanzplanung berücksichtigt jedoch nicht nur den erforderlichen Kapitalbedarf, den Sie in die Unternehmensgründung investieren müssen, sondern ist ein wichtiges Instrument, um aufzuzeigen, ob das Vorhaben rentabel ist. Mit Hilfe der Finanzplanung überprüfen Sie, ob Sie mit dem geplanten Praxiskonzept voraussichtlich genügend Geld erwirtschaften können, um sich damit eine tragfähige Existenz aufbauen zu können.

Zeigen die Planungen, dass die Kosten die Einnahmen übersteigen werden, haben Sie die Chance, den *Kurs* noch rechtzeitig zu ändern. Dann müssen Sie das Konzept für den Praxisbetrieb etwas abwandeln. Eventuell war die eine oder andere Investition zu großzügig und es muss nach einer preiswerteren Alternative gesucht werden.

Das Ziel einer guten Finanzplanung ist, jederzeit die Zahlungsfähigkeit eines Unternehmens zu sichern. Anhand eines Liquiditätsplans soll der Zeitpunkt – so genau wie möglich – sämtlicher Zahlungsein- und -ausgänge gegenübergestellt werden, um zu ermitteln, welche finanziellen Mittel Ihnen als Unternehmer zu welchem Zeitpunkt tatsächlich zur Verfügung stehen. Unbedingt zu berücksichtigen ist hierbei der Zeitfaktor zwischen dem Ausstellen der Rechnungen und dem Eingang der Zahlungen. Nicht selten liegen bis zu zwei Monate dazwischen. Für ein Unternehmen ist es geradezu überlebenswichtig, fristgerecht seinen Zahlungsverpflichtungen, wie etwa Lieferantenverbindlichkeiten, Kreditzinsen, Löhne oder Steuern, nachkommen zu können. Durch Zahlungsausfälle oder -verzögerungen kann ein Unternehmen schnell in die Krise geraten und vom Aus bedroht sein. Selbst wenn aufgrund von ausgestellten Rechnungen zu erkennen ist, dass in absehbarer Zeit wieder genügend *flüssige* (liquide) Zahlungsmittel zur Verfügung stünden.

Schließlich hat ein Finanzplan den Zweck, einen optimalen Finanzierungsplan aufzustellen. Er zeigt die Quellen auf, mit denen das Vorhaben finanziert werden soll. Dazu gehören Angaben zum Eigenkapital, das Sie mitbringen, und zum Fremdkapital, das Sie benötigen. Im Finanzierungsplan wird aufgelistet, wie viel Geld als Kredit von der Bank oder Sparkasse und welche Fördermittel vom Bund und/oder den Bundesländern eingeplant sind und über welchen Zeitraum die Finanzierung vorgesehen ist.

Eine gute Finanzplanung erfordert Mühe und Zeit. Oftmals ist die Aufgabe nicht ohne professionellen Rat etwa durch einen Steuerberater, Unternehmensberater oder Existenzgründungsberater zu bewältigen. Schließlich sollen die Planungen eine Vorausschau für die nächsten drei Jahre sein. Für Existenzgründer ist jedoch die Finanzplanung als Steuerungs- und Kontrollinstrument unverzichtbar, um falschen Entscheidungen und Investitionen vorzubeugen, um einen Überblick über die finanziellen Mittel zu bewahren und schließlich um mögliche Kreditgeber von der wirtschaftlichen Tragfähigkeit des Vorhabens zu überzeugen.
Siehe Kapitel 19: Die kompetente Beratung

Im Businessplan sind die Finanzen das wichtigste Kapitel, das mögliche Kreditgeber eingehend studieren werden, bevor sie sich für oder gegen eine finanzielle Unterstützung entscheiden werden. Erste Hilfestellung und Tipps zum Aufstellen eines Kapitalbedarfsplans, zur Kosten-, Umsatz- und Liquiditätsplanung gibt Ihnen dieses Kapitel.
Siehe Kapitel 12: Der Businessplan

10.1 Der Kapitalbedarfsplan

Bevor Sie zum ersten Mal die Praxistüren für Ihre Kunden/Patienten öffnen und überhaupt einen Cent erwirtschaften werden, kommen auf Sie Kosten zu, die finanziert werden müssen. Eine der wichtigsten Fragen im Rahmen der Existenzgründung ist daher: Wie viel Geld müssen Sie einsetzen, um die Gründung der Praxis zu finanzieren?

Die Grundlage für eine sichere und erfolgreiche Gründung ist eine gute Finanzierung. Bevor Sie sich jedoch mit dem Thema, wie das Vorhaben finanziert werden soll oder kann, auseinandersetzen können, müssen Sie zunächst so genau wie möglich ermitteln, wie viel Kapital für die Gründung erforderlich ist. Eine der wichtigsten Aufgaben überhaupt für einen Gründer! Um sich einen Überblick über den Kapitalbedarf zu verschaffen, stellen Sie einen Kapitalbedarfsplan, auch Finanzbedarfsplan genannt, auf.

Der Kapitalbedarfsplan setzt sich zusammen aus dem Kapitalbedarf

- zur Finanzierung der Gründungskosten während der Gründungsvorbereitung (= Vorlaufkosten),
- für alle notwendigen Investitionen, um die Praxis startklar zu machen,
- für ein finanzielles Polster während der Anlaufphase zur Finanzierung der laufenden betrieblichen Kosten und der Privatentnahmen zur Sicherung des persönlichen Lebensunterhaltes (= Unternehmerlohn).

Es gibt verschiedene Varianten, wie ein solcher Plan verfasst werden kann. Die in der *Checkliste: Kapitalbedarfsplan* vorgestellte Aufstellung soll Ihnen als Beispiel und Orientierung dienen, die Sie übernehmen oder nach eigenen Vorstellungen und Ideen auch abwandeln können. Wichtig ist jedoch, dass Sie systematisch vorgehen.

Siehe Checkliste: Kapitalbedarfsplan

Listen Sie zunächst die Vorlaufkosten der Gründung auf. Häufig findet man dafür auch einfach den Begriff Gründungskosten oder *gründungsbedingte Aufwendungen*. Darunter werden alle Kosten verstanden, die während der Vorbereitung der Gründung einmalig entstehen, z. B. Beratungshonorare, Gebühren für Existenzgründungsseminare, Kosten für Fachliteratur oder Notarkosten.

Setzen Sie dann Ihre Planungen fort, indem Sie die Höhe der notwendigen Gründungsinvestitionen ermitteln (Investitionsplan). Beginnen Sie mit einer Aufstellung und Kalkulation der Investitionen für Anschaffungen, die zur Herstellung der Leistungsbereitschaft unentbehrlich sind und langfristig im Unternehmen bleiben (Anlagevermögen). Dazu gehören beispielweise Bau- und Umbaumaßnahmen, die Kosten für Instrumente und Geräte, die zur Ausübung der Fußpflege und -behandlung erforderlich sind, aber auch Möbel und Einrichtung für die Praxisräume.

Müssen Sie noch ein Auto kaufen, weil Sie Fußpflegebehandlungen auch ambulant anbieten wollen, dann führen Sie hier die Kosten für das Fahrzeug auf. Falls Sie eine bestehende Praxis übernehmen und kaufen, dann gehört der Kaufpreis ebenfalls in die Liste der Investitionen. Ermitteln Sie zudem, wie viel Geld Sie für die Erstausstattung an Waren und Materialien für Therapie und Pflege usw. benötigen.

Planen Sie auch eine Reserve für Unvorhergesehenes und für Folgeinvestitionen ein. Es wird empfohlen, auf die Summe der ermittelten Anschaffungskosten einen Sicherheitszuschlag von 10 % als Reserve aufzuschlagen. So können Sie z. B. etwa Problemen in der Finanzierung vorbeugen, falls während der Gründung die Preise doch noch steigen sollten. Dies kann durchaus passieren, wenn Sie z. B. im Herbst die Anschaffungskosten zusammentragen, aber erst einige Monate später tatsächlich gründen werden.

Tipp: Erscheinen Ihnen die veranschlagten Investitionskosten zu hoch, überprüfen Sie Ihre Planung. Vielleicht gibt es Einsparmöglichkeiten! Überlegen Sie, ob die eine oder andere Investition zum Zeitpunkt der Gründung unbedingt notwendig ist oder ob sie auf einen späteren Zeitpunkt verschoben werden kann.

Suchen Sie nach kostengünstigeren Alternativen, wie z. B. durch den Kauf von gebrauchten Einrichtungsgegenständen, Geräten oder einem gebrauchten PKW für die Fahrt zum Kunden/Patienten. Wichtig ist natürlich, ein guter Erhaltungszustand. So darf die Praxisausstattung nicht abgenutzt oder gar ärmlich wirken, weil Ihre Kunden/Patienten möglicherweise falsche Rückschlüsse auf Ihre Kompetenz ziehen und verschreckt werden könnten.

Um Kosten und spätere Kreditbelastung zu senken, könnte auch Leasing – hier sollten Sie aber ganz genau rechnen – oder der Erwerb von Ausstellungsgegenständen interessant sein.

Besondere Aufmerksamkeit erfordert zudem die Anlaufphase, in der die Ausgaben die Einnahmen voraussichtlich übersteigen werden. Um diese Phase zu überstehen, benötigen Sie eine finanzielle Reserve für die besonderen Belastungen in den ersten Monaten Ihrer Praxistätigkeit. Vielleicht ist die Fußpflege-/Podologiepraxis gleich bei der Eröffnung so gut ausgelastet, dass Sie vom ersten Tag an Gewinn machen. Wahrscheinlich aber eher nicht. Vielmehr ist – bei Neugründungen jeder Art – die Regel, dass in der Anlaufphase die Umsätze zunächst gering ausfallen und sowohl die laufenden betrieblichen Kosten als auch die Kosten für den persönlichen Lebensunterhalt des Gründers vorfinanziert werden müssen, bis sie durch die Zahlungseingänge gedeckt werden können.

Für die Anlaufphase werden sechs bis zwölf Monate gerechnet. Sie benötigen also ein entsprechendes finanzielles Polster, um zum einen die sogenannten *Betriebsmittel* wie Miete, Versicherungen, laufende Wareneinkäufe und Büromaterial und zum anderen den eigenen Lebensunterhalt finanzieren zu können.

10.2 Der Mindestgewinn

Natürlich kann es in der Startphase der Gründung eine wertvolle Entlastung sein, wenn Ihr Lebenspartner über ein sicheres Einkommen verfügt und den gemeinsamen Lebensunterhalt bestreiten kann. So können Sie mit Privatentnahmen für Ihren Lebensunterhalt so lange warten, bis Gewinne erwirtschaftet werden. Wirtschaftsexperten empfehlen jedoch, Ihrer Planung von Anfang an zugrunde zu legen, dass Sie von den Einkünften der Praxis leben wollen und leben können. Ansonsten erwecken Sie den Eindruck, dass Sie es vielleicht doch nicht ernst meinen mit Ihrer Selbstständigkeit.

Ermitteln Sie im Rahmen der Finanzplanungen exakt die Höhe der privaten Ausgaben für sich und Ihre Familie. Die Summe der Kosten für den persönlichen Lebensunterhalt ist zugleich der Mindestgewinn, den Sie pro Monat erwirtschaften müssen. Listen Sie alle erforderlichen privaten Ausgaben auf und berechnen Sie die Lebenshaltungskosten pro Monat und pro Jahr. Kalkulieren Sie realistisch und nicht zu knapp. Planen Sie auch Rücklagen für Sonderausgaben und Unvorhergesehenes ein (z. B. für Urlaub, Geschenke, die Einkommenssteuer, Unfälle, Reparaturen in der Privatwohnung). Vergessen Sie auch nicht, dass Sie als Unternehmer nun auch für den Arbeitgeberanteil bei der Renten-, Kranken-, Pflege- und Unfallversicherung aufkommen müssen.

Die *Checkliste: Lebenshaltungskosten* soll Ihnen als Orientierung dienen, um die Höhe des erforderlichen Mindestgewinns zur Deckung des Lebensunterhalts zu berechnen, der zugleich den notwendigen Kapitalbedarf zur Sicherung des persönlichen Lebensunterhalts (und den Ihrer Familie) in der Anlaufphase darstellt.

Siehe Checkliste: Lebenshaltungskosten

Übrigens: Ist die Fußpflege-/Podologiepraxis als GmbH gegründet worden, bei der Sie als Geschäftsführer angestellt sind, würden Sie keine Privatentnahmen machen. Dann würden Sie ein Gehalt bekommen, das unter die Rubrik Personalkosten fällt. In diesem Fall dient also die Auflistung der privaten Ausgaben als Basis, um Ihr monatliches Gehalt zu bestimmen.

10.3 Die Rentabilitätsvorschau

Nun kommt in der Gründungsplanung eine der schwierigsten Fragen auf Sie zu: Wird die Praxis nach der Anlaufphase auf Dauer rentabel sein? Mit anderen Worten: Lohnt sich der gesamte Aufwand überhaupt? Werden Sie die laufenden betrieblichen Kosten decken und einen Gewinn erwirtschaften? Dieser sollte mindestens so hoch sein, um in einer Einzelpraxis oder einer Personengesellschaft den persönlichen Lebensunterhalt sicher zu stellen. Sicher möchten Sie auch wissen, ob Sie nicht doch mehr als nur den Mindestgewinn erwirtschaften können. Antworten auf all diese Fragen gibt die Rentabilitätsvorschau, auch Ergebnisplanung oder Ertragsvorschau genannt.

Siehe Checkliste: Rentabilitätsvorschau

In der Rentabilitätsvorschau werden die anfallenden Kosten den zu erwartenden Umsätzen gegenübergestellt, um den Gewinn oder Verlust zu ermitteln. Die Angaben sind natürlich mit großen Unsicherheiten behaftet. Schließlich handelt es sich um einen Blick in die Zukunft und Sie können als Gründer z. B. die Anzahl der Behandlungen pro Tag und den zu erzielenden Umsatz nur schätzen.

Die Rentabilitätsvorschau sollte auf den Zeitraum der ersten drei Geschäftsjahre ausgelegt sein. Wer öffentliche Förderdarlehen in Anspruch nehmen will, darf bei seinen Planungen die in der Regel später beginnende Rückzahlung des Darlehens (= Tilgung) nicht übersehen. Eine sorgfältig ausgearbeitete Rentabilitätsvorschau ist ein wichtiges Instrument, um mögliche Kreditgeber von der wirtschaftlichen Tragfähigkeit der Praxisgründung zu überzeugen.

Die Rentabilitätsvorschau hilft Ihnen ebenfalls, sich über Ihre eigenen Ziele klar zu werden und später nach der Gründung immer wieder zu überprüfen, *wo Sie stehen.* Wichtig ist, dass Sie realistisch, sorgfältig und vorsichtig planen, damit Sie für unvorhergesehene Ereignisse gerüstet sind. Natürlich kann man nicht alles vorausplanen, aber ein gewisser Puffer verschafft Ihnen einen Spielraum, um praktikable Lösungen zu finden und die jederzeit erforderliche Zahlungsfähigkeit sicherzustellen.
Siehe Kapitel 10.4 Der Liquiditätsplan

10.3.1 Die Kostenplanung

Vielfach machen Existenzgründer den Fehler, die Höhe der Umsätze zu überschätzen und die der anfallenden Kosten zu unterschätzen. Ein anderer typischer Fehler besteht darin, Kostenpositionen zu übersehen oder auch Kostensteigerungen nicht einzuplanen. Die Kosten waren bereits ein Thema bei der Berechnung des erforderlichen Startkapitals.

Für die Rentabilitätsplanung maßgeblich sind die im Kapitalbedarfsplan erwähnten laufenden betrieblichen Kosten. Dabei handelt es sich um die fixen Kosten, die immer anfallen – egal ob und wie viel Umsatz Sie machen, wie z. B. Kosten für Miete plus Nebenkostenpauschalen (Strom, Wasser, Heizung), für Personal (falls vorhanden), Versicherungen, Beiträge in Fachverbänden, Telefon, Zinsen für Fremdkapital, Kontogebühren, Leasingraten, Abschreibungen sowie Aufwendungen für Werbeaktionen oder Reinigung der Praxisräume.

Hinzu kommen die sogenannten variablen Kosten, die pro Fußpflegebehandlung anfallen und damit umsatzabhängig sind wie etwa Einmalhandschuhe, Pflegeprodukte, Verbandmaterialien etc.

Fallen bestimmte Kostenpositionen, wie etwa Versicherungsbeiträge nur einmal im Jahr oder vierteljährlich an, dann teilen Sie den Betrag durch zwölf bzw. drei, um den monatlichen Anteil zu ermitteln. (Das ist später auch wichtig für Ihre

Liquiditätsrechnungen). Berechnen Sie die Kosten zunächst monatlich und dann für die ersten drei Jahre.

Ein häufiger Fehler in der Rentabilitätsplanung ist, dass Kostenpositionen übersehen werden. Überlegen Sie daher genau, welche Kostenarten rund um die Praxis anfallen. Verschaffen Sie sich einen Überblick durch eine sorgfältige Auflistung sämtlicher Kostenarten. Die Planung der Kosten ist ein wichtiger Baustein, um zu ermitteln, welchen Mindestumsatz die Fußpflege-/Podologiepraxis machen muss. Das heißt, wie viele Kunden/Patienten müssen pro Tag behandelt werden, damit die laufenden betrieblichen Kosten gedeckt werden können und der Gewinn ausreicht, um Ihre persönlichen Lebenshaltungskosten sowie bei der Aufnahme von Darlehen die Tilgungsraten zu bestreiten.

10.3.2 Die Umsatzplanung

Die Rechnung ist auch in umgekehrter Reihenfolge möglich: Sie stellen zunächst fest, welcher Umsatz an dem vorgesehenen Standort möglicherweise erzielt werden kann. Danach errechnen Sie, ob dieser Umsatz ausreicht, um die Betriebsausgaben und die Kosten für die private Lebenshaltung zu decken. Erinnert die Planung der voraussichtlichen Kosten rund um den Praxisbetrieb eher an eine Fleißarbeit, da sich die Preise für die verschiedenen Kostenpositionen ziemlich exakt erfragen lassen, stellt die Umsatzplanung eine weitaus größere Hürde da. Hierbei sollten die Umsatzerwartungen auch mit Ihren individuellen betrieblichen Kapazitäten (z. B. Vereinbarkeit von Familie und Beruf, Einzel- oder Teamgründung etc.), die Ihnen zur Verfügung stehen, realisierbar sein.

Begehen Sie nicht den Fehler mancher Existenzgründer, die den Umsatz mit Gewinn verwechseln. Auch der aktuelle Kontostand Ihres Geschäftskontos oder der Bargeldbestand in der Kasse hat nichts mit Gewinn zu tun. Der Gewinn eines Unternehmens ergibt sich aus dem erzielten Umsatz abzüglich aller anfallenden Kosten. Der Umsatz eines Unternehmens entspricht der Summe aller Einnahmen aus dem Verkauf von Gütern und Dienstleistungen. Eine Fußpflege-/Podologiepraxis kann Umsatzerlöse erzielen durch Behandlungen in der Praxis und von ambulanten Behandlungen (Hausbesuche, Einrichtungen), durch den Verkauf von Produkten für Fußpflege und Therapie sowie infolge von Zusatzangeboten, wie bspw. Aromaöl-Fußbäder, Edelstein-Massagen oder anderen Wellness-Angeboten.

Die Schwierigkeit, den Umsatz realistisch zu ermitteln, ergibt sich für Gründer daraus, dass sie von Schätzwerten ausgehen müssen. Wie viele Kunden/Patienten werden das Angebot wahrnehmen? Wie viele Produkte werden Sie zusätzlich verkaufen können? Welche Preise können Sie verlangen und durchsetzen?

Eine wertvolle Orientierungshilfe bei der Umsatzplanung sind Branchenvergleichszahlen. Ansprechpartner sind dafür die Fachverbände und auch die Kammern. Eine wertvolle Informationsquelle sind darüber hinaus auch die Branchenbriefe der Genossenschaftsbanken GK 086 Medizinische Fußpflege und GK 057 Kosmetik-Institut (letzterer auch als Lektüre für Podologen wertvoll), die bei der VR Bank Rhein-Neckar eG unter www.vrbank.de > Firmenkunden > Gründung & Nachfolge kostenlos abrufbar sind. Auch im Rahmen der Existenzgründungsberatung, die jedem Gründer und jeder Gründerin dringend zu empfehlen ist werden Sie Unterstützung finden beim Aufstellen der Planzahlen.
Siehe Kapitel 19: Die kompetente Beratung

Für Sie als Gründer ist jetzt von großem Vorteil, wenn Sie bereits mehrere Jahre in einer Fußpflege-/Podologiepraxis mitgearbeitet haben. So können Sie auf Erfahrungswerte zurückgreifen und wissen, welche Umsätze sich erzielen lassen. Doch hüten Sie sich davor, diese Daten einfach auf Ihre Situation zu übertragen. Vielleicht war die Praxis, in der Sie bestimmt für Ihre eigene Selbstständigkeit wertvolle Erfahrungen sammeln konnten, bereits seit vielen Jahren auf dem Markt etabliert und verfügte über einen großen Kunden-/Patientenstamm. Sie müssen dagegen Ihre Praxis ja erst bekannt machen und können daher nicht von Anfang an dieselben Umsätze erreichen. Bedenken Sie auch: Eine Praxis, in der z. B. mehrere Podologen zusammenarbeiten, verfügt über größere Kapazitäten als ein Einmannbetrieb.

10.3.3 Die Berechnung des zu erzielenden Umsatzes

Wie errechnen Sie den Planumsatz für Ihr Vorhaben? Der Planumsatz errechnet sich aus den möglichen Behandlungen pro Tag multipliziert mit dem Honorar pro Behandlung plus Umsätze durch den Verkauf von Fußpflegeprodukten, Therapiematerialien etc.. Bei einem durchschnittlichen Zeitaufwand von etwa 30 Minuten pro Behandlung können Sie – zumindest rein rechnerisch – täglich bis zu 15 Kunden/Patienten behandeln. Kommen die Patienten/Kunden im Rhythmus von vier Wochen in die Praxis, ergeben sich daraus bis zu 300 Behandlungen. Rechnet man z. B. im Schnitt mit einem Umsatz von 30 Euro pro Behandlung ergibt sich ein möglicher Umsatz von 9.000 Euro pro Monat. Auf das Jahr hochgerechnet liegt der mögliche Umsatz theoretisch somit bei 108.000 Euro. Hinzu kommt noch der Umsatz, der durch den Verkauf von Pflege- und Therapieprodukten erzielt werden kann und laut dem Branchenbrief der Genossenschaftsbanken einen Anteil am Gesamtumsatz von mittlerweile 12 bis 14 % erreicht hat.

Doch ganz so einfach ist die Berechnung des zu erzielenden Umsatzes nicht. Denn in obiger Rechnung sind Ausfallzeiten durch Urlaub, Krankheit, saisonale Schwankungen oder durch Fortbildungsmaßnahmen oder Messebesuchen nicht mit berücksichtigt. Das heißt, um einen Umsatz aus Behandlungen von circa 9.000 Euro pro Monat zu erreichen, müssten Sie Woche für Woche – ohne jegliche Pause – von Montag bis Freitag jeden Tag 15 Behandlungen durchführen. Das ist aber unrealistisch.

10.3.4 Preiskalkulation

Die Grundlage, um den erzielbaren Umsatz pro Jahr ermitteln zu können, bilden die vermutliche Auslastung und der *Stundenverrechnungssatz*. Im ersten Schritt gilt es zu berechnen, wie viele Arbeitstage bzw. Arbeitsstunden tatsächlich zum *Geldverdienen* zur Verfügung stehen. Abgesehen von Tagen wie Sonn- und Feiertage, Urlaub oder Krankheit, an denen nicht gearbeitet wird, müssen Selbstständige viele Tätigkeiten erledigen, für die Sie keine Rechnung schreiben können. Dazu gehören Verwaltungsaufgaben, Organisation, Werbemaßnahmen und Kundengewinnung.

Vor allem in der Starphase wird ein hoher Anteil dieser *nicht direkt verrechenbaren* Tätigkeiten Ihre Arbeitszeit bestimmen. Diese Zeitverluste werden mit Hilfe eines Korrekturfaktors berücksichtigt. Ein Korrekturfaktor von z. B. 75 % besagt, dass Sie 75 % der vorhandenen Arbeitszeit tatsächlich für Behandlungen am Kunden/Patienten einsetzen Können.

Siehe Checkliste: Die Ermittlung der abrechenbaren Arbeitsstunden

Bei einer höheren Auslastung steigt, bei schlechterer Auftragslage sinkt dieser Korrekturfaktor. Bei einer Neugründung können Sie kaum davon ausgehen, dass von einem Acht-Stunden-Tag tatsächlich 75 % abgerechnet werden können. Daher ist die Auslastung in der Anlaufphase sehr vorsichtig zu planen, damit Sie den notwendigen Kapitalbedarf zur Überbrückung der umsatzschwachen Anfangsphase nicht zu knapp bemessen.

Um die voraussichtliche Auslastung besser abschätzen zu können, sind Kontakte zu Praxisgründern von großem Nutzen, die mit Erfolg gegründet haben. *Networking* heißt das Zauberwort heute. Nutzen Sie Kontakte aus der Ausbildungszeit oder auch auf Branchentreffs, wie z. B. der alljährlichen FUSS in Kassel. Wenn Ihre Praxis aufgrund der räumlichen Distanz keine Konkurrenz darstellt, wird der eine oder andere Kollege sicher gerne bereit sein, von seinen Erfahrungen aus der Gründungs- und Startphase zu berichten.

Neben der voraussichtlichen Auslastung ist der Preis, den Sie für eine Fußbehandlung ansetzen, ein weiterer Knackpunkt in der Planung. Abgesehen von Honoraren für podologische Leistungen, die mit den Krankenkassen abgerechnet werden können, steht es Ihnen zumindest im Prinzip frei, den Preis für die Dienstleistung *Fußpflege* selbst zu bestimmen.

Es stellt sich allerdings die Frage, welches Honorar reicht aus, um alle Ihre Kosten zu decken: für die Praxis, für Ihren Lebensunterhalt und bei Fremdfinanzierung auch für die Tilgung des Darlehens. Welchen Preis müssen Sie verlangen, um all diese Kosten zu decken und – was wünschenswert ist – zusätzlich einen Gewinn zu erwirtschaften?

Übernehmen Sie nicht einfach die Honorarsätze von Ihren Ihrer Kollegen, aber behalten Sie diese im Auge. Besser ist, Sie kalkulieren ihre Preise selbst, d. h. berechnen Sie, wie viel Sie für eine Stunde Arbeit am Kunden/Patienten mindestens umsetzen müssen, damit Sie auf Ihre Kosten kommen und einen Gewinn erzielen.
Siehe Info: Die Berechnung des Stundenverrechnungssatzes

Darüber hinaus sollten sich die Unterschiede im Leistungsangebot auch in den Preisen wiederspiegeln. So macht es einen Unterschied, ob Sie z. B. eine Beratung und Pediküre oder eine podologische Fußbehandlung mit Beratung und Fußbad durchführen. Verschenken Sie kein Geld! Überlegen Sie bei der Preisfestsetzung genau, welche Leistungen bei einer Fußpflegebehandlung inklusive und welche Sie extra berechnen wollen. Nicht jeder Kunde/Patient erwartet das Lackieren der Nägel oder eine Fußmassage.

Am besten staffeln Sie Ihre Preise nach Erstbehandlung, Grundbehandlung, Zusatzbehandlung und Spezialbehandlung. Geben Sie an, – vergleichbar wie beim Frisör – was der Kunde/Patient bei der einzelnen Preiskategorie erwarten kann. Auf einen potentiellen Kunden/Patienten kann es durchaus abschreckend wirken, wenn er auf dem Aushang im Schaufenster lediglich lesen kann: *Fußbehandlung Standard* oder *Komplettbehandlung 22 Euro.* Was soll er darunter verstehen? Diese Frage stellt sich insbesondere, wenn er vielleicht noch nie bei der Fußpflege war. Auch bestimmte Materialien, die Sie zur Behandlung eines bestimmten Kunden/Patienten einsetzen, wie etwa Druckschutzpolster oder einen modernen Wundverband, sollten Sie extra in Rechnung stellen.

Vergleichen Sie aber dennoch Ihre Preise mit denjenigen Ihrer Mitbewerber. Entsprechen sie dem vor Ort üblichen Preisgefüge und sind sie somit konkurrenzfähig? Beim Festsetzen der Preise für die verschiedenen Leistungsangebote Ihrer Praxis sollten Sie sich unbedingt am Markt bzw. an den Marktpreisen orientieren. Bei einem zu hohen Preis besteht die Gefahr, dass Sie sich selbst aus dem Markt hinaus kalkulieren, weil den Kunden/Patienten Ihr Angebot im Vergleich dem der Konkurrenz zu teuer erscheint.

Jetzt können Sie auf jeden Fall von Ihren Branchenerfahrungen aus Ihrer angestellten Tätigkeit sowie aus den Recherchen, die Sie bei der Überprüfung der Geschäftsidee und der Wahl des richtigen Standorts vorgenommen haben, profitieren. Sie kennen den Markt und die Konkurrenz vor Ort und deren Preise. Liegt der Preis über dem Marktniveau, dann sollten Sie überprüfen, ob und welche Kosten reduziert werden können, um den Marktpreis zu erreichen.

Möchten Sie dennoch höhere als vor Ort übliche Honorare durchsetzen, ist es unbedingt erforderlich, dass Sie die Unterschiede im Angebot hinsichtlich Service- und/oder Leistungsangebot für Ihre Kunden/Patienten deutlich herausarbeiten. Stellen Sie klar heraus, was Sie mehr zu bieten haben, wie z. B. Geräte und Instrumente, die auf dem neuesten Stand der Technik sind, sowie eine moderne Einrichtung, ergonomische Behandlungsstühle, ansprechendes Ambiente, aber auch besondere Öffnungszeiten oder spezielle Qualifikationen. Vielleicht haben Sie eine ganz bestimmte Zielgruppe vor Augen, die bereit ist für besondere Leistungsangebote auch einen höheren Preis zu zahlen.

Fazit: In der Rentabilitätsumschau stellen Sie für die ersten drei Geschäftsjahre die zu erwartenden Umsätze den geplanten Kosten gegenüber. Auf diese Weise überprüfen Sie, ob Ihr Unternehmen wirtschaftlich tragfähig ist. Das heißt, ob die Planumsätze alle anfallenden Kosten der Praxis decken.

Siehe Checkliste: Rentabilitätsplan

Das Ergebnis des Rentabilitätsplans ist der Gewinn vor Steuern, wovon die nicht als Betriebsausgaben abzugsfähigen Steuern wie die Einkommens- und eventuell Gewerbesteuer abgezogen werden. Der versteuerte Gewinn (= Jahresüberschuss) sollte so hoch sein, dass Sie damit die Kosten für die private Lebensführung decken, Tilgungsraten zahlen und Rücklagen für Unvorhergesehenes anlegen können.

Siehe Kapitel 14: Die Steuern

Die Aussagen im Rentabilitätsplan sollen realistisch sein und keinem *Wunschdenken* entsprechen. Vermutlich werden Sie – wenn überhaupt – nach der Anlaufphase von ca. einem Jahr nur einen geringen Jahresüberschuss erwirtschaftet haben. Anlaufverluste im ersten Geschäftsjahr sind – auch in den Augen von Bankern – nicht ungewöhnlich, vorausgesetzt Sie waren so realistisch und haben von Anfang an in der Gesamtfinanzierung genügend Mittel zu Überbrückung dieser Durststrecke eingeplant.

Müssen Sie aber anhand der Rentabilitätsplanung erkennen, dass sich auch für das zweite und dritte Jahr ausschließlich rote Zahlen abzeichnen, sollte das gesamte Konzept noch einmal auf den Prüfstand und durchkalkuliert werden – vom Leistungsangebot über die Kosten bis zu den Preisen. Wichtig ist außerdem, dass Sie als junger Unternehmer nach Praxiseröffnung die Planzahlen immer wieder mit den Ist-Zahlen vergleichen und – falls nötig – Anpassungen und Überarbeitungen vornehmen.

10.4. Der Liquiditätsplan

Ob am Ende eines Geschäftsjahres unter dem Strich voraussichtlich ein Plus oder ein Minus herauskommen wird, das beantwortet der Rentabilitätsplan. Keinen Aufschluss gibt der Plan jedoch hinsichtlich der noch wichtigeren Frage, ob die monatlichen Einnahmen ausreichen werden, um die monatlichen Ausgaben zu decken.

Als Unternehmer müssen Sie jederzeit in der Lage sein, fälligen Zahlungsverpflichtungen nachzukommen. Lieferanten, Vermieter, Banken, Finanzamt und viele andere mehr fordern Ihr Recht – und zwar Monat für Monat. Zahlungsschwierigkeiten können schnell das Aus für ein Unternehmen bedeuten, selbst dann, wenn die Probleme nur vorübergehend sind und in Kürze hohe Zahlungseingänge erwartet werden. So kann auch eine an sich rentabel arbeitende Praxis plötzlich zahlungsunfähig werden, weil die Zahlungsmoral einiger Kunden/Patienten zu wünschen übrig lässt, Sie aber Rechnungen fristgerecht begleichen müssen.

Für jedes Unternehmen ist es daher überlebenswichtig, die Zahlungsfähigkeit oder Liquidität zu planen und zu kontrollieren. Einen Überblick, wie zahlungsfähig ein Unternehmen pro Monat ist, gibt die Liquiditätsplanung, die zwölf Monate umfassen sollte. Hierbei wird die Summe aus vorhandenen flüssigen Mitteln plus laufender Einzahlungen der Summe aus den laufenden Auszahlungen gegenübergestellt. Aus der Differenz ergibt sich, wie liquide das Unternehmen pro Monat ist, also in welcher Höhe finanzielle Mittel zur Verfügung stehen, um die monatlichen Zahlungsverpflichtungen zu erfüllen.
Siehe Checkliste: Liquiditätsplan

Wichtig ist bei der Liquiditätsrechnung, den Zeitpunkt der Ein- und Auszahlungen so genau wie möglich zu bestimmen. Die Positionen der Auszahlungen lassen sich relativ einfach anhand der Kostenplanung festlegen. Weitere Quellen für die Zahlen, die Sie zur Liquiditätsrechnung brauchen, sind offene Verbindlichkeiten, die Sie begleichen müssen sowie aber auch Ihr Geschäftskonto.

Gehen Sie von folgenden Überlegungen aus: Welche Kosten haben Sie in der Praxis? Wie hoch sind diese Kosten und wann fallen sie an? Wann müssen Zinsen gezahlt werden, wann sind Tilgungsraten fällig? Bis wann müssen Sie die Rechnungen Ihrer Lieferanten bezahlt haben? Steht Ihnen ein Kontokorrentkredit zur Verfügung? Verfügen Sie über eigene Mittel als Polster, wenn das Geld doch einmal knapp werden sollte?

Abgesehen von Barzahlung oder Bezahlung mit EC-Karte direkt nach der Behandlung werden Sie auch Rechnungen schreiben müssen. Wie lange dauert es, bis bei Abrechnungen mit der Krankenkasse das Geld auf dem Konto ist? Darüber hinaus sollten Sie berücksichtigen, dass sich Kunden/Patienten für die Zahlung der gestellten Rechnung nicht selten 30 bis 60 Tage Zeit lassen.

Deckt die Planung Liquiditätsprobleme auf, sollten Sie so schnell wie möglich dagegen etwas unternehmen.

Siehe Info: Tipps zur Sicherung der Zahlungsfähigkeit

Die ersten fünf Jahre eines jungen Unternehmens gelten als die kritischsten. Für einen Großteil der Insolvenzen in dieser Phase sind Liquiditätsschwierigkeiten verantwortlich. Unternehmer sollten die Geldströme immer im Auge behalten und daher auch über die Gründungsphase hinaus Liquiditätsplanungen durchführen.

Gründer müssen die fehlende Liquidität in der Anlaufphase, in der vermutlich die Ausgaben die Einnahmen überschreiten, bei der Planung des Kapitalbedarfs berücksichtigen. Anhand der Liquiditätsrechnung können Sie feststellen, wie viel Geld Sie zusätzlich zur Deckung der laufenden Kosten der Praxis und der Privatentnahmen benötigen werden, damit Sie auch wirklich zu jeder Zeit *flüssig* sind. Wenn Sie nach der gesamten Rechnerei eine Vorstellung bekommen haben, wie viel Geld Sie *summa summarum* für Ihr Vorhaben benötigen werden, dann stellt sich die Frage, *wer soll das bezahlen?* – Dazu mehr im nächsten Kapitel.

Checkliste: Kapitalbedarfsplan für Gründung einer Fußpflegepraxis	
I. Kapitalbedarf für Gründungskosten	**Betrag in Euro**
Beratungen Existenzgründungsseminare Fachliteratur Notarkosten Eintragung ins Handelsregister (z. B. bei Gründung einer GmbH) Maklergebühren Mietkaution Anmeldungen und Genehmigungen Gewerbeanmeldung z. B. bei Gründung einer kosmetischen Fußpflegepraxis Eröffnungswerbung Sonstige Zwischensumme Gründungskosten	
II. Kapitalbedarf für Investitionen	
Für langfristige Investitionen: ◆ Grundstück/Gebäude plus Nebenkosten ◆ Kaufpreis für bestehende Praxis ◆ Um- und/oder Ausbaumaßnahmen ◆ Anschaffung von Geräten und Instrumenten (vom Fußpflegegerät bis zu Pinzetten und Feilen) ◆ Einrichtung des Behandlungsraums (vom Behandlungsstuhl über Fußpflegeschrank bis Lupenleuchte) ◆ Büroeinrichtung (vom Schreibtisch über PC und Drucker bis Anrufbeantworter) ◆ Einrichtung von Empfang und Wartezone ◆ Anschaffung eines Fahrzeugs ◆ Sicherheitszuschlag von 10 % auf die vorangehenden aufgeführten Kosten Für mittel- und kurzfristige Investitionen: ◆ Erste Grundausstattung an Waren und Materialien (z. B. Pflegeprodukte, Druckschutz, Verbandsmaterialien und Tamponaden einschließlich Utensilien zur Hygienevorsorge wie Einmalhandschuhe oder Mundschutz, Büromaterialien) ◆ Erstanschaffung der Berufskleidung ◆ Installationskosten (z. B. zum Einrichten des PCs) ◆ Beschaffungskosten für Einkäufe (z. B. Reisekosten für den Besuch von Messen und/oder Lieferanten) ◆ Sicherheitszuschlag von 10 % auf die vorangehenden aufgeführten Kosten ◆ Reserve für Unvorhegesehenes und Folgeinvestitionen in der Anlaufphase Zwischensumme	

Checkliste: Kapitalbedarfsplan für Gründung einer Fußpflegepraxis Fortsetzung	
III. Kapitalbedarf für die besonderen Belastungen in der Anlaufphase	**Betrag in Euro**
Laufende Betriebsausgaben (für ein Jahr berechnen): • Miete • Heizung, Strom, Wasser, Gas • Praxisreinigung • Personalkosten inklusive Lohnnebenkosten, inklusive eigenem Geschäftsführergehalt bei GmbH • Laufende Wareneinkäufe (z. B. Pflegeprodukte, Verbandsmaterial, Reinigungs- und Desinfektionsmittel) • Büromaterial • Kosten für Telefon, Fax und Internet • Beiträge (z. B. Fachverbände) • Gebühren (z. B. Rundfunkbeitrag, GEMA-Gebühren, Leasinggebühren) • Buchführungsservice • Steuerberatung • Betriebliche Versicherungen (z. B. Berufshaftpflichtversicherungen, Praxis-Einrichtungs-Versicherung) • Kraftfahrzeugkosten (z. B. Benzin, Versicherung, Steuer) • Werbung • Kontoführungsgebühren • Sonstige • Sicherheitszuschlag von 10 % auf die vorangehenden aufgeführten Kosten als Reserve Zwischensumme	
IV. Unternehmerlohn	
Bei Einzelunternehmen und Personengesellschaft zur Sicherung des persönlichen Lebensunterhalts (und der Familie) in der Anlaufphase Zwischensumme	
V. Kapitaldienst	
Zinsen für öffentliche Förderdarlehen/Bankkredite Tilgungsraten Zwischensumme	
VI. Gesamtsumme aus Kapitalbedarf von I bis V = Kapitalbedarf für die Praxisgründung	

Checkliste: Lebenshaltungskosten		
Private Ausgaben für den persönlichen Lebensunterhalt (und den der Familie)	**Pro Monat in Euro**	**Pro Jahr in Euro**
Ernährung/Haushalt/Freizeit, z. B.: ◆ Lebensmittel ◆ Bekleidung ◆ Kindergarten ◆ Telefon ◆ Taschengeld der Kinder ◆ Zeitung/Zeitschriften + **Miete für die Privatwohnung plus Nebenkosten.** + **Versicherungen, z. B.:** ◆ Krankenversicherung (mit Arbeitgeberanteil) ◆ Rentenversicherung (mit Arbeitgeberanteil) ◆ Unfallversicherung (mit Arbeitgeberanteil) ◆ Private Altersvorsorge, etwa mit Lebensversicherung. ◆ Rechtschutzversicherung ◆ Haftpflichtversicherung ◆ Hausratversicherung ◆ Kfz-Haftpflichtversicherungen + **sonstige vertragliche Verpflichtungen, z. B.:** ◆ Bausparverträge und andere Sparverträge ◆ Unterhaltsverpflichtungen ◆ Ratenkredite ◆ Hypothekendarlehen ◆ Konsumentendarlehen + **Rücklagen, z. B. für:** ◆ Urlaub ◆ Krankheit oder Unfall ◆ Weihnachten ◆ Geburtstage ◆ Neuanschaffungen ◆ Reparaturen + **PKW** (anteilige private Nutzung) + **Rücklage für Einkommensteuer** (etwa 30 % des berechneten Lebensunterhaltes) = **Gesamtsumme** für den Lebensunterhalt = Unternehmerlohn		

Checkliste: Die Ermittlung der abrechenbaren Arbeitsstunden	
Beispielsrechnung zur Ermittlung der abrechenbaren Arbeitszeiten auf der Basis eines Acht-Stunden-Tages und einer vollen Auslastung der Praxiszeiten.	
Berechnung der Arbeitstage pro Jahr	
Tage pro Jahr minus der Anzahl an: ◆ Samstagen und Sonntagen ◆ Feiertagen ◆ Urlaubstagen ◆ Krankheitstagen und ◆ sonstigen Ausfallstagen (Messebesuche, Fortbildungen) = Anzahl der tatsächlichen Arbeitstage im Jahr	365 Tage 104 Tage 10 Tage 30 Tage 7 Tage 4 Tage 210 Tage
Berechnung der abrechenbaren Arbeitszeiten pro Jahr	
Tatsächliche Arbeitstage pro Jahr x Arbeitsstunden pro Tag x Anzahl der produktiven Kräfte (ein Podologe) x Korrekturfaktor[1] = gesamte verrechenbare Arbeitsstunden	210 Tage 8 Stunden/Tag 1 75 % 1.260 Stunden
[1]für nicht direkt verrechenbare Zeiten wie Fahrten, Verwaltungsarbeiten, Vor- und Nacharbeiten, Leerlaufzeiten	

Info: Die Berechnung des Stundenverrechnungssatzes

Für die Preiskalkulation wird zunächst der kostendeckende Stundenverrechnungssatz ermittelt. Teilen Sie dafür alle im Unternehmen anfallenden Kosten (Personalkosten, Miete, Mietnebenkosten, Verbrauchsmaterialien, Versicherungen bis hin zu Zinsen, Tilgungen und Abschreibungen einschließlich des Unternehmerlohns) durch die Anzahl der abrechenbaren Arbeitsstunden.

Stundenverrechnungssatz = Gesamtkosten Unternehmen einschließlich Unternehmerlohn dividiert durch Anzahl der abrechenbaren Arbeitsstunden.

Dieser Stundensatz enthält noch keinen Gewinn. Häufig wird als Gewinnmarge z. B. 10 % angesetzt. Da die Fußpflegebehandlung in der Regel nicht eine Stunde dauert, wird der Stundensatz für eine flexible Abrechnung in kleinere Zeiteinheiten von 15 oder zehn Minuten umgerechnet. Das heißt der Stundensatz wird durch vier oder sechs geteilt, so kann der Preis für die Arbeitszeit einer 20- oder 30-oder 45-minutigen Behandlung kalkuliert werden.

Checkliste: Rentabilitätsvorschau			
In Euro und ohne MwSt.	**Geschäftsjahr 1**	**Geschäftsjahr 2**	**Geschäftsjahr 3**
Erwartete Umsätze			
- Waren- und Materialeinsatz			
= Rohgewinn I			
- Personalkosten			
= Rohgewinn II			
- Summe der Sachgemeinkosten			
Miete			
Mietnebenkosten (Strom, Wasser, Heizung, Gas etc.)			
Gebühren (Leasing, Berufsgenossenschaft, Rundfunkbeitrag, GEMA)			
Mitgliedsbeiträge			
Betriebliche Versicherungen			
Kommunikation (Telefon, Fax, Internet, Porto)			
Bürobedarf			
Messebesuche, Fortbildung			
Fahrzeugkosten			
Werbung			
Steuervorauszahlung			
Sonstige Kosten			
Zinsen für Fremdkapital			
Abschreibungen			
= Reingewinn **= Gewinn vor Steuern**			
- Steuern (z. B. Einkommensteuer, Kirchensteuer, Solidaritätszuschlag)			
= Jahresüberschuss			
- Tilgung			
- private Versicherungen			
= zur Verfügung stehendes Einkommen			

Checkliste: Liquiditätsplan – für das erste Halbjahr im ersten Geschäftsjahr						
Angaben in Euro	Monat 1	Monat 2	Monat 3	Monat 4	Monat 5	Monat 6
1. Bestand an flüssigen Mitteln zu Beginn jeden Monats						
Bankbestand						
+ Kassenbestand						
+ Kontokorrentkredit						
+ Überschuss vom Vormonat						
= Summe der flüssigen Mittel						
2. Einzahlungen = Geldzuflüsse						
Umsatzerlöse (inkl. MwSt.)						
+ Sonstige Einzahlungen						
= Summe Geldzuflüsse						
3. Auszahlungen = Geldabflüsse						
Miete, Nebenkosten						
+ Lieferanten						
+ Personal						
+ Betriebliche Versicherungen						
+ Fahrzeugkosten						
+ Leasing						
+ Vorsteuer/Umsatzsteuer						
+ Einkommens-/Gewerbesteuer						
+ Kreditzinsen						
+ Kredittilgung						
+ Sonstige Kosten						
+ Unternehmerlohn						
+ Fehlbetrag vom Vormonat						
= Summe Geldabflüsse						
Liquiditätssaldo						
Summe der flüssigen Mittel						
+ Summe Geldzuflüsse						
- Summe Geldabflüsse						
= Überschuss oder Fehlbetrag **= Ergebnis Liquidität**						
Entsprechend dieser Checkliste ist ein Liquiditätsplan für die zweite Jahreshälfte des ersten Geschäftsjahres aufzustellen, und anschließend sind Liquiditätsplanungen für das zweite und dritte Geschäftsjahr durchzuführen.						

Info: Tipps zur Sicherung der Zahlungsfähigkeit

Um liquide zu bleiben, sollten Sie

- stets im Blick haben, wann welche Kosten in welcher Höhe anfallen,
- wissen, wann welche Rechnungen an Ihre Lieferanten zu zahlen sind,
- mit den Lieferanten möglichst lange Zahlungsziele vereinbaren,
- Waren wie Pflegeprodukte – wenn von Seiten der Lieferanten die Möglichkeit eingeräumt wird – zumindest in der Startphase der Praxis in Kommission verkaufen,
- die Rechnungen immer dann zahlen bzw. überweisen, wenn sie fällig sind und nicht wenn Sie gerade einmal dafür Zeit haben,
- die Überlegung anstellen, ob bei größeren Anschaffungen, wie z. B. bei einem Fahrzeug, Leasen statt Kaufen als Alternative in Frage kommen könnte,
- nur kurzfristige Investitionen über den Kontokorrentkredit bei Ihrem Kreditinstitut finanzieren, für mittel- und langfristige Investitionen andere Finanzierungsmöglichkeiten wählen,
- einen Teil der Einnahmen auf die hohe Kante legen (z. B. als jederzeit verfügbares Tagesgeld) und so eine eiserne Reserve für unvorhergesehene Ausgaben schaffen. Die eigenen flüssigen Mittel zusammen mit dem Kreditspielraum bei der Bank/Sparkasse bildet Ihre Liquiditätsreserve. Diese sollte mindestens drei Monate ausreichen.
- Behandlungen stets leistungsnah abrechnen,
- auf den Rechnungen den Kunden/Patienten ein Zahlungsziel angeben,
- bei Überschreitung des Fälligkeitsdatums den Kunden/Patienten eine Zahlungserinnerung schicken,
- konsequent mahnen, wenn auch die Zahlungserinnerung keinen Erfolg hat,
- das Finanzamt nicht vergessen und von Anfang an die fälligen Steuern in der Liquiditätsplanung berücksichtigen.

11 Das Startkapital

Wenn Sie sich als Fußpfleger/Podologe mit einer eigenen Praxis selbstständig machen wollen, ist der Finanzbedarf nicht unerheblich. Im Nu belaufen sich die Kosten, die in der Startphase für Geräte, Instrumente, Möbel und vieles andere mehr zu stemmen sind, auf mehrere 10.000 Euro. Sobald Sie anhand des Kapitalbedarfsplans ermittelt haben, wie viel Geld für die Gründung erforderlich ist, muss eine sichere Finanzierung auf die Beine gestellt werden. Wie bei der Planung des Kapitalbedarfs sollten Sie sich für das Aufstellen des Finanzierungsplans genügend Zeit nehmen, um die verschiedenen Möglichkeiten, das Startkapital zu beschaffen, zu prüfen und auszuloten.

Beratungsangebote, wie z. B. der IHK-Gründerservice mit Gründungsseminaren und Einstiegsgesprächen, scheinen Früchte zu tragen und Gründer starten heutzutage besser vorbereitet ein Gründungsvorhaben. Haben nach dem DIHK-Gründungsreport 2006 54 % der Gründer die Finanzierung ihrer Gründung nicht bis ins letzte durchdacht, war laut DIHK-Gründungsreport 2018 der Anteil mit nur noch 34 % deutlich geringer. Abgesehen davon die Finanzierung einer Gründung nicht genau genug zu überdenken, gibt es eine Reihe von typischen Finanzierungsfehlern, die Gründer unbedingt vermeiden sollten, wie z. B.

- ein zu geringes Eigenkapital,
- keine oder mangelhafte Planung des Kapitalbedarfs,
- keine Beantragung öffentlicher Fördergelder,
- viel zu spätes Verhandeln mit der Bank,
- Ausreizen aller Sicherheiten,
- Missachtung der wichtigsten Finanzierungsregeln.

11.1 Das Eigenkapital

Eine wichtige Säule im Finanzierungsmix ist das Eigenkapital, also eigenes Geld, das Sie einbringen können, um die Praxisgründung zu finanzieren. Dabei gilt: je mehr Eigenkapital, desto besser. Die Vorteile liegen auf der Hand, wenn Sie mit ausreichendem Eigenkapital starten:

- Eigenkapital dient als Sicherheits- und Risikopolster, mit dem sich finanzielle Engpässe überbrücken lassen und so die Gefahr von Liquiditätsschwierigkeiten vermindern.
- Eigenkapital macht unabhängig und flexibel: Wer genügend Eigenkapital zur Verfügung hat, kann ohne Schwierigkeiten auf einen erneuten Finanzierungsbedarf reagieren.

- Eigenkapital schafft Vertrauen bei Kreditgebern: Zum einen gilt der Einsatz von Eigenkapital in einem angemessenen Umfang als Zeichen von Kreditwürdigkeit, zum anderen aber auch als Messlatte dafür, ob Sie es mit dem Gründungsvorhaben wirklich ernst meinen.

Immerhin ist eine zu geringe Eigenkapital-Quote einer der Hauptgründe, warum Kreditgesuche von Banken und Sparkassen abgelehnt werden. Genügend eigenes Geld erleichtert daher nicht nur die Gründung an sich, sondern auch den Zugang zu fremdem Geld. Mitunter ist es mittels bestimmter Förderkredite des Bundes möglich, ohne Eigenkapital zu gründen oder seine Eigenkapitalbasis zu vergrößern . Dennoch gilt als Faustregel: weniger als 15 bis 20 % sollte der Anteil des Eigenkapitals am Gesamtkapital nicht betragen. Besser ist, wenn Sie mehr als 20 % selbst beisteuern können. Deswegen müssen alle zusätzlichen Geldquellen für Ihre Eigenmittel genau geprüft werden.
Siehe Checkliste: Fragen zum Eigenkapital und Kapitel 11.4.1: Öffentliche Förderdarlehen

11.2 Das Fremdkapital

Reicht das Eigenkapital nicht aus, entsteht eine Finanzierungslücke, die mit fremdem Geld geschlossen werden muss. Man spricht deshalb von Fremdkapital. Seit Jahren bestätigt der alljährliche KfW-Gründungsmonitor, dass die Mehrheit der Gründer Finanzmittel, also Geld, einsetzt, um ein Gründungsvorhaben zu verwirklichen. Im Jahr 2017 waren es 60 %. Nach dem KfW-Gründungsmonitor 2018 kamen allerdings 4 von 10 Gründer mit eigenen Mitteln aus (= Eigenfinanzierer). 2 von 10 Gründern nahmen zusätzlich oder ausschließlich eine externe Finanzierung in Anspruch. Dabei hatten knapp 63 % der Gründer, die sich Geld aus externen Quellen besorgten, einen Finanzierungsbedarf bis höchstens 25.000 Euro.

In den Jahren von 2015 bis 2017 haben nach dem KfW-Gründungsmonitor 2018 im Durchschnitt 31 % aller Gründer Bankdarlehen in Anspruch genommen. Gründer, die fremdes Geld zur Verwirklichung ihres Vorhabens aufnehmen müssen, haben häufig mit besonderen Hürden zu kämpfen. Die Schwierigkeiten vor allem bei der Finanzierung über Bankkredite werden auf zwei Ursachen zurückgeführt. Zum einem macht ein ungünstiges Ertrags-Kosten-Verhältnis kleinere Finanzierungsbeträge für die Kapitalgeber weniger attraktiv. Zum anderen ist es für Gründer als *Neulinge* schwer, potenzielle Financiers von den Erfolgsaussichten ihrer Geschäftsidee, von ihrer Verlässlichkeit als Vertragspartner oder auch von ihren Managementfähigkeiten zu überzeugen. Ein anderes typisches Problem für Gründer sind fehlende Sicherheiten. All dies führt dazu, dass Existenzgründer in aller Regel nicht dieselben günstigen Kreditkonditionen wie Großunternehmen erhalten und weshalb Kreditinstitute für eine Finanzierung kleinerer Kapitalbeträge nach wie vor nur schwer zu gewinnen sind.

Um die Nachteile auszugleichen und Vorhaben, die Erfolg versprechend sind, zur Umsetzung zu verhelfen, wurde von Bund und Ländern eine Vielzahl von Förderprogrammen geschaffen. Wer Probleme damit hat, seiner Bank Sicherheiten zu bieten, für den kommt möglicherweise als Finanzierungsalternative ein Mikrokredit des Bundes oder der Länder in Frage. Darüber hinaus sind für Existenzgründer neben Fördermitteln und Bankkrediten noch weitere Geldquellen von Interesse, wie z. B. Lieferantenkredite oder auch Leasing.

Siehe Info: Zusätzliche mögliche Geldquellen und Kapitel 11.5: Mikrokreditfonds Deutschland

Es gibt also vielfältige Möglichkeiten, Fremdkapital zu beschaffen. Als Gründer sollten Sie sich mit den wichtigsten Finanzierungsquellen vertraut machen, um den passenden Finanzierungsmix zu finden.

11.3 Wichtige Finanzierungsregeln

Wenn Sie Fremdkapital zur Finanzierung von aufnehmen wollen oder müssen, sollten Sie bei Ihren Planungen folgende Finanzierungsregeln berücksichtigen:

1. **Finanzierungsregel:** Die Laufzeit eines Darlehens sollte nicht länger als die Nutzungsdauer des Wirtschaftsgutes (z. B. Geschäftswagen, Patientenstuhl etc.) sein, das mit dem Kredit finanziert werden soll. Anderenfalls müssten Sie den Kredit immer noch abbezahlen, obwohl der Gegenstand nicht mehr vorhanden ist und Sie bereits eine entsprechende Neuanschaffung tätigen müssen.

2. **Finanzierungsregel:** Anlagevermögen – also Vermögen, das zur Herstellung der Leistungsbereitschaft als Fußpfleger/Podologe zwingend erforderlich ist und damit auch langfristig im Unternehmen bleibt, wie z. B. Einrichtung, Geräte, Maschinen, Geschäftswagen – sollte möglichst mit Eigenkapital, falls zu wenig vorhanden ist, ergänzt durch langfristig zur Verfügung stehendes Fremdkapital finanziert werden. Auch die Gründungskosten sollten langfristig finanziert werden.

3. **Finanzierungsregel:** Mittel- und kurzfristig finanziert werden die Kosten für die erste Grundausstattung an Waren und Materialien (z. B. Büromaterialien, Pflegeprodukte, Druckschutz, Verbandsmaterialien und Tamponaden einschließlich Utensilien zur Hygienevorsorge wie Einmalhandschuhe oder Mundschutz), Erstanschaffung der Berufskleidung, Installationskosten z. B. zum Einrichten des PCs), Beschaffungskosten für Einkäufe (z. B. Reisekosten für den Besuch von Messen und/oder Lieferanten) oder Mietvorauszahlungen.

4. **Finanzierungsregel:** Für Existenzgründer wichtig ist eine finanzielle Reserve für die besondere Belastung in der umsatzschwachen Anlaufphase. Geld, das Sie für die laufenden Kosten (Betriebsmittel) und für die Privatausgaben be-

nötigen, wird kurzfristig finanziert. Die Kosten für Miete, Personal, laufende Wareneinkäufe, Kapitaldienst (Zinsen/Tilgung) über Versicherungen bis hin zum eigenen Lebensunterhalt werden Sie in den ersten sechs bis zwölf Monaten zunächst mit dem erwirtschafteten Umsatz nicht oder nicht völlig abdecken können, kurzfristig wird jedoch das Geld durch Ihre Tätigkeit als Fußpfleger/Podologe in die Praxis zurückfließen. Deshalb reicht dafür eine kurzfristige Finanzierung aus.

5. **Finanzierungsregel:** Achten Sie darauf, dass die Verschuldung Ihres Unternehmens stets in einem vernünftigen Verhältnis zum Ertrag steht bzw. hüten Sie sich vor einer finanziellen Überlastung durch scheinbar günstige Kredite.

11.4 Fördermöglichkeiten

Am besten sollten Sie schon im Vorfeld des ersten Bankgesprächs geforscht haben, welche Fördermittel für Sie in Frage kommen könnten. Denn oft wird der Einsatz von öffentlichen Mitteln für Existenzgründer im Bankgespräch zu wenig oder gar nicht angesprochen. Außerdem sind Sie so von Anfang gewappnet, wenn möglicherweise behauptet wird, für Ihr Vorhaben gebe es kein passendes Förderprogramm.

11.4.1 Öffentliche Förderdarlehen

Es gibt eine Vielzahl von Förderprogrammen von Bund und Ländern, mit denen Existenzgründer und mittelständische Unternehmen unterstützt werden. Meistens handelt es sich bei den öffentlichen Finanzierungshilfen um Darlehen, die mit besonders günstigen Konditionen ausgestattet sind, wie z. B. günstige Zinsen, feste Zinssätze, lange Laufzeiten und tilgungsfreie Anlaufjahre. Das bedeutet, dass Sie in den ersten Jahren Zinsen, aber noch keine Tilgungsraten zahlen müssen. Vorteil: Die Liquidität Ihres jungen Unternehmens wird gestärkt.

Je nach Förderprogramm können Investitionen (z. B. Grundstücke, Gebäude, Praxiseinrichtung, Geräte, Computer, Software, Geschäftsfahrzeug, die Erstausstattung des Waren- und Materiallagers) finanziert werden, zudem ist die Finanzierung von Betriebsmittel (= Mittel zur Gewährleistung des laufenden Betriebes wie Personalkosten, Miete, Wareneinkauf, liquide Mittel, Aufwendungen für Marketingmaßnahmen) Möglich.
Siehe Info: Förderkredite der KfW-Bankengruppe für Existenzgründungen

Voraussetzung für die Gewährung von öffentlichen Förderdarlehen ist, dass der Antragssteller eine ausreichende fachliche und kaufmännische Qualifikation nachweisen kann, soweit dies üblicherweise für die Ausübung des angestrebten Berufes verlangt wird. Darüber hinaus werden grundsätzlich nur solche Vorhaben finanziert, die einen nachhaltigen wirtschaftlichen Erfolg erwarten lassen und bei denen auch die Gesamtfinanzierung gesichert ist. Ferner wird bei vielen Förderprogrammen gefordert, dass der Antragssteller der sogenannten KMU-Definition der Europäischen Union (EU) entspricht. Die Abkürzung *KMU* steht für kleine und mittlere Unternehmen. Als Kleinstunternehmen definiert die EU Unternehmen mit weniger als zehn Mitarbeitern und einem Jahresumsatz oder einer Bilanzsumme von höchstens zwei Millionen Euro. Bei der Frage, ob ein Unternehmen ein KMU ist, sind auch Unternehmensstruktur und Verflechtungen mit anderen Unternehmen zu berücksichtigen.

Siehe Info: Die KMU-Definition

Der Weg zu den öffentlichen Förderprogrammen des Bundes und der Länder führt grundsätzlich immer über die Hausbank. Das bedeutet, der Antrag für ein Förderdarlehen wird über die Bank oder Sparkasse gestellt, bei der Sie Ihr Konto haben bzw. Ihr Geschäftskonto führen möchten (Hausbankverfahren), und wird auch über diese an den Antragssteller ausgezahlt. Ihre Hausbank leitet sozusagen das Förderprogramm-Darlehen an Sie durch. Hat man aber den Eindruck, bei seiner Hausbank nicht ausreichend unterstürzt zu werden, kann man sich auch an ein Kreditinstitut nach Wahl wenden. Eventuell gelingt es, eine andere Bank oder Sparkasse vom Erfolg des geplanten Vorhabens zu überzeugen, sodass diese bereit ist, dem Kreditantrag zuzustimmen und diesen an die Förderbank weiterzuleiten.

Um für das durchleitende Kreditinstitut die Entscheidung, dem Antrag zuzustimmen und ihn weiterzuleiten, leichter zu machen, tauchen im Zusammenhang mit Förderprogrammen zwei wichtige Begriffe auf: die Haftungsfreistellung und das Nachrangdarlehen.

11.4.2 Haftungsfreistellung

Eine Haftungsfreistellung ist keine Entlastung für den Unternehmer, sondern eine Risikopartnerschaft zwischen Hausbank und Förderbank. Haftungsfreistellungen in Förderprogrammen tragen dazu bei, das Risiko eines Kreditausfalls zu reduzieren.

Der Kreditnehmer haftet gegenüber der durchleitenden Hausbank und diese wiederum haftet gegenüber der Förderbank für die Rückzahlung des Förderdarlehens. Eine Haftungsfreistellung in einem Förderprogramm bedeutet, dass bei Zahlungsunfähigkeit des Unternehmens die Haftung der Hausbank gegenüber der Förderbank um einen bestimmten Prozentsatz vermindert wird. Bei einer 50 %igen Haftungsfreistellung z. B. teilen sich Förderbank und Hausbank das Risiko jeweils zur Hälfte. Bei Scheitern eines Vorhabens, werden zunächst die Sicherheiten des Kreditnehmers verwertet. Bleibt danach ein Restbetrag des Kredits übrig, den der Kreditnehmer nicht zurückzahlen kann, dann muss die

Hausbank nicht für die gesamte Restsumme, sondern nur noch für 50 % davon aufkommen. Auf diese Weise sollen Banken und Sparkassen motiviert werden, auch bei Gründern und Unternehmern mit nur geringen banküblichen Sicherheiten wie Immobilien, Bürgen oder Lebensversicherung den Antrag für ein Förderdarlehen zu unterstützen und weiterzuleiten. Eine Haftungsfreistellung entlastet aber nicht den Kreditnehmer, der das Förderdarlehen aufgenommen hat. Mit diesem trifft das Kreditinstitut entsprechende Vereinbarungen, damit der offene Restbetrag an die Bank vollständig zurückgezahlt wird.

11.4.3 Nachrangdarlehen

In manchen Förderprogrammen hat das Darlehen eine eigenkapitalähnliche Funktion, wie z. B. das Programm *ERP-Kapital für Gründung (Kredit)* der KfW-Bankengruppe. Bei diesen sogenannten Nachrangdarlehen rückt im Falle einer Insolvenz des Unternehmens die Förderbank als Darlehensgeber im Rang der Gläubiger an die letzte Stelle und wird entsprechend *nachrangig* bedient. Nachrangdarlehen sind eine Mischform aus Eigen- und Fremdkapital. In der Regel sind Sicherheiten nicht notwendig. Banktechnisch werden Nachrangdarlehen zum Eigenkapital des Unternehmens gerechnet, wodurch die Bonität verbessert und eine weitere Kreditaufnahme erleichtert wird.

11.4.4 Förderprogramm beantragen

Ganz wichtig: Die Förderdarlehen müssen vor Vorhabensbeginn über die Hausbank beantragt werden. Das heißt: Sie sollten zuvor noch keine größeren Investitionen vorgenommen haben und damit bedeutende finanzielle Verpflichtungen eingegangen sein. Schließen Sie also keine Bau-, Liefer- oder Kaufaufträge ab, bevor Sie die Förderung beantragt haben. Halten Sie sich daher an die Grundregel in puncto Förderdarlehen: zuerst beantragen – dann loslegen!

11.4.5 Beratung und Information

Wer eine Förderung ins Auge fasst, auf denjenigen kommt eine Vielzahl von Fragen zu.
Wichtige Fragen, die Sie im Vorfeld klären sollten, sind z. B.:

- Welches Fördermittel kommt für Ihre Branche in Frage?
- Dürfen Investitionsgüter, Waren, Gegenstände auch gebraucht angeschafft werden?
- Müssen Sie für nicht abgerufene Mittel Bereitstellungsgebühr zahlen?
- Innerhalb welcher Frist sind die Fördermittel einzusetzen und fallen Verzugszinsen an, wenn Sie die Frist nicht einhalten?
- Wie müssen Sie den Einsatz der Fördermittel nachweisen?
- Können Sie die Mittel auch außerplanmäßig zurückzahlen und ist damit eine Vorfälligkeitsentschädigung verbunden?

- Gibt es für Ihren Fall Förderprogramme vom Bund und Land, die miteinander kombiniert werden können, und gibt es hierbei Förderhöchstgrenzen, die zu beachten sind?

Gründer sind gut beraten, die Förderberatung des BMWi (= Bundesministerium für Wirtschaft und Energie) zu nutzen. Weitere wichtige Informationsquellen sind im Internet die Förderdatenbank und das Existenzgründungsportal des Bundesministeriums für Wirtschaft und Energie (BMWi). Vergleichen Sie die Förderprogramme von Bund und Ländern, fragen Sie nach Kombinationsmöglichkeiten und auch nach eventuellen Förderhöchstgrenzen. Auf diese Weise erhalten Sie einen Wissensvorsprung, der Ihnen ohne Zweifel die Kreditgespräche mit Ihrem Banker leichter machen wird.

Siehe Info: Finanzierung und Förderung – Informationen und Beratungsmöglichkeiten

11.5 Mikrokreditfonds Deutschland

Viele Gründer benötigen nur einige wenige tausend Euro, um ihr Vorhaben zu verwirklichen. Scheitert aber der Versuch, über Bank oder Sparkasse eine Finanzierung zu bekommen oder sich den Betrag von Familie oder Freunden zu leihen, bietet sich als mögliche Finanzierungsalternative ein Mikrokredit aus dem Mikrokreditfonds Deutschland an.

Der Mikrokreditfonds Deutschland, der als Garantiefonds Mikrokredite gegenüber der GRENKE Bank absichert, stellt Gründern und Kleinunternehmen, die sonst keine Möglichkeit zur Kreditfinanzierung haben, Klein- und Kleinstkredite zur Verfügung. Seit dem Start des Mikrokreditfonds Deutschland Anfang 2010 wurden mehr als 20.000 Kredite vergeben. Das Bundesministerium für Wirtschaft und Energie und das Bundesministerium für Arbeit und Soziales bilden den Verwaltungsrat des Fonds und haben mit einer Reihe von akkreditierten Mikrofinanzinstituten mittlerweile ein flächendeckendes Angebot in Deutschland geschaffen. Interessenten wenden sich direkt an ein Mikrofinanzinstitut, von dem sie dann vom Erstgespräch über Kreditantrag bis zur Rückzahlung des Kredits eng betreut werden. Das Kreditvolumen beträgt maximal 25.000 Euro bei einer Laufzeit bis zu 4 Jahren. Die Kreditaufnahme erfolgt schrittweise. Finanziert werden ausschließlich unternehmerische Tätigkeiten. Schwerpunkt der finanzierten Branchen sind Dienstleistungen, Gastronomie und Einzelhandel. Weitere Informationen und Adressen akkreditierter Mikrofinanzinstitute unter www.mein-mikrokredit.de.

Neben dem Bund haben auch einige Bundesländer Mikrokreditprogramme für Klein- und Kleinstgründungen aufgelegt. Weitere Informationen gibt es unter www.foerderdatenbank.de.

11.6 Aus der Arbeitslosigkeit gründen

Wenn Sie sich aus der Arbeitslosigkeit heraus selbstständig machen und eine eigene Fußpflege-/Podologiepraxis gründen wollen, können Sie bei der für Sie zuständigen Agentur für Arbeit einen Antrag auf einen Gründungzuschuss stellen. Dadurch erhalten Sie die Möglichkeit, Ihren Lebensunterhalt in der Anlaufphase abzusichern. Der Gründungszuschuss kann übrigens neben sonstigen öffentlichen Mitteln zur Existenzgründungsförderung gewährt werden.

Voraussetzung für eine Förderung über den Gründungszuschuss ist zum einen, dass man nicht nur arbeitslos ist, sondern bei Aufnahme der selbstständigen Tätigkeit noch ein Anspruch auf Arbeitslosengeld (ALG) von mindestens 150 Tagen besteht. Zum anderen werden nur Gründungen im Haupterwerb gefördert, die einen Arbeitsumfang von mindestens 15 Stunden pro Woche umfassen. Darüber hinaus muss durch die Existenzgründung die Arbeitslosigkeit beendet werden. Die Förderung über den Gründungszuschuss beträgt maximal bis zu 15 Monate und gliedert sich in zwei Phasen:

Erste Phase: Nach dem Unternehmensstart erhalten Existenzgründer in den ersten sechs Monaten einen Zuschuss in der Höhe des individuellen monatlichen Arbeitslosengeldes plus einer Pauschale von 300 Euro pro Monat. Diese Pauschale ist für die soziale Absicherung (Kranken- und Pflegeversicherung sowie Altersvorsorge) bestimmt.

Zweite Phase: Eine zweite Förderung kann sich nach Ablauf der ersten sechs Monate anschließen. Sie erstreckt sich über weitere neun Monate, in denen aber nur noch die Pauschale von 300 Euro pro Monat für die Sozialversicherung gezahlt wird. Das Arbeitslosengeld fällt weg. Vor Beginn der zweiten Förderphase jedoch müssen eine intensive Geschäftstätigkeit und hauptberufliche unternehmerische Aktivitäten dargelegt werden.

Für die Gewährung des Gründungszuschusses ist es erforderlich, einen Businessplan einschließlich Kapitalbedarfs- und Finanzierungsplan sowie Umsatz- und Rentabilitätsvorschau zu erstellen, das Vorhaben von einer fachkundigen Stelle (z. B. Bank, Gründungszentrum, Industrie- und Handelskammer, Handwerkskammer, Institut für frei Berufe in Nürnberg, verschiedene Verbände wie etwa Aktivsenioren Bayern e. V.) überprüfen und die wirtschaftliche Tragfähigkeit bestätigen zu lassen. Darüber hinaus müssen Existenzgründer in ihrer persönlichen und fachlichen Eignung überzeugen, d. h. die zur Ausübung einer selbstständigen Tätigkeit erforderlichen Kenntnisse und Fähigkeiten nachweisen, wie z. B. durch fachliche und unternehmerische Qualifikationsnachweise oder Teilnahmebescheinigung eines Existenzgründungsseminars.

Bezieher von ALG -II, die sich selbstständig machen wollen, können Einstiegsgeld und Leistungen zur Eingliederung von Selbstständigen beim Träger der Grundsicherung für Arbeitssuchende vor Ort (ARGE, Jobcenter, Kommune) beantragen. Das Einstiegsgeld ist ein Zuschuss zum Arbeitslosengeld II. Seit dem 1. Januar 2009 können neben dem Einstiegsgeld auch Darlehen und Zuschüsse für die Beschaffung von Sachgütern gewährt werden, die für die selbstständige Tätigkeit erforderlich sind. Die Zuschüsse dürfen aber nicht höher als 5.000 Euro sein. Der Fallmanager ist in Bezug auf die Höhe des Einstiegsgeldes nicht gebunden. Dieses orientiert sich an der Dauer der Arbeitslosigkeit und an der Größe der Bedarfsgemeinschaft des Gründers. Einstiegsgeld als Zuschuss zum Arbeitslosengeld II kann höchstens für 24 Monate bezahlt werden.

Wichtig: Gründungszuschuss und Einstiegsgeld sind Kann-Leistungen, d. h. es gibt keinen Rechtsanspruch darauf.

Siehe auch Info: Gründen aus der Arbeitslosigkeit

11.7 Der Bankkredit

In der Regel werden öffentliche Fördermittel mit einem Kredit von der Bank kombiniert. Banken bieten Kredite mit unterschiedlichen Laufzeiten an. Deshalb sollten Sie überlegen, bevor Sie zur Bank gehen, was mit dem Darlehen finanziert werden soll. Schließlich hängt davon die Laufzeit eines Kredits ab.

Siehe Finanzierungsregel Nummer eins in diesem Kapitel

Eine andere wichtige Frage ist, wie die Tilgung geregelt werden sollte. Das Angebot, die Tilgung eines Darlehens möglichst lang zu strecken, mag vor allem für die Anfangsphase Ihrer Selbstständigkeit als Vorteil erscheinen. Verbessert sich dadurch Ihre Zahlungsfähigkeit, allerdings steigen gleichzeitig die Darlehenskosten. Die Bank unterscheidet zwischen kurz-, mittel- und langfristigen Krediten.

11.7.1 Der Kontokorrentkredit

Kurzfristig ist ein Bankkredit mit einer Laufzeit bis zwölf Monaten. Die häufigste Form ist der Kontokorrentkredit. Hierbei stellt Ihnen die Hausbank auf dem Geschäftskonto einen Kreditrahmen zur Verfügung, den Sie für alle laufenden Zahlungen nutzen können. Zinsen werden nur für den tatsächlich in Anspruch genommenen Kreditbetrag bezahlt.

Ein Vorteil eines Kontokorrentkredits ist, dass Sie ihn flexibel nutzen und Skontierungsmöglichkeiten ausschöpfen können. Außerdem ist er nicht zweckgebunden. Er dient aber nur zur kurzfristigen Finanzierung, nicht für Anlagevermögen oder langfristig gebundenes Umlaufvermögen. Ist der Kreditrahmen nämlich ausgeschöpft, z. B. durch den Kauf von Einrichtungsgegenständen, hätten Sie sich selbst blockiert, weil Sie keinen finanziellen Spielraum für kurzfristige

Liquiditätsschwankungen mehr haben. Als Faustregel für den vereinbarten Kreditrahmen gilt: ein Monatsumsatz. Nachteil: hohe Zinsbelastung!

11.7.2 Der Investitionskredit

Die Anschaffung des Anlagevermögens (z. B. Praxiseinrichtung, Geschäftswagen) wird mit einem Investitionskredit finanziert. Die Laufzeit – mittelfristig ab zwölf Monate, langfristig ab vier Jahre – richtet sich nach der wirtschaftlichen Nutzungsdauer der Investition. Beim Abschluss eines Darlehensvertrags wird auch die Rückzahlung vereinbart. Grundsätzlich kann man zwischen drei Rückzahlungsvarianten unterscheiden.

11.7.3 Das Annuitätendarlehen

Beim Annuitätendarlehen bleibt über die gesamte Laufzeit hinweg die jährliche Rückzahlungsrate gleich (= Annuitätenrate oder kurz Annuität). Die Annuitätenrate besteht aus einem Zins- und Tilgungsanteil.

Zu Beginn der Zahlungen liegt der Zinsanteil deutlich über dem Tilgungsanteil. Da mit jeder Rate ein Teil des geschuldeten Geldbetrags getilgt wird und die Zinsen stets nach der Restschuld berechnet werden, verringert sich mit jeder Rückzahlungsrate die Zinsbelastung und der Tilgungsanteil steigt entsprechend an, bis am Ende der Laufzeit der Kredit vollständig getilgt ist.

11.7.4 Das endfällige Darlehen

Bei einem endfälligen Darlehen, auch Festdarlehen oder gesamtfälliges Darlehen genannt, wird das Darlehen am Ende der Laufzeit in einer Summe zurückgezahlt. Während der Laufzeit sind lediglich Zinsen zu zahlen. Hierbei kann der Zinssatz – entsprechend der vertraglichen Vereinbarungen – über die Laufzeit hinweg fest oder variabel sein.

11.7.5 Das Abzahlungsdarlehen

Beim Abzahlungsdarlehen, auch Tilgungsdarlehen genannt, wird das Darlehen über die vereinbarte Laufzeit hinweg zu bestimmten Terminen mit gleich hohen Tilgungsraten zurückgezahlt. Mit jeder Zahlung sinkt der geschuldete Geldbetrag. Da die Zinsen auf die Restschuld berechnet werden, sinkt damit auch stetig die Zinsbelastung.

11.7.6 Der effektive Jahreszins

Noch ein Fachbegriff, den Sie als Existenzgründer kennen sollten: Mit dem effektiven Jahreszins lassen sich verschiedene Kreditangebote vergleichen. Der Nominalzins gibt an, wie viele Zinsen für die zur Verfügung gestellte Summe zu zahlen sind. Im Vergleich dazu sagt der effektive Jahreszins oder Effektivzins aus, was tatsächlich für einen Kredit zu zahlen ist. Denn der Effektivzins berücksichtigt neben dem Nominalzins auch einmalige Gebühren (z. B. Bearbeitungsgebühren) und ein mögliches Disagio (= Auszahlung unter 100 %). Der effektive Jahreszins ist in der Regel höher als der Nominalzins.

Will man fremdes Geld aufnehmen, gibt es beim Abschluss eines Kreditvertrags eine Reihe von Punkten zu beachten.

Siehe Checkliste: Kreditverträge abschließen – behalten Sie den Überblick

11.8 Die Sicherheiten?

Wer Fremdkapital aufnehmen will, muss in der Regel sogenannte *bankübliche Sicherheiten* stellen. Für den Fall, dass der Kreditnehmer seinen Zins- und Tilgungsverpflichtungen entgegen aller Erwartungen nicht mehr nachkommen kann, werden diese Sicherheiten von der Bank verwertet, um so den Kreditausfall zu begrenzen. Es gibt verschiedene Möglichkeiten, Kredite abzusichern.

Siehe Info: Kreditsicherheiten

Als Kreditsicherheiten besonders begehrt sind Immobilien und Bürgen. Gern akzeptiert werden auch Guthaben bei Banken und Bausparkassen sowie marktgängige und wertbeständige Wertpapiere oder Lebensversicherungen, die mit dem Rückkaufwert angerechnet werden. Akzeptiert werden können auch marktgängige Maschinen und Fahrzeuge. Besonders häufig angewandte Formen von Kreditsicherheiten sind die Grundschuld, die Bürgschaft und Sicherungsübereignung.

11.8.1 Grundschuld

Sollen Immobilien als Sicherheiten für einen Bankkredit dienen, wird eine Grundschuld in das Grundbuch eingetragen. Dadurch wird dem Kreditgeber ein Pfandrecht auf das Grundstück oder Gebäude eingeräumt. Kommt der Kreditnehmer mit seinen Zins- und Tilgungszahlungen in Verzug, kann die Bank die Zwangsvollstreckung der Immobilie betreiben.

Übrigens: Eine Grundschuld bleibt unverändert bestehen, auch wenn das Darlehen bereits getilgt ist. Es wird empfohlen, nach Tilgung des Darlehens auf eine Löschung der Grundschuld im Grundbuch zu drängen.

11.8.2 Bürgschaft

Bei einer Bürgschaft verbürgen sich Dritte für Rückzahlung eines Darlehens und sind dann aber auch verpflichtet, die Kreditschulden zu begleichen, falls der Kreditnehmer dies nicht tut. Man unterscheidet zwischen selbstschuldnerischer Bürgschaft und Ausfallbürgschaft.

Bürgschaften von Freunden oder Familienangehörigen sind weder nur eine Formsache noch ein Freundschaftsdienst. Sie sollten wohl überlegt sein. Denn in der Regel wird die Bank eine *selbstschuldnerische* Bürgschaft vereinbaren. Das hat zur Folge, dass sie jederzeit den Bürgen in die Pflicht nehmen kann – nicht nur wenn der Kreditnehmer zahlungsunfähig ist, sondern auch wenn dieser noch nicht insolvent sein sollte und zahlen könnte, aber vielleicht einfach nicht will. Ganz abgesehen vom emotionalen Druck, der entsteht, wenn eine Bürgschaft wirksam werden sollte. Wer dennoch bereit ist, eine Bürgschaft zu übernehmen, sollte sich vorher bei einem auf Bürgschaftsrecht spezialisierten Anwalt oder bei den Verbraucherzentralen beraten lassen.

Oder erkundigen Sie sich, welche Möglichkeiten es für Ihr Vorhaben bei der Bürgschaftsbank Ihres Bundeslandes gibt. Denn bei fehlenden oder zu geringen Sicherheiten können Gründer, gewerbliche Unternehmen und Freiberufler bei den Bürgschaftsbanken der Bundesländer eine Ausfallbürgschaft beantragen. Diese bürgen für den Kreditnehmer bei dessen Hausbank und haften für den nachgewiesenen Kreditausfall. Voraussetzung: Das Finanzierungsvorhaben ist betriebswirtschaftlich sinnvoll und erfolgsversprechend. Bei einer Ausfallbürgschaft können bis zu 80 % des zu besichernden Kreditbetrags übernommen werden, bei einzelnen Unternehmen sogar bis zu einer Million Euro. Ebenso kommen Ausfallbürgschaften für kleinere Vorhaben infrage. Der Kreditbetrag sollte aber mindestens 10.000 Euro betragen.

Der Antrag für eine Ausfallbürgschaft wird in der Regel über die Hausbank gestellt. Im Rahmen des Programms *Bürgschaft ohne Bank – BoB*, das zahlreiche Bürgschaftsbanken anbieten, können Sie sich auch direkt an die Bürgschaftsbank wenden. Weitere Informationen zu Ausfallbürgschaften durch Bürgschaftsbanken gibt es beim Verband Deutscher Bürgschaftsbanken e. V. unter www.vdb-info.de.

11.8.3 Sicherungsübereignung

PKW, Geräte und Einrichtungsgegenstände, die per Kredit finanziert werden sollen, können als Sicherheiten eingesetzt werden. Hierbei wird das Eigentum des Kreditnehmers an den betreffenden beweglichen Sachen an die Bank übertragen. Der Vorteil der sogenannten Sicherungsübereignung: Der Darlehensnehmer bleibt weiterhin im Besitz der übereigneten Gegenstände und kann sie betrieblich nutzen. Die Bank ist nur solange Eigentümer, bis das Darlehen vollständig zurückgezahlt ist.

11.9 Bonität und Rating

Sicherheiten spielen eine wichtige Rolle für die Kreditgewährung, sind aber nicht das einzige Kriterium. Die Kreditvergabe und – bei einer Zusage – zu welchen Konditionen hängt ganz wesentlich von der Kreditwürdigkeit oder Bonität des Kreditnehmers ab. Durch eine gute Bonität können – zumindest bis zu einem gewissen Grad – geringe Sicherheiten kompensiert werden. Andererseits kann bei manchen Banken eine unzureichende Bonitätseinstufung zur Ablehnung eines Kredits führen, selbst wenn genügend Sicherheiten vorhanden sind. Bewertet wird die Bonität mit dem sogenannten Rating-Verfahren, dem Existenzgründer und Unternehmer unterzogen werden, die einen Kredit beantragen.

Rating kommt aus dem Englischen von to rate = jemanden einschätzen, beurteilen. Banken und Sparkassen versuchen mit dem Rating einzuschätzen, ob ein Kreditnehmer in der Lage sein wird, künftig die vereinbarten Zinsen und Tilgungen ordnungsgemäß und termingerecht zu leisten (= Kapitaldienstfähigkeit) und ob das Kreditausfallrisiko, also dass ein Kredit nicht zurückbezahlt wird, vertretbar ist.

Als Kreditnehmer müssen Sie sich darauf einstellen, dass Sie anhand Ihrer bisherigen Zahlungsmoral, Kontoführung und Beziehung zur Ihrer Hausbank durchleuchtet und beurteilt werden. Relevant für die Bonitätsprüfung sind auch eine Aufstellung Ihrer privaten Vermögens- und Einkommensverhältnisse (wie z. B. Einkommen, Wertpapiere, Immobilien) sowie vorhandener Schulden. Ferner werden externe Informationsquellen für die Bonitätsprüfung genutzt, wie z. B. die SCHUFA, einer Gemeinschaftseinrichtung von kreditgebenden Unternehmen. Ebenso muss ein Kreditnehmer davon ausgehen, dass eine Bankauskunft über ihn eingeholt wird, falls er bisher Kunde bei einer anderen Bank war oder ist.

Kernstück der Bonitätsprüfung bei Unternehmen ist die Analyse der wirtschaftlichen Situation, für die insbesondere die Jahresabschlüsse der letzten drei Jahre herangezogen werden. Bei Gründern liegen allerdings diese *harten* Fakten, die erkennen ließen, wie das Unternehmen *dasteht*, noch nicht vor. Deshalb konzentriert sich das Existenzgründer-Rating zum einen auf die Person des Gründers und zum anderen auf die Erfolgsaussichten seines Vorhabens.

Von Gründern wird erwartet, dass sie ein in sich schlüssiges und überzeugendes Geschäftskonzept, einen sogenannten Businessplan, einschließlich eines nachvollziehbaren Finanzplans vorlegen können. Ebenso wichtig sind fachliche und kaufmännische Qualifikationen sowie der Nachweis von geordneten finanziellen Verhältnissen.

Siehe Kapitel 12: Der Businessplan

Ein wichtiges Kriterium für die Entscheidung möglicher Geldgeber ist zudem das Auftreten. Wirken Sie zielstrebig, tatkräftig, seriös, glaubwürdig, verlässlich, verantwortungsbewusst, entschlossen, flexibel, von Ihrem Vorhaben überzeugt? Dies sind alles Eigenschaften, die von einer Unternehmerpersönlichkeit erwartet werden. Darüber hinaus sollten Sie den Eindruck vermitteln, dass Sie gut vorbereitet in das Bankgespräch gehen. Das verbessert die Chancen auf den erhofften

Kredit. Schließlich wollen Sie Ihren Gesprächspartner für Ihr Vorhaben gewinnen und müssen ihn vom Erfolg überzeugen.

11.10 Die Vorbereitung auf das Bankgespräch

Die häufigsten Fehler, die bei einem Bankgespräch gemacht werden, sind:

- das vorgelegte Unternehmenskonzept ist nicht ausgereift (46 %),
- das Auftreten ist nicht sicher genug (31 %),
- das Konzept kann nicht schlüssig erläutert werden (27 %),
- der Gründer überlässt seinem mitgebrachten Berater die Gesprächsführung (17 %).

(Quelle: Bundesministerium für Wirtschaft und Technologie (BMWi): Vorbereitung auf das Bankgespräch, Januar 2008)

Es kann sich schon beim ersten Gespräch entscheiden, ob das Kreditinstitut Ihrem Vorhaben positiv gegenübersteht und bereit ist, Sie mit einer finanziellen Starthilfe zu unterstützen. Umso wichtiger ist es, die folgenden Grundregeln zu beachten:

Siehe auch Info: Tipps für ein erfolgreiches Bankgespräch

- Wenden Sie sich zunächst an Ihre Hausbank, weil Sie und Ihre Vermögenssituation dort bereits bekannt sind. Kommen Sie aber nicht unangemeldet zu den Kreditverhandlungen und führen Sie diese auch nicht zwischen Tür und Angel. Besser: Lassen Sie sich einen Gesprächstermin geben bei dem *Banker*, der für Existenzgründungen zuständig ist. Fragen Sie nach, ob und welche Unterlagen Sie bereits vorab einreichen sollten. Gehen Sie aber nicht nur zu einer Bank und Sparkasse, sondern holen Sie Alternativangebote ein und vergleichen Sie die Konditionen.
- Erscheinen Sie pünktlich zum vereinbarten Termin, achten Sie auf angemessene Kleidung (es muss kein Nadelstreifenanzug sein, aber Schlapperjeans und T-Shirt sind nicht angebracht). Treten Sie selbstbewusst, beharrlich und souverän auf, denn Sie sind kein Bittsteller, sondern ein potenzieller künftiger Geschäftspartner. Übertreiben Sie es aber nicht und hüten Sie sich vor großspurigem Auftreten.
- Machen Sie dem Banker deutlich, dass Sie zu 100 % hinter Ihrem Vorhaben stehen. Grundlage dafür ist ein aussagefähiger Businessplan. Zahlreiche Vorarbeiten dafür haben Sie ja bereits geleistet.

Siehe Kapitel 12: Der Businessplan

- Überlegen Sie sich, bevor Sie zur Bank oder Sparkasse gehen, bereits Antworten auf mögliche Fragen, wie z. B. „Warum wollen Sie sich selbstständig machen?", „Wie kommen Sie auf die geplanten Umsätze?", „Gibt es nicht schon zu viele

Fußpflegepraxen vor Ort? Haben Sie überhaupt eine Chance?", „Welche kaufmännische Qualifikation können Sie vorweisen?" oder „Was sagt Ihre Familie zu Ihren Gründungsplänen?"

- Halten Sie keine Informationen zurück, antworten Sie auch nicht ausweichend. Schaffen Sie Vertrauen durch Transparenz. Lassen Sie sich beim Schreiben Ihres Geschäftskonzepts von einem Berater helfen. Der Berater kann Sie auch zum Bankgespräch begleiten. Das ist durchaus üblich. Wichtig ist aber, dass Sie das Konzept selbst vorstellen und erklären und die Kreditverhandlungen selbst führen. Der Berater sollte sich im Hintergrund halten, eventuell die eine oder andere Ergänzung beisteuern.

Siehe auch Kapitel 19: Die kompetente Beratung

- Da Ihr Gesprächspartner im Metier der Fußpflege/Podologie kein Fachmann ist, verschonen Sie ihn mit *Fachchinesisch*. Beschreiben Sie die Vorstellungen über Ihre künftige Praxis und deren Leistungsprofil mit einer für jedermann gut verständlichen Sprache.
- Bereits vor dem Bankgespräch sollten Sie sich – wie schon erwähnt – über die infrage kommenden Förderprogramme informiert haben. So beugen Sie der Behauptung vor, für Ihre Investitionen gibt es kein passendes Förderprogramm. Sie können auch von sich aus die möglichen Förderprogramme ansprechen. Zeigen Sie sich beharrlich, wenn die Bank nicht *mitziehen* will.

Sollte der Kreditantrag abgelehnt werden, muss das nicht das Aus für Ihr Vorhaben bedeuten. Lassen Sie sich nicht entmutigen. Fragen Sie nach und versuchen Sie die Gründe dafür herauszufinden. Anschließend sollten Sie Ihr Konzept noch einmal auf Schwachpunkte hin überprüfen und eventuell verbessern. Dann sprechen Sie eine andere Bank oder Sparkasse an. Es kann durchaus sein, dass sich durch Ihre im ersten Gespräch gewonnenen Erfahrungen die Erfolgschancen auf den gewünschten Kredit verbessern. Nur Mut!

Checkliste: Fragen zum Eigenkapital	
Frage	**Antwort**
Wie hoch ist die Summe meiner Ersparnisse?	
Kann ich bis zur Existenzgründung meine Ersparnisse noch vergrößern?	
Verfüge ich über Kapitalanlagen, die kurzfristig verfügbar sind?	
Gibt es Sachwerte, die ich in die Praxis einbringen (z. B. Gegenstände zur Praxisausstattung oder PC) und daher zum Eigenkapital dazurechnen kann?	
Bin ich bereit, um die Eigenkapitalbasis zu vergrößern, einen Partner oder Teilhaber aufzunehmen?	
Besteht die Möglichkeit, dass Verwandte oder Bekannte/Freunde mich finanziell unterstützen, z. B. ein Freund mit einem günstigen Darlehen oder die Großmutter mit einer Schenkung?	

Die KMU-Definition

Was sind Kleinst-, kleine und mittlere Unternehmen?
Wer sich mit Förderprogrammen vom Bund und Ländern beschäftigt, dem begegnen die Begriffe kleine und mittlere Unternehmen sowie Kleinstunternehmen. Aber was ist damit genau gemeint? In welche Kategorie ein Unternehmen einzustufen ist, hängt insbesondere von der Mitarbeiterzahl sowie dem Jahresumsatz oder Jahresbilanzsumme ab.

Die Empfehlung der Europäischen Kommission vom 6. Mai 2003 betreffend die Definition der Kleinstunternehmen und kleinen und mittleren Unternehmen ist für die Einstufung der Unternehmen maßgeblich:

- Kleinstunternehmen sind Unternehmen, die weniger als zehn Mitarbeiter und einen Jahresumsatz oder eine Jahresbilanzsumme von höchstens zwei Millionen Euro haben.
- Kleine Unternehmen sind Unternehmen, die weniger als 50 Mitarbeiter und einen Jahresumsatz oder eine Jahresbilanzsumme von höchstens zehn Millionen Euro haben.
- Mittlere Unternehmen sind Unternehmen, die weniger als 250 Mitarbeiter und einen Jahresumsatz von höchstens 50 Millionen Euro oder eine Jahresbilanzsumme von höchstens 43 Millionen Euro haben.

- Siehe auch: KfW-Merkblatt KMU-Definition, Stand 09/2016, Bestellnummer 600 000 0196, www.kfw.de > Downloadcenter

Info: Förderkredite der KfW Bankengruppe für Existenzgründungen

ERP-Gründerkredit-Startgeld (Stand: 15. März 2019):
Förderziel: Zinsgünstige Finanzierung von Vorhaben in Deutschland für Existenzgründer sowie Freiberufler und kleine Unternehmen bis zu fünf Jahre nach Aufnahme der Geschäftstätigkeit
Förderzweck: Finanziert werden Investitionen und Betriebsmittel. Gefördert werden alle Formen der Existenzgründung (Errichtung, Übernahme sowie Erwerb einer tätigen Beteiligung). Gefördert wird auch eine Gründung im Nebenerwerb, wenn das Unternehmen mittelfristig auf den Haupterwerb ausgerichtet ist. Weiterhin werden Festigungsmaßnahmen innerhalb von fünf Jahren nach Aufnahme der Geschäftstätigkeit gefördert. Außerdem kann eine erneute Unternehmensgründung gefördert werden, wenn keine Verbindlichkeiten aus einer früheren selbstständigen Tätigkeit mehr bestehen.
Kredithöchstbetrag: Fremdfinanzierungsbedarf bis maximal 100.000 Euro
Zinssatz: Festzins für die gesamte Kreditlaufzeit
Kreditlaufzeit:

- bis zu 5 Jahren, davon bis zu 1 Jahr tilgungsfreie Anlaufzeit
- bis zu 10 Jahren, davon bis zu 2 Jahren tilgungsfreie Anlaufzeit

Sicherheiten: Die KfW macht keine Vorgaben hinsichtlich der Besicherung. Ob und in welchem Umfang Sicherheiten bestellt werden, ist zwischen Hausbank und Antragssteller zu vereinbaren. Die KfW gewährt dem durchleitenden Kreditinstitut eine 80-prozentige Haftungsfreistellung.
Antragsstellung: Der Antrag muss vor Beginn des Vorhabens über Bank oder Sparkasse des Unternehmens bei der KfW-Bankengruppe gestellt werden.
Quelle und weitere Informationen siehe Merkblatt ERP-Gründerkredit – Startgeld (067) unter: www.kfw.de/67

ERP-Gründerkredit – Universell (Stand: 15. März 2019):
Förderziel: Zinsgünstige Finanzierung von Gründungen, Nachfolgeregelungen und Unternehmensfestigungen. Ein Antrag auf Förderung können Gründer, Freiberufler und gewerblich mittelständische Unternehmen stellen, die noch keine 5 Jahre bestehen.
Förderzweck: Finanzierung von Investitionen und Betriebsmittel. Neben Vorhaben im Inland können unter bestimmten Voraussetzungen auch Auslandsvorhaben gefördert werden.
Kredithöchstbetrag: 100 % der förderfähigen Investitionen bzw. förderfähigen Betriebsmittel bis zu maximal 25 Millionen Euro pro Vorhaben

Zinssatz: Dieser wird von der Hausbank unter Berücksichtigung der Bonität des Kreditnehmers und der Werthaltigkeit der gestellten Sicherheiten festgelegt. Bei Krediten mit einer Laufzeit bis zu 10 Jahren wird der Zinssatz für die gesamte Laufzeit festgeschrieben. Bei Krediten mit mehr als 10 Jahren Laufzeit ist der Zinssatz nur für die ersten 10 Jahre der Kreditlaufzeit fest.

Kreditlaufzeit:

- Mindestkreditlaufzeit 2 Jahre.
- Je nach Vorhaben unterschiedliche Kreditlaufzeiten bis zu 5, 10 oder 20 Jahre möglich.

Sicherheiten: Es sind bankübliche Sicherheiten zu stellen. Eine 50-%ige Haftungsfreistellung des durchleitenden Kreditinstituts ist unter bestimmten Voraussetzungen möglich (z. B. Antragssteller muss seit 3 Jahren selbstständig tätig sein).

Antragsstellung: Der Antrag muss vor Beginn des Vorhabens über Bank oder Sparkasse des Unternehmens bei der KfW-Bankengruppe gestellt werden.

Quelle und weitere Informationen siehe Merkblatt ERP-Gründerkredit – Universell (073/074/075/076) unter www.kfw.de/73

ERP-Kapital für Gründung (Kredit) (Stand: 15. März 2019):

Förderziel: Teilfinanzierung von Gründungen, Nachfolgeregelungen oder Unternehmensfestigungen in Deutschland. Einen Antrag auf Förderung können Gründer, Freiberufler und Mittelständler stellen, wenn der Start des Unternehmens noch keine 3 Jahre zurückliegt.

Förderzweck: Das Förderprogramm dient dazu, das Eigenkapital und damit die eigenen finanziellen Mittel des Antragstellers mit einem zinsgünstigen Nachrangdarlehen bis zu einem Anteil von 45 % (alte Bundesländer) bzw. 50 % (neue Bundesländer) des Investitionsbedarfs aufzustocken. Mitfinanziert werden können z. B. Erwerb von Grundstücken und Gebäuden, Kosten für die Betriebs- und Geschäftsausstattung sowie die Erstausstattung des Warenlagers.

Kredithöchstbetrag: maximal 500.000 Euro.

Zinssatz: In den ersten 10 Jahren der Laufzeit wird der Zinssatz aus den Mitteln des ERP-Sondervermögens vergünstigt.

Kreditlaufzeit: 15 Jahre, davon 7 Jahre tilgungsfreie Anlaufzeit.

Sicherheiten: Es sind keine Sicherheiten erforderlich.

Antragsstellung: Der Antrag muss vor Beginn des Vorhabens über Bank oder Sparkasse des Unternehmens bei der KfW-Bankengruppe gestellt werden.

Quelle und weitere Informationen siehe Merkblatt ERP-Kapital für Gründung (058) unter www.kfw.de/58

Weitere Informationen
im Internet unter www.kfw.de
per Service-Telefon 0800-5399001

Info: Finanzierung und Förderung – Informationen und Beratungsmöglichkeiten

Bundesministerium für Wirtschaft und Energie (BMWi):

- ***BMWi-Internet-Förderdatenbank:*** Unter www.foerderdatenbank.de gibt die Bundesregierung einen vollständigen und aktuellen Überblick über Förderprogramme des Bundes, der Länder und der Europäischen Union für die gewerbliche Wirtschaft und freie Berufe. Sie erhalten eine Auflistung möglicher relevanter Förderprogramme inklusive Beschreibung und Ansprechpartner. Darüber hinaus liefert die Datenbank weitere wertvolle Informationen rund um das Thema Finanzierung, Förderung und Beratung.
- ***Telefonische Förderberatung:*** Die Förderberatung des BMWi informiert über die Förderprogramme des Bundes, der Länder und der EU für kleine und mittlere Unternehmen sowie über Antragsverfahren, Anlaufstellen und Konditionen. Telefon: (030 18) 6 15-80 00, E-Mail: foerderberatung@bmwi.bund.de
- ***Online-Training:*** Gründer/-innen und junge Unternehmen können sich auf die Finanzierung ihres Unternehmens vorbereiten mit den interaktiven Lernprogrammen „Gründungs- und Wachstumsfinanzierung“ und im eTraining „Vorbereitung auf das Bankgespräch“ lernen, worauf es ankommt, damit das Gespräch mit der Bank/Sparkasse erfolgreich verläuft. Die eTrainings enthalten vielfältige Übungen, praxisnahe Informationen und weiterführende Links. Start des Online-Trainings unter www.existenzgruender.de, > Planer & Hilfen > Online-Training
- ***Publikationen:*** (Download: www.existenzgruender.de > Mediathek): GründerZeiten Nr. 06 Existenzgründungsfinanzierung. GründerZeiten Nr. 16 Gründung aus der Arbeitslosigkeit. Förderlotse: Wegweiser durch die Programme zur Gründungsförderung. Wirtschaftliche Förderung: Hilfen für Investitionen und Innovationen.

Weitere Beratungsmöglichkeiten
Weiterführende Informationen sowie Beratung zu den Förderprogrammen des Bundes und der Länder können Sie bei den Förderbanken, Projektträgern und Ministerien vor Ort erhalten. Anschriften und Links zu den Internetangeboten dieser Organisationen finden Sie in der obengenannten Förderdatenbank des BMWi in den Programmbeschreibungen sowie in der Rubrik *Förderorganisationen.*

Weiterhin wird die Beratung von fachkundigen Dritten wie Steuerberatern, Unternehmensberatern oder Beratern der Industrie- und Handelskammern sowie Handwerkskammern empfohlen.

Siehe auch Kapitel 19: Die kompetente Beratung

Info: Gründen aus der Arbeitslosigkeit

Gründungszuschuss

- Für Bezieher von ALG I
- Zur Sicherung des Lebensunterhalts und zur sozialen Sicherung
- Zwei Förderphasen:

Sechs Monate: Pro Monat Zuschuss in der Höhe des zuletzt gezahlten Arbeitslosengeldes plus einer Pauschale von 300 Euro für die soziale Absicherung
Weitere neun Monate: Pauschale von 300 Euro pro Monat für die soziale Absicherung

- Zur Haupterwerbsgründung
- Fachkundige Stellungnahme erforderlich
- Antragstellung bei der für den Gründer zuständigen Agentur für Arbeit
- Kann-Regelung, d. h. kein Rechtsanspruch

Einstiegsgeld

- Zuschuss zum ALG -II
- Auch Zuschüsse und Darlehen für die Beschaffung von Sachgütern
- Über die Höhe entscheidet der Fall-Manager
- Kann-Regelung, d. h. kein Rechtsanspruch
- Antragstellung beim Träger der Grundsicherung für Arbeitssuchende (ARGE, Jobcenter, Kommune)

Quelle und weitere Informationen:

www.arbeitsagentur.de: die Internetseiten der Bundesagentur für Arbeit

Info: Zusätzliche mögliche Geldquellen

Verwandte und Bekannte:

Eventuell sind Familienmitglieder, Freunde oder Bekannte bereit, Ihr Gründungsvorhaben mit einem Darlehen finanziell zu unterstützen. Um spätere Streitigkeiten zu vermeiden, sollten Sie aber auf jeden Fall einen Darlehensvertrag schließen. Darin sollten Namen des Darlehensgebers und -nehmers, Höhe des Darlehens, Laufzeit, Zinssatz und Tilgung mit Angaben zum Tilgungsbeginn sowie Höhe und Anzahl der Tilgungsraten aufgeführt sein. Wichtig: Beide Parteien sollten erst dann den Vertrag unterschreiben, wenn die Auszahlungs- und Rückzahlungsmodalitäten eindeutig geklärt sind, und sie sollten sich während der Vertragslaufzeit an die Vereinbarungen tunlichst halten. Denn Verträge – auch zwischen vertrauten Personen – sind nicht zum Brechen da, sondern sollten erfüllt werden! Das schafft Vertrauen, Achtung und Respekt auf beiden Seiten und hält den Weg – im Fall des Falles – für weitere Unterstützung offen.

Lieferantenkredit:
Der Lieferant gewährt Ihnen einen Zahlungsaufschub (z. B. von 30 Tagen) für gelieferte Waren und Dienstleistungen und gibt Ihnen damit einen kurzfristigen Kredit. Schließlich bezahlen Sie die Rechnungen nicht sofort, sondern erst später zum vereinbarten Termin. Vorteil: In der Zwischenzeit können Sie die finanziellen Mittel anderweitig nutzen und auch durch den Verkauf der gelieferten Ware Einnahmen erzielen.

Nachteil: Skontierungsmöglichkeiten können Sie nicht ausschöpfen, wie z. B. etwa 3 % Skonto (= ***Preisnachlass)*** bei Zahlung innerhalb von zehn Tagen, sondern müssen den gesamten Rechnungsbetrag am Fälligkeitstag bezahlen. Dabei darf jedoch nicht übersehen werden, dass der Lieferantenkredit relativ teuer ist.
Für den Lieferantenkredit werden keine Zinsen vereinbart, die Kosten entstehen dadurch, weil das Skonto nicht in Anspruch genommen wird. Das Skonto hat der Lieferant bereits in seiner Preiskalkulation berücksichtigt. Die Effektivverzinsung des Lieferantenkredits, d. h. die jährlichen Kosten für den Kredit, ist in der Regel deutlich höher als bei einem Bankkredit. Dennoch ist der Lieferantenkredit bei kleinen und mittleren Unternehmen eine der häufigsten und beliebtesten Formen zur kurzfristigen Fremdfinanzierung, weil er u. a. schnell und ohne besondere Formalitäten zu erhalten ist und keine besonderen Sicherheiten gefordert werden. Die einzige Sicherheit des Lieferanten ist meist nur der Eigentumsvorbehalt an der gelieferten Ware.

Es ist üblich, dass Lieferanten Existenzgründern bei Erstlieferung keinen Kredit einräumen, es ist aber auch üblich, dass Lieferanten Existenzgründern mit besonderen Angeboten entgegenkommen, um sie als Stammkunden zu gewinnen. Hier kommt es auch ein wenig auf Ihr persönliches Verhandlungsgeschick an.

Leasing:
Der Begriff kommt aus dem Englischen und bedeutet ***Miete*** oder ***Vermietung.*** Gegen die Zahlung einer Monatsrate können Sie für eine vereinbarte Laufzeit z. B. neue Geräte, Maschinen oder Einrichtungsgegenstände nutzen, die nach Ablauf des Vertrages an den Leasing-Geber zurückgegeben werden. Der Unterschied zur ***klassischen*** Miete besteht darin, dass der Leasingnehmer Rechte, Risiken und Pflichten, die normalerweise der Vermieter zu tragen hat,

Checkliste: Kreditverträge abschließen *Haken Sie die Punkte ab, die bereits geklärt bzw. erledigt sind.*	
Was soll mit dem Kredit finanziert werden?	☐
Wie hoch ist der Nominalzins?	☐
Wie hoch ist der effektive Jahreszins?	☐
Wird der Kredit mit einem Disagio (= Auszahlung unter 100 %) berechnet?	☐
Nach welchen Tilgungsmodalitäten wird der Kredit zurückbezahlt?	☐
Wie hoch ist die monatliche Belastung?	☐
Ist der Zinssatz über die gesamte Laufzeit variabel oder fest?	☐
Sind Sondertilgungen möglich? Wenn ja, entstehen dadurch Kosten?	☐
Lassen Sie sich die Kreditkonditionen genau erklären.	☐
Achten Sie darauf, dass alle Vereinbarungen schriftlich festgehalten werden und nehmen Sie eine Kopie der Unterlagen mit.	☐
Lesen Sie die Vertragsbedingungen genau durch und fragen Sie bei Unklarheiten nach.	☐

übernimmt wie bspw. Reparaturen oder Instandhaltung. Leasing kann durch Nutzen eines Projekts oder Objekts, ohne es vorher komplett zu bezahlen, Ihre Liquidität verbessern. Ein weiterer Vorteil: Leasingraten vermindern als Fixkosten Ihren Gewinn und damit Ihre Steuerlast. Allerdings wird empfohlen, sich vor dem Abschluss eines Leasingvertrags z. B. von der Hausbank oder dem Steuerberater beraten zu lassen.

Info: Kreditsicherheiten

Wer einen Kredit aufnehmen will, muss sogenannte bankübliche Sicherheiten stellen. Wie diese Sicherheiten von den Banken bewertet werden, dafür gibt es – mit Ausnahme von Hypothekendarlehen und Versicherungen – keine gesetzlichen Vorschriften oder einheitliche Richtlinien. Hier einige Orientierungswerte für Beleihungsgrenzen, bis zu denen Sicherheiten bewertet werden. Die Beleihungsgrenze ist ein bestimmter Prozentsatz des Beleihungswerts, den die Bank für die jeweilige Sicherheit ermittelt.

Sicherheiten	Beleihungsgrenze
Immobilien	50 – 80 % vom Sach- bzw. Ertragswert
Bankguthaben bei inländischer Bank	100 % vom Nennwert
Lebensversicherung	80 – 100 % vom Rückkaufswert, z. T. minus Abschlag für Kapitalertragssteuer
Inländische Standardaktien	50 – 60 % vom Kurswert
Öffentliche-rechtliche Bürgschaft	100 % vom Bürgschaftsbetrag
Inländische festverzinsliche Wertpapiere	80 – 100 % vom Kurswert
Gängige Fahrzeuge mit Vollkaskoversicherung	50 – 60 % vom Zeitwert bzw. bereinigten Buchwert
Einrichtungen	40 – 50 % vom Zeitwert bzw. bereinigten Buchwert

Quelle: LfA Förderbank Bayern: Ihr Leitfaden für den Bankbesuch. 08/2017

Checkliste: Tipps für ein erfolgreiches Bankgespräch

- Das Gespräch mit einem gut durchdachten Geschäftskonzept gründlich vorbereiten.
- Rechtzeitig einen Gesprächstermin vereinbaren.
- Vorab fragen, ob und wenn ja, welche Unterlagen eingereicht werden sollen.
- Zum Termin pünktlich und der Situation angemessen gekleidet erscheinen.
- Sicher und selbstbewusst auftreten, aber nicht überheblich oder zu siegessicher.
- Eine für jedermann gut verständliche Sprache sprechen.
- Das Geschäftskonzept überzeugend und klar vortragen.
- Sich eventuell vom Gründungsberater zur moralischen Unterstützung begleiten lassen.
- Wissen über öffentliche Förderprogramme besitzen.
- Öffentliche Fördermittel ansprechen.
- Alternativangebote einholen.
- Bei Ablehnung Geschäftskonzept nochmals überprüfen.

12 Der Businessplan

Der Businessplan, auch Geschäftsplan oder Unternehmenskonzept genannt, beschreibt detailliert, aber kurz und prägnant, wie Ihre Geschäftsidee konkret verwirklicht werden kann, welche Marktchancen sich eröffnen, wie die Erfolgsaussichten zu bewerten sind, wo mögliche Risiken lauern und wie die Gründung finanziert werden soll. Ein ausgefeiltes Geschäftskonzept ist sozusagen die Regieanweisung, um Ihre Pläne zum Aufbau einer Fußpflege-/Podologiepraxis zielstrebig und erfolgreich umzusetzen.

Da jedoch die unternehmerischen Visionen, die individuellen Fähigkeiten und Ausgangsbedingungen stets verschieden sind, ist der Businessplan ein ganz persönliches Papier. Das bedeutet, dass es einen für die jeweilige Branche vorgefertigten Businessplan *von der Stange* nicht gibt. Mittlerweile werden Musterbusinesspläne – auch zur Gründung einer Fußpflegepraxis – im Internet zum Kauf angeboten. Doch mit der Übernahme eines fremden Geschäftsplans, der 1:1 oder mit wenigen Anpassungen umgesetzt wird, werden Sie weder bei möglichen Geldgebern einen guten Eindruck machen noch Ihre eigenen Zielsetzungen und Vorstellungen realisieren können.

Trotz aller individuellen Unterschiede gibt es dennoch eine Reihe von Anforderungen, die beim Erstellen eines Businessplans immer beachtet werden sollten. Lesen Sie deshalb in diesem Kapitel, warum vor allem in der Gründungsphase ein Businessplan unverzichtbar, aber auch ein wichtiges Instrument zur Unternehmensführung ist, welche Regeln bei dessen formaler Gestaltung gelten und aus welchen inhaltlichen Elementen ein gut ausgearbeiteter Geschäftsplan aufgebaut wird.

12.1 Die Grundlagen

Ein Businessplan ist unbedingt Voraussetzung, wenn Sie fremdes Geld zur Praxisgründung benötigen: Sei es zur Vorlage bei Kredit gebenden Banken oder für einen Antrag zur Förderung durch die Bundesagentur für Arbeit. Eine aussagefähige Schilderung des Praxiskonzepts dient dazu, um potenzielle Geldgeber zu überzeugen, dass sie ihr Geld ausgezeichnet anlegen, wenn sie in Ihr Vorhaben investieren.

Wer einen Gründungszuschuss bei der Bundesagentur für Arbeit beantragen möchte, muss sein Geschäftskonzept von einer fachlich kompetenten Stelle auf Tragfähigkeit überprüfen lassen. Auf der Basis des Businessplans wird hierbei vor allem geprüft, ob das künftige Unternehmen wirtschaftlich und finanziell tragfähig ist und neben den laufenden betrieblichen Kosten auch die Kosten für den privaten Lebensunterhalt des Zuschussempfängers decken wird.

Siehe Kapitel 11: Das Startkapital

Selbst wenn Sie ohne fremde finanzielle Unterstützung auskommen, lohnt sich die Mühe, das Konzept für die Praxis schriftlich festzulegen. Denn viele Gründungen scheitern von Anfang an daran, dass das Vorhaben überhaupt nicht oder nicht exakt genug geplant worden ist. Es ist erwiesen, dass Existenzgründer mit einem gut durchdachten Businessplan deutlich höhere Chancen haben, sich erfolgreich zu behaupten.

Der Businessplan ist ein wertvolles Instrument, um sich bereits im Vorfeld einer Gründung mit allen wichtigen Fragen, aber auch Risiken und Chancen auseinanderzusetzen. Gründer sind gezwungen, Ihr Vorhaben eingehend zu prüfen und zu analysieren und vor allem einen Finanzierungsplan auszuarbeiten. Dazu gehört die Kostenaufstellung für den Lebensunterhalt ebenso wie Gründungsinvestitionen, Kostenplanung, Umsatzplanung sowie eine Rentabilitäts- und Liquiditätsvorschau.

Eine solide Gründungsplanung und -vorbereitung hilft Ihnen, strittige oder unsichere Punkte zu erkennen. Je mehr Probleme Sie in der Gründungsphase abklären und lösen konnten, umso eher werden Sie nach Eröffnung Ihrer Fußpflege-/Podologiepraxis von unliebsamen Überraschungen bewahrt werden. Ein Businessplan ist aber nicht nur ein wichtiges Werkzeug, um Fehler bei der Gründung zu vermeiden, sondern auch ein geeignetes Instrument, um Existenzängste zu bekämpfen und sich selbst richtig einzuschätzen.

Wer sich auf den Gründungsweg macht, dem wird so manche schlaflose Nacht zu schaffen machen. Mit der Eröffnung einer eigenen Praxis beginnt schließlich ein neuer Lebensabschnitt. Daher ist es völlig normal, dass sich Ängste und Zweifel einstellen. Vielleicht wird die Ungewissheit zusätzlich noch durch Warnungen vor der Selbstständigkeit durch Familie, Verwandte oder Bekannte geschürt. Wird Ihr Vorhaben mit 100 %iger Gewissheit gelingen – wer will es wirklich wissen? Und dennoch! Die Unsicherheit können Sie wirksam bekämpfen, indem Sie gewissenhaft planen. Weil aber niemand in die Zukunft sehen kann, ist auch ein Plan nicht frei von Unsicherheiten und muss, wenn sich die Gegebenheiten ändern, immer wieder angepasst werden.

Bei planlosen Gründungen ist das Scheitern mit ziemlicher Sicherheit vorprogrammiert. Bringen Sie Ihre Praxis dennoch zum Laufen, ist damit zu rechnen, dass sich die Planlosigkeit in der Gründungsphase jetzt rächt und von Ihnen z. B. einen überdurchschnittlichen langen Arbeitstag von 14 Stunden und mehr abverlangt, ohne aber den von Ihnen erwünschten Umsatz und Gewinn erwirtschaften zu können. Wer jedoch zielstrebig und systematisch einen detaillierten Businessplan erstellt, wird an sich selbst beobachten, dass sein Selbstbewusstsein und die Überzeugung über die Richtigkeit seines Handelns wachsen wird und die Zweifel langsam weniger werden. Das ist ein äußerst wichtiger Aspekt. Denn nur wenn Sie von Ihrem Tun selbst überzeugt sind, können Sie auch andere überzeugen!

Ein Businessplan sollte über die Gründungsphase hinaus weitergeführt werden. Er dient dann als effektives Instrument zur Unternehmensführung oder – genauer gesagt – für ein fortlaufendes Controlling. Anhand des Geschäftsplans können Sie jederzeit überblicken, ob die geplanten Ziele tatsächlich erreicht werden und auf eventuelle Abweichungen mit Gegenmaßnahmen reagieren.

Voraussetzung dafür ist jedoch, dass der Businessplan ständig weiterentwickelt und auf die aktuellen Gegebenheiten angepasst wird. Ein fortlaufend geführter Geschäftsplan ist somit für Sie als Unternehmer ein wichtiges Kontrollinstrument, um Fehlentwicklungen rechtzeitig erkennen und den Praxisbetrieb wieder in die richtigen Bahnen lenken zu können.

12.2 Die äußere Form

Wird ein Businessplan mit der Absicht erstellt, eine Finanzierung über Fördermittel und/oder Bankkredit zu erhalten, sind bestimmte formale Regeln einzuhalten.

Ob mögliche Geldgeber die finanzielle Unterstützung Ihres Vorhabens befürworten oder nicht, entscheidet oft bereits der erste Eindruck. Der Businessplan ist praktisch Ihre erste Visitenkarte als Unternehmer, mit der Sie das Interesse von möglichen Geldgebern oder auch Geschäftspartnern wecken und gewinnen können. Daher sollten Sie bei der äußerlichen Gestaltung des Businessplans auf folgende Punkte besonders achten:

- Beschreiben Sie das Gründungsvorhaben in einer einfachen, gut verständlichen Sprache.
- Verwenden Sie kurze Sätze, keine langen Schachtelsätze!
- Vermeiden Sie Rechtschreib- und Grammatikfehler.
- Hüten Sie sich vor langatmigen, allgemeinen Formulierungen und verzichten Sie auf medizinische Fachausdrücke. Denken Sie daran: Diejenigen, die über Ihre Zukunft in der augenblicklichen Lebensphase ein *gewichtiges Wörtchen* mitzureden haben, sind in Sachen Fußpflege und Podologie absolute Laien. Die Leser sollen nicht verschreckt, sondern durch eine aussagekräftige Beschreibung von Ihrem Konzept überzeugt werden.
- Vermeiden Sie auch sogenannte *Amerikanismen*.

- Beweisen Sie Ihre betriebswirtschaftliche Kompetenz besser mit reellen Fakten und Daten. Ein Businessplan muss alle wichtigen Fakten, die ein potenzieller Finanzier für seine Entscheidung braucht, enthalten. Sie sollten jedoch keinen Roman schreiben! Die Darstellung sollte kurz, aber genau und schlüssig sein. In der Regel reichen einschließlich Anhang dreißig (± zehn) DIN-A4-Seiten aus.
- Wichtig ist eine klare und übersichtliche Gliederung des Geschäftskonzepts: Den Auftakt macht das Deckblatt mit dem Titel, wie z. B. „Businessplan zur Gründung einer medizinischen Fußpflegepraxis", und Angaben zum Gründer der Praxis (Name, Anschrift, Telefon- und Faxnummer, E-Mail-Adresse). Danach folgt das Inhaltsverzeichnis mit den einzelnen Kapiteln plus Seitenangaben, sodass sich der Leser schnell orientieren und einen Überblick verschaffen kann. Den Abschluss bildet ein Anhang mit Ergänzungen wie ausführlichen tabellarischen Lebenslauf, Zeugnissen, (Vor)-Verträgen, Musterflyer etc..
- Gestalten Sie den Businessplan lesefreundlich! Wählen Sie eine gut lesbare Schriftart und -größe (zwölf Punkt) und einen 1,5fachen Zeilenabstand. Lockern Sie den Text durch Zwischenüberschriften und Absätze auf. Verwenden Sie für das gesamte *Werk* ein einheitliches Seitenformat und fügen Sie Seitenzahlen ein.
- Die Aufmachung des Businessplans sollte professionell und optisch ansprechend sein. Verwenden Sie zum Schreiben einen PC und ein hochwertiges Papier. Heften Sie anschließend die einzelnen Blätter nicht einfach mit einem Schnellhefter oder Ähnlichem zusammen, sondern lassen Sie das Konzept in einem Copyshop oder einer Schnelldruckerei binden.
- Am besten fertigen Sie das Unternehmenskonzept gleich in mehrfacher, mindestens aber zweifacher Ausführung an. Bei den Verhandlungen sollte Ihrem Gesprächspartner und Ihnen selbst jeweils ein Exemplar vorliegen.

Sind alle äußerlichen Anforderungen erfüllt, dann haben Sie eine wichtige Hürde überwunden, um die Voraussetzungen für einen angenehmen und erfolgreichen Gesprächsverlauf zu schaffen. Anhand der *Checkliste: Den Businessplan optimal erstellen* können Sie kontrollieren, ob alle wichtigen formalen Anforderungen für die Erstellung des Geschäftskonzepts erfüllt sind.

Siehe Checkliste: Den Businessplan optimal erstellen

12.3 Aufbau und Inhalt

- Ist das Praxiskonzept schlüssig und nachvollziehbar?
- Bringen Sie die erforderlichen fachspezifischen und unternehmerischen Qualifikationen mit?
- Haben Sie den Markt, die Wettbewerbssituation vor Ort und Ihre Kunden/ Patienten analysiert?
- Wird sich Ihr Angebot positiv von Ihren Konkurrenten unterscheiden?
- Haben Sie sich über Probleme und Risiken, die möglicherweise auftreten können, Gedanken gemacht?

Neben diesen Fragen steht vor allem die gesamte Finanzierung im Mittelpunkt des Interesses. Die Leser des Businessplans wollen wissen, ob Sie realistisch die Kosten planen und die Preise kalkulieren können, ob Sie auf Dauer von der Tätigkeit als selbstständiger Podologe/Fußpfleger werden leben können und ob Sie imstande sind, das geliehene Geld auch wieder zurückzuzahlen. Wichtig ist, dass Sie nicht nur Behauptungen aufstellen, sondern diese anhand von Quellen auch belegen. Bitten Sie Ihre Familie oder Freunde, das Konzept für Ihre Praxis kritisch durchzulesen. In der Diskussion mit *Außenstehenden* kann häufig noch der eine oder andere Schwachpunkt entdeckt werden.

12.4 Hilfe beim Businessplan?

Die Ausarbeitung eines Businessplans ist eine komplexe Angelegenheit, weshalb Sie unbedingt die zahlreichen Hilfs- und Beratungsangebote der Kammern, von Existenzgründungsbüros, Gründungsinitiativen vor Ort oder Unternehmensberatern etc. nutzen sollten.

Unterstützung bei Ausarbeitung und Umsetzung eines Geschäftskonzepts bieten auch sogenannte Businessplan-Wettbewerbe, die sich an Gründer vor dem Start richten. In drei Stufen von der Ideenfindung über die Erarbeitung eines Grobkonzepts bis hin zur Ausarbeitung eines detaillierten Businessplans reichen die Teilnehmer Ihre Ausarbeitungen auf jeder Stufe ein und lassen diese von Experten bewerten. Vorteil dieser Wettbewerbe ist neben Beratung und kritischer Bewertung des Geschäftsvorhabens auch das Knüpfen von Geschäftskontakten. Adressen von Gründer- und Businessplan-Wettbewerben sind im Existenzgründungsportal des Bundesministeriums für Wirtschaft und Energie (BMWi) zusammengestellt (www.existenzgruender.de > Service > Beratung und Adressen > Linksammlung > Gründerwettbewerbe).

Eine Reihe von Informationen zum Aufbau und Inhalt eines Businessplans bietet das BMWi-Existenzgründungsportal unter www.existenzgruender.de > Gründung vorbereiten und in der Reihe GründerZeiten das Heft Nummer 07 mit dem Titel Businessplan (Download: www.existenzgruender.de > Mediathek). Darüber hinaus bietet die vom BMWi und der KfW initiierte Gründerplattform mit Hilfe von interaktiven Tools Unterstützung beim Erarbeiten des Businessplans an. Die Gründerplattform ist unter www.gruenderplattform.de erreichbar, die Nutzung der Plattform ist kostenfrei, lediglich eine Anmeldung ist erforderlich.

Haben Sie fachkundige Beratung eingeholt, sollten Sie dies im Businessplan auf jeden Fall angeben. Denn die Unterstützung durch einen versierten Berater ist kein Zeichen von Schwäche, sondern vielmehr von Professionalität und Verantwortungsbewusstsein. Auch potenzielle Geldgeber wissen, dass Sie als Gründer nicht alles rund um die Existenzgründung wissen können. Wichtig ist allerdings: Den Businessplan müssen Sie trotz Unterstützung durch einen Berater auf alle Fälle selbst schreiben. Denn es ist Ihr Konzept, hinter dem Sie voll und ganz stehen müssen.

Wenn Sie den Geschäftsplan ohne professionelle Hilfe erarbeitet haben, sollten Sie das Konzept auf jeden Fall auf Plausibilität und Tragfähigkeit überprüfen lassen, bevor Sie damit zur Bank gehen. Denn der Businessplan ist die Grundlage, auf der die Bank entscheiden wird, ob das Konzept für ein Unternehmen – in unserem Fall für eine Podologie- bzw. Fußpflegepraxis – wirklich realisierbar, marktgerecht und damit auch finanzierbar ist.

12.5 Die Bausteine für einen überzeugenden Businessplan

Im Folgenden wird ein Überblick auf die Frage *Was gehört in einen Businessplan?* gegeben. Die aufgeführten Fragen beim Erstellen des Geschäftskonzepts sollen als Orientierung dienen und können je nach Praxiskonzept um weitere Aspekte und Fragen ergänzt werden. Abgesehen von der Zusammenfassung, die immer am Anfang steht, können die einzelnen Kapitel auch in einer anderen Reihenfolge angeordnet werden. Wichtig ist nur, dass der Aufbau in sich logisch ist und alle wichtigen Aspekte des Geschäftskonzepts enthalten sind.

1. Zusammenfassung:

Nach Deckblatt und Inhaltsverzeichnis folgt die Zusammenfassung, in der Sie auf nicht mehr als zwei Seiten die wesentlichen Punkte des Businessplans darlegen. Den Text sollten Dritte, die über Förderung bzw. Finanzierung Ihres Vorhabens entscheiden, in ca. fünf Minuten durchlesen und auch verstehen können. Ansonsten ist die Gefahr groß, dass Ihr Anliegen bereits an der ersten Hürde scheitert und abgelehnt wird.
Die Kurzbeschreibung des Unternehmenskonzepts soll, ähnlich wie der Klappentext eines Buches, einen schnellen Überblick über die wichtigsten Aspekte für eine erfolgreiche Gründung vermitteln, um auf diese Weise das Interesse des Lesers zu wecken, ihn neugierig auf mehr Informationen zu machen und zum Weiterlesen anzuspornen. Deshalb sollte die Zusammenfassung kurz, aber zugleich genau, schlüssig und übersichtlich Antworten auf alle Fragen rund um den Geschäftsplan geben. Solche Fragen sind z. B.:

- Wie wollen Sie gründen? Neu oder durch Übernahme einer bestehenden Fußpflege-/Podologiepraxis, im Team oder allein?
- Welchen Namen, welche Rechtsform, welchen Standort haben Sie für Ihre Praxis vorgesehen?
- Welche Kompetenzen, Qualifikationen, Erfahrungen (beruflicher Werdegang), aber auch welche Kenntnisse für die Unternehmertätigkeit bringen Sie mit?

- Welche Leistungen sollen angeboten werden?
- Welche Kunden/Patienten wollen Sie ansprechen?
- Worin liegen die Besonderheiten und Vorteile Ihrer Praxis im Vergleich zu Ihren Mitbewerbern?
- Wann wollen Sie eröffnen?
- Wie soll das Praxisangebot bekannt gemacht werden?
- Wie beurteilen Sie die Markt- und Branchensituation?
- Welche Umsätze und Gewinne werden sich realisieren lassen?
- Wie hoch ist der Kapitalbedarf?
- Wie soll die Praxisgründung finanziert werden?
- Wie beurteilen Sie Ihre Zukunftsaussichten? Haben Sie vielleicht sogar eine Vision?

Die Zusammenfassung bildet den Einstieg in den Businessplan. Sie kann aber natürlich erst dann geschrieben werden, wenn alle Details rund um die Gründung geklärt sind und der Businessplan fertig gestellt ist. Die Zusammenfassung steht immer am Anfang des Werks, wird aber erst zuletzt geschrieben!

2. Profil der Gründerperson oder des Gründungsteams

Potenzielle Kapitalgeber sind verständlicherweise an Informationen über die Gründerperson besonders interessiert. Deshalb stehen Sie als Gründer in diesem Kapitel im Mittelpunkt.

Geben Sie Ihren Namen an und gehen Sie trotz des im Anhang beigefügten Lebenslaufs kurz auf Alter, Ausbildung, Zulassung und beruflichen Werdegang ein. Zeigen Sie auf, warum Ihre *Vorgeschichte* für eine selbstständige Praxisführung prädestiniert. Vielleicht waren Sie schon einmal selbstständig, auch in einer anderen Branche. Vielleicht haben Sie bereits als Angestellter bestimmte *Managementaufgaben* übernommen, die Ihnen jetzt zugutekommen können.

Da der Erfolg einer Gründung entscheidend von der Gründerperson abhängt, erläutern Sie, warum Sie geeignet sind, ein Unternehmen zu führen. Fachliche Qualifikationen reichen heute längst nicht mehr aus, um ein erfolgreicher Unternehmer zu sein oder zu werden. Notwendiges Rüstzeug sind zudem kaufmännische Kenntnisse und die sogenannten *Schlüsselqualifikationen* wie Kreativität, Belastbarkeit, Begeisterungsfähigkeit und soziale Kompetenz.

Sind Defizite im kaufmännischen Bereich vorhanden, sollten Sie diese angeben mit dem Hinweis, dass Sie entsprechende Angebote zur Weiterbildung bereits nutzen oder noch nutzen werden. Um das Gründungsprofil abzurunden, beschreiben Sie die Haltung von Familie, Partner und Freunden Ihren Gründungsplänen gegenüber.

Gründen Sie nicht allein, sondern im Team, muss selbstverständlich für jeden Partner ein Gründungsprofil erstellt werden.

Fragen zur persönlichen Qualifikation als Gründer sind:

- Namen und Alter des Gründers oder der Gründerpersonen.
- Welche schulische und berufliche Ausbildung wurde absolviert?
- Haben Sie die *Erlaubnis* als Podologe tätig zu sein?
- Wie ist Ihr beruflicher Werdegang?
- Welche beruflichen Erfahrungen als Fußpfleger/Podologe haben Sie bereits gemacht?
- Was machen Sie zurzeit beruflich?
- Wie gut kennen Sie die Branche?
- Verfügen Sie über die erforderlichen *Schlüsselqualifikationen* als Unternehmer?
- Welche kaufmännischen Kenntnisse können Sie vorweisen?
- Besteht ein Bedarf an Beratung und/oder Weiterbildung?
- Wollen Sie Beratungs- und/oder Qualifizierungsangebote nutzen oder nutzen Sie diese bereits?
- Wie steht Ihr soziales Umfeld zu Ihren Gründungsabsichten?

3. Leistungsangebot der Praxis

In diesem Kapitel schildern Sie das Leistungsangebot Ihrer Praxis. Versuchen Sie, dem Leser ein möglichst abgerundetes Bild von *Ihrer Geschäftsidee* zu vermitteln.

Geben Sie Ihrer Praxis ein eigenes Profil. Beschreiben Sie Zweck und Ziele, die Sie verfolgen. Gehen Sie auf Besonderheiten im Angebot ein (z. B. in Service und Qualität). Weisen Sie – vor allem beim Vorhandensein von Mitbewerbern im Einzugsgebiet – auf den Zusatznutzen Ihres Angebots für Ihre Kunden/Patienten hin. Nennen Sie auch die Beweggründe für die Konzeption Ihres Angebots.

Die Leser Ihres Businessplans sind keine Experten Ihrer Branche. Erläutern Sie, dass Podologie (= medizinische Fußpflege) zu den Heilberufen gehört, und beschreiben Sie Ihre Praxisidee so, dass auch ein Nicht-Fachmann die Bedeutung des Berufs und Ihres Vorhabens verstehen kann. Erschlagen Sie aber den Leser nicht mit medizinischen Details. Erläutern Sie, was unter kosmetischer Fußpflege zu verstehen ist. Das gilt nicht nur, wenn Sie eine kosmetische Fußpflegepraxis eröffnen wollen, sondern auch, wenn Sie beide Spezialgebiete, also medizinische und kosmetische Fußpflege, anbieten möchten.

Zu den Fragen, die in diesem Abschnitt zu beantworten sind, gehören:

- Was ist Ihre Geschäftsidee?
- Welche Leistungen wollen Sie anbieten und warum?
- Wie unterscheidet sich das Angebot zu anderen Mitbewerbern?
- Was ist das Neue und/oder das Besondere an Ihrer Geschäftsidee (Alleinstellungsmerkmal)?
- In welchem Umfang wollen Sie das Dienstleistungsangebot anbieten (hauptberuflich, nebenberuflich)?
- Worin liegt der Nutzen für Ihre Kunden/Patienten?
- Warum sollten Kunden/Patienten zu Ihnen in Ihre Praxis kommen?
- Für welche Bedürfnisse, Wünsche oder Probleme Ihrer Kunden/Patienten bietet sich das Angebot als interessante Alternative an?
- Wann wollen Sie die Praxis eröffnen?
- Welche kurz- und langfristigen Unternehmerziele haben sich für Ihre Praxis gesetzt?

4. Unternehmensart

Gründen Sie allein oder im Team? Je nach Gründungsart ergeben sich unterschiedliche Rahmenbedingungen. Das betrifft besonders die Rechtsform und die Gesellschaftsstruktur.

Siehe auch Kapitel 6: Die Wahl der Rechtsform und Kapitel 5: Einzelkämpfer oder Teamplayer

Beschreiben Sie daher:

- Gründen Sie alleine eine Praxis oder zusammen mit weiteren Gründern?
- In welcher Rechtsform soll die Praxis geführt werden und aus welchen Gründen haben Sie sich dafür entschieden?
- Wie sind bei einer Gründung im Team Gesellschaftsanteile aufgeteilt und Entscheidungsbefugnisse festgelegt?

Wenn Sie beabsichtigen, als Nachfolger eine Fußpflege-/Podologiepraxis zu übernehmen, sollten Sie auch an dieser Stelle deren Geschichte und Entwicklung aufzeigen. Ein wichtiger Aspekt ist die wirtschaftliche Lage der Praxis. Beschreiben Sie, ob die Praxis bisher erfolgreich war und warum oder warum nicht? Schildern Sie, warum die Praxis übergeben werden soll und warum das Objekt für Sie genau das Richtige ist.

5. Einschätzung von Markt und Wettbewerb, Standort

In diesem Kapitel des Businessplans beschreiben Sie, warum sich die Praxis mit dem vorgesehenen Konzept auf dem Markt behaupten wird. Arbeiten Sie deutlich sichtbar auch in diesem Abschnitt den Kunden-/Patientennutzen heraus. Der

Wirtschaftsfachmann spricht von sogenannten *Alleinstellungsmerkmalen*, durch die sich Ihre Praxis von anderen Mitbewerbern positiv abhebt und die Kunden/ Patienten den Weg zu Ihnen finden lässt.

Vor allem ist es wichtig, wenn Mitbewerber vor Ort sind, auf den zusätzlichen Kunden-/Patientennutzen hinzuweisen. Ein weiterer wichtiger Aspekt ist die Zielgruppe, die Sie ansprechen und bedienen möchten. Beschreiben Sie möglichst genau Ihre Zielgruppe nach Alter, Geschlecht, Einkommen etc.. Ermitteln Sie so realistisch wie möglich die Anzahl potenzieller Kunden/Patienten und deren Kaufkraft und errechnen Sie aus diesen Werten das Marktpotential Ihrer Zielgruppe.

Zeigen Sie die Konkurrenzsituation *vor Ort* auf. Was sind die Stärken und Schwächen Ihrer Mitbewerber? Analysieren Sie genau Ihre Mitbewerber. Womit haben diese Erfolg? Wenn Sie die Schwächen Ihrer Konkurrenten kennen, können Sie diese zu einer Ihrer Stärken ummünzen (z. B. Abendöffnungszeiten oder Terminvergabe am Freitagnachmittag/Samstagvormittag für Berufstätige).

Schildern Sie, wie sich Ihre eigene Praxis von dem bereits bestehenden Angebot abheben wird. Begründen Sie, warum Sie den geplanten Standort für geeignet halten.

Zu den Fragen, die in diesem Teil des Businessplans zu beantworten sind, gehören z. B.:

- Welche Zielgruppe(-n) sprechen Sie an?
- Können Sie die Merkmale Ihrer potenziellen Kunden/Patienten beschreiben (Alter, Geschlecht, Einkommen, Krankheiten wie Diabetes etc., Leistungs- und/ oder Freizeitsportler etc.)?
- Wie groß ist das Marktpotential für Ihr Leistungsangebot?
- Kennen Sie Ihre Konkurrenten (Anzahl, Name und Standort, Angebot, seit wann ansässig)?
- Kennen Sie die Stärken und Schwächen Ihrer Konkurrenten? Beurteilen Sie Ihre Konkurrenten z. B. anhand von Angebot, Preisgestaltung, Service oder Werbemaßnahmen.
- Was zeichnet Ihr eigenes Leistungsangebot im Vergleich zu dem der Mitbewerber aus? Heben Sie das Alleinstellungsmerkmal gegenüber Ihren Konkurrenten hervor.
- Zu welchem Preis werden Sie die Dienstleistung rund um die Pflege der Füße anbieten?
- Welche Vorteile hat der gewählte Standort für Ihr Vorhaben?
- Gibt es auch Nachteile? Sind diese auszugleichen?
- Welche Entwicklungen des Standorts sind zu erwarten?

6. Marketing
In diesem Kapitel des Businessplans geht es darum, wie Sie Ihre Dienstleistung *medizinische Fußpflege* und/oder *kosmetische Fußpflege* vermarkten.

Eine der wichtigsten Voraussetzungen für den Erfolg eines Unternehmens ist ein zukunftsträchtiges Marketingkonzept. Das heißt, dass sich das Leistungsangebot, die Preise, die Vertriebswege und die Werbung ständig am Markt (= ***market***) anpassen und orientieren müssen. Dabei richten sich alle Aktivitäten des Unternehmens, also Zielsetzungen, Überlegungen und Maßnahmen an der Fragestellung aus: Wie kommen wir den Wünschen und Bedürfnissen unserer Kunden/Patienten am besten entgegen? Wie lassen sich diese am besten erfüllen?

Um sich täglich im Marktgeschehen erfolgreich zu behaupten, stehen einem Unternehmen vier Marketing-Instrumente zur Verfügung:

- **Produktpolitik:** Wie will ich das Angebot Fußpflege/Podologie gestalten (Standart-, Service-, Zusatzleistungen)?
- **Preispolitik:** Wie gestalte ich die Preise (entsprechend den üblichen Marktpreisen, attraktive Zahlungsbedingungen, Einführungspreise etc.)?
- **Distributionspolitik:** Wie soll die Leistung zum Kunden/Patienten kommen (stationär in der Praxis oder auch mobil beim Kunden/Patienten vor Ort)?
- **Kommunikationspolitik:** Wie mache ich mein Angebot bekannt, wie gewinne ich Kunden/Patienten?

Deshalb beschreiben Sie in diesem Abschnitt Ihr Marketingkonzept und die Maßnahmen, wie Sie dieses umsetzen wollen. Folgende Fragen sind z. B. zu beantworten:

- Wie orientieren sich Ihre Leistungen an den Wünschen und Bedürfnissen Ihrer Kunden/Patienten? Warum gestalten Sie Ihr Angebot auf genau diese Weise, wie Sie es geplant haben? Warum haben Sie sich entschieden, bestimmte Zusatzleistungen und Servicekomponenten in Ihr Angebot aufzunehmen?
- Zu welchen Preisen wollen Sie die Dienstleistung Fußpflege/Fußbehandlung anbieten?
- Welche Preisstrategie verfolgen Sie?
- Wie bringen Sie Ihr Leistungsangebot zu Kunden/Patienten? Beschreiben Sie, warum z. B. ein Wechsel von Präsenzzeiten in der Praxis mit Mobilzeiten beim Kunden/Patienten zu Hause wichtig ist (Stichwort: Kunden-/Patientenmobilität).
- Wie machen Sie die Neueröffnung der Praxis bekannt?
- Mit welchen Maßnahmen wollen Sie Kunden/Patienten auch nach der Eröffnung auf die Praxis aufmerksam machen?

- In welchem Umkreis werden Sie auf die Praxis aufmerksam machen und Kunden akquirieren?
- Welche Kosten veranschlagen Sie für diese Werbemaßnahmen?

7. Personalplanung

Falls Sie planen, Mitarbeiter einzustellen, sollten Sie auch zu diesem Punkt im Businessplan Stellung nehmen.

Personalplanung ist ein sensibles Thema! Eine Fehlentscheidung kann Sie als Unternehmer teuer zu stehen kommen. Ein Team mit qualifizierten und motivierten Mitarbeitern ist dagegen im wahrsten Sinne des Wortes Gold wert und stellt einen entscheidenden Faktor dar, um sich einen Wettbewerbsvorteil zu verschaffen. Zu den Fragen zur Personalstruktur gehören z. B.:

- Wie viele Mitarbeiter werden benötigt?
- Wann sollen Mitarbeiter eingestellt werden? Sofort oder erst später?
- Welche Art von Mitarbeit ist geplant (Festangestellte, freie Mitarbeiter, Voll- oder Teilzeitkräfte, Aushilfen)?
- Für welche Aufgaben möchten Sie Mitarbeiter einstellen?
- Welche Qualifikationen müssen Ihre Mitarbeiter vorweisen?

8. Finanzwirtschaftliche Planung

Das Herzstück im Businessplan ist sicherlich die Frage, wie die Gründung finanziert werden soll. Hierbei geht es u. a. um die Frage, wie viel Geld Sie in die Praxisgründung investieren müssen oder ob Sie mit dem vorgesehenen Geschäftskonzept so viel Umsatz machen werden, dass sämtliche – betriebliche als auch private – Kosten gedeckt werden können. Dieser Teil im Businessplan besteht aus folgenden Abschnitten:

- Kapitalbedarfs- oder Finanzbedarfsplan,
- Rentabilitätsvorschau,
- Liquiditätsplan,
- Finanzierungsplanung.

In diesem Part des Unternehmenskonzeptes werden behandelt:

Fragen zum Kapitalbedarf:
- Wie viel Kapital benötigen Sie für die Vorlaufkosten, die vor der Gründung entstehen?
- Wie viel müssen Sie für die Anschaffungen investieren?
- Wie viel Kapital benötigen als Reserve für die umsatzschwache Anlaufphase, für die laufenden Kosten und die Kosten für die private Lebensführung?

Fragen zur Rentabilität:
- Wie hoch sind die erwarteten Umsätze (Schätzung für drei Jahre)?
- Wie hoch sind die zu erwartenden Kosten (Schätzung für drei Jahre)?
- Wie hoch sind die zu erwartenden Gewinne (Schätzung für die nächsten drei Jahre)?

Fragen zur Liquidität (Planung für ein Geschäftsjahr):
- Wie hoch sind voraussichtlich die monatlichen Kosten?
- Wie hoch werden die Einzahlungen aus Forderungen (aus Behandlungen/Verkäufe) sein?
- Wie viel werden Sie für Tilgungs- und Zinszahlungen pro Monat veranschlagen müssen?
- Werden Sie über eine monatliche Liquiditätsreserve verfügen können?

Fragen zur Finanzierung:
- Wie viel Eigenkapitel können Sie einbringen?
- Wie hoch ist der Fremdkapitalbedarf?
- Welche Fördermittel kommen für Ihr Vorhaben in Frage?
- Verfügen Sie über Sicherheiten?
- Kommt Leasing für bestimmte Objekte in Frage? Wenn ja, wie lauten die Konditionen?

9. Zukunftsaussichten

In diesem Kapitel stellen Sie Ihre Ziele vor, beschreiben Sie die Zukunftsaussichten Ihrer Praxis und Sie analysieren die Risiken, die auftreten könnten (z. B. Auftreten von neuen und starken Mitbewerbern, Ausbleiben von Kunden, Forderungsausfälle). Überlegen Sie sich auch Lösungen und Gegenmaßnahmen, mit denen Sie im Fall des Falles auf die Risiken und Probleme reagieren und diesen begegnen können (z. B. Leistungsangebot der Praxis verändern, Zielgruppe erweitern, kreative PR-Maßnahmen etc.). Scheuen Sie sich nicht, mögliche Risiken im Businessplan aufzuführen. Potenzielle Geldgeber bewerten dies nicht negativ, sondern vielmehr als Zeichen von verantwortungsbewusstem Vorgehen. Zeigen Sie, dass Sie Chancen und Risiken realistisch einschätzen können, indem Sie Antworten z. B. auf folgende Fragen geben:

- Wie wird sich die Branche entwickeln?
- Wie schätzen Sie die Weiterentwicklung Ihrer Praxis ein?
- Welche Ziele haben Sie sich für Ihre Praxis gesetzt?
- Wie und mit welchen Maßnahmen wollen Sie diese Ziele erreichen?
- Sehen Sie bestimmte Chancen, die die Entwicklung Ihrer Praxis besonders fördern könnten?

- Welche Risiken und Probleme könnten auftreten und die positive Entwicklung Ihrer Praxis gefährden? Wie würden Sie darauf reagieren?

10. Anhang
Im Anhang werden zur Information ergänzende Unterlagen zusammengestellt. Dazu gehören

- tabellarischer Lebenslauf,
- Zeugnisse,
- Erlaubnisurkunde,
- Vertragsentwürfe (z. B. für einen Gesellschaftsvertrag, Mietvertrag, Leasingvertrag),
- Kostenvoranschläge als Nachweise für die veranschlagte Höhe der Investitionen,
- Übersicht an Sicherheiten,
- Musterflyer etc.

12.6 Die Präsentation

Ist Ihr Konzept schriftlich zu Papier gebracht und liegt nun sozusagen *druckfrisch* vor Ihnen, können Sie damit zur Bank gehen. Doch vorher sollten Sie noch an der Präsentation Ihres Businessplans feilen.

Üben Sie Ihren Unternehmensplan zu präsentieren. Proben Sie Ihre Präsentation zunächst alleine. Machen Sie es wie jemand, der einen Vortrag halten soll. Stellen Sie sich vor einen Spiegel und präsentieren Sie Ihr Konzept. Achten Sie auf Haltung, Gesten und Mimik. Dann sollten Sie im Familien- und Freundeskreis proben.

Gelingt es Ihnen, Ihren Unternehmensplan überzeugend zu präsentieren, Ihre Zuhörer für sich zu gewinnen und sie sozusagen *mitzunehmen*? Haben Sie den Plan für Ihre Praxis wirklich parat? Sie sollten ihn so sicher beherrschen, dass Sie auf Rückfragen Daten und Zahlen gezielt nachschlagen können, ohne lange suchen zu müssen. So sind Sie bestens gerüstet für das Gespräch bei der Bank: Sie wissen genau, was Sie wollen. Der Bankberater wird erkennen, dass Sie es mit Ihrem Vorhaben wirklich ernst meinen.

Checkliste: Den Businessplan optimal erstellen	
Formale Anforderungen	**erfüllt**
Ausreichend Zeit für die Ausarbeitung des Geschäftskonzepts einplanen	☐
Das Gründungsvorhaben inhaltlich logisch, nachvollziehbar und schlüssig darlegen	☐
Die Geschäftsidee präzise und übersichtlich beschreiben	☐
Nur wesentliche Informationen aufführen, Ausschmückungen vermeiden	☐
Bei der Gliederung des Textes auf eine klare und übersichtliche Struktur achten	☐
In leicht verständlicher Sprache schreiben	☐
Amerikanismen und komplizierte Fachausdrücke vermeiden	☐
Auf lesefreundliches Layout achten	☐
Professionelle Aufmachung wählen	☐
Für jeden Gesprächspartner ein Exemplar anfertigen	☐

13 Die wichtigsten Versicherungen

Wer eine Fußpflege-/Podologiepraxis gründet, ist anfangs leicht versucht, das Thema *betriebliche und persönliche Absicherung* – abgesehen von bestimmten Pflichtversicherungen – zunächst zurückzustellen und zu denken: „Jetzt gibt es Wichtigeres zu tun. Erst mal muss die Praxis laufen. Was soll denn auch schon passieren?"

Tatsächlich kann aber z. B. ein Fehlgriff bei einer Behandlung, bei Feuer, Diebstahl, Wasserrohrbruch oder auch eine ernste Erkrankung des Praxisinhabers dem Traum von der eigenen Praxis ein schnelles Ende bereiten, wenn Sie die Folgen aus eigener Tasche berappen müssten. Umso wichtiger ist es, bereits in der Gründungsphase ein angemessenes Schutzpaket zu schnüren. Das gilt sowohl für Praxis als auch für den persönlichen Bereich. Denn der Schritt vom Arbeitnehmer in die Selbstständigkeit bedeutet, dass Sie sich nun selbst um Ihre soziale Absicherung kümmern müssen, wie etwa Krankenversicherung und Altersvorsorge. Das heißt aber auch, dass der 50%ige Arbeitgeberanteil der Sozialversicherungsbeiträge von Ihnen selbst aufgebracht werden muss. Außerdem fällt die Lohnfortzahlung im Krankheitsfall weg und – wenn Sie sich nicht freiwillig in der Arbeitslosenversicherung weiterversichern – auch das Arbeitslosengeld.

Mit dem Schritt in die Selbstständigkeit ist daher genau abzuwägen, welche Versicherungen für den beruflichen und welche für den privaten Bereich erforderlich sind.

Das Angebot an Versicherungen ist groß und für den Nicht-Versicherungsfachmann nur schwer zu überschauen. Schließen Sie zu viele Versicherungen ab, dann belasten die Beiträge unnötig Ihre Liquidität. Eine Versicherung zu wenig kann allerdings im Schadensfall Ihr finanzieller Ruin sein, weil Sie hohe Geldzahlungen leisten müssen und Sie sich dafür verschulden oder sogar in Insolvenz gehen müssen. Es wird empfohlen herauszufinden, wo Sie besonderen Schutz brauchen, und für Risiken, die zu versichern sind, eine Rangordnung aufzustellen und zu prüfen, was versichert werden muss, was versichert werden soll und was versichert werden kann.

Ein unbedingtes Muss sind natürlich Pflichtversicherungen und alle Gefahren, bei denen es um Ihre Existenz geht. Für die Absicherung der Praxis ist eine Berufshaftpflichtversicherung unentbehrlich, eine Versicherung der Praxiseinrichtung inklusive einer Berufsunterbrechungsversicherung empfehlenswert.

Im privaten Bereich ist auf jeden Fall Vorsorge für Krankheit und Unfall zu treffen. Ganz wichtig sind natürlich auch die Absicherung von Alter, Familie und Berufsunfähigkeit.
Siehe Info: Wichtige Versicherungen im Überblick

13.1 Die Absicherung des Praxisbereichs

Es liegt nicht nur im Interesse des Inhabers der Praxisinhabers, sich gegen die wichtigsten Risiken abzusichern. Auch Kreditgeber legen Wert auf die Absicherung der üblichen Gefahren und sind zur Kreditvergabe nur dann bereit, wenn entsprechend vorgesorgt wurde. Schließlich gibt ein angemessener Versicherungsschutz die Sicherheit, dass ein Kredit im Schadensfall korrekt zurückgezahlt werden kann, z. B. wenn durch ein Feuer oder einen Wasserrohrbruch die Praxis für längere Zeit lahmgelegt ist und keine Einnahmen mehr erzielt werden Können.
Siehe Checkliste: Absicherung der Praxis

13.1.1 Die Haftpflichtversicherung

Eine der wichtigsten Versicherungen, auf die Sie als Gründer nicht verzichten können, ist eine Berufs- und Betriebshaftpflichtversicherung. Ein Nachweis über den Abschluss einer Berufshaftpflichtversicherung ist außerdem Voraussetzung, wenn die Zulassung für eine podologische Praxis durch die Landesverbände der Krankenkassen beantragt werden soll.

Warum ist diese Versicherung so wichtig? Trotz aller Sorgfalt und Berufserfahrung ist ein Missgeschick oder ein Fehler in der Behandlung – natürlich ohne Absicht – schnell passiert. Dann aber müssen Sie haften. Denn Sie sind nach dem Gesetz zu Schadensersatz verpflichtet, wenn durch die Ausübung der beruflichen Tätigkeit Personen geschädigt bzw. verletzt oder deren Sachen beschädigt oder zerstört werden. Dadurch kann es zu hohen Schadensersatzansprüchen kommen, die schnell zum Alptraum werden können. Das gilt insbesondere bei Verletzungen oder Schädigungen von Personen, wenn etwa Heilbehandlungskosten zu erstatten sind oder Schmerzensgeld eingefordert wird. Haftpflichtrisiken sind somit nicht kalkulierbar und können existenzbedrohend sein.

Eine Berufshaftpflicht sichert Sie und Ihre Praxis gegen Haftpflichtansprüche Dritter ab, weil sie bei Schäden einspringt, die durch Sie oder ihre Mitarbeiter einem Dritten entstanden sind. Natürlich handelt es sich dabei nicht um Schäden, die mit Absicht verursacht worden sind. Die Berufshaftpflicht zahlt bei berechtigten Schadensersatzansprüchen, sie schützt aber vor überhöhten Schadensersatzansprüchen und wehrt unberechtigte Ansprüche ab, wenn nötig auch vor Gericht.

Zum Leistungsumfang einer Berufshaftpflicht gehören Personen-, Sachschäden sowie Vermögensschäden, die aus einem Personen- oder Sachschaden hervorgehen. Wichtig ist, auf ausreichend hohe Deckungssummen zu achten.

Für Podologen/Fußpfleger gibt es spezielle Berufshaftpflichtversicherungen, die auf die Belange des Berufes abgestimmt sind. Wichtig ist, dass der Versicherungsschutz alle in Ihrer Praxis anfallenden Behandlungen umfasst. Häufig ist die Berufshaftpflichtversicherung mit der Betriebshaftpflichtversicherung kombiniert, d. h. über die Berufshaftpflicht sind auch Risiken aus der Betriebsstätte mitversichert. Wer kommt z. B. dafür auf, wenn ein Kunde auf dem eben gewischten Boden ausrutscht und sich verletzt?

In der Versicherung können auch weitere Risiken eingeschlossen sein, wie bspw. das Abhandenkommen von Belegschafts-, Besucher- und Patientenhabe, aber auch Abwasserschäden oder Mietschäden an Gebäuden. Zusätzlich kann auch die Privathaftpflicht enthalten sein oder diese kann günstig mitversichert werden. Wichtig ist, dass durch die Haftpflichtversicherung (Berufshaftpflichtversicherung – Betriebshaftpflichtversicherung) alle Schäden durch Ihre berufliche und betriebliche Tätigkeit abgesichert sind, die Sie selbst nicht begleichen können. Achten Sie auch auf Versicherungsschutz bei Hausbesuchen! Der Versicherungsumfang sollte auf die Belange der jeweiligen Praxis abgestimmt sein. Um sich vor gefährlichen Haftungsrisiken zu schützen, sollten Sie sich auf jeden Fall professionelle Beratung holen.

13.1.2 Die Praxiseinrichtungsversicherung

Eine Praxis einzurichten, kostet viel Geld. Es gibt aber eine ganze Reihe von Schreckenszenarien, die die Praxiseinrichtung vernichten oder zumindest erheblich beschädigen können. Auch wenn es – zum Glück – nicht an der Tagesordnung ist, dass eine Wasserleitung platzt, Einbrecher Geräte und Möbel zerstören oder gar die Praxis brennt. Doch im Fall des Falles können die finanziellen Folgen gravierend sein und sogar die Existenz gefährden, vor allem auch dann, wenn die Einrichtung mithilfe eines Kredits finanziert worden ist.

Schutz bietet die Praxiseinrichtungsversicherung, die auch als Betriebsinhaltsversicherung, Geschäftsversicherung oder umgangssprachlich *betriebliche Hausratsversicherung* bezeichnet wird. Meist werden hierbei Versicherungen für die häufigsten Schadensursachen gebündelt angeboten: Feuer, Einbruchsdiebstahl, Vandalismus, Leitungswasser, Sturm und Hagel. Die Praxiseinrichtungsversicherung springt entsprechend der versicherten Risiken ein, wenn Praxisausstattung, Warenbestand und Vorräte abhandenkommen, beschädigt oder zerstört werden. Mitversichert werden können auch Elementarschäden wie Hochwasser, Erdrutsch oder Schneedruck. Zusätzlich können noch weitere Risiken durch eine

Sachversicherung abgesichert werden, wie z. B. durch eine Glasversicherung. Ein Abschluss dieser Versicherung könnte in Betracht kommen, wenn Sie Ihre Praxis mit viel Glas ausgestattet haben, von Vitrinen über Spiegel und Regale bis hin zu Glastüren.

13.1.3 Die Elektronikversicherung

Als Ergänzung zur Praxiseinrichtungsversicherung bietet sich zudem eine Elektronikversicherung an, die die EDV-Anlage und andere elektronische Geräte und Anlagen gegen eine Vielzahl von Risiken wie Überspannung, Kurzschluss, Überhitzung, Blitzschlag, Fahrlässigkeit oder Bedienungsfehler absichert. Die Versicherung begleicht im Schadensfall die Kosten für Reparatur oder Neuanschaffung oder – wenn beides nicht möglich ist – den Schaden in der Höhe des Neuwerts.

Fällt eine EDV-Anlage über längere Zeit aus, kann eine sogenannte Mehrkostenversicherung vor den unerwarteten Kosten für den Mehraufwand schützen, der z. B. durch Anmieten einer EDV-Anlage oder Einschalten eines Rechenzentrums notwendig wird.

Die Digitalisierung in großen wie in mittleren und kleinen Unternehmern schreitet voran, aber damit auch das Risiko der Internetkriminalität. Einer Studie des IT-Branchenverbands Bitkom aus dem Jahr 2017 zufolge beläuft sich der Schaden, den die deutsche Wirtschaft durch Cyberangriffe jährlich erleidet, auf 55 Milliarden Euro. Befragt wurden hierbei 1.069 Unternehmen mit zehn und mehr Mitarbeitern. Danach wurde jedes zweite Unternehmen Opfer von Wirtschaftsspionage, Sabotage und Datendiebstahl. Versicherer bieten aufgrund des erhöhten Risikos durch Cyberangriffe seit Neuem sogenannte Cyber-Policen an, die zum einen Eigenschäden wie z. B. Kosten für die Datenwiederherstellung absichern. Zum anderen kommt eine Cyberversicherung für Schadensersatzansprüche von Dritten auf, wenn bspw. sensible Kundendaten gestohlen wurden.

13.1.4 Die Betriebsunterbrechungsversicherung und Praxisausfallversicherung

Eine Praxisinhaltsversicherung gleicht, wie oben aufgezeigt, z. B. bei Brand oder Sturm den Sachschaden am Inventar aus. Aber was ist, wenn die Praxis im Schadensfall für eine gewisse Zeit still steht und keine Erträge mehr erwirtschaftet werden können? Dann kann der Schaden insgesamt weit höher sein als der ursprüngliche Sachschaden. Denn die fixen Kosten wie Miete oder Kreditraten laufen weiter, Erträge können aber nicht erwirtschaftet werden. Deshalb wird empfohlen, in die Praxiseinrichtungsversicherung eine Betriebsunterbrechungsversicherung mit einzuschließen, die eine Betriebsunterbrechung aufgrund der genannten Gefahren absichert.

Die Betriebsunterbrechungsversicherung kommt nur für den Schaden auf, wenn die Praxis aufgrund von Sachschäden lahmgelegt ist, aber nicht wenn Sie als Praxisinhaber selbst ausfallen. Das Schicksal Ihrer Praxis hängt jedoch maßgeblich von Ihrem persönlichen Arbeitseinsatz ab.

Wie soll es weitergehen, wenn Sie über längere Zeit nicht mehr arbeiten können, weil Sie einen Unfall hatten und erkrankt sind oder die Praxis wegen Quarantäne stillgelegt werden muss? Hier springt die Praxisausfallversicherung ein und bietet Sicherheit, indem sie insbesondere für die fortlaufenden Betriebskosten, Löhne, Gehälter, Miete usw. aufkommt, wenn der Inhaber ausfällt.

13.2 Die private Vorsorge

Neben dem Schutzpaket für die Praxis sollten Sie aber Ihr persönliches Vorsorgeprogramm nicht vernachlässigen. Wenn Sie bisher angestellt gearbeitet haben, so waren Sie wie etwa über 90 % der Bevölkerung in dem Netzwerk der Sozialversicherungen eingebunden. Eine soziale Grundsicherung war Ihnen damit auf jeden Fall sicher.

Als Selbstständiger sind Sie jedoch auf sich gestellt und müssen Ihre soziale Absicherung neu überdenken, von der Krankenversicherung über die Altersvorsorge bis hin zur freiwilligen Arbeitslosenversicherung für Selbstständige. Wie für den geschäftlichen gilt auch für den privaten Bereich: Bei allen Risiken, die Ihre Existenz bedrohen könnten, besteht akuter Versicherungsbedarf. Nachfolgend die wichtigsten Versicherungen im Überblick.

Siehe Checkliste: Persönliche Absicherung

13.2.1 Die Krankenversicherung

Alle Bundesbürgerinnen und Bundesbürger sind inzwischen verpflichtet eine Krankenversicherung abzuschließen – das gilt auch für Selbstständige. Allerdings können Selbstständige zwischen privater und gesetzlicher Krankenversicherung wählen.

Waren Sie als Mitarbeiter einer Fußpflege-/Podologiepraxis bisher gesetzlich krankenversichert, dann können Sie sich als Selbstständiger freiwillig in der gesetzlichen Krankenkasse weiterversichern. Das gilt z. B. auch, wenn Sie bisher im Rahmen der Familienversicherung abgesichert waren und nun in die Selbstständigkeit starten. Wichtig: Informieren Sie Ihre Krankenkasse frühzeitig, dass Sie sich beruflich selbstständig machen werden und lassen Sie sich beraten.

Sie können sich aber auch für eine private Krankenversicherung entscheiden. Sie sollten sich bewusst sein, dass Sie als Selbstständiger nicht mehr in die gesetzliche Krankenversicherung zurückkehren können. Eine Rückkehr wäre z. B. nur dann möglich, wenn Sie wieder ein abhängiges versicherungspflichtiges Beschäftigungsverhältnis eingingen und dabei jünger als 55 Jahre wären.

Ist eine Familie mitzuversichern, muss für jedes einzelne Familienmitglied in der privaten Kasse ein Beitrag bezahlt werden. Bei der gesetzlichen Alternative sind Ehepartner und Kinder beitragsfrei mitversichert, soweit u. a. deren eigenes Einkommen (etwa aus Mieteinnahmen) unter bestimmten Einkommensgrenzen (2020: 455 Euro) liegt und sie nicht hauptberuflich selbstständig sind. Geringfügig Beschäftigte (Minijobber) dürfen 450 Euro pro Monat hinzuverdienen, ohne dass der Anspruch auf Familienversicherung gefährdet ist.

Der Krankenkassenbetrag freiwillig Versicherter wird nach der wirtschaftlichen Leistungsfähigkeit ermittelt. Das gilt auch für Selbstständige, die sich in der gesetzlichen Krankenkasse freiwillig versichern. Bei der Beitragsberechnung werden neben dem Einkommen aus der selbstständigen Tätigkeit sämtliche weitere Einkünfte des Versicherten berücksichtigt, wie z. B. auch Einnahmen aus Vermietung und Verpachtung.

Der Höchstbeitrag zur gesetzlichen Krankenversicherung wird durch die Höhe der jährlich erneut festgelegten Beitragsbemessungsgrenze bestimmt (2020: 4687,50 Euro/Monat). Als Beitragsbemessungsgrenze wird der maximale Betrag des monatlichen Arbeitsentgeltes von Arbeitnehmern genannt, aus dem die Beitragsobergrenze ermittelt wird. Für den Anteil des Einkommens, der über dieser Grenze liegt, muss kein Beitrag mehr bezahlt werden. Neben dem Höchstbeitrag zur Krankenkasse gibt es auch einen Mindestbeitrag. Selbstständige und Existenzgründer mit geringem Einkommen werden von der gesetzlichen Krankenkasse mit einem Mindestbeitrag eingestuft, der aus der Mindestbemessungsgrenze (2020: 1061,67 Euro) ermittelt wird.

Im Jahr 2020 beträgt der *allgemeine Beitragssatz* für die gesetzlichen Krankenkassen bundeseinheitlich 14,6 % (inklusive Anspruch auf Krankengeld) plus kassenindividuellen Zusatzbeitragssatz. Daraus ergibt sich im Jahr 2020 ein monatlicher Beitrag für die gesetzliche Krankenkasse von mindestens 155 Euro (+ Zusatzbeitrag) und im Höchstfall von 684,38 Euro (+ Zusatzbeitrag). Bei Selbstständigen werden anhand der Einkünfte aus dem letzten Einkommenssteuerbescheid die Beiträge zur gesetzlichen Krankenversicherung vorläufig festgelegt. Bei Existenzgründern, die noch keinen Steuerbescheid vorlegen können, wird der Beitrag durch Schätzung des Einkommens ermittelt. Rückwirkend nach Vorlage des jeweiligen Steuerbescheides werden die Beiträge neu berechnet. Mit Nachforderungen müssen Sie rechnen, wenn zu wenig an Beiträgen gezahlt wurde. Haben Sie aber zuviel an Beiträgen entrichtet, muss die Krankenkasse diese zurückerstatten.

Bei der Privatversicherung richtet sich der Beitrag nicht nach dem Einkommen, sondern nach individuellen Faktoren wie Alter, Geschlecht oder Vorerkrankungen. Hinzu kommt, dass der Vertrag innerhalb gewisser Grenzen auch individuell gestaltet werden kann (von einem Basisschutz bis hin zu einer Spitzenversorgung, z. B. Unterbringung im Einbettzimmer, Chefarztbehandlung im Krankenhaus).

Ob gesetzlich oder privat krankenversichert: Die Entscheidung sollte man nicht überstürzen. Wichtig ist, die verschiedenen Tarife der privaten Krankenkassen zu vergleichen. Bei den gesetzlichen Krankenkassen lohnt sich ebenfalls ein Vergleich. Auch wenn der Leistungskatalog im Grunde fast identisch ist, gibt es aufgrund von Extraleistungen, wie z. B. etwa Übernahme der Kosten für alternative Naturheilverfahren oder verschiedener Bonusprogramme Unterschiede, die für Sie eventuell von besonderem Interesse sind. Wer sich nicht sicher ist, wie er künftig krankenversichert sein will, dem wird empfohlen, sich zunächst freiwillig in der bisherigen gesetzlichen Krankenkasse weiterzuversichern. Auf jeden Fall müssen Sie Ihre Krankenversicherung frühzeitig darüber informieren, dass Sie sich beruflich selbstständig machen. Fragen Sie nach, welche Angaben und Unterlagen die Kasse benötigt, um den Krankenkassenbeitrag festzulegen.

13.2.2 Das Krankengeld

Wenn Sie krank werden und Ihre Praxis vorübergehend schließen, haben Sie kein Einkommen. Eine Lohnfortzahlung im Krankheitsfall wie in der Angestelltenzeit gibt es ja nicht mehr. Mit dem Krankentagegeld, auch Krankengeld genannt, lassen sich Einkommensausfälle abfedern.

Wenn Sie als Selbstständiger gesetzlich krankenversichert sind, gilt seit 1. August 2009 für die Absicherung im Krankheitsfall folgende Regelung: Freiwillig in der gesetzlichen Krankenversicherung versicherte Selbstständige können wählen, den Krankengeldanspruch ab der siebten Woche der Arbeitsunfähigkeit entweder über das gesetzliche Krankengeld zum allgemeinen Beitragssatz oder über einen Wahltarif abzusichern, bei denen z. B. die Zahlung von Krankengeld vor der 7. Woche beginnt oder das Krankengeld höher als gesetzlich vorgesehen ausfällt. Auch wenn Sie privatversichert sind, können und sollten Sie einen Vertrag über eine Krankengeld-Versicherung abschließen. Der Versicherungsbeitrag hängt ab von der Höhe des Tagesgeldes, dem Auszahlungsbeginn, aber auch z. B. vom Eintrittsalter und dem Gesundheitszustand. Übrigens: Die Höhe des Tagesgeldes darf das Arbeitseinkommen nicht übersteigen.

13.2.3 Die Pflegeversicherung

Wer als Existenzgründer bei einer gesetzlichen Krankenkasse freiwillig weiterversichert ist, ist bei dieser auch automatisch pflegeversichert (2020: bundeseinheitlicher Beitrag 3,05 % des Bruttolohns, für kinderlose Mitglieder 3,3 %

des Bruttolohns). Denn bei dieser Säule unserer Grundsicherung handelt es sich um eine Pflichtversicherung. Doch zu Beginn der freiwilligen Krankenversicherung besteht die Möglichkeit zu wählen, ob man gesetzlich oder privat pflegeversichert sein will. Denn innerhalb der ersten drei Monate kann man sich auf Antrag von der Versicherungspflicht befreien lassen, zugleich muss man aber den Abschluss für eine private Pflegeversicherung nachweisen. Privat Krankenversicherte müssen eine private Pflegepflichtversicherung abschließen, deren Leistungen denen der gesetzlichen Pflegeversicherung entsprechen. Die Pflegeversicherung kommt für die materiellen Folgen einer Pflegebedürftigkeit im Alter, nach einem Unfall oder schwerer Krankheit auf, bietet aber lediglich eine Grundversorgung.

13.2.4 Die gesetzliche Unfallversicherung

Ein weiteres wichtiges Standbein im deutschen Sozialversicherungssystem ist die gesetzliche Unfallversicherung. Träger der gesetzlichen Unfallversicherung sind in der Regel die Berufsgenossenschaften.

Als *Haftpflichtversicherung für Unternehmer* geschaffen versichern Arbeitgeber ihre Mitarbeiter gegen die Folgen von Arbeitsunfällen, Wegeunfällen und Berufskrankheiten, die im direkten Zusammenhang mit der versicherten beruflichen Tätigkeit stehen. Zugleich bieten die Berufsgenossenschaften auch den Unternehmern selbst Versicherungsschutz entweder als freiwillige oder als Pflichtunternehmerversicherung. Für Fußpfleger/Podologen zuständig ist die Berufsgenossenschaft für Gesundheitsdienst und Wohlfahrtspflege (BGW) mit Hauptsitz in Hamburg. Die BGW ist für über 8,5 Millionen Versicherte in mehr als 645.000 Unternehmen zuständig und damit eine der größten gewerblichen Berufsgenossenschaften in Deutschlands.

Selbstständige Podologen sind bei der BGW pflichtversichert. Üben Sie Ihre selbstständige Tätigkeit im Bereich der kosmetischen Fußpflege aus, haben Sie die Möglichkeit, eine freiwillige Unfallversicherung bei der BGW abzuschließen. Neben einem umfangreichen Präventionsangebot zum Thema Gesundheitsschutz und Arbeitssicherheit kommt die BGW für Kosten einer individuell abgestimmten medizinischen, beruflichen und sozialen Rehabilitation auf oder bezahlt während der medizinischen Reha Verletztengeld als Ersatz für den Verdienstausfall, im Falle einer Minderung der Erwerbsfähigkeit in Höhe von 20 % und mehr besteht Anspruch auf eine Versichertenrente, um nur einige Beispiele aus dem Leistungsspektrum zu nennen.

Weitere Informationen gibt es im Kapitel 15.9: Die Berufsgenossenschaft.

Weil jedoch die Versicherungsleistungen der Berufsgenossenschaft nur bei Gesundheitsschäden erfolgen, die mit dem Beruf im Zusammenhang stehen, sollte man auf eine private Unfallversicherung nicht verzichten, um auch in der Freizeit geschützt zu sein.

13.2.5 Die Altersvorsorge

Während der Existenzgründung müssen zahlreiche wichtige Entscheidungen getroffen werden. Dazu gehört auch die Frage, wie man am besten für das Alter vorsorgt.

Bestimmte Gruppen von Selbstständigen sind nach § 2 Sozialgesetzbuch (SGB) Sechstes Buch (VI) in der gesetzlichen Rentenversicherung pflichtversichert. Dazu zählen nach § 2 Nr. 2 SGB VI auch Pflegepersonen, die in der Kranken-, Wochen-, Säuglings- oder Kinderpflege selbstständig tätig sind. Für sie gilt Versicherungspflicht, wenn sie überwiegend auf ärztliche Verordnung tätig sind und in Zusammenhang mit ihrer selbstständigen Tätigkeit regelmäßig keinen versicherungspflichtigen Arbeitnehmer beschäftigen. Von dieser Regelung betroffen sind neben selbstständig tätigen Krankenschwestern, Ergotherapeuten oder Physiotherapeuten auch Podologen. Doch die Frage der Versicherungspflicht steckt im Detail. So sind selbstständige Pflegepersonen wie Podologen rentenversicherungsfrei, wenn sie einen sozialversicherungspflichtigen Mitarbeiter beschäftigen. Dieser muss aber mehr als die derzeit gültige Geringfügigkeitsgrenze von 450 Euro pro Monat verdienen. Es können aber auch mehrere Minijobber beschäftigt werden, um so die die Minijoblohnobergrenze von 450 Euro zu überschreiten. Sind Podologen auf ärztliche Verordnung hin (rentenversicherungspflichtig) tätig und üben außerdem kosmetische Fußpflege (rentenversicherungsfrei) aus, muss der Umfang der Rentenversicherungspflicht von der Deutschen Rentenversicherung (DRV) geprüft werden. Werden weitere selbstständige Tätigkeiten, wie z. B. als Lehrer, ausgeübt, kann eine Mehrfachversicherungspflicht entstehen. Lassen Sie Ihren Status sicherheitshalber immer von der Deutschen Rentenversicherung klären. Wichtig: Selbstständige, die versicherungspflichtig sind, müssen sich innerhalb von drei Monaten nach Aufnahme der Selbstständigkeit bei der Deutschen Rentenversicherung melden.

Wenn Sie nicht rentenversicherungspflichtig sind und selbst Vorsorge treffen müssen, haben Sie zwei Möglichkeiten, in die Rentenkasse einzuzahlen: Sie können die Versicherungspflicht beantragen oder sich freiwillig versichern.

Als Nicht-Pflichtmitglied kann sich ein Selbstständiger auf Antrag innerhalb von fünf Jahren nach Beginn der selbstständigen Tätigkeit pflichtversichern lassen. Dann stehen Sie in allen Rechten und Pflichten den Pflichtversicherten gleich. Wird der Antrag bewilligt, ist die Entscheidung nicht mehr rückgängig zu machen, die Antragsversicherungspflicht endet erst mit Aufgabe der selbstständigen Tätigkeit. Die freiwillige Versicherung in der gesetzlichen Rentenversicherung ist sinnvoll z. B. um Rentenansprüche zu erhöhen oder bereits bestehende Ansprüche und Anwartschaften nicht zu verlieren. Wer freiwillig rentenversichert ist, kann die Versicherung jederzeit unterbrechen oder beenden, auch die Beitragshöhe vom Mindest- bis Höchstbeitrag frei wählen.

Die Versicherung in der gesetzlichen Rentenversicherung bietet neben einer Altersrente übrigens noch weitere Vorteile wie der Anspruch auf Rehabilitation, eine Erwerbsminderungsrente oder im Todesfall den Schutz der Hinterbliebenen.

Neben der gesetzlichen Rente sollten Sie auch an die private Vorsorge denken. Das Spektrum reicht von Sparbüchern, Sparverträgen über Investmentfonds, kapitalbildenden Lebensversicherungen bis hin zu privaten Rentenversicherungen. Auch von Seiten des Staates wird die private Altersvorsorge gefördert (Stichwort: *Riester-Rente, Rürup-Rente*).

Wie Sie am besten für Ihr Alter vorsorgen, ist höchst individuell. Auf jeden Fall sollten Sie sich, bevor Sie eine Entscheidung treffen, eingehend beraten lassen. Nutzen Sie auf jeden Fall das Auskunfts- und Beratungsangebot der Deutschen Rentenversicherung, machen Sie sich darüber hinaus kundig bei privaten Anbietern wie Banken und Versicherungsexperten sowie bei den Verbraucherzentralen.

13.2.6 Die Berufsunfähigkeitsversicherung

Außerdem sollten Sie den Gedanken nicht verdrängen, wie Sie abgesichert sind, wenn Sie infolge von Krankheit oder Unfall nur noch eingeschränkt erwerbsfähig sein können oder dauerhaft arbeitsunfähig werden sollten. Sie können, wenn bestimmte Voraussetzungen erfüllt sind, von der gesetzlichen Rentenversicherung eine Rente wegen Erwerbsminderung erhalten. Da diese Leistungen aber nur für eine teilweise Versorgung ausreichen dürften, werden Sie in der Regel auch auf eine private Berufsunfähigkeitsrente angewiesen sein.

Eine private Berufsunfähigkeitsversicherung ist sogar noch wichtiger als eine Unfallversicherung, da nicht Unfälle, sondern Krankheiten die häufigsten Ursachen für eine Berufsunfähigkeit sind. Private Berufsunfähigkeitsversicherungen gibt es sowohl als Kombination mit einer Lebens-, Renten- oder Risikolebensversicherung aber auch als eigenständige Versicherung. Wichtig ist, u. a. darauf zu achten, ab wann eine Berufsunfähigkeit überhaupt anerkannt, ab welchen Grad der Berufsunfähigkeit eine Rente bezahlt wird und ob die Dauer der Rentenzahlungen ausreichend ist. Die Rente sollte bis zum 60. oder 67. Lebensjahr bezahlt werden, sodass der Übergang zur Altersrente fließend ist.

Übrigens: Berufsunfähigkeit bedeutet, dass Sie nicht mehr in Ihrem Beruf arbeiten können. Wer überhaupt nicht mehr arbeiten kann, gilt als erwerbsunfähig. Eine Rente aus einer privaten Erwerbsunfähigkeitsversicherung erhält der Versicherte wie bei der gesetzlichen Erwerbsminderungsrente erst dann, wenn der Versicherte nur noch eingeschränkt oder überhaupt nicht mehr irgendeine Tätigkeit – unabhängig von Qualifikation und bisherigen Beruf – ausüben kann.

13.2.7 Die freiwillige Arbeitslosenversicherung für Selbstständige

Um den Schutz der Arbeitslosenversicherung aufrechtzuerhalten, haben Selbstständige seit dem 1. Februar 2006 die Möglichkeit, sich freiwillig in der Arbeitslosenversicherung weiterzuversichern. Dafür muss ein Antrag bei der Arbeitsagentur am Wohnort spätestens innerhalb von 3 Monaten nach Aufnahme der Selbstständigkeit gestellt werden.

Voraussetzung ist allerdings, dass der Existenzgründer innerhalb der letzten 2 Jahre vor Aufnahme seiner selbstständigen Tätigkeit für mindestens 12 Monate in einem Versicherungspflichtverhältnis gestanden hat. Es spielt keine Rolle, ob es sich hierbei um ein durchgehendes versicherungspflichtiges Beschäftigungsverhältnis handelt oder ob einzelne Beschäftigungen zusammengerechnet werden. Kann diese versicherungspflichtige Zeit nicht oder nicht ausreichend nachgewiesen werden, dann wird auch der Bezug von Entgeltersatzleistungen nach SGB III, wie z. B. Arbeitslosengeld I, akzeptiert. Die selbstständige Tätigkeit muss mindestens 15 Stunden pro Woche ausgeübt werden.

Diese und weitere Informationen über Voraussetzungen, Verfahrensweise und Antragsstellung, wenn Sie sich als Selbstständige/r gegen Arbeitslosigkeit versichern wollen, finden Sie in der Informationsbroschüre *Hinweise zum Versicherungspflichtverhältnis auf Antrag in der Arbeitslosenversicherung*, die im Internet unter www.arbeitsagentur.de heruntergeladen werden kann (einfach den Titel bei „Suche“ eingeben). Dieses Hinweisblatt dient lediglich der allgemeinen Information. Lassen Sie sich bei der für Sie zuständigen Agentur für Arbeit beraten.

13.3 Beratung, Informationen, Kontakte

Ob beruflich oder privat: Das Thema Versicherung erfordert eine intensive Beschäftigung. Das Angebot ist riesig. In Deutschland gibt es rund 500 Assekuranzunternehmen, die miteinander im Wettbewerb stehen. Angesichts dieser stattlichen Anzahl lohnt sich ein Vergleich auf jeden Fall. Damit Sie zum Schluss aber nicht über-, unter- oder gar falsch versichert sind, sollten Sie als Selbstständiger unbedingt fachkundigen Rat einholen. Dafür infrage kommen Versicherungsunternehmen und ihre Vertreter, ausgebildete Mehrfachagenten, Versicherungsmakler oder auch Versicherungsberater.

Siehe auch Info: Suche nach dem richtigen Versicherungsanbieter – wer kann helfen?

Nutzen Sie zusätzlich die vielfältigen Informationsmöglichkeiten im Internet.
Eine Auswahl von Internetadressen finden Sie in der "Info: Tipps für Informations- und Kontaktmöglichkeiten".

Bevor Sie den ersten Termin mit einem Versicherungsexperten vereinbaren, sollten Sie sich auf das Gespräch eingehend vorbereiten. Wichtig: Stellen Sie Fragen zu allen Details, die Ihnen unklar sind, um spätere Missverständnisse zu vermeiden. Keinesfalls sollten Sie sich bei Ihrer Entscheidung ausschließlich vom Preis leiten lassen. Was nützt die günstigste Versicherung, wenn der Service nicht stimmt oder der Versicherungsschutz nicht ausreicht?
Siehe Checkliste: Ratschläge für das Beratungsgespräch

Info: Wichtige Versicherungen im Überblick

Versicherungen für die Praxis

- Berufshaftpflichtversicherung
- Betriebshaftpflichtversicherung
- Praxis-Einrichtungsversicherung
- Praxis-Ausfallversicherung
- Kfz-Haftpflichtversicherung plus Kaskoversicherung (bei Praxiswagen für Fahrten zu Kunden/Patienten)

Weitere Versicherungen, die sinnvoll sein könnten, sind z. B.:

- Firmenrechtschutz
- Elektronikversicherung
- Elementarversicherung

Versicherungen zur privaten Vorsorge

- Krankenversicherung
- Krankengeldversicherung
- Pflegeversicherung
- Berufsunfähigkeitsversicherung
- Unfallversicherung (privat und gesetzlich)
- Risiko-Lebensversicherung
- Versicherungen zur Altersvorsorge
- Freiwillige Arbeitslosenversicherung für Selbstständige

Checkliste: Die Absicherung der Praxis		
Wichtige Fragen, die Sie prüfen sollten	**geklärt**	**(noch) nicht geklärt**
Wer kommt für Behandlungsfehler und/oder Schadensersatz auf?	☐	☐
Kommt eine Versicherung dafür auf, wenn Sie das Eigentum von Kunden/Patienten versehentlich beschädigen?	☐	☐
Wer zahlt, wenn sich z. B. eine Kundin/Patientin an einer schadhaften Garderobeeinrichtung die Jacke zerreißt oder ein Kunde/Patient auf dem frisch gewischten Boden ausrutscht und sich verletzt?	☐	☐
Sind Sie versichert, wenn die Praxiseinrichtung durch Feuer, Wasserschaden oder andere Katastrophen zerstört wird?	☐	☐
Wenn die Praxis wegen eines dieser Katastrophen-Schäden geschlossen ist, kommt dann eine Versicherung für die laufenden Kosten wie Miete, Kreditraten, Gehälter und dem entgangenen Gewinn auf?	☐	☐
Ist Ihre Praxis abgesichert, wenn Sie als Praxisinhaber ausfallen?	☐	☐
Haben Sie geprüft, ob für Sie eine Firmenrechtsschutzversicherung wichtig ist?	☐	☐
Übernimmt eine Versicherung die Kosten, wenn der PC beschädigt wird, z. B.etwa durch Überspannung oder einen Wasserschaden?	☐	☐
Haben Sie viel Glas in der Ausstattung der Praxis verarbeitet? Ist eine Glasversicherung sinnvoll?	☐	☐

Checkliste: Die persönliche Absicherung		
Wichtige Fragen, die Sie prüfen sollten	**geklärt**	**(noch) nicht geklärt**
Wie wollen Sie künftig krankenversichert sein: privat oder gesetzlich?	☐	☐
Wie sorgen Sie für den Fall vor, dass Sie wegen einer Erkrankung oder eines Unfalls vorübergehend arbeitsunfähig sind und kein Geld verdienen können?	☐	☐
Wie sind Sie finanziell abgesichert, wenn Sie aus gesundheitlichen Gründen überhaupt nicht mehr oder nur noch eingeschränkt arbeiten können?	☐	☐
Wie haben Sie vorgesorgt, wenn Sie durch Krankheit, Unfall oder Alter auf Pflege angewiesen sind?	☐	☐
Wie sind Sie abgesichert, wenn Sie durch einen Unfall invalide werden?	☐	☐
Welche Maßnahmen werden Sie für Ihre persönliche Altersvorsorge treffen?	☐	☐
Haben Sie Vorsorge getroffen, Ihre Hinterbliebenen abzusichern?	☐	☐
Wollen Sie sich freiwillig in der Arbeitslosenversicherung versichern?	☐	☐

Info: Suche nach dem richtigen Versicherungsanbieter – wer kann helfen?

Bundesweite Suchmöglichkeit nach Versicherungsmaklern beim Verband Deutscher Versicherungsmakler (VDVM) unter www.bdvm.de oder beim Bundesverband mittelständischer Versicherungs- und Finanzmakler (BMVF) unter www.bmvf.de. Versicherungsmakler sind nicht an bestimmte Versicherungsunternehmen gebunden, führen Risikoanalyse durch, beraten, informieren, vergleichen Versicherungsangebote und sollen den Kunden das beste Angebot in Hinblick auf das Preis-Leistungs-Verhältnis erstellen. Versicherungsmakler arbeiten auf Provisionsbasis. Sie erhalten nach Abschluss einer Versicherung von der Versicherungsgesellschaft eine Vergütung, eine sogenannte Courtage.

Bundesweite Suche nach einem geprüften und qualifizierten Versicherungsvermittler beim Verein Ehrbare Versicherungskaufleute e. V. (VEVK), deren Mitglieder sich explizit den Tugenden des Ehrbaren Kaufmanns als Leitbild ihres Handelns verpflichten unter www.vevk.de.

Bundesweite Suchmöglichkeit nach Versicherungsberatern beim Bundesverband der Versicherungsberater (BVVB), dem Verband der gesetzlich zugelassenen Versicherungsberater, unter www.bvvb.de. Der Beruf des Versicherungsberaters ist erlaubnispflichtig. Versicherungsberater bieten Beratung in Hinblick auf den individuell erforderlichen Versicherungsschutz, die Suche nach günstigen Versicherungen und Unterstützung im Schadensfall sowie Vertretung und Betreuung ihrer Mandanten in allen versicherungsrechtlichen Fragen. Sie arbeiten neutral und unabhängig von der Versicherungswirtschaft, dürfen keine Provision oder Courtage annehmen, sondern erhalten von Ihren Kunden bzw. Mandanten ein Honorar.

Weitere Möglichkeiten, den richtigen Versicherungsanbieter zu finden:

- Beim Berufsverband und/oder Berufskollegen nachfragen.
- In Fachzeitschriften auf Anzeigen von auf dem Bereich Fußpflege/Podologie spezialisierte Versicherungsvertretern, -maklern etc. achten.

Info: Tipps für Informations- und Kontaktmöglichkeiten

Informationen zum Thema Versicherungen
Gesamtverband der versicherungsnehmenden Wirtschaft e. V., der die Interessen der Unternehmen und Betriebe als Versicherungsnehmer vertritt und seinen Mitgliedern eine individuelle Beratung in allen Versicherungsfragen bietet – www.gvnw.de

Bund versicherter Unternehmen e. V. (BvU), der die Mitglieder bei der Gestaltung des betrieblichen Versicherungsschutzes unterstützt – www.bvuev.de

Der Gesamtverband der Deutschen Versicherungswirtschaft e. V. (GDV) bietet vielfältige Informationen zum Thema Versicherung im Internet unter www.gdv.de

Informationen des Bundesministeriums für Gesundheit
Fragen rund um das deutsche Gesundheitssystem:
Bürgertelefon zur Krankenversicherung: 030/3406066-01, Bürgertelefon zur Pflegeversicherung 030/3406066-02

Online-Informationen zur Kranken- und Pflegeversicherung unter www.bundesgesundheitsministerium.de > Themen

Informationen zur privaten Krankenversicherung:
Verband der privaten Krankenversicherung e. V., www.pkv.de

Informationen zur gesetzlichen Rentenversicherung:
Deutsche Rentenversicherung Bund, www.deutsche-rentenversicherung.de

Weitere Informationsmöglichkeiten zum Thema „Altersvorsorge"
www.verbraucherzentrale.de oder www.ihre-vorsorge.de

Informationen zur gesetzlichen Unfallversicherung für Fußpfleger/Podologen
Berufsgenossenschaft für Gesundheitsdienst und Wohlfahrtspflege – BGW, www.bgw-online.de

Informationen zur freiwilligen Arbeitslosenversicherung für Selbstständige
unter www.arbeitsagentur.de

Versicherungen online vergleichen z. B.
unter www.finanzchef24.de, www.online-vergleich-versicherung.de oder www.versicherung-vergleiche.de

Checkliste: Ratschläge für das Beratungsgespräch mit einem Versicherungsfachmann	
Darauf sollten Sie achten	**erledigt**
Ermitteln Sie zunächst Ihren Versicherungsbedarf: Was muss, was soll, was kann versichert werden?	☐
Weil sich Versicherungen in Leistungen, Preisen und Bedingungen unterscheiden können, sollten Sie zu jeder Versicherung mehrere Angebote einholen und diese vergleichen.	☐
Vorsicht bei Versicherungspaketen. Benötigen Sie wirklich alle darin eingeschlossenen Versicherungen? Also: Schauen Sie genau hin!	☐
Vereinbaren Sie keine langen Vertragslaufzeiten. So sollten, Lebens- und Berufsunfähigkeitsversicherungen ausgenommen, generell nur auf ein Jahr beschränkt sein. Dadurch sind Sie flexibel, können sich – wenn nötig – umorientieren und den Versicherungsschutz aktualisieren. Wird die Versicherung nicht rechtzeitig gekündigt, verlängert sie sich automatisch um ein Jahr.	☐
Wenn Sie sich bei Versicherungen zwischen gesetzlich und privat entscheiden können, sollten Sie stets vorher die gesetzlichen Versicherungen (Krankenkasse, Rentenversicherung, Berufsgenossenschaft) überprüfen. Dadurch vermeiden Sie, dass Ihnen aus Ihrer Entscheidung später Nachteile entstehen könnten.	☐
Vermeiden Sie Doppelversicherungen. So kann z. B. bei der Berufs-/Betriebshaftpflicht die Privathaftpflichtversicherung mit einbegriffen sein.	☐
Achten Sie darauf, dass mündliche Zusagen in der Regel keine Gültigkeit haben.	☐
Prüfen Sie besonders preiswerte Versicherungen auf Ausschlussklauseln. Was nützt eine billige Versicherung, wenn der Versicherungsschutz nicht ausreicht?	☐
Antworten Sie bei allen Versicherungen, bei denen Sie bereits im Antrag Angaben zu Ihrer Gesundheit machen müssen, immer vollständig und wahrheitsgemäß, um nicht im Versicherungsfall den Versicherungsschutz zu gefährden. Empfohlen wird, mit dem Antrag Ihre Ärzte von der Schweigepflicht zu entbinden, damit sie dem Versicherer Auskunft geben dürfen und können. Dadurch sind Sie zugleich geschützt, falls Sie möglicherweise wichtige Vorerkrankungen vergessen haben anzugeben.	☐
Fragen Sie im Beratungsgespräch alles, was Ihnen wichtig erscheint oder was Sie nicht richtig verstanden haben.	☐
Lassen Sie sich niemals zum Abschluss einer Versicherung drängen, sondern lesen Sie den Vertrag in Ruhe durch und unterschreiben Sie erst nach reiflicher Überlegung.	☐
Unterschreiben Sie einen Vertrag niemals blanko, sondern immer erst wenn er komplett ausgefüllt ist.	☐

14 Die Steuern

Welche Steuern sind überhaupt zu zahlen? Wann müssen diese Steuern entrichtet werden? Werden von Anfang an, obwohl die Einnahmen noch *mickrig* sind, hohe Steuern fällig oder steigt die Steuerlast erst später an? Ist es sinnvoll, mit dem Start der Fußpflege-/Podologiepraxis Rücklagen für Steuerzahlungen anzulegen? Hat auch die Wahl der Rechtsform Auswirkungen auf meine Verpflichtungen gegenüber dem Finanzamt? Macht es für die Gründung einer Fußpflegepraxis steuerlich einen Unterschied, ob ich zur Führung der Berufsbezeichnung *Podologe* oder *Medizinischer Fußpfleger* berechtigt bin oder nicht?

Diese und ähnliche Fragen gehen Existenzgründern durch den Kopf und manch einer würde sie am liebsten zunächst *auf die lange Bank* schieben. Zugegeben, das Thema *Steuern* stößt in der Regel nicht gerade auf große Gegenliebe, aber es ist unausweichlich. Sobald Sie als Fußpfleger/Podologe selbstständig sind, wird der Fiskus Ihr treuer Begleiter sein. Das ist gewiss! Deshalb sollten Sie sich bereits während den Gründungsvorbereitungen darauf einstellen, dass Sie als künftiger Praxisinhaber auch Steuern zahlen müssen.

Mit den Grundzügen des deutschen Steuerrechts sollte sich jeder Gründer befassen und sich ein Basiswissen aneignen. Allerdings ist es für steuerlichen Laien – und das sind wir im Grunde alle, die sich nicht von Berufs wegen mit der Materie täglich befassen – kaum machbar, in dem Dickicht der Steuerbestimmungen und Formalitäten ohne Unterstützung zurecht zu kommen sowie über die ständigen Neuerungen in der Steuergesetzgebung auf dem Laufendem zu sein. Fehler – ungewollt und unbeabsichtigt – sind somit vorprogrammiert. Damit es aber nicht so weit kommt, wird Gründern geraten, bereits während der Gründungsvorbereitung den Rat eines Steuerberaters einzuholen und sich von diesen auch künftig in steuerlichen Angelegenheiten unterstützen zu lassen. Dieses Kapitel gibt einen Überblick über die wichtigsten Steuerarten, die jeder Unternehmer kennen sollte. Internet-Adressen, wie man bundesweit nach einem Steuerberater suchen kann, runden das Thema ab.

14.1 Steuerliche Basics

In der Anfangsphase müssen junge Unternehmen zumeist nur wenige oder sogar keine Steuern zahlen, weil das Finanzamt die hohen finanziellen Belastungen während dieser Zeit berücksichtigt. Wenn später das Geschäft, sprich die Praxis, gut läuft, dann sollten Sie allerdings vorbereitet sein, dass der Fiskus seine Steuerforderungen deutlich erhöht. Fällt zugleich auch noch eine Nachzahlung an, dann kann es schnell zu einem finanziellen Engpass kommen. Um nicht durch Steuerforderungen des Finanzamtes in Liquiditätsschwierigkeiten zu geraten, sollten Sie sich rechtzeitig darauf einrichten und die zu erwartenden Steuerzahlungen *beiseitelegen*.

14.1.1 Umsatzsteuer/Vorsteuer

Ob als Privatmann oder Unternehmer – jeder von uns wird praktisch tagtäglich mit der Umsatzsteuer konfrontiert, die umgangssprachlich jedoch besser als Mehrwertsteuer bekannt ist. Seit dem 1. Januar 2007 beträgt der Umsatzsteuersatz in Deutschland 19 % und der ermäßigte Steuersatz, z. B. auf Lebensmittel, Zeitschriften und Bücher sowie künstlerische Leistungen 7 %. Es handelt sich dabei um eine sogenannte indirekte Steuer, weil die Umsatzsteuer auf dem Umweg über die Unternehmen vom Konsumenten, dem Endverbraucher, erhoben wird. Bei (fast) jeden Umsatz, den Unternehmen durch Warenlieferungen oder Dienstleistungen im Inland erzielen, fällt Umsatzsteuer an. Unternehmer haben die Umsatzsteuer als Bestandteil des Preises ihren Kunden in Rechnung zu stellen und regelmäßig die vom Endverbraucher einbehaltene Umsatzsteuer an das Finanzamt abzuführen. Die Umsatzsteuer ist also keine Einnahme für den Unternehmer, sondern vielmehr ein durchlaufender Posten.

Natürlich zahlen auch beruflich Selbstständige Umsatzsteuer, wenn sie für ihr Unternehmen Waren oder Geräte von anderen Unternehmen einkaufen. Diese darf der Unternehmer als sogenannte Vorsteuer mit der Umsatzsteuer verrechnen, die er durch den Verkauf von Waren und Leistungen vereinnahmt hat. An das Finanzamt überwiesen wird dann nur die Differenz aus Umsatzsteuer und Vorsteuer. Wichtig – nur eine ordnungsgemäß ausgestellte Rechnung berechtigt zum Vorsteuerabzug.
Siehe Info: Ist die Rechnung vollständig?

Für Gründer von Vorteil ist die Tatsache, dass bereits Vorsteuerbeträge, die für Anschaffungen im Rahmen der Gründung angefallen sind, beim Finanzamt geltend gemacht werden können. Das heißt, diese Beträge können mit der nach dem Unternehmensstart vereinnahmten Umsatzsteuer im Rahmen der Umsatzsteuervoranmeldung verrechnet werden. Ist die vom Gründer gezahlte Vorsteuer höher als auf die Einnahmen entfallende Umsatzsteuer, was im Gründungsjahr durchaus denkbar ist, dann erstattet das Finanzamt den Differenzbetrag zurück (Erstattungsanspruch gegenüber dem Finanzamt).

Achtung! Gründer müssen im Jahr der Unternehmensgründung und im folgenden Kalenderjahr ihre Umsatzsteuervoranmeldung monatlich abgeben. Nach dem dritten Bürokratieentlastungsgesetz wird diese Regelung für die Jahre 2021 bis 2026 ausgesetzt. Danach richtet sich der Turnus der Umsatzsteuervoranmeldung nach der Höhe der abzuführenden Umsatzsteuer des Vorjahres. Bei einem

Betrag zwischen 1.000 und 7.500 Euro erfolgen die Abgabe der Umsatzsteuervoranmeldung und die Umsatzsteuervorauszahlung ans Finanzamt vierteljährlich, monatlich bei mehr als 7.500 Euro. Bis 1.000 Euro kann der Unternehmer von der Abgabe der Voranmeldung und der Vorauszahlung befreit werden. Die Steuer wird dann nur jährlich abgeführt.

Die Voranmeldungen sind jeweils spätestens bis zum zehnten Tag des Folgemonats nach Ablauf eines Vorauszahlungszeitraums abzugeben und zugleich die entsprechende Umsatzsteuervorauszahlung zu entrichten. Auf Antrag kann die Abgabefrist und auch die Entrichtung der Steuerbeträge um einen Monat verlängert werden (Antrag auf Dauerfristverlängerung). Zugleich ist aber dann eine Sondervorauszahlung in der Höhe von einem Elftel der Summe der Vorauszahlungen für das vergangene Kalenderjahr (nicht erforderlich bei vierteljährlicher Voranmeldung) zu leisten.

Die Umsatzsteuervoranmeldung muss heutzutage auf elektronischem Wege erfolgen. Nach Ablauf des Kalenderjahres ist die Umsatzsteuerjahreserklärung für das vergangene Jahr beim dem für Ihr Unternehmen zuständigen Finanzamt bis 31. Juli des Folgejahres (bei Vertretung durch einen Steuerberater Fristverlängerung bis 28. bzw. 29. Februar des zweiten auf den Besteuerungszeitraum folgenden Kalenderjahres) abzugeben, in der der Unternehmer bzw. sein Steuerberater die Höhe der Umsatzsteuerschuld (abzuführende Umsatzsteuer minus Vorsteuer) für das gesamte Kalenderjahr selbst berechnet. Auch die Umsatzsteuerjahreserklärung muss auf elektronischem Weg abgegeben werden.

Siehe Info: Elektronisch via Internet in das Finanzamt

Ein weiterer wichtiger Punkt ist die Frage, wie die Steuerberechnung erfolgen soll, d. h. ob die Umsatzsteuer im Modus der Soll- oder Ist-Besteuerung an das Finanzamt weitergereicht wird? Der Normalfall ist die Soll-Besteuerung, d. h. die Umsatzsteuer wird an das Finanzamt abgeführt, wenn die Lieferung oder Leistung erbracht ist – unabhängig davon, ob die Zahlung durch den Kunden erfolgt ist oder nicht (= Besteuerung nach dem vereinbarten Entgelt). Wenn die Kunden nicht umgehend die Rechnungen begleichen, müssen Sie die ausstehenden Steuerbeträge dem Finanzamt gegenüber vorstrecken. Bei der Ist-Besteuerung hingegen wird die Umsatzsteuer erst dann an das Finanzamt abgeführt, wenn der Kunde bezahlt hat. Die Besteuerung nach den vereinnahmten Entgelten, wie die Ist-Besteuerung in der Steuersprache genannt wird, können Gewerbetreibende, die im vorangegangen Kalenderjahr nicht mehr als 500.000 Euro Gesamtumsatz erzielt haben oder von der Buchführungspflicht befreit sind, sowie Angehörige eines freien Berufs beim Finanzamt beantragen (§ 20 UStG). Freiberufler dürfen unabhängig von der Höhe des Gesamtumsatzes die Ist-Besteuerung nutzen – vorausgesetzt sie betreiben keine doppelte Buchführung, sondern ermitteln den Gewinn mittels Einnahmeüberschussrechnung.

14.1.2 Umsatzsteuerbefreiung

Das Umsatzsteuergesetz (UStG) zählt in § 4 zahlreiche Umsätze auf, die von der Umsatzsteuer befreit sind. Dazu gehören § 4 Nr. 14 Buchstabe a, Satz 1 UStG auch „Heilbehandlungen im Bereich der Humanmedizin, die im Rahmen der Ausübung der Tätigkeit als Arzt, Zahnarzt, Heilpraktiker, Physiotherapeut, Hebamme oder einer ähnlichen heilberuflichen Tätigkeit durchgeführt werden." Im Umsatzsteuer-Anwendungserlass vom 31. Dezember 2018 hat das Bundesministerium der Finanzen (BMF) im Abschnitt 4.14.1 Absatz 4 den Umfang der Steuerbefreiung von Heilbehandlungen im Bereich der Humanmedizin erläutert. Danach gelten unter Beachtung der Rechtsprechung des Europäischen Gerichtshofs als *ärztliche Heilbehandlungen* und *Heilbehandlungen im Bereich der Humanmedizin* Tätigkeiten, deren Zweck die Vorbeugung, Diagnose, Behandlung und, soweit möglich, Heilung von Krankheiten oder Gesundheitsstörungen bei Menschen ist. Diese von der Umsatzsteuer befreiten Leistungen müssen dem Schutz der Gesundheit des Betroffenen dienen. „Dies gilt unabhängig davon, um welche konkrete heilberufliche Leistung es sich handelt (Untersuchung, Attest, Gutachten usw.), für wen sie erbracht wird (Patient, Gericht, Sozialversicherung o. a.) und wer sie erbringt (freiberuflicher oder angestellter Arzt, Heilpraktiker, Physiotherapeut oder Unternehmer, der ähnliche heilberufliche Tätigkeiten ausübt, bzw. Krankenhäuser, Kliniken usw.). Heilberufliche Leistungen sind daher nur steuerfrei, wenn bei der Tätigkeit ein therapeutisches Ziel im Vordergrund steht." Im Anwendungserlass heißt es weiter, dass Tätigkeiten nicht unter die Befreiung fallen, die nicht Teil eines konkreten, individuellen, der Diagnose, der Behandlung, Vorbeugung und Heilung von Krankheiten und Gesundheitsstörungen dienenden Leistungskonzept seien. Was die Gesundheitsfachberufen erbrachten Leistungen anbetrifft, macht das BMF im Anwendungserlass klar, dass die Befreiung grundsätzlich nur in Betracht komme, „wenn sie auf Grund ärztlicher Verordnung bzw. einer Verordnung eines Heilpraktikers oder im Rahmen einer Vorsorge- oder Rehabilitationsmaßnahme durchgeführt werden." Doch Vorsicht! Führen Angehörige von Gesundheitsfachberufen im Anschluss bzw. Nachgang einer Verordnung eines Arztes oder Heilpraktikers Behandlungen durch, werden diese grundsätzlich nicht als Heilbehandlung angesehen, „sofern für diese Anschlussbehandlungen keine neue Verordnung vorliegt." Was unter einer Verordnung zu verstehen ist, dazu heißt es im Anwendungserlass (Abschnitt 4.14.1 Absatz 5a): „Als ärztliche Verordnung gilt im Allgemeinen sowohl das Kassenrezept als auch das Privatrezept, bei Rezepten von Heilpraktikern handelt es sich durchweg um Privatrezepte." Schreibt ein Arzt oder Heilpraktiker jedoch keine Verordnung aus, sondern empfiehlt eine Behandlung lediglich, reicht diese für die Steuerbefreiung nicht aus.

Im Anwendungserlass wird außerdem erklärt, dass neben den Leistungen aus der Tätigkeit als (Zahn-)Arzt oder (Zahn-)Ärztin und aus den in § 4 Nr. 14 Buchst. a Satz 1 UStG genannten nichtärztlichen Heil- und Gesundheitsfachberufen auch die Umsätze aus der Tätigkeit von nicht ausdrücklich genannten Heil- und Gesundheitsfachberufen unter die Steuerbefreiung fallen können. „Dies gilt jedoch nur dann, wenn es sich um eine einem Katalogberuf ähnliche heilberufliche Tätigkeit handelt und die sonstigen Voraussetzungen dieser Vorschrift erfüllt sind. Für die Frage, ob eine ähnliche heilberufliche Tätigkeit vorliegt, ist entscheidendes Kriterium die Qualifikation des Behandelnden.“ Des Weiteren Des Weiteren werden als Voraussetzung für die Steuerbefreiung der Umsätze aus heilberuflicher Tätigkeit i. S. von § 4 Nr. 14 Buchstabe a UStG aufgeführt, „dass es sich um ärztliche oder arztähnliche Leistungen handeln muss und dass diese von Personen erbracht werden, die die erforderlichen beruflichen Befähigungsnachweise besitzen.“ Grundsätzlich, erläutert das BMF im Anwendungserlass, könne vom Vorliegen der Befähigungsnachweise ausgegangen werden, wenn die heilberufliche Tätigkeit in der Regel von Sozialversicherungsträgern finanziert werde.

Im Umsatzsteuer-Anwendungserlass zählt das BMF 13 Heil- und Gesundheitsfachberufen auf, die eine ähnliche heilberufliche Tätigkeit im Sinne § 4 Nr. 14 Buchstabe a, Satz 1 UStG ausüben. Podologen werden in dieser Liste im Abschnitt 4.14.4 Absatz 11 Umsatzsteuer-Anwendungserlass vom 31. Dezember 2018 explizit genannt. Außerdem wird an anderer Stelle darauf hingewiesen, dass sowohl Fußpraktiker als auch Kosmetiker keine ähnliche heilberufliche Tätigkeit ausüben und auch kosmetische Leistungen von Podologen in der Fußpflege keine Heilbehandlungsleistungen sind. (Anwendungserlass des BMF vom 31. Dezember 2018 Abschnitt 4.14.4 Absatz 12 und Absatz 4.14.1 Absatz 5).

Von Bedeutung in diesem Zusammenhang ist darüber hinaus die Entscheidung von Bundesfinanzhof (BFH) vom 7. Februar 2013 (V R 22/12), wonach „eine Person, die eine Ausbildung zum Podologen absolviert hat, im Regelfall bereits dann über die erforderliche Berufsqualifikation zur Erbringung steuerfreier Heilbehandlungsleistungen gemäß § 4 Nr. 14 Buchstabe a UStG verfügt, wenn sie die staatliche Prüfung nach dem Podologengesetz und der Ausbildungs- und Prüfungsordnung für Podologinnen und Podologen mit Erfolg abgelegt hat“ (BMF-Schreiben IV D3 – S 7170/07/10011).

14.1.3 Besondere Regelung für Kleinunternehmer

In puncto Umsatzsteuer wird Kleinunternehmern ein Wahlrecht im Rahmen der sogenannten *Kleinunternehmerregelung* (§ 19 UStG) eingeräumt. Danach kann sich ein Kleinunternehmer von der Erhebung der Umsatzsteuer befreien lassen, wenn dessen Umsatz inklusive der darauf entfallenden Umsatzsteuer im Vorjahr nicht über 22.000 Euro gelegen ist und im laufenden Kalenderjahr voraussichtlich nicht mehr als 50.000 Euro ausmachen wird.

Für Gründer gilt: Wer im Laufe eines Jahres eine Tätigkeit aufnimmt, muss den Umsatz (einschließlich Umsatzsteuer) für das restliche Jahr schätzen und auf einen fiktiven Jahresumsatz hochrechnen. Im Gründungsjahr kommt es darauf an, dass die Grenze von 22.000 Euro voraussichtlich nicht überschritten wird. Unternehmer, die die Kleinunternehmerregelung anwenden, führen keine Umsatzsteuer mehr ab, brauchen daher keine Umsatzsteuervoranmeldungen machen. In der Umsatzsteuerjahreserklärung sind lediglich Angaben zum Vorjahresumsatz und zum Umsatz des laufenden Jahres zu machen. Insofern vermindert die Kleinunternehmerregelung den Verwaltungsaufwand mit dem Finanzamt.

Auf den Ausgangsrechnungen dürfen Sie dann aber weder Umsatzsteuer noch Umsatzsteuersatz ausweisen. Außerdem können die Umsatzsteuerbeträge auf Rechnungen, die an Ihr Unternehmen gerichtet sind, beim Finanzamt nicht mehr als Vorsteuer geltend gemacht werden. Das kann von Nachteil sein, wenn in der Gründungsphase angesichts hoher Anlaufinvestitionen hohe Vorsteuerbeträge angefallen sind. Allerdings haben Kleinunternehmer ein Wahlrecht und können freiwillig auf die Kleinunternehmerregelung verzichten und die Regelbesteuerung beantragen, so dass ein Vorsteuerabzug möglich ist.

Auf dem Fragebogen zur steuerlichen Erfassung, den Freiberufler vom Finanzamt, Gewerbetreibende in der Regel bei der Gewerbeanmeldung erhalten, tragen Sie unter Punkt 7.3. ein, ob Sie die Kleinunternehmerregelung in Anspruch nehmen oder ob Sie darauf verzichten, obwohl Sie voraussichtlich weniger als 22.000 Euro Umsatz machen werden. An die Entscheidung, freiwillig auf die Kleinunternehmerregelung zu verzichten, sind Sie die nächsten fünf Jahre gebunden. Was für Ihr Vorhaben in Frage kommt und sinnvoll ist oder nicht, sollten Sie mit Ihrem Steuerberater besprechen, bevor Sie sich für oder gegen die Kleinunternehmerregelung entscheiden.

14.1.4 Die Einkommensteuer

Diese Steuerart können Sie höchstwahrscheinlich aus Ihrer Angestelltenzeit. Sie entspricht der Lohnsteuer, die Arbeitgeber für Ihre Mitarbeiter direkt an das zuständige Finanzamt abführen müssen. Die rechtliche Grundlage zur Erhebung der Einkommensteuer finden man im Einkommensteuergesetz (EStG).

Für ihre gesamten Einkünfte müssen natürliche Personen Einkommensteuer entrichten. Die Höhe der Einkommensteuer hängt vom persönlichen Gewinn ab, den Sie nach Abzug aller Betriebsausgaben durch ihre Praxis erwirtschaften. Der Einkommensteuer unterliegen sowohl der Gewinn eines Einzelunternehmers als auch die Gewinnanteile der einzelnen Gesellschafter einer Personengesellschaft, wie z. B. einer GbR. Die Personengesellschaft selbst ist nicht einkommensteuerpflichtig.

Ab wann muss überhaupt Einkommensteuer bezahlt werden? Liegt das zu versteuernde Einkommen im Jahr 2020 unter dem Grundfreibetrag von 9.408/18.816 Euro (ledig/gemeinsam veranlagte Ehepaare oder Lebenspartnerschaften), dann fällt noch keine Steuer an. Erst darüber muss versteuert werden, wobei der Einkommenssteuertarif von der Höhe des zu versteuernden Einkommens abhängt. Der Steuertarif verhält sich progressiv, d. h. mit steigendem zu versteuernden Einkommen erhöht sich auch der anzuwendende Steuersatz (§ 32a EStG) und reicht vom Eingangssteuersatz von 14 % ab den ersten Euro oberhalb des Grundfreibetrags liegende zu versteuernde Einkommen bis hin zum Spitzensteuersatz von 42 % für zu versteuernde Einkommen ab 55.961/111.922 Euro (ledig/gemeinsam veranlagte Ehepaare oder Lebenspartnerschaften) und Höchststeuersatz von 45 % ab 265.327/530.654 Euro (ledig/gemeinsam veranlagte Ehepaare oder Lebenspartnerschaften).

Im ersten Jahr Ihrer Selbstständigkeit legt das Finanzamt Ihre Einkommensteuervorauszahlungen (auch die Vorauszahlungen für Solidaritätszuschlag und gegebenenfalls Kirchensteuer) entsprechend Ihren Angaben über den zu erwartenden Gewinn fest. Nach Ablauf des Kalenderjahres bis spätestens 31. Juli des Folgejahres muss beim zuständigen Finanzamt die Einkommensteuererklärung abgegeben werden. Wird die Erklärung durch einen Steuerberater erstellt, ist die Abgabefrist bis zum letzten Tag im Monat Februar des zweiten auf den Besteuerungszeitraum fallenden Kalenderjahres verlängert. In begründeten Fällen ist im Einzelfall eine Verlängerung der genannten Abgabefristen auf Antrag möglich.

Anhand der Einkommensteuererklärung, in der die gesamten Einkünfte aufgeführt werden, ermittelt das Finanzamt die Höhe der Einkommensteuer. Bemessen an der Einkommensteuerschuld im vergangenen Jahr wird zudem eine bestimmte Summe festgelegt, die als Steuervorauszahlungen künftig zu leisten sind. Die Vorauszahlungen erfolgen vierteljährlich: 10. März, 10. Juni, 10. September, 10. Dezember. Im Folgejahr wird die anhand der Einkommensteuererklärung ermittelte Steuerschuld dann mit den geleisteten Vorauszahlungen verrechnet.

14.1.5 Gewinnermittlung

Freiberufler und Inhaber kleiner Gewerbebetriebe können den Gewinn mit Hilfe der sogenannten Einnahmenüberschussrechnung, abgekürzt EÜR, ermitteln. Hierbei werden die Betriebseinnahmen den Betriebsausgaben gegenübergestellt, um Gewinn bzw. Verlust zu ermitteln (§ 4 Abs. 3 EStG). Freiberufler können unabhängig von der Höhe des Umsatzes und des Gewinns die EÜR anwenden.

Kleingewerbetreibende, d. h. gewerbliche Unternehmen, die nicht zu den Kaufleuten im Sinne des Handelsgesetzbuches zählen und daher auch nicht nach dem Handelsrecht buchführungspflichtig sind, können die EÜR anwenden, solange bis bestimmte Betriebsgrößen nicht überschritten werden.
Die Pflicht zur doppelten Buchführung samt Jahresabschluss (Bilanz plus Gewinn- und Verlustrechnung) trifft auch diese Gewerbetreibenden, wenn der jährliche Umsatz mehr als 600.000 Euro **oder** der jährliche Gewinn mehr als 60.000 Euro ausmacht **und** das Finanzamt schriftlich zur Buchführung auffordert.

Übrigens auch für ins Handelsregister eingetragene Kaufleute, die nach dem Gesetz zur doppelten Buchführung verpflichtet sind, gibt es im Handelsgesetzbuch (HGB) eine Vereinfachung (§ 241a HGB). Einzelkaufleute sind von der Buchführungspflicht, Bilanzierung und Inventur nach den handelsrechtlichen Vorschriften befreit, wenn bestimmte Schwellenwerte nicht überschritten werden (in zwei aufeinanderfolgenden Geschäftsjahren pro Geschäftsjahr nicht mehr als 600.000 Euro Umsatzerlöse und 60.000 Euro Gewinn). Auch für Gründer ist eine Befreiung möglich. Dazu dürfen die oben genannten Schwellenwerte am Ende des ersten Geschäftsjahres nicht überschritten werden.

Bei doppelter Buchführung ist der Einkommensteuererklärung eine Abschrift der Bilanz (bei Eröffnung eines Betriebs auch die Eröffnungsbilanz) plus die Gewinn- und Verlustrechnung beizufügen. Wer seinen steuerpflichtigen Gewinn mittels Einnahmenüberschussrechnung (EÜR) ermittelt, legt diese der Einkommensteuererklärung bei.

Für die Einnahmenüberschussrechnung muss der standardisierte amtliche Vordruck *Anlage EÜR* benutzt werden, der im Programm ElsterFormular der Finanzverwaltung (unter www.elster.de) enthalten ist. Die Anlage EÜR muss elektronisch dem Finanzamt übermittelt werden. Seit dem Veranlagungszeitraum 2017 müssen alle Unternehmen, die den Gewinn mittels EÜR berechnen, die Anlage EÜR verwenden. Die Ausnahmeregelung, nach der bei Betriebseinnahmen von weniger als 17.500 Euro die Abgabe einer formlosen Einnahmenüberschussrechnung als ausreichend angesehen wurde, ist ausgelaufen.

14.1.6 Körperschaftssteuer

Die Körperschaftssteuer juristischer Personen entspricht der Einkommensteuer natürlicher Personen. Genossenschaften und Kapitalgesellschaften, zu denen die GmbH, UG (haftungsbeschränkt) oder auch die Aktiengesellschaft (= AG) gehört, unterliegen der Körperschaftssteuer, womit deren Gewinne (= das zu versteuernde Einkommen der Körperschaft) besteuert werden. Der Steuersatz der Körperschaftssteuer beträgt seit 2008 15 %. Auch bei der Körperschaftssteuer sind vierteljährliche Vorauszahlungen zu leisten und nach Ablauf eines

Kalenderjahres eine Körperschaftssteuerjahresklärung für die Jahresabrechnung zu erstellen.

14.1.7 Gewerbesteuer

In Deutschland unterliegen alle Gewerbebetriebe vom Handel über Handwerk und Dienstleistung bis zur Industrie der Gewerbesteuer. Es handelt sich um eine Gemeindesteuer. Sie ist die wichtigste Einnahmequelle für die Kommunen, um die öffentlichen Ausgaben zu finanzieren. Grundlage für die Besteuerung ist der Gewerbeertrag, d. h. der Gewinn aus einem Gewerbebetrieb, der durch verschiedene Hinzurechnungen oder Kürzungen erhöht bzw. vermindert wird. Für Einzelunternehmen und Personengesellschaften gibt es einen Freibetrag in der Höhe von 24.500 Euro. GmbHs und andere Kapitalgesellschaften erhalten keinen Freibetrag.

Mit der Unternehmenssteuerreform 2008 können sowohl Einzel-/Personenunternehmen als auch Kapitalgesellschaften die Gewerbesteuer im Rahmen der Gewinnermittlung nicht mehr als Betriebsausgabe absetzen. Weil sich dadurch die Bemessungsgrundlage erhöht hat, wurde sozusagen zum Ausgleich die Steuermesszahl, mit der der Gewerbeertrag multipliziert wird, auf 3,5 % gesenkt. Somit berechnet sich die Gewerbesteuer wie folgendermaßen:

Gewerbeertrag x 3,5 % = Steuermessbetrag
Steuermessbetrag x Hebesatz = Gewerbesteuer

Der Hebesatz wird von den Gemeinden selbst festgelegt. Dieser kann – je nach Gemeinde – zwischen 200 und fast 500 % variieren. Erhoben wird die Gewerbesteuer immer von der Gemeinde, in der das Unternehmen seinen Betriebssitz hat. Somit ist auch der Hebesatz für die Wahl des Standorts ein nicht unerhebliches Kriterium.

Bei Inhaber eines Einzelunternehmen sowie Gesellschafter von Personengesellschaften kann die Gewerbesteuer auf die Einkommenssteuer angerechnet (seit 2008 das 3,8-fache des Gewerbesteuermessbetrags), was – abhängig vom gemeindlichen Hebesatz und dem persönlichen Einkommensteuersatz – zu einer erheblichen Steuerentlastung führen kann.

Für die Gewerbesteuer sind vierteljährlich Vorauszahlungen an die Gemeinde zu leisten und nach Ablauf eines Kalenderjahres eine Gewerbesteuererklärung beim Finanzamt abzugeben. Das Finanzamt erlässt eine Gewerbesteuermessbescheid, der der zuständigen Gemeinde weitergeleitet wird. Dieser gibt den für die Berechnung der Gewerbesteuer maßgeblichen Gewerbeertrag an. Die Gemeinde errechnet die Gewerbesteuer und erlässt den Gewerbesteuerbescheid.

Angehörige freier Berufe zahlen keine Gewerbesteuer. Der nach dem Podologengesetz anerkannte Podologe/Medizinische Fußpfleger ist freiberuflich tätig, so dass Gewerbesteuer nicht anfällt. Wer jedoch zur Titelführung nach dem Podologengesetz nicht berechtigt ist, gilt nicht als Freiberufler, sondern als Gewerbetreibender und muss daher Gewerbesteuer entrichten. Allerdings kann die Gewerbesteuer auch für Podologen/Medizinische Fußpfleger durchaus ein Thema sein. Denn es gibt es eine Reihe von Konstellationen, die die Freiberuflichkeit gefährden und zur Gewerblichkeit führen können, was z. B. abhängig ist von der Größe der Praxis, der Ausweitung des Angebots auch auf gewerbliche Tätigkeiten oder dem Zusammenschluss zu einer Personengesellschaft mit einem Gewerbetreibenden.

Siehe Info: Von Beruf frei und dennoch ein Gewerbe

Freiberufliche und gewerbliche Tätigkeiten schließen einander allerdings nicht aus, d. h., es ist möglich, dass man sowohl freiberuflich als auch gewerblich tätig ist. Es lassen sich also Einkünfte aus selbstständiger Arbeit im Sinne des § 18 Abs. 1 Nr.1 EStG als auch Einkünfte aus Gewerbebetrieb § 15 EStG erzielen. Allerdings wird bei einem Einzel-Freiberufler zwischen gemischt-trennbaren und gemischt-untrennbaren Tätigkeiten unterschieden. Darauf weist das Institut für Freie Berufe in Nürnberg (http://ifb.uni-erlangen.de) auf Anfrage hin, das speziell Beratungen für Existenzgründer in Freien Berufen anbietet. Werden im ersten Fall die Einkünfte getrennt nach freiberuflich und gewerblich erfasst, ist dies bei gemischt-untrennbaren Tätigkeiten nicht möglich. Hier kommt es dann auf das Gesamtbild an, ob die Tätigkeit insgesamt als freiberuflich oder gewerblich einzustufen ist.

Siehe Info: Gemischte Tätigkeiten

14.1.8 Lohnsteuer

Wenn Sie Arbeitnehmer beschäftigen, müssen Sie Lohnsteuer abführen, die von Ihnen als Unternehmer selbst berechnet wird. Denn bei Arbeitnehmern wird die Einkommensteuer durch Abzug vom Arbeitslohn erhoben. Diese Steuer wird also bei der Lohnauszahlung einbehalten. Die Lohnsteuer sämtlicher Arbeitnehmer wird in einer Summe an das für den Betrieb zuständige Finanzamt abgeführt. Dazu hat der Arbeitgeber beim Finanzamt eine Lohnsteueranmeldung bis zum 10. Tag nach Ablauf eines Lohnsteueranmeldezeitraums dem Finanzamt einzureichen und die einbehaltene und übernommene Lohnsteuer an das Finanzamt abzuführen.

Neben der Lohnsteuer müssen Sie den Solidaritätszuschlag (eine seit 1995 erhobene Ergänzungszulage zur Finanzierung der deutschen Wiedervereinigung und zur langfristigen Sicherung des Aufbaus in den neuen Bundesländern) in der Höhe von 5,5 % der Lohnsteuer und bei Zugehörigkeit zur evangelischen oder katholischen Kirche die Kirchensteuer (liegt je nach Bundesland bei 8 % oder 9 % der Lohnsteuer) an das Finanzamt überweisen.

Wie die Umsatzsteuervoranmeldung ist die elektronische Lohnsteueranmeldung für Unternehmer Pflicht. Der Anmeldezeitraum für die Lohnsteuer ist monatlich, wenn die jährlich voraussichtlich zu entrichtende Lohnsteuer über 5.000 Euro beträgt, vierteljährlich bei mehr als 1.000 Euro, aber nicht mehr als 5.000 Euro und jährlich bei einem voraussichtlich zu erwartenden Betrag bis 1.000 Euro. Es wird lediglich der Gesamtbetrag der einbehaltenen Lohnsteuer erklärt, weitere Angaben zu den beschäftigten Arbeitnehmern, auf die sich die abgeführte Lohnsteuer bezieht, werden nicht gefordert.

Lohnsteuerbescheinigungen für die Arbeitnehmer sind ebenfalls elektronisch an das Finanzamt vom Arbeitgeber zu übermitteln – nach Ablauf eines Kalenderjahres bis spätestens zum letzten Tag des Monats Februar des Folgejahres. Außerdem ist dem Arbeitnehmer ein Ausdruck der elektronischen Lohnsteuerbescheinigung auszuhändigen oder elektronisch bereitzustellen.

Mit der elektronischen Lohnsteuerbescheinigung werden u. a. folgende Daten übermittelt:

- eTIN = persönliche elektronische Transferidentifikationsnummer
- Identifikationsnummer
- Personalnummer (von der Personalabteilung zugeteilt)
- Geburtsdatum
- Steuerklasse
- Kirchensteuermerkmale
- Beschäftigungszeitraum
- Bruttoarbeitslohn einschließlich Sachbezüge
- Einbehaltene Lohnsteuer und Kirchensteuer
- Abgaben für Solidaritätszuschlag
- Beiträge zur gesetzlichen Renten-, Kranken-, Pflege- und Arbeitslosenversicherung
- Ausbezahltes Kindergeld
- Zuschuss zum Mutterschaftsgeld

Eine Ausnahme von der Pflicht, die Lohnsteuerbescheinigung elektronisch zu übermitteln gibt es nur, wenn ein Arbeitgeber ausschließlich Arbeitnehmer im Rahmen einer geringfügigen Beschäftigung in seinem Privathaushalt im Sinne des § 8a des Vierten Buches Sozialgesetzbuch beschäftigt und nicht über eine maschinelle Lohnabrechnung verfügt. In diesem Fall hat der Arbeitgeber anstelle der elektronischen Lohnsteuerbescheinigung eine entsprechende Lohnsteuerbescheinigung nach amtlich vorgeschriebenem Muster auszustellen (vgl. § 41b Abs. 3 Satz 1).

In der elektronischen Lohnsteuerbescheinigung sind die Elektronischen **L**ohn**St**euer**A**bzugs**M**erkmale (= ELStAM) aufgeführt. Im Jahr 2013 war die Ära der Lohnsteuerkarte in Papierform zu Ende. Seit dem 1. Januar 2013 werden die Lohnsteuerabzugsmerkmale wie z. B. Steuerklasse und Freibeträge, die der Arbeitgeber für die Gehaltsabrechnung benötigt, zentral für alle Arbeitnehmer von der Finanzverwaltung in einer Datenbank verwaltet. Auch Änderungen der Lohnsteuerabzugsmerkmale werden elektronisch bereitgestellt. Bei Beginn eines Beschäftigungsverhältnisses muss der Arbeitgeber den Arbeitnehmer bei der Finanzverwaltung im ELStAM-Verfahren anmelden. Daraufhin werden innerhalb von einigen wenigen Tagen die ELStAM bereitgestellt und können vom Arbeitgeber abgerufen und in das Lohnkonto des Arbeitnehmers übernommen werden. Um die Daten abrufen zu können, benötigt der Arbeitgeber von dem Arbeitnehmer nur einige wenige Informationen u. a.:

- Steuerliche Identifikationsnummer
- Geburtsdatum
- Angabe, ob es sich um ein Haupt- oder Nebenarbeitsverhältnis handelt

Die elektronische Datenübermittlung der Lohnsteuerbescheinigung erfolgt mittels der eingesetzten Lohnbuchhaltungssoftware, dem kostenlosen Programm ElsterFormular oder direkt online über das Elster-Portal (weitere Informationen unter www.elster.de).

Damit Sie als künftiger Unternehmer die wichtigsten Steuern rund um Ihre Praxis im Blickfeld haben, ist in der *Info: Wichtige Steuertermine im Überblick* noch einmal zusammengestellt, wann welche Steuererklärungen und Voranmeldungen beim Finanzamt abzugeben sind und wann welche Steuern fällig sind.

14.2 Steuerberatung

Wie der Exkurs zum Thema Steuern deutlich macht, gibt es eine Reihe von Aspekten zu beachten. Das umfangreiche Angebot an Steuer-Ratgebern kann Ihnen helfen, sich in die Thematik einzuarbeiten, einen Überblick zu bekommen und im Wesentlichen die steuerlichen Fragen zu verstehen – das ist ganz wichtig! Schließlich sind Sie derjenige, der die Steuererklärungen unterschreiben muss.

Aber das *Selbststudium* ist nicht nur zeitaufwendig, sondern reicht oft nicht aus, um die Steuerangelegenheiten ordnungsgemäß zu erledigen. Denn wie es so schön heißt: *Der Teufel steckt im Detail.* Deshalb sollten Gründer am besten schon vor der Gründung professionelle Hilfe durch einen Steuerberater suchen.

Dieser berät übrigens nicht nur in steuerrechtlichen Angelegenheiten, sondern auch bei betriebswirtschaftlichen Fragen oder der Rechtsformwahl. Allerdings werden diese Beratungsleistungen unterschiedlich abgerechnet: steuerliche Beratung wird normalerweise nach der Steuerberatungsgebührenverordnung honoriert, betriebswirtschaftliche Beratung nach freier Honorarvereinbarung. Der Blick ins Branchenbuch vor Ort oder die Nachfrage bei Kollegen ist eine Möglichkeit, einen geeigneten Steuerberater zu finden. Bei Suche und Auswahl behilflich sind aber auch die bundesweiten Suchdienste:

- Der Steuerberater-Suchdienst der Bundessteuerberaterkammer: www.bstbk.de.
- Der Steuerberater-Suchdienst des Deutschen Steuerberaterverbands e. V.: www.steuerberater-suchservice.de.

Übrigens – Sie können sich in steuerlichen Fragen auch direkt an das Finanzamt wenden. Auf Antrag können die Finanzbehörden auch verbindliche Auskünfte über die steuerliche Beurteilung von bestimmten, noch nicht verwirklichten Sachverhalten erteilen, wenn daran im Hinblick auf die erheblichen steuerlichen Auswirkungen ein besonderes Interesse besteht. Das gilt z. B. bei komplizierten, schwierig lösbaren steuerlichen Fragen, bei denen trotz steuerlicher Expertise nicht klar ist, wie diese Angelegenheit steuerlich zu bewerten ist. Allerdings sind verbindliche Auskünfte gebührenpflichtig. Der Vorteil von verbindlichen Auskünften besteht jedoch darin, dass die erteilten Aussagen der Finanzbehörde für die spätere Besteuerung bindend sind, wenn der später verwirklichte Sachverhalt von dem zugrunde gelegten Sachverhalt nicht oder nur unwesentlich abweicht. Der Antrag muss bei dem für den Antragssteller zuständigem Finanzamt schriftlich oder elektronisch gestellt werden. Die rechtlichen Voraussetzungen für das Erteilen von verbindlichen Auskünften sind in § 89 AO (Abgabenordnung) und in der Steuer-Auskunftsverordnung (StAuskV) geregelt. Ansprechpartner für weitere Informationen sind das für Ihr Unternehmen zuständige Finanzamt sowie die zuständige IHK und natürlich auch Ihr Steuerberater.

Info: Ist die Rechnung vollständig?

Eine Rechnung im Sinne des § 14 UStG muss nicht als solche gekennzeichnet sein. Jedes Dokument, mit dem über eine Lieferung oder eine Leistung abgerechnet wird, ist eine Rechnung. Dabei ist es gleichgültig, wie dieses Dokument im Geschäftsverkehr bezeichnet wird. Schriftstücke sind aber keine Rechnung, wenn sie lediglich dem Zahlungsverkehr dienen wie z. B. Kontoauszüge oder Mahnungen, auch wenn sie alle umsatzsteuerrechtlichen Pflichtangaben enthalten. Eine Rechnung dient als Belegnachweis für den Vorsteuerabzug. Daher ist auf eine korrekte und vollständige Ausstellung einer Rechnung zu achten, damit der Rechnungsempfänger zum Vorsteuerabzug berechtigt ist. Sind nicht alle erforderlichen Angaben auf der Rechnung enthalten, führt dies zum Versagen des Vorsteuerabzugs.

Rechnungen über 250 Euro:
Eine Rechnung, die ein Unternehmer ausstellt, muss nach dem Umsatzsteuergesetz (§ 14) folgende Pflichtangaben enthalten:

1. Vollständiger Namen und vollständige Anschrift des leistenden Unternehmers
2. Vollständigen Namen und vollständige Anschrift des Leistungsempfängers
3. Steuernummer oder Umsatzsteuer-Identifikationsnummer des leistenden Unternehmers (= Rechnungsausstellers)
4. Ausstellungsdatum (= Datum der Rechnung)
5. Fortlaufende Rechnungsnummer, die vom Rechnungssteller nur einmalig vergeben werden darf, um die Identifizierung der gestellten Rechnung sicherzustellen
6. Zeitpunkt (= Termin) der Lieferung oder der sonstigen Leistung
7. Menge und handelsübliche Bezeichnung des gelieferten Gegenstands/der gelieferten Gegenstände bzw. Art und Umfang der sonstigen Leistung
8. Höhe des Netto-Entgelts – ggf. nach Steuersätzen und Steuerbefreiungen aufgeschlüsselt
9. Bereits im Voraus vereinbarte Minderungen des Entgelts, wie z. B. durch Skonti oder Rabatte, soweit sie nicht schon im Entgelt der Rechnung berücksichtigt sind
10. Den auf das Netto-Entgelt entfallenden Umsatzsteuersatz (19 % oder 7 %) und die Höhe des Umsatzsteuerbetrages
11. Im Fall einer Umsatzsteuerbefreiung einen Hinweis, dass es für die Lieferung oder sonstige Leistung eine Steuerbefreiung gibt (z. B. bei Heilbehandlungen im Bereich der Humanmedizin: Umsatzsteuerbefreit gemäß § 4 Nr. 14 UStG)
12. Bei Anwendung der Kleinunternehmerregelung ist ein Hinweis darauf nicht verpflichtend, aber empfehlenswert. Fehlt der Hinweis, wird der Rechnungsempfänger voraussichtlich die Rechnung beanstanden, weil die Umsatzsteuer nicht ausgewiesen ist. Wer die Kleinunternehmerregelung anwendet, versieht die Rechnung, um Zahlungsverzögerungen zu vorzubeugen, daher z. B. mit folgendem Hinweis: Kein Umsatzsteuerausweis gemäß § 19 Abs. 1 UStG. Sie können aber auch bspw. schreiben: Der ausgewiesene Rechnungsbetrag enthält keine Umsatzsteuer aufgrund der Anwendung der Kleinunternehmerregelung nach § 19 Abs. 1 UStG
13. Die Angabe Gutschrift, wenn die Rechnung durch den Leistungsempfänger ausgestellt wird

Die Berechtigung zum Vorsteuerabzug setzt eine korrekte Rechnung voraus. Am besten Sie machen es sich als künftiger Unternehmer deshalb zur Gewohnheit, Rechnungen, die Sie von Lieferanten und anderen Unternehmern erhalten auf Vollständigkeit und Richtigkeit im Sinne des Umsatzsteuergesetzes zu kontrollieren. Sind alle Pflichtangaben vorhanden? Schließlich würden Sie auf bares Geld verzichten, wenn Vorsteuerabzug aufgrund fehlerhafter Rechnungen nicht möglich ist. Fordern Sie gegebenenfalls eine Berichtigung der Rechnung.

Achten Sie zudem immer darauf, dass der Netto-Preis (= Rechnungsbetrag netto) speziell ausgewiesen ist. Eine Rechnung ist nicht zum Vorsteuerabzug berechtigt, wenn lediglich neben Umsatzsteuersatz und Umsatzsteuerbetrag der Brutto-Preis (= Rechnungsbetrag brutto) auf der Rechnung steht.

Die genaue Kontrolle der Eingangsrechnungen ist kein Zeichen von *Kleinlichkeit.* Vielmehr können Sie sich dadurch Ärger ersparen. Stellt sich später bei einer steuerlichen Überprüfung rückwirkend heraus, dass Rechnungen fehlerhaft waren und deshalb der Vorsteuerabzug nicht berechtigt war, müssen Sie mit entsprechenden Steuernachzahlungen rechnen.

Aber auch wenn Sie selbst Rechnungen ausstellen – bei Geschäften mit anderen Unternehmen oder juristischen Personen, die nicht Unternehmer sind, sind Sie zur Rechnungsstellung innerhalb von 6 Monaten verpflichtet, bei Geschäften mit Privatkunden sind Sie dazu berechtigt –, sollten Sie Sorgfalt walten lassen. Auf diese Weise ersparen Sie sich Reklamationen und machen sowohl beim Geschäfts- als auch Privatkunden einen professionellen Eindruck.

Rechnungen bis 250 Euro

Bei Kleinbetragsrechnungen, deren Gesamtbetrag (einschließlich Umsatzsteuer) 250 Euro nicht übersteigt, sind nach der Umsatzsteuer-Durchführungsverordnung (UStDV) § 33 *Rechnungen über Kleinbeträge* die Vorgaben vereinfacht. Die Angabe des Leistungsempfängers mit Namen und Anschrift, der Rechnungs- und Steuernummer, des Netto-Betrags der Rechnung sowie eine extra Ausweisung des Umsatzsteuerbetrages sind nicht erforderlich.

Damit Kleinbetragsrechnungen zum Vorsteuerabzug berechtigen, reichen folgende Angaben aus:

1. Vollständiger Name und vollständige Anschrift des leistenden Unternehmers
2. Ausstellungsdatum
3. Menge und Art des gelieferten Gegenstands/der gelieferten Gegenstände oder Art und Umfang der sonstigen Leistung

4. Bruttoentgelt, d. h. das Entgelt und der darauf entfallende Umsatzsteuerbetrag in einer Summe
5. Umsatzsteuersatz oder im Falle einer Steuerbefreiung ein entsprechender Hinweis darauf

Hinweise zur Rechnungsaufbewahrung:
§ 14 b UStG regelt die Aufbewahrung von Rechnungen. Danach müssen Unternehmer Rechnungen – sowohl eigene ausgestellte als auch selbst empfangene Rechnungen (inklusive Kleinbetragsrechnungen) – für einen Zeitraum von zehn Jahren in unveränderter Form aufbewahren und dabei für deren Lesbarkeit (§ 14 Abs. 1 Satz 2) sorgen. Besonderes Problem hierbei sind ausgedruckte Belege auf Thermopapier, auf denen die Schrift mit der Zeit verblasst. Um die Lesbarkeit sicherzustellen, werden am besten die Belege kopiert und die Kopie an das Original geheftet.

Elektronische Rechnungen:
Heutzutage (fast schon) gängige Praxis sind elektronische Rechnungen. So werden Rechnungen genannt, die in einem elektronischen Format ausgestellt und empfangen werden (§ 14 Abs. 1 Satz 8 UStG). Umsatzsteuerrechtlich werden Papier- und elektronische Rechnungen gleichbehandelt. Alle Rechnungen – ob in Papierform oder elektronisch z. B. per E-Mail, Computer-Fax oder Webdownload versandt – müssen die oben genannten Pflichtvorgaben erfüllen. Darüber hinaus muss der Rechnungsempfänger dem Empfang von elektronischen Rechnungen zustimmen. Dafür kann es schon genügen, wenn eingegangene elektronische Rechnungen angenommen und stillschweigend bezahlt werden.

Wie bei Papierrechnungen müssen auch bei elektronischen Rechnungen *die Echtheit der Herkunft der Rechnung* (= Authentizität), *die Unversehrtheit ihres Inhalts* (= Integrität) *und ihre Lesbarkeit* (= Erkennbarkeit für das menschliche Auge) gewährleistet sein. Um die Kriterien *Authentizität und Integrität* zu erfüllen, können elektronische Signaturen verwendet werden, sie sind aber nicht mehr notwendig. Das Bundesfinanzministerium hat in einem Schreiben vom 2. Juli 2012 (siehe unten) festgestellt, dass diese Kriterien auch durch innerbetriebliche Kontrollverfahren gewährleistet werden können, die einen verlässlichen Prüfpfad zwischen Rechnung und Leistung schaffen. Das bedeutet: Der Rechnungsempfänger muss überprüfen, ob die Identität des angegebenen Rechnungsausstellers stimmt und ob dieser den behaupteten Anspruch auf Zahlung hat, ob die Angaben zu Art, Menge und Preis der berechneten Leistungen bzw. Waren korrekt sind und ob diese während der Übermittlung nicht verändert wurden. Für die Rechnungsprüfung können z. B. Bestelldokumente, Lieferscheine, Aufträge oder Verträge herangezogen werden. Wichtig – bei elektronisch übermittelten Rechnungen sind die Nachweisdokumente über Echtheit und Unversehrtheit der Daten aufbewahrungspflichtig. Die Details des Kontrollverfahren darf jeder Unternehmer selbst festlegen. Was die Lesbarkeit anbetrifft, ist zu beachten, dass zum Lesen elektronischer Rechnungen ein geeignetes Anzeigeprogramm, wie z. B. ein passender PDF-Viewer, erforderlich ist. Die Lesbarkeit der elektronischen Rechnungen muss über den gesamten Aufbewahrungszeitraum erhalten bleiben.

Die zehnjährige Aufbewahrungsfrist von Papierrechnungen gilt auch für elektronische Rechnungen. Die auf elektronischem Wege eingegangenen Rechnungen müssen im Originalformat unveränderbar elektronisch aufbewahrt werden. Es genügt daher nicht, eine elektronische Rechnung auf Papier auszudrucken und anschließend in einem Ordner zu archivieren. Während der Aufbewahrungsfrist müssen elektronische Rechnungen jederzeit lesbar bleiben, sie dürfen weder gelöscht, vernichtet noch geändert werden. Falls Veränderungen an digitalen Rechnungen dennoch notwendig sind, müssen diese protokolliert werden und zwar so, dass jederzeit sowohl der ursprüngliche Inhalt feststellbar ist als auch die vorgenommenen Veränderungen erkenn- und nachvollziehbar sind.

Übrigens: Rechnungen, die von Computer-Telefax/Fax-Servern an Standard-Telefaxgeräte übermittelt werden, gelten als Papierrechnung. Das gilt auch für von Standard-Fax zu Standard-Fax-Gerät übertragene Rechnungen.

Weitere Informationen über die rechtlichen Grundlagen zum Umgang mit elektronischen Rechnungen enthalten:

- Das Schreiben des Bundesfinanzministeriums zur *Vereinfachung der elektronischen Rechnungsstellung zum 1. Juli 2011 durch das Steuervereinfachungsgesetz 2011 (IV D 2 S-7287-a/09/10004 : 003)* veröffentlicht am 2. Juli 2012
- Das Schreiben des Bundesfinanzministerium über die *Grundsätze zur ordnungsgemäßen Führung und Aufbewahrung von Büchern, Aufzeichnungen und Unterlagen in elektronischer Form sowie zum Datenzugriff (GoBD) vom 11. Juli 2019 (GZ: IV A4 – S-0316/19/10003: 001; DOK: 2019/0592405)*
- Bitkom-Arbeitskreis ECM Compliance: 10 Merksätze für elektronische Rechnungen. 30. Juni 2015, www.bitkom.org
- Industrie- und Handelskammer Region Stuttgart (www.stuttgart.ihk24.de): Merkblatt: Pflichtangaben für Rechnungen

Info: Elektronisch via Internet in das Finanzamt

Als Unternehmer sind Sie gesetzlich verpflichtet, dem Finanzamt eine Reihe von Daten, wie Steuererklärungen, Bescheinigung und Anträge auf elektronischem Weg zu übermitteln. Das betrifft Einkommens-, Körperschafts-, Gewerbe- und Umsatzsteuerjahreserklärung sowie alle Umsatzsteuervoranmeldungen und Anträge auf Dauerfristverlängerung zur Abgabe von Umsatzsteuervoranmeldungen einschließlich der Anmeldung der Umsatzsteuer-Sondervorauszahlung. Ferner ist auch die Einkommensüberschussrechnung (EÜR), die zur Gewinnermittlung erstellt wird, beim Finanzamt in elektronischer Form abzugeben. Das gilt auch für Bilanzen inklusive Gewinn-und-Verlust-Rechnungen. Falls Sie Mitarbeiter beschäftigen, sind Lohnsteueranmeldungen und Lohnsteuerbescheinigungen elektronisch beim Finanzamt einzureichen. Von der Finanzverwaltung werden zudem die erforderlichen Angaben für den Lohnsteuerabzug jedes Arbeitnehmers elektronische Lohnsteuerabzugsmerkmale (ELStAM) bereitgestellt.

Um mit der Finanzverwaltung elektronisch zu kommunizieren, können Sie zwischen verschiedene Möglichkeiten wählen. So stellt die Finanzverwaltung das kostenlose Softwareprogramm ElsterFormular zur Verfügung, mit dem Sie am PC die Steuererklärung offline erstellen und anschließend die Daten elektronisch, verschlüsselt via Internet an das Finanzamt weiterleiten. Allerdings wird ElsterFormular letztmalig im Jahr 2020 für Steuererklärungen und Anmeldungen des Jahres 2019 zur Verfügung gestellt wird. Sie können aber auch eine andere im Handel erhältliche Steuersoftware, die Elster unterstützt, einsetzen. Weitere Informationen zu ElsterFormular und anderen verfügbaren Programmen sind auf der Elsterseite unter www.elster.de > ELSTER > Weitere Softwareprodukte zusammengestellt.

Um Daten auf elektronischem Weg an die Finanzverwaltung zu übermitteln, müssen Sie sich einmalig und kostenlos unter www.elster.de > Mein ELSTER registrieren und ein Benutzerkonto anlegen. Sie erhalten ein persönliches ELSTER-Zertifikat für die authentifizierte Übermittlung Ihrer Daten. Auch für die Abrufung der elektronischen Lohnsteuermerkmale ist eine Registrierung unter Mein ELSTER erforderlich. Weitere Informationen zum Login und der elektronischen Kommunikation mit der Steuerverwaltung unter www.elster.de.

Info: Wichtige Steuertermine im Überblick	
Steuerart	**Fälligkeit**
Umsatzsteuervoranmeldungen und -vorauszahlungen	In der Regel bis spätestens am 10. Tag des Folgemonats nach Ablauf eines Voranmeldezeitraums (Kalendermonat oder Kalendervierteljahr) muss die Voranmeldung beim Finanzamt eingehen und gleichzeitig die errechnete Steuer an die Finanzkasse abgeführt werden.
Umsatzsteuerjahreserklärung (Jahresabrechnung der Umsatzsteuer)	In der Regel erfolgt die Abgabe bis 31. Juli des Folgejahres, bei Vertretung durch einen Steuerberater verlängert sich die Abgabefrist bis zum letzten Tag des Monats Februar des zweiten auf den Besteuerungszeitraum folgenden Kalenderjahres.
Umsatzsteuerabschlusszahlung	Ein Monat nach dem Eingang der Umsatzsteuerjahreserklärung beim Finanzamt
Einkommensteuervorauszahlungen Körperschaftsteuervorauszahlungen	Vierteljährliche Vorauszahlung, jeweils am 10. März, 10. Juni, 10. September, 10. Dezember
Einkommensteuerjahreserklärung Körperschaftsteuerjahreserklärung	Abgabetermin wie bei Umsatzsteuer-jahreserklärung
Einkommenssteuerabschlusszahlung, Körperschaftssteuerabschlusszahlung	Ein Monat nach Bekanntgabe des Steuerbescheids
Gewerbesteuervorauszahlung	Vierteljährlich, 15. Februar, 15. Mai, 15. August, 15. November
Gewerbesteuerjahreserklärung	Abgabetermin wie Umsatzsteuer-Jahres-erklärung
Gewerbesteuerabschlusszahlung	Ein Monat nach Bekanntgabe des Steuerbescheides
Lohnsteuer	Jeweils am 10. des Folgemonats nach Ablauf des Lohnsteueranmeldungszeit-raums (monatlich, vierteljährlich, jährlich)
Elektronische Lohnsteuer-bescheinigungen von Arbeitslöhnen	Sind spätestens bis zum letzten Tag des Monats Februar des Folgejahres an die Finanzverwaltung auf elektronischem Weg zu übermitteln

Info: Vom Beruf frei und dennoch ein Gewerbe?

Wer als Podologe nicht als Einzel-Freiberufler tätig sein und das Angebot nicht ausschließlich auf sein Fachgebiet beschränken will, kann durch Ausweitung und Veränderung seiner Tätigkeit in die Situation kommen, dass der Status als Freiberufler gefährdet ist. Folgende Fälle sind bspw. denkbar.

Risiko: Verkauf von Pflegeprodukten und Co.
Der Verkauf von Arznei- und Pflegemitteln sowie von Therapiematerialien ebenso das Angebot von Wellness-Behandlungen oder kosmetischen Dienstleistungen zählt zu den gewerblichen Tätigkeiten und die gewerblichen Einkünfte unterliegen der Gewerbesteuerpflicht. Wichtig ist, die Buchhaltungen für die gewerbesteuerpflichtigen Umsätze und die freiberuflich erzielten Umsätze strikt voneinander zu trennen. Eine Vermischung der Umsätze führt sonst dazu, dass die gesamten Umsätze der Praxis „infiziert" werden und als gewerbesteuerpflichtige Einkünfte eingestuft werden.
Siehe auch Info: Gemischte Tätigkeit

Risiko: Beschäftigung von Mitarbeitern
Nur wer aufgrund eigener Fachkenntnisse leitend und eigenverantwortlich tätig wird, kann eine freiberufliche Tätigkeit ausüben. Dabei spricht nichts gegen die Beschäftigung fachlich vorgebildeter Mitarbeiter, also eines Podologen als Arbeitnehmer, solange bei jeder Behandlung die persönliche Handschrift des Praxisinhabers erkennbar ist. Er muss nicht jeden Patienten selbst behandeln, aber seine Arbeitskraft so einsetzen, dass er für alle Behandlungen die fachliche Verantwortung übernehmen kann. Sämtliche Leistungen müssen den ***Stempel der Persönlichkeit*** des Praxisinhabers tragen. Doch was gilt, wenn die Praxis größer wird und Podologen in größerer Anzahl beschäftigt werden sollen? Ab welcher Anzahl von fachlich qualifizierten Mitarbeitern kann es zur Einstufung in einen Gewerbebetrieb kommen? Worauf es bei der Beantwortung der Frage ankommt, zeigt das Urteil des Bundesfinanzhofs (BFH) vom 16.07.2014 (VIII R 41/12), wobei es darum ging, ob die Tätigkeit von Ärzten trotz Beschäftigung angestellter Ärzte als freiberuflich einzustufen ist. Danach hat der VIII. Senat des Bundesfinanzhofs entschieden, dass ***selbstständige Ärzte ihren Beruf grundsätzlich auch dann leitend und eigenverantwortlich ausüben und damit freiberuflich und nicht gewerblich tätig werden, wenn sie ärztliche Leistungen von angestellten Ärzten erbringen lassen. Voraussetzung ist allerdings, dass sie jeweils die anstehenden Voruntersuchungen bei den Patienten durchführen, für den Einzelfall die Behandlungsmethode festlegen und sich die Behandlung „problematischer Fälle" vorbehalten (Pressemitteilung Nr. 3, 7. Januar 2015).***

Risiko: Eröffnung einer Zweitpraxis
Da Sie nicht in zwei Praxen gleichzeitig sein können, ist es unmöglich, dass Sie als Praxisinhaber jede Leistung selbst durchführen bzw. die Tätigkeit Ihrer Angestellten jederzeit überprüfen können.

Risiko: Einstellung eines fachfremden Freiberuflers
Wenn Sie als Podologe das Praxisangebot über die podologische Fußbehandlung hinaus ausweiten wollten und deshalb z. B. einen Physiotherapeuten einstellen möchten, dann wird Ihre gesamte Praxis gewerbe- und umsatzsteuerpflichtig. Grund: Als Podologe können Sie weder die Tätigkeit eines Physiotherapeuten überwachen noch selbst ausüben noch Ihren Mitarbeiter vertreten.

Risiko: Gemeinsame Praxisgründung
Wenn Sie als Podologe eine Personengesellschaft, z. B. eine GbR, mit einem Kosmetiker oder einen anderen Gewerbetreibenden gründen, wird die gemeinsame Unternehmung automatisch ein Gewerbebetrieb. Eine Personengesellschaft ist nur dann freiberuflich, wenn alle Gesellschafter zu den Freien Berufen gehören. Schließen sich Freiberufler, auch fachfremde Freiberufler, etwa ein Podologe und ein Physiotherapeut, zu einer GbR oder Partnerschaftsgesellschaft zusammen, dann bleibt der Status der Freiberuflichkeit erhalten. Gründen mehrere Podologen zusammen eine Kapitalgesellschaft, z. B. eine GmbH, entsteht ein Gewerbebetrieb kraft Rechtsform. Kapitalgesellschaften haben immer den Status eines Gewerbebetriebes. Dabei spielen der Gesellschaftszweck und die Tätigkeit, die von den Gesellschaftern ausgeübt wird, keine Rolle.

Wichtig: Holen Sie über diese allgemeinen Hinweise hinausgehend im konkreten Einzelfall Beratung durch Angehörige der steuerberatenden Berufe ein!

Info: Gemischte Tätigkeit

Gemischt trennbare Tätigkeiten
Wenn ein Einzel-Freiberufler sowohl freiberuflich als auch gewerblich tätig ist, dann sind diese Tätigkeiten steuerlich getrennt zu behandeln. Voraussetzung ist, dass zwischen beiden Bereichen kein Zusammenhang besteht. Um die Tätigkeiten getrennt zu behandeln, werden getrennte Buchführung, getrennte Bankkonten sowie eine räumliche Trennung empfohlen. Eventuell kommen sogar zwei getrennte Unternehmen in Frage.

Gemischt untrennbare Tätigkeiten
Neben einer ***gemischt trennbaren*** Tätigkeit gibt es auch die ***untrennbar gemischte*** Tätigkeit, wenn sich die Einkünfte aus unterschiedlichen Erwerbs-

quellen nicht trennen lassen und ein sachlicher und wirtschaftlicher Zusammenhang besteht, weil sich die einzelnen Tätigkeiten gegenseitig bedingen. „Wenn die Tätigkeiten dergestalt miteinander verknüpft sind", so das Institut für Freie Berufe in Nürnberg, „dann entscheidet das Gesamtbild der Tätigkeit über ein freiberufliches oder gewerbliches Unternehmen. Dies bemisst sich nicht nach den Anteilen der Tätigkeiten am Umsatz oder Gewinn, sondern nach der Tätigkeit, die der Gesamttätigkeit das Gepräge gibt. Eine gewerbliche Tätigkeit muss dann angenommen werden, wenn der Betrieb nach außen hin als eine Einheit auftritt und sich die freiberufliche Tätigkeit als Ausfluss der gewerblichen Tätigkeit darstellt oder wenn ein einheitlicher Erfolg bzw. Leistung geschuldet wird und in der gewerblichen Tätigkeit auch freiberufliche Elemente enthalten sind."

Gemischte Tätigkeit bei Personengesellschaften

Im Gegensatz zum Einzel-Freiberufler ist bei einer Personengesellschaft, wie etwa bei einer GbR, die Aufteilung der Einkünfte in gewerblich und freiberuflich nicht möglich. Werden in einer Gemeinschaftspraxis neben der freiberuflichen Tätigkeit auch noch gewerbliche Tätigkeiten ausgeübt, dann wird die Tätigkeit der Personengesellschaft insgesamt als ein Gewerbebetrieb angesehen (Abfärbetheorie). Das heißt, alle Erträge einschließlich der Honorare für die freiberufliche Tätigkeit unterliegen der Gewerbesteuer. Der Bundesfinanzhof hat die Abfärbewirkung jedoch eingeschränkt. Diese tritt nicht ein, wenn die gewerblichen Umsätze von äußerst geringem Umfang sind, d. h. wenn die gewerblichen Umsätze eine Bagatellgrenze von 3 % der Gesamtnettoumsätze und zusätzlich den Betrag von 24.500 Euro im Veranlagungszeitrum nicht übersteigen (Pressemitteilung Nr. 11 v. 11.02.2015).

Lassen sich die gewerbliche und freiberufliche Tätigkeit isoliert voneinander betrachten, besteht die Möglichkeit, dass die Gesellschafter die Tätigkeit in zwei Betriebe aufteilen und die gewerbliche Tätigkeit aus der freiberuflichen Gemeinschaftspraxis ausgliedern und dafür eine Schwestergesellschaft gründen: Professor Holger Meyer stellt in seinem ***Ratgeber Steuer für Freiberufler von A – Z (S. 518; vgl. Kapitel 20)*** fest: „Die Gemeinschaftspraxis und die gewerblich tätige Schwestergesellschaft sind je ein Steuersubjekt für sich. Ihre Tätigkeiten werden steuerlich nicht zusammengefasst." Das heißt, nur die Schwestergesellschaft zahlt Gewerbesteuer, die freiberufliche Gemeinschaftspraxis jedoch nicht.

Wichtig: Auch hier gilt – werden aufgrund des Leistungsangebots Einnahmen aus freiberuflichen und gewerblichen Tätigkeiten erzielt, ist eine eingehende Beratung durch einen Vertreter der steuerberatenden Berufe dringend zu empfehlen!

15 Die Formalitäten

Wer ein Unternehmen gründen will, muss bestimmte Formalitäten einhalten. Das gilt natürlich auch bei der Gründung einer Fußpflege-/Podologiepraxis. Doch welche Vorschriften im Einzelnen zu beachten sind, ist für Existenzgründer im Bereich der Fußpflege auch eine Frage der Ausbildung und Qualifikation. Der Beruf des Podologen/Medizinischen Fußpflegers im Sinne des Podologengesetzes (PodG) ist als nichtärztlicher Heilberuf oder Medizinal-Fachberuf anerkannt und gehört zu den Freien Berufen. In bestimmten Fällen können podologische Behandlungen mit den gesetzlichen Krankenkassen abgerechnet werden. Im Gegensatz dazu sind Fußpfleger, die kosmetische Fußpflege (= Pediküre) ausüben, gewerblich tätig. Daraus ergeben sich unterschiedliche rechtliche Voraussetzungen für die Eröffnung einer Fußpflegepraxis.

15.1 Podologie und Fußpflege

Podologie wird als die *nichtärztliche Heilkunde am Fuß* definiert, wobei sich die Berufsbezeichnung aus dem Griechischen ableitet: podos = Fuß und logos = Lehre, Wissenschaft. Der Beruf des Podologen ist ein Medizinal-Fachberuf, auch Gesundheitsfachberuf genannt. In der Informationsbroschüre „Wir über uns" des Deutschen Verbandes für Podologie (ZFD) e. V. ist das umfangreiche Aufgabengebiet des Podologen aufgezeigt. Das Spektrum reicht von der Vorbereitung der podologischen Behandlung einschließlich Hygienemaßnahmen, der Anamnese und podologischen Befunderstellung über spezielle Behandlungsmaßnahmen bei Haut- und Nagelveränderungen wie z. B. bei eingerollten Nägeln, Hühneraugen und Warzen bis hin zur Fußbehandlung bei Diabetikern und anderen Risikopatienten, therapeutischen Fuß- und Unterschenkelmassagen, Fußgymnastik und Mobilitätsübungen bei Fußfehlstellungen und -deformitäten. Außerdem arbeitet der Podologe eng mit Ärzten (etwa Dermatologen, Diabetologen und Orthopäden), mit Physiotherapeuten und Orthopädieschuhtechnikern zusammen. Podologen arbeiten vor allem als Selbstständige in eigener Praxis. Wichtige Tätigkeitsfelder sind darüber hinaus diabetische Fußambulanzen, Kureinrichtungen, Senioren- und Pflegeheime sowie Sanitäts- und Orthopädiehäuser.

Die Anfänge der medizinischen Fußpflege liegen in den Badestuben des Mittelalters. Die Bader kümmerten sich nicht nur ums Haareschneiden und Rasieren. Vielmehr übernahmen die Bader, die als Heilkundige des Volkes angesehen wurden, Aufgaben wie Schröpfen, Aderlass oder Zähneziehen, aber auch die Behandlung von Fußbeschwerden wie Hühneraugen, Schwielen und Warzen gehörten dazu. Aus dem Berufsbild des Baders entwickelte sich schließlich der Beruf des Fußpflegers und aus diesem ist wiederum der Beruf des Podologen/Medizinischen Fußpflegers entstanden. Um die Berufsbilder voneinander abzugrenzen, wird zwischen kosmetischer und medizinischer Fußpflege unterschieden.

Falls Sie den Ratgeber in den Händen halten, weil Sie vielleicht mit einer Ausbildung im Bereich der Fußpflege oder Podologie liebäugeln, um sich später mit einer eigenen Praxis selbstständig zu machen, erhalten Sie Informationen über Ausbildungsmöglichkeiten und über das Berufsbild z. B.:

- bei den Berufsverbänden (siehe Info Berufsverbände),
- bei der Bundesagentur für Arbeit (www.arbeitsagentur.de),
- beim Verband Leitender Lehrkräfte an Podologieschulen (VLLP) e. V. unter www.vllp.de sowie
- der Bundesvereinigung Deutscher Berufsfachschulen für Kosmetik e. V. unter www.bdbk.org.

15.1.1 Kosmetische Fußpflege – ein Gewerbe

Die kosmetische Fußpflege, die in vielen Kosmetikstudios, in Spa-Einrichtungen in Hotels oder auch als Zusatzgeschäft in Frisörsalons angeboten wird, kümmert sich um den gesunden Fuß, um seine Pflege und Gesunderhaltung. Zum Behandlungsspektrum gehören neben fachgerechtem Schneiden und Säubern der Nägel und dem Abtragen von Nagelverdickungen und übermäßiger Hornhaut (sofern keine krankhafte Ursache vorliegt) auch vorbeugende Fußmassagen, dekorative Maßnahmen und die Beratung der Kunden in puncto Fußpflege und Auswahl von Pflegeprodukten.

Die Tätigkeit des kosmetischen Fußpflegers gilt als handwerksähnliches Gewerbe, weshalb bei Beginn der Selbstständigkeit der Weg den Gründer zunächst zur Handwerkskammer und dann zum Gewerbeamt führt. Unter einem Gewerbe wird jede wirtschaftliche Tätigkeit verstanden, die selbstständig, erlaubt, auf Dauer angelegt und auf Gewinnerzielung ausgerichtet ist. Dabei spielt es keine Rolle, ob die Tätigkeit im Haupt- oder Nebenerwerb, zunächst in der eigenen Wohnung oder in angemieteten Betriebsräumen ausgeübt und ob und in welcher Höhe ein Gewinn erzielt wird. Ausschlaggebend ist die Gewinnerzielungsabsicht. Wenn Sie sich mit der Dienstleistung kosmetische Fußpflege selbstständig machen wollen, müssen Sie auf jeden Fall ein Gewerbe anmelden.
Siehe Kapitel 15.2: Gewerbeamt und 15.4: Handwerkskammer

Übrigens: Nicht als Gewerbetreibende im Sinne der Gewerbeordnung angesehen werden dagegen die bloße Nutzung und Verwaltung eigenen Vermögens, Betriebe der Urproduktion (z. B. Land- und Forstwirtschaft) sowie die große Gruppe der Freien Berufe. Letzter Aspekt ist für den Podologen von Bedeutung.

15.1.2 Podologie

Im Vergleich zur kosmetisch ausgerichteten Fußpflege liegt der Schwerpunkt in der Podologie auf der medizinisch anzeigten Fußbehandlung, auch podologische Therapie genannt. Hierbei erstreckt sich das Spektrum der Podologie von präventiven über therapeutische bis hinzu rehabilitativen Behandlungen. Der Podologe pflegt und behandelt gesunde, von Schädigungen bedrohte und/oder bereits geschädigte Füße.

Mit dem *Gesetz über den Beruf der Podologin und des Podologen (Podologengesetz – PodG)*, das am 2. Januar 2002 in Kraft getreten ist, wurden zum einen bundesweite einheitliche Regelungen für den Tätigungs- und Ausbildungsbereich der medizinischen Fußpflege geschaffen und zum anderen die Berufsbezeichnungen *Podologin* und *Podologe* sowie *Medizinische Fußpflegerin* und *Medizinischer Fußpfleger* unter besonderen Schutz gestellt. Danach bedarf die Führung der Berufsbezeichnung *Podologin* oder *Podologe* der Erlaubnis (§ 1 Satz 1 PodG). Darüber hinaus dürfen sich *Medizinische Fußpflegerin* oder *Medizinischer Fußpfleger* nur Personen nennen, die eine Erlaubnis zum Führen der Berufsbezeichnung Podologe/in (nach § 1 Satz 1 PodG) oder eine Berechtigung oder staatliche Anerkennung (nach § 1 Satz 2 in Verbindung mit § 10 Abs. 1 PodG) nachweisen können.

In den ersten fünf Jahren nach Inkrafttreten des Podologengesetzes wurde Fußpflegern und anderen Berufsgruppen wie Masseuren oder Orthopädieschuhmachern, die eine bestimmte Anzahl an Jahren auf dem Gebiet der medizinischen Fußpflege bereits tätig waren, die Möglichkeit eingeräumt, durch erfolgreichem Absolvieren einer staatlichen Ergänzungsprüfung oder staatlichen Prüfung die Erlaubnis zur Titelführung zu erhalten. Davon abgesehen ist für die Erlaubnis zum Führen der Berufsbezeichnung Podologin/Podologe eine staatlich anerkannte Ausbildung in medizinischer Fußpflege Voraussetzung. Die Ausbildung zum Podologen/in dauert in Vollzeitform zwei Jahre, in Teilzeitform höchstens vier Jahre, wird an staatlich anerkannten Schulen durchgeführt und schließt mit einer staatlichen Prüfung ab.

Wer nach erfolgreich absolvierter Ausbildung und Prüfung die Erlaubnis erhalten will, die Berufsbezeichnung *Podologin* oder *Podologe* zu führen, muss dafür einen Antrag bei der zuständigen Behörde des Landes stellen, in dem der Antragssteller die Prüfung abgelegt hat. Dabei ist in den Bundesländern unterschiedlich geregelt, welche Behörde jeweils zuständig ist. In Bayern ist das z. B. die Regierung des Regierungsbezirks, in dem die Prüfung absolviert wurde. Zurzeit gibt es im Freistaat Bayern vier Schulen für Podologie. Wurde die Prüfung beispielweise an der Schule in München oder in Kirchseon abgelegt, ist als Behörde die Regierung von Oberbayern zuständig, da beide Schulen im Regierungsbezirk Oberbayern liegen. Für die anderen zwei Berufsfachschulen für Podologie gilt entsprechendes: Schwabach (Regierungsbezirk Mittelfranken) und Würzburg (Regierungsbezirk Unterfranken). Eine Liste über Podologieschulen in Deutschland steht auf den Internetseiten z. B. des Deutschen Verbands für Podologie (ZFD) e. V. (www.podo-deutschland.de) und des Verbands Deutscher Podologen (VDP) e. V. (www.verband-deutscher-podologen.de) geordnet nach Bundesländern bereit.

In der *Info: Ein Internet-Wegweiser: Welche Behörde ist zuständig?* sind die Behörden in den Bundesländern plus Internetadressen zusammengestellt, an die der Antrag für Ausstellung der Erlaubnisurkunde zur richten ist. Auf den jeweiligen Internetseiten finden Sie in der Regel auch genauere Informationen, welche Unterlagen bei der Antragsstellung einzureichen sind und welche Gebühren für die Ausstellung der Erlaubnisurkunde anfallen. Häufig sind auch die erforderlichen Antragsformulare zum Download als PDF-Datei bereitgestellt.
Siehe Info: Ein Internet-Wegweiser: Welche Behörde ist zuständig?

Grundsätzlich gilt nach § 2 Abs. 1 PodG, dass die Erlaubnis auf Antrag zu erteilen ist, wenn der Antragssteller

- die gesetzlich vorgeschriebene Ausbildung abgeleistet und die staatliche Prüfung bestanden hat,
- sich nicht eines Verhaltens schuldig gemacht hat, aus dem sich Unzuverlässigkeit zur Ausübung des Berufs ergibt,
- nicht in gesundheitlicher Hinsicht zur Ausübung des Berufes ungeeignet ist und
- über die für die Ausübung der Berufstätigkeit erforderlichen Kenntnisse der deutschen Sprache verfügt.

Um nachzuweisen, dass diese Voraussetzungen erfüllt sind, müssen zum persönlichen Antrag auf Erteilung der Erlaubnis zum Führen der Berufsbezeichnung zusätzlich neben einer Kopie des Zeugnisses über die staatliche Prüfung in der Regel auch ein ärztliches Zeugnis sowie ein Führungszeugnis der Kategorie Belegart 0 „Zur Vorlage bei einer Behörde“ vorgelegt werden. Zusätzlich kann auch eine Erklärung zum Nachweis der persönlichen Eignung gefordert werden, wobei Sie versichern, dass gegen Sie zurzeit kein gerichtliches Strafverfahren oder staatsanwaltschaftliches Ermittlungsverfahren anhängig ist.

Soll eine Ausbildung im Bereich der medizinischen Fußpflege anerkannt werden, die nicht in der Bundesrepublik Deutschland abgeschlossen worden ist, gelten besondere Bedingungen, über die sich die Betroffenen im Einzelfall auf jeden Fall bei den erlaubniserteilenden Behörden beraten lassen sollten.

15.1.3 Unerlaubtes Führen der Berufsbezeichnungen

Wer sich als Podologin/Podologe bzw. als Medizinische Fußpflegerin/Medizinischer Fußpfleger bezeichnet, ohne die Voraussetzungen des Podologengesetzes zur erfüllen und ohne die Erlaubnis zur Titelführung zu besitzen, handelt ordnungswidrig. Nach § 9 Abs. 2 Podologengesetz kann diese Ordnungswidrigkeit mit einer Geldbuße bis zu 2.500 Euro geahndet werden.

15.1.4 Freier Heilberuf

Podologen sind wie Logopäden, Ergotherapeuten oder Physiotherapeuten Heilmittelerbringer, die nach § 18 Einkommensteuergesetz zu den freien Berufen gehören.

Siehe Kapitel 14: Steuern

Unter Heilmittel werden medizinische Dienstleistungen verstanden, die von Vertragsärzten der gesetzlichen Krankenkassen verordnet und von speziell ausgebildeten Therapeuten persönlich erbracht werden. Damit die Behandlungen von gesetzlich krankenversicherten Patienten mit den Gesetzlichen Krankenkassen abgerechnet werden können, brauchen Therapeuten eine Kassenzulassung . Die Anerkennung als freier Heilberuf bedeutet, dass Podologen/Medizinische Fußpfleger kein Gewerbe beim Gewerbeamt anzeigen, sondern sich direkt beim Finanzamt anmelden. Sie zahlen keine Gewerbesteuer und sind außerdem weder Mitglied bei der Handwerkskammer noch bei der Industrie- und Handelskammer.

Siehe Kapitel 15.14: Die Kassenzulassung

15.2 Gewerbeamt

Fußpfleger, die keine Ausbildung nach dem Podologengesetz erfolgreich absolviert haben und keine Erlaubnis zur Führung der Berufsbezeichnung *Podologin/ Podologe* bzw. *Medizinische Fußpflegerin* oder *Medizinischer Fußpfleger* besitzen und sich mit einer Fußpflegepraxis selbstständig machen, führen ein Gewerbe und zeigen daher den Beginn ihrer gewerblichen Tätigkeit beim örtlichen Gewerbeamt der Stadt oder Gemeinde, in der die Praxis eröffnet werden soll, an.

In § 14 der Gewerbeordnung (GewO) heißt es:

- Wer den selbstständigen Betrieb eines stehenden Gewerbes, einer Zweigniederlassung oder einer unselbstständigen Zweigstelle anfängt, muss dies der zuständigen Behörde gleichzeitig anzeigen. Das Gleiche gilt, wenn
  1. der Betrieb verlegt wird,
  2. der Gegenstand des Gewerbes gewechselt oder auf Waren oder Leistungen ausgedehnt wird, die bei Gewerbebetrieben der angemeldeten Art nicht geschäftsüblich sind, oder
  3. der Betrieb aufgegeben wird.

Kosmetische Fußpflege gehört zu den handwerksähnlichen Tätigkeiten, weshalb bei der Gewerbeanzeige eine Gewerbekarte vorgelegt werden muss. Diese bekommt man bei der Handwerkskammer. Das Gewerbeamt bescheinigt den Empfang der Gewerbeanzeige (sog. Gewerbeschein) und verständigt eine Reihe von Behörden und Institutionen, die für eine Fußpflegepraxis von Bedeutung sind. Dazu gehören das Finanzamt, die zuständige Berufsgenossenschaft, das Gesundheitsamt, die Handwerkskammer, die Industrie- und Handelskammer, die Gewerbeaufsicht, die Agentur für Arbeit sowie das Statistische Landesamt.

Für die Gewerbeanmeldung werden bundeseinheitlich vorgeschriebene Formulare verwendet, die Sie bei Ihrer Gemeinde bekommen. Für die Anzeige eines Gewerbes müssen Sie folgende Unterlagen vorlegen:

- Personalausweis oder Reisepass zur Überprüfung der Personalien,
- bei Bevollmächtigung eine schriftliche Vollmacht und Ausweis des Vollmachtgebers sowie des Bevollmächtigten,
- einen Registerauszug, wenn z. B. die Fußpflegepraxis als Firma ins Handelsregister eingetragen ist,
- bei einer GmbH in Gründung eine Abschrift des notariellen Gründungsvertrages und eine Vollmacht der Gründer, wonach der Gewerbebeginn bereits vor der Handelsregistereintragung aufgenommen werden soll.

Sind alle Formalitäten erledigt, dauert die Bearbeitung einer Gewerbeanmeldung in der Regel nur wenige Tage.

15.3 Finanzamt

Obwohl das Gewerbeamt eine Kopie der Gewerbeanzeige an das Finanzamt weiterleitet, wird allen Gewerbetreibenden grundsätzlich empfohlen, selbst mit dem Finanzamt Kontakt aufzunehmen. Wer eine freiberufliche Tätigkeit ausübt, muss sich dagegen innerhalb von einem Monat nach Aufnahme der Tätigkeit beim Finanzamt selbst anmelden und eine Steuernummer beantragen.

Vom Finanzamt erhalten Sie – gleichgültig ob gewerblich oder freiberuflich tätig – eine Steuernummer und einen Fragebogen zur steuerlichen Erfassung. In diesem Fragebogen müssen Sie Angaben zu den erwartenden Umsätzen und Gewinnen machen. Wichtig: Antworten Sie sorgfältig und realistisch. Denn von Ihren Angaben hängt zunächst Ihre steuerliche Einordnung ab und auch die Frage, ob und in welcher Höhe Vorauszahlungen anfallen.

Auch wenn Podologen als Heilmittelerbringer freiberuflich tätig sind, kann es dennoch Konstellationen im Praxiskonzept und in der -ausrichtung geben, die zur Gewerblichkeit führen. Ob Sie freiberuflich oder gewerblich tätig sind, darüber entscheidet im Zweifelsfall das Finanzamt. Wenn Sie sich als Podologe unsicher sind, ob Ihr Praxiskonzept noch als freiberufliche Tätigkeit einzuordnen ist oder nicht, sollten Sie möglichst früh in den Gründungsvorbereitungen eine Beratung durch einen Vertreter der steuerberatenden Berufe oder auch durch Ihren Berufsverband einholen.

Siehe Kapitel 14: Die Steuern

15.4 Handwerkskammer

Wer eine kosmetische Fußpflegepraxis gründet, muss sich vor Aufnahme der Selbstständigkeit und noch vor der Gewerbeanmeldung in das Verzeichnis der handwerksähnlichen Gewerbe bei der örtlich zuständigen Handwerkskammer eintragen lassen.

Im § 18 der Handwerksordnung (HWO) ist dazu zu lesen:

- „(1) Wer den selbständigen Betrieb … eines handwerksähnlichen Gewerbes als stehendes Gewerbe beginnt oder beendet, hat dies unverzüglich der Handwerkskammer, in deren Bezirk seine gewerbliche Niederlassung liegt, anzuzeigen. Bei juristischen Personen sind auch die Namen der gesetzlichen Vertreter, bei Personengesellschaften die Namen der vertretungsberechtigten Gesellschafter anzuzeigen.
- (2) … Ein Gewerbe ist ein handwerksähnliches Gewerbe im Sinne dieses Gesetzes, wenn es handwerksähnlich betrieben wird und in Anlage B Abschnitt 2 zu diesem Gesetz aufgeführt ist.
- (3) Das Bundesministerium für Wirtschaft und Energie wird ermächtigt, durch Rechtsverordnung mit Zustimmung des Bundesrates die Anlage B zu diesem Gesetz dadurch zu ändern, daß es darin aufgeführte Gewerbe streicht, ganz oder teilweise zusammenfaßt oder trennt, Bezeichnungen für sie festsetzt oder die Gewerbegruppen aufteilt, soweit es die technische und wirtschaftliche Entwicklung erfordert.“

Kosmetische Fußpflege gehört zu den handwerksähnlichen Gewerben, die in der Anlage B2 zur Handwerksordnung aufgeführt sind. Kosmetische Fußpfleger werden hierbei in die Gruppe der Kosmetiker eingeordnet.

Um die Eintragung vornehmen zu lassen, muss der Gründer persönlich vorsprechen. Zudem ist eine Gebühr zu entrichten. Nach erfolgter Eintragung ist der Fußpfleger Mitglied der zuständigen Handwerkskammer. Von dieser erhalten Sie eine Gewerbekarte, mit der Sie die kosmetische Fußpflegepraxis beim Gewerbeamt anmelden.

Siehe Kapitel 15.2: Gewerbeamt

Für Gründer, die zum ersten Mal ihr Gewerbe anmelden, sind die Beiträge für die Handwerkskammer in den ersten vier Jahren ermäßigt – im Jahr der Anmeldung sind sie von den Beiträgen (Grund- und Zusatzbeitrag) sogar völlig befreit. Voraussetzung für diese Nachlässe sind jedoch, dass der Gründer eine natürliche Person (Einzelunternehmer) ist und der Gewerbeertrag bzw. der ermittelte Gewinn aus Gewerbebetrieb nicht höher als 25.000 Euro pro Jahr ist (siehe § 113 HWO Abs.2 Nr. 5).

Ist die Fußpflegepraxis als sogenannter Mischbetrieb geplant, bei dem neben dem Angebot der kosmetischen Fußpflege (= als handwerksähnliche Tätigkeit HWK-zugehörig) auch z. B. ein Ladengeschäft zum Verkauf von Pflegeprodukten etc. (Handel = IHK-Tätigkeit) vorgesehen ist, stellt sich die Frage, ob der Praxisinhaber Mitglied der Handwerkskammer und/oder Industrie- und Handelskammer werden muss. Die Antwort auf die Frage hängt davon ab, welchen Umfang die HKW-Tätigkeit und die IHK-Tätigkeit ausmachen. Stellt sich heraus, dass Sie aufgrund Ihres Praxiskonzeptes bei beiden Kammern Mitglied werden müssen, dann heißt das aber nicht in jedem Fall, dass Sie für beide Kammern Beiträge leisten müssen. Wer zweigleisig fahren möchte, sollte sich bei der Industrie- und Handelskammer oder der Handwerkskammer beraten lassen.

Erste Anhaltspunkte zur Frage der Kammerzugehörigkeit und die jeweiligen Ansprechpartner sind auf den Internetseiten der Industrie- und Handelskammern zu finden, wenn Sie die Begriffe *Mischbetriebe* oder *Kammerzugehörigkeit* in die Suchmaske eingeben. Zur Webseite der Industrie- und Handelskammer des jeweiligen Bundeslandes kommt man über die Webseite des Deutschen Industrie- und Handelskammertages e. V. www.dihk.de > „IHK-Finder".

15.5 Registereintragungen

Fußpfleger und Podologen müssen als Gründer klären, ob eine Eintragung beim Registergericht erforderlich ist.

15.5.1 Der Kaufmann

Für einen kosmetischen Fußpfleger als Praxisgründer stellt sich die Frage, ob er als Kaufmann gilt und unter das Handelsrecht fällt. Denn nach dem Handelsgesetzbuch (HGB) ist zunächst einmal grundsätzlich jeder, der ein Handelsgewerbe betreibt, ein Kaufmann (§1 HGB Abs. 1). Dabei ist mit Handelsgewerbe nicht nur das Handeln mit Waren gemeint, sondern jeder Gewerbebetrieb. Allerdings hat das Gesetz eine Ausnahme vorgesehen:
§1 HGB Abs. 2: „Handelsgewerbe ist jeder Gewerbebetrieb, es sei denn, dass das Unternehmen nach Art oder Umfang einen in kaufmännischer Weise eingerichteten Geschäftsbetrieb nicht erfordert."

Ob ein Unternehmen einen nach Art und Umfang in kaufmännischer Weise eingerichteten Geschäftsbetrieb erforderlich macht oder nicht, muss im Einzelfall entschieden werden. Ausschlaggebend sind dafür Kriterien wie die Umsatzhöhe, wie viele Mitarbeiter beschäftigt sind, Anzahl und Größe der Gewerberäume, umfangreiche Anzahl von Geschäftskontakten oder die Notwendigkeit einer doppelten Buchführung. Entscheidend ist hierbei nicht ein einzelnes Kriterium, sondern immer das Gesamtbild.

Kaufleute sind verpflichtet, ihr Unternehmen im Handelsregister eintragen zu lassen. Seit 1. Januar 2007 werden die Unterlagen für die Eintragung beim zuständigen Registergericht elektronisch eingereicht (elektronisches Handelsregister), wobei die Anmeldung der Notar übernimmt.

Nicht in das Handelsregister eintragen lassen müssen sich *Nicht-Kaufleute*, zu denen neben allen freiberuflich Tätigen die sogenannten Kleingewerbetreibenden gehören. Unter Kleingewerbe versteht man Unternehmen mit einfach organisierten und gut überschaubaren Geschäftsvorgängen, die k*einen in kaufmännischer Weise eingerichteten Geschäftsbetrieb* brauchen.

Im Gegensatz zu einem Kaufmann ist ein Kleingewerbetreibender nicht zur doppelten Buchführung verpflichtet und muss keinen Jahresabschluss mit Bilanz vorlegen, solange er die Buchführungspflichtgrenze nicht erreicht. Die Buchführungspflicht beginnt für Kleingewerbetreibende ab einem Umsatz von 600.000 Euro oder einem Gewinn von 60.000 Euro im Kalenderjahr. Ab diesen Schwellenwerten beginnt auch für Einzelkaufleute die Pflicht zur Führung von Büchern nach den handelsrechtlichen Vorschriften.

Siehe Kapitel 14.1.5: Die Steuern

Für Kleingewerbetreibende besteht allerdings die Option, sich freiwillig als Kaufmann ins Handelsregister eintragen zu lassen. In diesem Fall spricht man dann von einem *Kannkaufmann*. Diese können die Eintragung aber auch wieder rückgängig machen. Solange sie jedoch im Register aufgeführt sind, sind sie Kaufleute mit allen Rechten und Pflichten.

Tipp: Wenn Sie als Einzelunternehmer starten wollen und sich nicht sicher sind, ob Sie noch als Kleingewerbetreibender oder als Kaufmann gelten, sollten Sie Ihren Status von der zuständigen Kammer vor Ort überprüfen lassen.

15.5.2 Kaufleute kraft Rechtsform

Abgesehen vom Umfang eines Geschäftsbetriebs hängt es aber auch von der Rechtsform ab, ob man Kaufmann ist. So gelten Kapitalgesellschaften wie z. B. die GmbH als Kaufleute, auch die Freiberufler-GmbH, und sind daher immer ins Handelsregister einzutragen und müssen nach kaufmännischen Grundsätzen geführt werden.

15.5.3 Eintragung ins Partnerschaftsregister

Gründen Sie zusammen z. B. mit einem Kollegen eine podologische Praxis als Partnerschaftsgesellschaft, muss eine Eintragung beim zuständigen Registergericht in das Partnerschaftsregister erfolgen. Auch hier wird die Anmeldung von einem Notar übernommen und die Unterlagen werden elektronisch eingereicht.

15.6 Gesundheitsamt

Wer sich mit einer Praxis in einem Heilberuf selbstständig machen will, muss dies beim Gesundheitsamt anmelden. Mit der Anerkennung als nichtakademischer Heilberuf gilt dies auch für Fußpfleger, die entsprechend dem Podologengesetz die Ausbildung erfolgreich absolviert haben und die Berufsbezeichnung *Podologin/Podologe* und *Medizinische Fußpflegerin/Medizinischer Fußpfleger* führen und eine eigene Praxis eröffnen wollen.

Die Anmeldung ist unkompliziert. Es ist ein Meldebogen auszufüllen, in dem Sie Angaben zur Person machen sowie die Praxisart, die Anschrift der Niederlassung und das Eröffnungsdatum angeben. Außerdem müssen Sie als Nachweis, dass Sie die erforderliche Ausbildung und Prüfungen erfolgreich absolviert haben, die Urkunde über die Erlaubnis zur Führung der Berufsbezeichnung in beglaubigter Kopie (bei persönlicher Vorsprache kann auch das Original genügen) vorlegen. Zuständig ist das Gesundheitsamt, in dessen Bereich die podologische Praxis eröffnet werden soll.

Fußpfleger, die keine Ausbildung nach dem Podologengesetz vorweisen können und damit auch nicht die Erlaubnis zum Führen der Berufsbezeichnung *Podologe/Podologin* oder *Medizinische/r Fußpfleger/Medizinische Fußpflegerin* erworben haben und damit nicht freiberuflich, sondern gewerblich tätig sind, müssen die Praxiseröffnung nicht direkt beim Gesundheitsamt anzeigen. Dieses wird vom Gewerbeamt darüber informiert.

Siehe Kapitel 15.2: Gewerbeamt

Übrigens: Ob Podologiepraxis oder kosmetische Fußpflegepraxis – der Inhaber muss sich auf jeden Fall auf die infektionshygienische Überprüfung durch das Gesundheitsamt einstellen. Denn wie Kosmetik-, Tattoo- und Piercingstudios unterliegen medizinische und kosmetische Fußpflegepraxen zur Einhaltung von Hygienebestimmungen der Überwachung des Gesundheitsamtes.

15.7 Bauamt

Wenn Sie Räume, die nicht bisher für eine Fußpflege-/Podologiepraxis genutzt worden sind, künftig als Betriebsräume nutzen möchten, müssen Sie eine Nutzungsänderung bei dem zuständigen Bauamt beantragen. Die Planung gewerblicher Um- und Neubauten sollte ebenfalls rechtzeitig mit dem Bauamt abgestimmt werden.

15.8 Gewerbeaufsichtsamt

Eine Genehmigung durch das Gewerbeaufsichtsamt darüber, ob die Räumlichkeiten als Fußpflege-/Podologiepraxis genutzt werden können oder dürfen, ist nicht erforderlich. Allerdings ist mit der Kontrolle der Gewerbeaufsicht zu rechnen, was insbesondere den Betrieb von Medizinprodukten, wie z. B. von Fußpflegemaschinen, betrifft (geregelt in der Medizinprodukte-Betreiberverordnung). Zuständig ist die Gewerbeaufsicht ebenfalls, wenn Sie Arbeitnehmer beschäftigen. Grundsätzlich können Sie sich auf Wunsch bezüglich der Räumlichkeiten beraten lassen, was durchaus bei einer beabsichtigten späteren Beschäftigung von Mitarbeitern sinnvoll sein kann.

15.9 Berufsgenossenschaft

Alle Arbeitnehmer sind in Deutschland über ihren Arbeitgeber gesetzlich unfallversichert gegen die Folgen von Arbeitsunfällen, Wegeunfällen und Berufskrankheiten, die im direkten Zusammenhang mit der versicherten beruflichen Tätigkeit stehen.

Die Berufsgenossenschaften sind die Träger der gesetzlichen Unfallversicherung im gewerblichen Bereich. Jedes Unternehmen muss Mitglied in der jeweiligen Berufsgenossenschaft seiner Branche sein. Die gesetzliche Unfallversicherung der Arbeitnehmer ist zugleich auch Haftpflichtversicherung der Arbeitgeber. Denn sie hat die Aufgabe, nach einem Arbeitsunfall oder einer Berufserkrankung den betroffenen Mitarbeiter und im Todesfall die Hinterbliebenen (z. B. Sterbegeld, Überführungskosten) zu entschädigen. Das kann etwa in Form von Rehabilitationsleistungen, Verletztengeld (= Ersatz für Verdienstausfall während einer medizinischen Rehabilitation), Renten oder Abfindungen erfolgen. Die Berufsgenossenschaften übernehmen die Kosten für Heilverfahren, wenn ein Mitarbeiter bei der Arbeit erkrankt oder verunglückt, sowie für Maßnahmen für die berufliche Wiedereingliederung, wenn die frühere Tätigkeit nicht mehr ausgeübt werden kann.

Aufgabe der Berufsgenossenschaft ist neben der Heilung zum einem die Wiederherstellung der Berufs- und Erwerbsfähigkeit des Versicherten, zum anderen die Arbeits- und Berufsförderung sowie die Erleichterung von Verletzungsfolgen. Die Beiträge zur gesetzlichen Unfallversicherung für die Mitarbeiter sind allein vom Arbeitgeber zu entrichten. Das ist der Fürsorgepflicht geschuldet, die jeder Arbeitgeber seinen Beschäftigten gegenüber hat.

Abgesehen von den Arbeitnehmern, die grundsätzlich pflichtversichert in der gesetzlichen Unfallversicherung sind, bieten die Berufsgenossenschaften auch den Unternehmern selbst Versicherungsschutz entweder als freiwillige oder als Pflicht-Unternehmerversicherung.

Neben dem Versicherungsschutz für die Folgen eines Arbeitsunfalls, einer Berufskrankheit sowie für Wegeunfälle von und zur Arbeit sind Sicherheit und vorbeugender Gesundheitsschutz am Arbeitsplatz ein wichtiges Schwerpunkt-Thema der Berufsgenossenschaften mit dem Ziel, Arbeitsunfälle und berufsbedingte Gesundheitsgefahren zu vermeiden. Sie überwachen und beraten dazu die Unternehmen, bieten Seminare an, stellen umfangreiches Informationsmaterial zur Verfügung und unterstützen beim Umsetzen der gesetzlichen Vorschriften im Unternehmen.

Die gesetzliche Unfallversicherung für nicht staatliche Einrichtungen im Gesundheitsdienst und in der Wohlfahrtspflege – und damit auch für Podologen und Fußpfleger zuständig – ist die
Berufsgenossenschaft für Gesundheitsdienst und Wohlfahrtspflege (BGW)
Pappelallee 35/37
22089 Hamburg
Telefon: 040/20207-0
Internet: www.bgw-online.de

Bei der BGW, einer der größten Träger der gesetzlichen Unfallversicherung, sind alle angestellten Fußpfleger – unabhängig davon, ob sie in der medizinischen oder kosmetischen Fußpflege tätig sind – gesetzlich unfallversichert. Selbstständige Medizinische Fußpfleger/Podologen sind bei der BGW pflichtversichert. Üben Sie Ihre selbstständige Tätigkeit im Bereich der kosmetischen Fußpflege aus, haben Sie die Möglichkeit, sich freiwillig bei der BGW zu versichern.

Als Praxisinhaber müssen Sie innerhalb einer Woche nach Aufnahme der selbstständigen Tätigkeit bzw. nach Betriebseröffnung die Praxis bei der Berufsgenossenschaft anmelden. Auf der Webseite der BGW unter www.bgw-online.de unter der Rubrik Neuanmeldung finden Sie das dafür notwendige Anmeldeformular.

Darüber hinaus müssen Sie mit der BGW klären, wie in Ihrem Unternehmen die betriebsärztliche und sicherheitstechnische Betreuung (BuS-Betreuung) Ihrer Beschäftigten sichergestellt werden kann. Informationen zur BuS-Betreuung finden Sie als Podologe oder Fußpfleger auf der Webseite der Berufsgenossenschaft für Gesundheitsdienst und Wohlfahrtspflege unter www.bgw-online.de > Gesund im Betrieb > Arbeitsschutz-Betreuung.

Nutzen Sie das Beratungs- und Informationsangebot der BGW, damit Sie als Arbeitgeber Ihrer Verpflichtung in puncto Arbeits- und Gesundheitsschutz nachkommen können. Schließlich tragen nicht zuletzt gesunde Mitarbeiter und Sicherheit am Arbeitsplatz langfristig zum wirtschaftlichen Erfolg Ihres Unternehmens bei.

Folgende Broschüren bieten ausführliche Basisinformationen zum Gesundheits- und Arbeitsschutz in medizinischen Fußpflegepraxen und anderen therapeutischen Praxen sowie in Unternehmen aus dem Beauty- und Wellnessbereich, ferner über Angebote und Leistungen der BGW zu den Themen Gesundheitsschutz und Arbeitssicherheit, Prävention und Rehabilitation sowie Gefährdungsbeurteilung im Betrieb. Folgende Hefte sind daher für Existenzgründer in diesem Bereich besonders empfehlenswert:

- BGW kompakt - Angebote, Informationen, Leistungen für Unternehmer in Therapeutischen Praxen (BGW 03-03-030/3GU)
- Die Ausgabe Beauty- und Wellnessbetriebe der Schriftenreihe BGW Kompakt – Angebote – Informationen – Leistungen (BGW 03-03-080/8GU)
- Gefährdungsbeurteilung in Beauty- und Wellnessbetrieben (BGW 04-05-080/TP-8GB)
- Gefährdungsbeurteilung in therapeutischen Praxen (BGW 04-05-030/TP-3GB)

Außerdem sollte jeder Gründer auch folgende Hefte kennen:

- DGUV Vorschrift 1 Grundsätze der Prävention - Unfallverhütungsvorschrift: Die Vorschrift beschreibt alle wesentlichen Anforderungen an den betrieblichen Arbeitsschutz. Die seit dem 1. Oktober 2014 gültige DGUV-Vorschrift hat die bisherige Unfallverhütungsvorschrift BGV A1 abgelöst.
- DGUV Regel 100-001 Grundsätze der Prävention: Die berufsgenossenschaftliche Regel konkretisiert und erläutert die Vorgaben der DGUV Vorschrift 1. Die DGUV Regel ist am 1. Oktober 2014 in Kraft getreten und hat die bisherige BGR A1 abgelöst.
- DGUV Vorschrift 2 Unfallverhütungsvorschrift – Betriebsärzte und Fachkräfte für Arbeitssicherheit: Die Unfallverhütungsvorschrift gilt seit dem 1. Januar 2011, konkretisiert das Arbeitssicherheitsgesetz und informiert über die Bestimmungen zu den verschiedenen Formen der betriebsärztlichen und sicherheitstechnischen Betreuung.
- Informationen zur DGUV Vorschrift 2 Betriebsärztliche und sicherheitstechnische Betreuungsformen: Das Heft aus der Reihe BGW-Themen erklärt die

zur Auswahl stehenden Formen der betriebsmedizinischen und sicherheitstechnischen Betreuungsformen in den Betrieben – ergänzt durch zahlreiche Praxisbeispiele.

Wichtig sind zudem folgende Informationen der BGW:

- Für Podologen: BGW-Themen – Unfallversicherung für Unternehmerinnen und Unternehmer im Gesundheitsdienst (BGW 03-04-007/TV-FHV-0-GD): Der Flyer informiert über den Versicherungsschutz durch die BGW und die Möglichkeit, die Höhe der Versicherungssumme zwischen Pflicht- und Höchstversicherungssumme frei zu wählen (freiwillige Höherversicherung).
- Für kosmetische Fußpfleger: BGW-Themen – Freiwillige Versicherung für Kosmetikerinnen und Kosmetiker (BGW 03-04-080/TV-FV-8): Der Flyer informiert über den Versicherungsschutz durch die BGW für selbstständig tätige Kosmetiker, die sich freiwillig bei der BGW versichern können.
- M069 – Medien für Sicherheit und Gesundheit bei der Arbeit: Komplettes Verzeichnis der BGW-Medien, die nach Kategorien und Themen sortiert sind und online bestellt oder heruntergeladen werden können.
- U 060 – BGVR – Verzeichnis (Berufsgenossenschaftliche Vorschriften und Regeln für Sicherheit und Gesundheit bei der Arbeit).
- Zahlen – Daten – Fakten mit grundsätzlichen Informationen über Aufgaben, Struktur und Leistungen der BGW einschließlich wichtiger Kontaktmöglichkeiten.

Alle angegebenen Broschüren und Flyer können Sie unter www.bgw-online.de bestellen oder als PDF-Datei herunterladen – einfach den Titel in die Suchfunktion eingeben.

15.10 Bundesagentur für Arbeit

Wenn Sie Mitarbeiter – ob in Voll- oder Teilzeit – einstellen, Auszubildende, Aushilfen oder sogenannte Minijobber beschäftigen, fallen Sozialabgaben an. Damit Sie die bei Ihnen Beschäftigen korrekt an die Sozialversicherung melden können, benötigen Sie eine Betriebsnummer für Ihre Praxis. Diese achtstellige Nummer dient zur An- und Abmeldung der Beschäftigten bei der Krankenkasse, zur Abrechnung der Beiträge für die Kranken-, Renten- und Arbeitslosenversicherung, für Unfallanzeigen an die Berufsgenossenschaft sowie für betriebsbezogene Arbeitsgenehmigungen.

Mit dem ersten Arbeitnehmer, den Sie beschäftigen, beantragen Sie eine Betriebsnummer beim Betriebsnummern-Service der Bundesagentur für Arbeit. Die Betriebsnummer erhalten Sie kostenlos ebenso wie das Schlüsselverzeichnis über die Art der versicherungspflichtigen Tätigkeiten. Den Antrag auf Betriebs-

nummervergabe können Sie entweder als Praxisinhaber selbst stellen oder Sie beauftragen z. B. Ihren Steuerberater, diese zu beantragen.
Das kann per Post, Telefon, Fax oder E-Mail erfolgen.

Postanschrift: Betriebsnummern-Service
66088 Saarbrücken

Besucheranschrift:
Bundesagentur für Arbeit
Betriebsnummern-Service
Eschberger Weg 68
66121 Saarbrücken
E-Mail: betriebsnummernservice@arbeitsagentur.de

Weitere Informationen im Internet unter www.arbeitsagentur.de > Unternehmen > Betriebsnummern-Service. Dort kann die Betriebsnummer auch online beantragt werden.

15.11 Wahl des Berufsverbandes

Die Mitgliedschaft in einem Berufsverband ist für Podologen und Fußpfleger nicht verpflichtend, sondern freiwillig. Auch für die Kassenzulassung müssen Podologen/Medizinische Fußpfleger keinem Branchenverband angehören. Für den Bereich Podologie und Fußpflege gibt es in Deutschland mittlerweile verschiedene Verbände. So können Sie sich den Verband aussuchen, der Ihnen am meisten zusagt. Auswahlkriterien können z. B. das Angebot an Leistungen, die Anzahl an Mitgliedern und Organisationsform sein, wie etwa eine regionale Vertretung in Form eines Landesverbandes.

Siehe Info: Berufsverbände

Die Mitgliedschaft in einem Branchenverband ist auf jeden Fall überlegenswert, da damit einige Vorteile und auch Erleichterungen für die tägliche Praxis verbunden sind. Ein Berufsverband kann bspw. als Interessenvertretung des Berufsstands gegenüber Politik und Gesellschaft fungieren, die Mitglieder über neue Entwicklungen informieren, betriebswirtschaftliche Beratung und Rechtsberatung (berufsbezogen) bieten, Fort- und Weiterbildungsmaßnahmen organisieren, mit Kongressen oder Symposien den Erfahrungsaustausch der Mitglieder untereinander fördern und vieles andere mehr.

15.12 Rundfunkbeitrag und GEMA

Zu der Finanzierung des öffentlich-rechtlichen Rundfunks - Radio, TV einschließlich Online-Angebote und Mediatheken – sind neben allen Bürgern, auch Unternehmen, Institutionen sowie Einrichtungen des Gemeinwohls in Deutschland verpflichtet, einen Rundfunkbeitrag an den *Beitragsservice von ARD, ZDF und*

Deutschlandradio zu zahlen. Die Beitragshöhe pro Monat ist bei Unternehmen abhängig von der Anzahl der Betriebsstätten, der sozialversicherungspflichtigen Beschäftigten (in Voll- und Teilzeit) und der Kraftfahrzeuge. Auszubildende und geringfügig Beschäftigte werden bei der Mitarbeiterzahl pro Betriebsstätte nicht mitgezählt. Bei Kleinunternehmen gilt, dass pro beitragspflichtige Betriebstätte ein Kraftfahrzeug beitragsfrei ist. Nach § 6 Abs. 1 Rundfunkbeitragsstaatsvertrag (RBStV) wird eine Betriebsstätte definiert als *jede zu einem eigenständigen, nicht ausschließlich privaten Zweck bestimmte oder genutzte ortsfeste Raumeinheit oder Fläche innerhalb einer Raumeinheit. Dabei gelten mehrere Raumeinheiten auf einem Grundstück oder auf zusammenhängenden Grundstücken, die demselben Inhaber zuzurechnen sind als eine Betriebsstätte.* Der Rundfundfunkbeitrag fällt übrigens nicht noch einmal an, wenn sich eine Betriebsstätte innerhalb einer beitragspflichtigen Wohnung befindet, für die bereits der Rundfunkbeitrag entrichtet wird (§ 5 Abs. 5 Satz 3 RBStV).

Zusätzlich zum Rundfunkbeitrag sind für Musik in der Praxis GEMA-Gebühren zu entrichten. Die Gesellschaft für musikalische Aufführungs- und mechanische Vervielfältigungsrechte, kurz einfach GEMA genannt, sorgt dafür, dass die Urheberrechte von Komponisten, Textdichtern und Verlegern bei *öffentlicher Musikwiedergabe* geschützt werden. Die Höhe der GEMA-Gebühr richtet sich nach der Raumgröße der Praxis in Quadratmetern und nach der Art und Weise, wie Sie Hintergrundmusik abspielen lassen wollen. Je nachdem, ob das Radio oder der Fernseher läuft, Musik in der Telefonwarteschleife ertönt, gekaufte CDs oder Musikkassetten abgespielt oder selbstgebrannte CDs aufgelegt werden, gibt es jeweils unterschiedliche Tarife. Es gibt auch sogenannte GEMA-freie CDs, bei denen Sie beim Kauf die Wiedergaberechte mitgekauft haben. Allerdings kann man sich beim Besuch eines GEMA-Außendienstmitarbeiters in der Praxis nicht herausreden, man würde nur GEMA-freie Musik spielen, wenn im CD-Regal eine Reihe von regulär gekauften CDs mit gebührenpflichtiger Musik vorhanden ist. Beim Beitragsservice für den öffentlich-rechtlichen Rundfunk und bei der GEMA müssen Sie sich selbst anmelden. Nutzen Sie die Informations- und Beratungsmöglichkeiten der beiden Organisationen:

- Beitragsservice von ARD, ZDF und Deutschlandradio
  50656 Köln
  www.rundfunkbeitrag.de
- GEMA Generaldirektion in Berlin
  Bayreuther Str. 37, 10787 Berlin
- GEMA Generaldirektion München
  Rosenheimer Straße 11, 81667 München
  Internet: www.gema.de

15.13 Strom, Wasser, Telefon

Sie dürfen nicht übersehen, rechtzeitig vor Praxiseröffnung, Verträge für die Versorgung mit Strom, Wasser oder auch Gas sowie die Abfallentsorgung abzuschließen. Wenden Sie sich dafür an die Versorgungswerke vor Ort, wie z. B. die Stadtwerke. Denken Sie auch daran, dass Ihre Praxis bereits mit dem Eröffnungstag erreichbar sein sollte – per Telefon und Fax sowie online. Holen Sie daher frühzeitig Informationen von entsprechenden Telekommunikationsunternehmen ein, damit am besten schon vor dem offiziellen Start der Fußpflege-/Podologiepraxis Telefon- und Faxnummer sowie die E-Mail-Adresse zur Verfügung steht.

15.14 Das Institutskennzeichen für die Praxis

Für die reibungslose Abrechnung medizinischer und rehabilitativer Leistungen mit der gesetzlichen Krankenkasse und anderen Trägern der Sozialversicherung wird ein Institutskennzeichen (IK) benötigt. Das IK ist nach § 293 SGB V das offizielle Kennzeichen von Leistungsträgern und Leistungserbringern im Schriftverkehr und für die Abrechnung. Unter dem IK werden Angaben wie Name, Berufs-/Branchenbezeichnung, Anschrift, Geldinstitut, IBAN, Telefon-, Mobil- und Faxnummer gespeichert, sodass Sie als Podologe bzw. Sie mit Ihrer Praxis eindeutig identifizierbar sind. Das Institutskennzeichen wird schriftlich bei der Arbeitsgemeinschaft-Institutskennzeichen (ARGE IK) beantragt:

ARGE IK
Alte Heerstraße 111, 53757 St. Augustin
Internet: www.arge-ik.de

Unter www.arge-ik.de > Download kann das entsprechende Antragsformular mit der Bezeichnung *Erfassungsbeleg* und *ein Merkblatt über die Vergabe von Institutskennzeichen und die Verwendung der gespeicherten Daten* heruntergeladen werden. Das Institutskennzeichen kann mit dem Erfassungsbogen oder auch formlos bei der ARGE IK beantragt werden. Nach Bearbeitung schickt die ARGE IK ein Kontrollschreiben zur Überprüfung der Daten. Erst wenn Sie das Schreiben unterschrieben zurückschicken, wird das IK schriftlich mitgeteilt und an die beteiligten Träger der Sozialversicherung zur maschinellen Abwicklung des Abrechnungsverfahren und des Zahlungsverkehrs weitergeleitet.

Übrigens: Bei verschiedenen Standorten muss für jede Zweigstelle oder Filiale ein gesondertes IK beantragt werden. Das gilt z. B . auch, wenn mehrere Bankverbindungen eingerichtet sind, über die die Abrechnungen erfolgen sollen. Ansonsten ist im elektronischen Abrechnungsverfahren die elektronische Abrechnungsprüfung nicht möglich. Darüber hinaus müssen Änderungen, etwa bei der Anschrift oder Bankverbindung, sofort der ARGE IK mitgeteilt werden.

15.15 Die Krankenkassenzulassung

Um eine podologische Praxis mit Erfolg zu gründen, ist eine Kassenzulassung nicht unbedingt erforderlich. Wer will, kann natürlich seine Praxis zu 100 % auf Privatliquidationsbasis führen. Allerdings kann ein Arzt einem gesetzlich Krankenversicherten, der an Diabetes erkrankt ist, unter bestimmten Voraussetzungen medizinische Fußbehandlungen verschreiben, die Podologen direkt mit der jeweiligen gesetzlichen Krankenkasse abrechnen können. Um jedoch als sogenannter *Leistungserbringer* für die gesetzliche Krankenversicherung (GKV) tätig werden zu können, ist die Zulassung durch die gesetzlichen Krankenkassen Bedingung. Hierzu ist ein Antragsverfahren zu durchlaufen, um zu überprüfen, ob von Seiten des Antragsstellers die Anforderungen an die Zulassung erfüllt werden.

Grundsätzlich gilt: Heilmittel, die als Dienstleistung an Versicherte abgegeben werden, dürfen nach § 124 Absatz 1 des Fünftes Buches Sozialgesetzbuch (SGB V) nur von zugelassenen Leistungserbringern abgegeben werden. Den Leistungsrahmen für die Versorgung mit Heilmitteln, die von Vertragsärzten zu Lasten der gesetzlichen Krankenversicherung verordnet werden können, gibt die vom Gemeinsamen Bundesausschuss beschlossene *Richtlinie über die Verordnung von Heilmitteln in der Vertragsärztlichen Versorgung*, kurz Heilmittel-Richtlinie (HeilM-RL) genannt, vor (zuletzt geändert am 21. September 2017, in Kraft getreten am 1. Januar 2018).

Heilmitteln sind entsprechend der HeilM-RL § 2 persönlich zu erbringende medizinische Leistungen und können nach § 3 HeilM-RL Abs. 2 zu Lasten der Krankenkassen nur verordnet werden, wenn sie notwendig sind, um

- „eine Krankheit zu heilen, ihre Verschlimmerung zu verhüten oder Krankheitsbeschwerden zu lindern,
- eine Schwächung der Gesundheit, die in absehbarer Zeit voraussichtlich zu einer Krankheit führen würde, zu beseitigen,
- einer Gefährdung der gesundheitlichen Entwicklung eines Kindes entgegenzuwirken oder
- Pflegebedürftigkeit zu vermeiden oder zu mindern."

Zu den Heilmitteln gehören neben Maßnahmen wie z. B. der Krankengymnastik oder der Ergotherapie auch Maßnahmen der Podologischen Therapie. In Abschnitt E *Maßnahmen der Podologischen Therapie* der Heilmittel-Richtlinie heißt es im § 27:

- „(1) Maßnahmen der Podologischen Therapie sind nur dann verordnungsfähige Heilmittel, wenn sie zur Behandlung krankhafter Schädigungen am Fuß infolge Diabetes mellitus (diabetisches Fußsyndrom) dienen. Hierzu zählen Schädigungen der Haut und Zehennägeln bei nachweisbaren Gefühls- und/oder Durchblutungsstörungen der Füße (Makro-, Mikroangiopathie, Neuropathie, Angioneuropathie).

- (2) Die Podologische Therapie kommt nur in Betracht bei Patientinnen und Patienten mit einem diabetischen Fußsyndrom, die ohne diese Behandlung unumkehrbare Folgeschädigungen der Füße, wie Entzündungen und Wundheilungsstörungen erleiden würden.
- (3) Die Verordnung der Podologischen Therapie beim diabetischen Fußsyndrom ist nur zulässig bei vorliegender Neuro- und/oder Angiopathie ohne Haudefekt (Wagner Stadium 0, d. h. ohne Hautulkus). Die Behandlung von Hautdefekten und Entzündungen (Wagner Stadium 1 bis Wagner Stadium 5) sowie von eingewachsenen Zehennägeln ist ärztliche Leistung.
- (4) Ziel der Podologischen Therapie ist die Wiederherstellung, Verbesserung und Erhaltung der physiologischen Funktion von Haut und Zehennägeln an den Füßen bei diabetischem Fußsyndrom.“

15.15.1 Die Anforderungen an die Kassenzulassung

Somit können Podologen Mitglieder der gesetzlichen Krankenversicherung mit einer entsprechenden Heilmittelverordnung behandeln und die Kosten der Krankenkasse in Rechnung stellen – vorausgesetzt sie haben eine Krankenkassenzulassung. Diese ist jedoch an Bedingungen geknüpft.

Nach § 124 Abs. 1 SGB V dürfen Heilmittel an Versicherte nur von zugelassenen Leistungserbringern abgegeben werden, die:

- (1) die für die Leistungserbringung erforderliche Ausbildung sowie eine entsprechende zur Führung der Berufsbezeichnung berechtigende Erlaubnis oder einen vergleichbaren akademischen Abschluss besitzen,
- (2) über eine Praxisausstattung verfügen, die eine zweckmäßige und wirtschaftliche Leistungserbringung gewährleistet, und
- (3) die für die Versorgung der Versicherten geltenden Vereinbarungen nach § 125 Abs. 1 und § 125a SGB V anerkennen.

Zur einheitlichen Anwendung dieser Zulassungsbedingungen und einer qualitätsgesicherten, dem allgemeinen Stand der medizinischen Kenntnisse entsprechende Versorgung der gesetzlich krankenversicherten Menschen mit Heilmitteln hat bisher der GKV-Spitzenverband (= Spitzenverband Bund der Krankenkassen) die Zulassungsempfehlungen nach § 124 Abs. 4 SGB V für Heilmittelerbringer in regelmäßig aktualisierter Form herausgegeben. In Bälde – voraussichtlich ab Sommer 2020 – jedoch werden die personellen, räumlichen und sachlichen Voraussetzungen für eine Krankenkassenzulassung Bestandteil vertraglicher Regelungen sein.

Siehe Kapitel 15.15.3 und Kapitel 9.2: Mindestanforderungen der gesetzlichen Krankenkassen

Bis Abschluss dieser Verträge sind jedoch die Zulassungsempfehlungen für Heilmittelerbringer vom 26. November 2018 aktuell. Danach müssen Selbstständige in einem Heilberuf neben einer entsprechenden Ausbildung und der Erlaubnis zum Führen der Berufsbezeichnung noch weitere persönliche Anforderungen erfüllen, um eine Krankenkassenzulassung zu erhalten. Darin wird u. a. gefordert, dass

- eine fachliche Leitung der Praxis verbindlich zur Verfügung stehen und deshalb nur durch den Zugelassenen oder durch einen angestellten (organisatorisch weisungsgebundenen Mitarbeiter übernommen werden kann,
- die fachliche Leitung in der Zulassung namentlich benannt werden muss,
- bei Jobsharing die Aufteilung der fachlichen Leitung auf zwei Therapeuten begrenzt ist.

Eine Zulassung können natürliche Personen, juristische Personen sowie Personengesellschaften beantragen.

Natürliche Personen erhalten eine auf die Person(en) bezogene Zulassung, sofern sie die Anforderungen, die nach § 124 SGB V und in der Zulassungsempfehlung Teil 2 gestellt werden, erfüllen.
Siehe Kapitel 15.15.2

Personengesellschaften (z. B. GbR) und **juristische Personen** (z. B. GmbH) können eine Zulassung in einem Heilmittelbereich erhalten, sofern ihnen eine Person angehört oder diese eine fachliche Leitung beschäftigen, die die Anforderungen, die nach § 124 SGB V und in der Zulassungsempfehlung Teil 2 siehe Kapitel 15.15.2) gestellt werden, erfüllt.
Siehe Kapitel 15.15.2

Mögliche Kooperationsformen, zu denen sich Leistungserbringer aus einem oder mehreren Heilmittelbereich(en) zusammenschließen können, sind die Praxisgemeinschaft und die Gemeinschaftspraxis.

In einer **Praxisgemeinschaft** nutzen die Leistungserbringer gemeinsam die Praxisausstattung bzw. -räume, sind aber rechtlich eigenständig. Das hat zur Folge, dass jeder Gesellschafter seine eigene Zulassung erhält und die erbrachten Leistungen auch separat unter seinem eigenen Institutskennzeichen gegenüber der Krankenkasse abrechnet.
Im Gegensatz dazu schließen sich die Leistungserbringer in einer **Gemeinschaftspraxis** zu einer gemeinsamen Berufsausübung und Gewinnerzielung zusammen. Deshalb erhalten die Gesellschafter gemeinsam eine Zulassung und rechnen auch zusammen mit der Krankenkasse ab.

Bei beiden Kooperationsformen muss Größe und Aufteilung der Praxis der Anzahl der gleichzeitig tätigen Therapeuten entsprechen. Gleichzeitig tätige Therapeuten können neben abhängig Beschäftigten auch umständig Beschäftige und freie Mitarbeiter sein.

Darüber hinaus können auch interdisziplinäre Heilmittelpraxen für mehr als einen bzw. bei bestehender Zulassung für weitere Heilmittelbreiche eine Krankenkassenzulassung erhalten, wenn diese die Anforderungen nach § 124 SGB V erfüllen. Weitere Voraussetzung für die Zulassung sind, dass entsprechend der Zulassungsempfehlung

- die räumlichen Mindestanforderungen an die Behandlungsräume und -bereiche erfüllt sind,
- die Grundausstattung die Anforderungen für die jeweiligen Heilmittelbereiche erfüllt,
- die Heilmittelbereiche räumlich und organisatorisch in derselben Praxis untergebracht sind,
- die für die Versorgung der Versicherten geltenden Vereinbarungen anerkannt sind.

Außerdem gilt nach der Zulassungsempfehlung für Heilmittelerbringer vom November 2018, dass eine Zulassung nur erteilt werden kann, wenn die Heilmittelpraxis maßgeblich für die Versorgung der GKV-Versicherten zur Verfügung steht. Das ist gegeben, wenn die Heilmittelpraxis mindestens 30 Stunden je Woche für anspruchsberechtigte GKV-Versicherte geöffnet ist. Hiervon ausgenommen sind zeitlich vorübergehende Abwesenheiten während der Öffnungszeiten aufgrund von ärztlich verordneten Behandlungen, die außerhalb der Praxis beim Patienten vor Ort erbracht werden (siehe § 11 HeilM-RL). Die Öffnungszeiten sind nicht nur den zulassenden Stellen bei der Zulassung mitzuteilen, sondern müssen auch auf geeignete Weise z. B. mittels Praxisschild, Ansage auf dem Anrufbeantworter oder im Rahmen des Internetsauftritts öffentlich bekannt gemacht werden.

15.15.2 Berufsspezifische Zulassungsempfehlungen

Neben den allgemeinen Anforderungen im ersten Teil der Empfehlungen des GKV-Spitzenverbandes sind im 2. Teil Zulassungsvoraussetzungen enthalten, die die Ausbildung und Praxisausstattung betreffen.

Danach können zur Abgabe von podologischer Therapie folgende Berufsgruppen zugelassen werden:

- Podologen gemäß § 1 Satz 1 des Podologengesetzes (PodG)

- Staatlich geprüfte Podologen gemäß § 15 Abs. 1 Privatschulgesetz Baden-Württemberg (PSchG) vom 1. Januar 1990 (GBl. S. 105), zuletzt geändert durch Gesetz zur Änderung des Privatschulgesetzes vom 13. November 1995 (GBl. S. 764), mit dem Abschlusszeugnis erteilte Berechtigung zur Führung der Berufsbezeichnung "Staatlich geprüfte Podologin"/"Staatlich geprüfter Podologe"
- Staatlich geprüfte medizinische Fußpfleger gemäß der bayerischen Schulordnung für die Berufsfachschulen für medizinische Fußpflege vom 23. April 1993 (GVBl. S. 317, berichtigt GVBl. 1993 S. 854), zuletzt geändert durch Verordnung vom 4. Juli 1997 (GVBl. S. 230), erteilte Berechtigung zur Führung der Bezeichnung "staatlich geprüfter medizinischer Fußpfleger/staatlich geprüfte medizinische Fußpflegerin"
- Staatlich anerkannte medizinische Fußpfleger gemäß des Runderlasses des Niedersächsischen Sozialministers über die staatliche Anerkennung von medizinischen Fußpflegern vom 21. Februar 1983 (Niedersächsisches Ministerialblatt S. 266) und des Runderlasses des Niedersächsischen Kultusministeriums über die Ausbildung und Prüfung an Berufsfachschulen – Medizinische Fußpflege - vom 10. November 1982 (Niedersächsisches Ministerialblatt S. 2195) erteilte staatliche Anerkennung als "Medizinischer Fußpfleger"
- Staatlich anerkannte Podologen gemäß des Schulgesetzes des Landes Sachsen-Anhalt in der Fassung vom 27. August 1996 (GVBl. LSA S. 281), zuletzt geändert durch Gesetz vom 21. Januar 1998 (GVBl. LSA S. 15), erteilte Berechtigung als "Staatlich anerkannte Podologin" oder "Staatlich anerkannter Podologe"

Eine Kassenzulassung beantragen können daher nur Podologen, die die Berufsbezeichnung entsprechend dem Podologengesetz führen, sowie Podologen und Medizinische Fußpfleger, die als gleichwertig anerkannte Berufsabschlüsse aus Baden-Württemberg, Bayern, Niedersachsen oder Sachsen-Anhalt vorweisen können oder wer bis zum 31. Dezember 2006 die Nachqualifizierung zum Podologen erfolgreich absolviert hat. Andere Berufsgruppen wie z. B. Altenpfleger, Krankenschwestern, Kosmetiker oder Orthopädieschuhmacher können keine Zulassung durch die Krankenkassen erhalten.

Hinsichtlich der Praxisräume und -ausstattung werden in den Gemeinsamen Empfehlungen detaillierte Anforderungen gestellt, die bereits in *Kapitel 9: Einrichtung und Ausstattung* ausführlich dargelegt worden sind.

15.15.3 Anerkennung der geltenden Vereinbarungen

Eine wichtige Voraussetzung für eine Zulassung ist die Anerkennung der für die Versorgung der gesetzlich Versicherten geltenden Vereinbarungen (§ 125 und § 125 a SGB V). Mit „Vereinbarungen“ sind Verträge gemeint, die der Spitzenverband Bund der Krankenkassen (= GKV-Spitzenverband) mit bindender

Wirkung für die Krankenkassen mit den maßgeblichen Spitzenorganisationen auf Bundesebene der Heilmittelerbringer zum einen nach § 125 SGB V über die Einzelheiten der Versorgung mit dem jeweiligen Heilmittel mit Wirkung ab dem 1. Juli 2020 und zum anderen nach § 125a SGB V über die Heilmittelversorgung mit erweiterter Versorgungsverantwortung bis zum 15. November 2020 abschließen müssen. Kommen übrigens die Verträge nicht rechtzeitig zustande, wird eine Schiedsstelle eingeschaltet, um den Inhalt der Verträge festzusetzen.

In diesen Verträgen sind nach § 125 Abs. 2 SGB V u. a. zu regeln:

- die Preise der einzelnen Leistungspositionen sowie einheitliche Regelungen für deren Abrechnung,
- die Verpflichtung der Leistungserbringer zur Fortbildung,
- Maßnahmen zur Sicherung der Qualität der Behandlung, der Versorgungsabläufe und der Behandlungsergebnisse,
- der Inhalt und Umfang der Zusammenarbeit der Leistungserbringer mit dem verordnenden Vertragsarzt,
- personelle, räumliche und sachliche Voraussetzungen, die eine zweckmäßige und wirtschaftliche Leistungserbringung im Sinne des § 124 Abs. 1 Nr. 2 SGB V gewährleistet, wobei insbesondere im Hinblick auf die räumlichen Voraussetzungen Richtwerte vereinbart werden können.

Nach § 125a SGB V können Heilmittelerbringer aufgrund einer durch einen Vertragsarzt festgestellten Diagnose und der Indikation für eine Heilmittelbehandlung selbst über die Auswahl und die Dauer der Therapie und Behandlungsfrequenz bestimmen. In den Verträgen sind u. a. zu regeln:

- die Indikationen, die für eine Heilmittelversorgung mit erweiterter Versorgungsverantwortung geeignet sind,
- einheitliche Regelungen zur Abrechnung,
- Möglichkeiten zur Bestimmung der Dauer der einzelnen Behandlungseinheiten durch den Leistungserbringer sowie Regelungen zu der daraus resultierenden Preisstruktur,
- Vorgaben zur Information des Arztes durch den Heilmittelerbringer über die erfolgte Behandlung sowie zur Notwendigkeit eines erneuten Arztkontaktes.

Bis jedoch die für den jeweiligen Heilmittelbereich bundesweit geltenden Verträge in Kraft treten, gelten die bisherigen Vereinbarungen weiter und sind anzuerkennen. Hierbei handelt sich um Rahmenempfehlungen und Rahmenverträge.

Die Rahmenempfehlungen haben der GKV-Spitzenverband und die maßgeblichen Spitzenorganisationen der Heilmittelerbringer auf Bundesebene vereinbart mit dem Ziel, eine einheitliche Versorgung im gesamten Bundesgebiet sicherzustellen. Die Rahmenempfehlungen enthalten Regelungen:

- zum Inhalt der einzelnen Heilmittel einschließlich Umfang und Häufigkeit ihrer Anwendung im Regelfall sowie deren Regelbehandlungszeit,
- zu Maßnahmen der Qualitätssicherung,
- zu Maßnahmen der Fortbildung,
- zum Inhalt und zum Umfang der Zusammenarbeit mit dem verordnenden Vertragsarzt,
- zu Maßnahmen der Wirtschaftlichkeit und deren Prüfung,
- zu Vorgaben der Vergütungsstrukturen.

Die Rahmenempfehlungen stellen die Grundlage für die Rahmenverträge dar, die bisher die Krankenkassen, ihre Landesverbände oder Arbeitsgemeinschaften mit den Berufsverbänden abgeschlossen haben, um die Einzelheiten hinsichtlich der Versorgung mit Heilmitteln sowie bezüglich der Preise zu regeln, deren Abrechnung und der Verpflichtung der Leistungserbringer zur Fortbildung. Wenn die Fortbildung gegenüber dem jeweiligen Vertragspartner nicht nachgewiesen wird, sind in den Verträgen Vergütungsabschläge vorgesehen. Darüber hinaus wird dem Leistungserbringer eine Frist gesetzt, innerhalb derer er die Fortbildung nachholen kann.

Siehe Info: Informationen im Internet rund um die Zulassung durch die gesetzliche Krankenversicherung

15.15.4 Die Beantragung der Zulassung

Um die Zulassung der gesetzlichen Krankenkassen zu erhalten, muss ein Antragsverfahren durchlaufen werden. Hierfür sind eine Reihe von Unterlagen zusammenzustellen und einzureichen. Die Zulassung wird bei der für das jeweilige Bundesland zuständigen Arbeitsgemeinschaft, zu der sich die Landesverbände der Krankenkassen und die Ersatzkassen seit dem 1. September 2019 zusammengeschlossen haben, beantragt (siehe § 124 SGB V). Eine Arbeitsgemeinschaft kann sich auch über mehrere Bundesländer erstrecken. Eine bundesweite Übersicht mit den zuständigen Zulassungsstellen stellt der GKV-Spitzenverband im Internet unter www.gkv-heilmittel.de > Für Heilmittelerbringer > Zulassende Stellen bereit.

Siehe Info: Erforderliche Unterlagen für eine Krankenkassenzulassung

15.16 Zulassung durch die Berufsgenossenschaften

Es kann durchaus – wenn sicherlich nicht allzu häufig – vorkommen, dass Patienten infolge eines Arbeitsunfalls eine medizinische Fußbehandlung benötigen, welche anschließend mit der Berufsgenossenschaft abgerechnet werden muss. Verordnet werden Leistungen für Heil- und Hilfsmittel sowie ergänzende Leistungen für Versicherte der gesetzlichen Unfallversicherung durch am Heilverfahren beteiligte D-Ärzte mit unfallchirurgischer Qualifikation. Davon ausgenommen sind lediglich fachspezifische Leistungen wie z. B. bei Berufskrankheiten, Brillen, Hörgeräte oder der Zahnersatz, die nur von bestimmten Facharztgruppen verordnet werden. Nach Auskunft der Deutschen Gesetzlichen Unfallversicherung e. V. (DGUV) – Spitzenverband der gewerblichen Berufsgenossenschaften und der Unfallversicherungsträger der öffentlichen Hand (www.dguv.de) sieht die gesetzliche Unfallversicherung für die Leistungserbringung und Abrechnung podologischer Leistungen derzeit kein eigenständiges Beteiligungs- und Abrechnungsverfahren vor. Die Zulassung zur kassenärztlichen Behandlung und Abrechnung verordneter podologischer Leistungen unter Anwendung der Gebührensätze des Verbandes der Ersatzkassen werden daher üblicherweise von den Trägern der gesetzlichen Unfallversicherung akzeptiert (persönliche Mitteilung vom 12. Juli 2019).

15.17 Sachkundeprüfung für freiverkäufliche Arzneimittel

Ein Punkt, der für Podologen/Medizinische Fußpfleger von Interesse sein kann, ist der Verkauf von freiverkäuflichen Arzneimitteln, was z. B. in der Praxis bei Hühneraugenbehandlungen vorkommen kann. Denn ein Verkauf darf nur durch entsprechend qualifiziertes Personal erfolgen.

Wer Einzelhandel außerhalb von Apotheken mit Arzneimitteln, die zum Verkehr außerhalb von Apotheken freigegeben sind (= freiverkäufliche Arzneimitteln) betreiben will, muss die erforderliche Sachkenntnis dafür nach § 50 Arzneimittelgesetz (AMG) besitzen. Die Sachkenntnis wird durch eine Prüfung vor der Industrie- und Handelskammer nachgewiesen. Befreit von dieser Prüfung sind nach § 10 der Verordnung über den Nachweis der Sachkenntnis im Einzelhandel mit freiverkäuflichen Arzneimitteln, (AMSachKV) u. a. Ärzte, Apotheker, Apothekenhelfer und Drogisten.

Das Spektrum des Prüfungsinhalts reicht vom Sortiment der freiverkäuflichen Arzneimittel über Kenntnisse der Bestandteile, Zusatz- und Füllstoffe dieser Arzneimittel, Haltbarkeit, Lagerfähigkeit und Darreichungsformen bis hin zur Haftung bei Arzneimittelschäden. Die örtlichen IHKs informieren über Anbieter von Vorbereitungskursen für die Sachkundeprüfungen (nach § 50 AMG). Außerdem können Lehrgangsanbieter zur Prüfungsvorbereitung bundesweit im Weiterbildungs-Informations-System (WIS), dem IHK-Recherche- und Informationsportal über die berufliche Weiterbildung, unter www.wis.ihk.de recherchiert werden.

15.18 Sachkundenachweis zur Aufbereitung von Medizinprodukten

Die Aufbereitung von Medizinprodukten ist von zentraler Bedeutung, was die Hygieneanforderungen in Podologiepraxen betrifft. Nach den Empfehlungen der Kommission für Krankenhaushygiene und Infektionsprävention (KRINKO) beim Robert Koch-Institut (RKI) und des Bundesinstitutes für Arzneimittel und Medizinprodukte (BfArM) benötigt derjenige, der Medizinprodukte aufbereitet, einen Sachkundenachweis dafür, dass er für diese Aufgabe qualifiziert ist. Eine entsprechende Qualifikation wird vermutet, sofern in einer nachgewiesenen und erfolgreich abgeschlossenen Ausbildung die dafür erforderlichen Inhalte verankert sind. Werden diese Inhalte teilweise nicht bzw. nicht auf dem aktuellen Stand vermittelt, müssen die Kenntnisse über Fortbildungslehrgänge erworben werden. In der KRINKO-BfArM-Empfehlung werden folgende Anforderungen an die Sachkenntnis für die Aufbereitung von Medizinprodukten gestellt:

- Instrumentenkunde,
- Kenntnisse in Hygiene/Mikrobiologie (einschließlich Übertragungswege),
- Risikobewertung und Einstufung von Medizinprodukten,
- Schwerpunkte der Aufbereitung:
  - sachgerechtes Vorbereiten (Vorbehandeln, Sammeln, Vorreinigen, Zerlegen),
  - Reinigung, Desinfektion, Spülung und Trocknung,
  - Prüfung auf Sauberkeit und Unversehrtheit,
  - Pflege und Instandsetzung,
  - Funktionsprüfung,
  - Kennzeichnung,
  - Verpackung und Sterilisation,
  - dokumentierte Freigabe der Medizinprodukte zur Anwendung/Lagerung,
- räumliche und organisatorische Aspekte der Aufbereitung,
- Erstellen von Verfahrens- und Arbeitsanweisungen zur Aufbereitung,
- Rechtskunde (MPG, MPBetreibV, BioStoffV).

Die Deutsche Gesellschaft für Sterilgutversorgung e. V. (DGSV) hat eine Qualifizierungsrichtlinie erarbeitet, wonach die Lehrinhalte eines Sachkundelehrganges bezüglich Rechtsgrundlagen, Qualitätssicherung, Mikrobiologie und Hygiene auf die während der Ausbildung erworbenen Kenntnisse aufbauen. Es wurden Lehrgänge für unterschiedliche Zielgruppen entwickelt. Für Podologen umfasst der Qualifizierungslehrgang mindestens 40 Unterrichtseinheiten à 45 Minuten. Die Lehrgänge werden von durch die DGSV anerkannten Bildungsstätten durchgeführt. Weitere Informationen www.dgsv-ev.de.

Info: Internet-Wegweiser: Welche Behörde ist zuständig?

Die Erlaubnis zum Führen der Berufsbezeichnung Podologin oder Podologe beantragen:

Baden-Württemberg

→ Regierungspräsidium des Regierungsbezirks, in dem die Prüfung abgelegt wurde

→ www.rp.baden-wuerttemberg.de

Bayern

→ Regierung des Regierungsbezirks, in dem der Antragssteller die Prüfung abgelegt hat

→ www.bayern.de > Freistaat > Staat und Kommunen

Berlin

→ Landesamt für Gesundheit und Soziales Berlin – Landesprüfungsamt für Gesundheitsberufe

→ www.berlin.de > Politik, Verwaltung, Bürger > Senatsverwaltungen > Gesundheit und Pflege > Berufe im Gesundheitswesen

Hamburg

→ Behörde für Gesundheit und Verbraucherschutz

→ www.hamburg.de/podologie

Hessen

→ Zuständigkeit für ganz Hessen liegt beim Regierungspräsidium Darmstadt

→ www.rp-darmstadt.hessen.de > Sicherheit > Gesundheitsfachberufe

Mecklenburg-Vorpommern

→ Landesprüfungsamt für Heilberufe beim Landesamt für Gesundheit und Soziales

→ www.lagus.mv-regierung.de > Gesundheit > Landesprüfungsamt für Heilberufe > Gesundheitsfachberufe

Niedersachsen

→ Landesamt für Soziales, Jugend und Familie, Außenstelle Lüneburg

→ www.soziales.niedersachsen.de > Soziales und Gesundheit > Gesundheit und Pflege

Nordrhein-Westfalen

→ Die für die Prüfung an den Schulen für Podologie zuständigen örtlichen Gesundheitsämter bei den Kreisen und kreisfreien Städten. Zur Überprüfung der Gleichwertigkeit ausländischer Ausbildungen in nichtärztlichen Gesundheitsfachberufen ist zentral für NRW das Landesprüfungsamt für Medizin, Psychotherapie und Pharmazie bei der Bezirksregierung Düsseldorf zuständig.
→ www.brd.nrw.de > Gesundheit und Soziales

Rheinland-Pfalz

→ Landesamt für Soziales, Jugend und Versorgung
→ www.lsjv.rlp.de > Unsere Aufgaben > Arbeit > Gesundheitsfachberufe

Saarland

→ Landesamt für Soziales
→ www.saarland.de > Gesundheitsfachberufe/Landesprüfungsamt > Gesundheitsfachberufe (NAH)

Sachsen

→ Kommunaler Sozialverband Sachsen
→ www.ksv-sachsen.de > Über den KSV Sachsen > Aufgabenbereiche > Anerkennung Gesundheitsfachberufe

Sachsen-Anhalt

→ Landesverwaltungsamt, Landesprüfungsamt für Gesundheitsberufe
→ www.sachsen-anhalt.de > Bürger- und Unternehmensservice > Arbeit und Beruf > Lizenzen/ Zeugnisse > Führen von Gesundheitsfachberufsbezeichnungen erlauben

Schleswig-Holstein

→ Landesamt für soziale Dienste Schleswig-Holstein, Abteilung Gesundheitsschutz
→ www.schleswig-holstein.de > Gesundheitsfachberufe

Thüringen

→ Thüringer Landesverwaltungsamt
→ www.thueringen.de > Landesregierung und Ministerien > Thüringer Ministerium für Inneres und Kommunales > Thüringer Landesverwaltungsamt > Gesundheit > Medizinische Fachberufe

Keine Angaben zu Brandenburg und Bremen, weil beim Erstellen der Liste keine Podologieschule in diesen Bundesländern bekannt war.

Info: Berufsverbände

Deutscher Verband für Podologie (ZFD) e. V.
Wilhelmshöher Allee 258, 34131 Kassel
E-Mail: info@podo-deutschland.de
Internet: www.podo-deutschland.de

Verband deutscher Podologen (VDP) e. V.
Obere Wässere 37, 72764 Reutlingen
E-Mail: info@verband-deutscher-podologen.de
Internet: www.verband-deutscher-podologen.de

Deutscher Podologen Verband (DPV) e. V.
Kilianstraße 69, 33142 Büren
E-Mail: info@podologen.de
Internet: www.podologen.de

Vereinigung Freier FusspflegerInnen e. V.
Sierichstraße 172, 22299 Hamburg
E-Mail: kontakt@fusspflegeportal.de
Internet: www.vff-portal.de

Bundesberufsverband der Fachkosmetiker/-innen in Deutschland e. V. (BFD)
Zeil 51, 60313 Frankfurt
E-Mail: info@bfd-ev.de
Internet: www.bfd-ev.com

Info: Erforderliche Unterlagen für eine Krankenkassenzulassung

- **Ausgefüllter und unterschriebener Antrag auf Zulassung:**
mit dem Namen des Praxisinhabers oder -betreibers, mit Angaben zur Fachlichen Leitung (falls abweichend), mit der Praxisanschrift und dem Datum der Praxiseröffnung.

- **Beglaubigte Abschrift oder Kopie über die Urkunde über die Erlaubnis zur Führung der Berufsbezeichnung:**
Die Beglaubigung kann von der Behörde vorgenommen werden, die die Urkunde ausgestellt hat, aber auch z. B. von der Gemeinde, der Stadtverwaltung oder von einem Notar.

- **Berichtsbogen/Selbstauskunft:**
Dieser dient zum Nachweis der vom Gesetzgeber vorgeschriebenen sachlichen und räumlichen Zulassungsvoraussetzungen. Darin sind u. a. Angaben zur Rechtsform, zu den Praxisräumlichkeiten und zur Praxisausstattung sowie zur Anzahl der Mitarbeiter zu machen. Der Berichtsbogen kann auch im Zulassungsantrag integriert sein.

- **Planskizze der Praxis:**
Zum Nachweis der Eignung der Praxisräume (entsprechend den Empfehlungen des GKV-Spitzenverbands zur einheitlichen Anwendung der Zulassungsbedingungen nach § 124 Abs. 2 SGB V) mit Angabe der Raummaße (Raumgrößen in Quadratmetern und Raumhöhe) der einzelnen Räume und deren Funktion sowie Bezeichnung der Ausstattung.

- **Aufstellung der Ausbildungs- und Berufszeiten**

- **Fortbildungsnachweise ggf. Zusatzausbildung mittels beglaubigter Kopie**

- **Nachweis einer Berufs- und Betriebshaftpflichtversicherung**

- **Nachweis über das Nutzungsrecht der Praxis:**
Kopie des Miet- oder Pachtvertrags oder Eigentumsnachweis für die Praxisräume

- **Angabe des Institutskennzeichens (IK)**

- **Bestätigung über die Anmeldung der Praxis beim örtlichen Gesundheitsamt (zuständige Aufsichtsbehörde)**

- **Anmeldebestätigung der Berufsgenossenschaft für Gesundheitsdienst und Wohlfahrtspflege**, Pappelallee 35 – 37, 22089 Hamburg

- **Eine Anerkenntniserklärung bzw. ein sogenannter Verpflichtungsschein:** Darin erklärt der Antragsteller, dass er den zwischen den Berufsverbänden und den jeweiligen Krankenkassen abgeschlossenen Rahmenvertrag nach § 125 SGB V über die Versorgung mit podologischen Leistungen anerkennt.

- **Bei fachlicher Leitung eines angestellten Mitarbeiters:** Kopie des abgeschlossenen Arbeitsvertrages

- **Bei juristischen Personen oder Partnerschaftsgesellschaften:** Kopien des Gesellschaft- bzw. Partnerschaftsvertrages sowie ein Auszug aus dem Handels- bzw. Partnerschaftsregister

Tipp: Die zuständigen Zulassungsstellen geben Informationsblätter heraus, welche Unterlagen im Einzelnen dem Zulassungsantrag beizufügen sind. Diese enthalten auch Angaben darüber, welche Unterlagen einzureichen sind, wenn z. B. die Praxis verlegt oder die Rechtsform geändert werden soll.

Stand: Juli 2019

Info: Informationen im Internet rund um die Zulassung durch gesetzliche Krankenversicherung

Auf der Webseite vom GKV-Spitzenverband unter www.gkv-spitzenverband.de können Sie für die Zulassung und die Zusammenarbeit mit den Krankenkassen wichtigen Unterlagen herunterladen:

Heilmittel-Richtlinien: Richtlinien des Gemeinsamen Bundesausschusses über die Verordnung von Heilmitteln in der vertragsärztlichen Versorgung

Zulassungsempfehlungen: Empfehlungen des GKV-Spitzenverbandes gemäß § 124 Abs. 4 SGB V zur einheitlichen Anwendung der Zulassungsbedingungen nach § 124 Abs. 2 SGB V für Leistungserbringer von Heilmitteln, die als Dienstleistung an Versicherte abgegeben werden.

Rahmenempfehlungen für den Bereich Podologie:
Gemeinsame Rahmenempfehlungen gemäß § 125 Abs. 1 SGB V für eine einheitliche Versorgung mit Heilmitteln zwischen den Spitzenverbänden der Krankenkassen und den maßgeblichen Spitzenorganisationen der Heilmittelerbringer auf Bundesebene.

Achtung: Ab 1. Juli bzw. 15. November 2020 gibt es neue Verträge zwischen dem GKV-Spitzenverband und den für die Wahrnehmung der Interessen der Heilmittelerbringer maßgeblichen Spitzenorganisationen auf Bundesebene. Rahmenempfehlungen gibt es dann nicht mehr. Auch die bisherigen Zulassungsempfehlungen gelten nicht weiter. Dann gilt der Vertrag mit dem jeweiligen Heilmittelbereich, in dem auch die Zulassung geregelt ist.

16 Die Mitarbeiter

Podologen/Fußpfleger gründen vorwiegend Einzelunternehmen. Sie starten allein und sind ohne Mitarbeiter tätig. Die Personalfrage scheint daher (zunächst) nicht besonders relevant. Tatsächlich aber sollten Sie sich bereits in der Planungsphase des Gründungsvorhabens mit diesem Thema auseinandersetzen. Schließlich fallen neben den eigentlichen Behandlungen eine ganze Reihe von Nebentätigkeiten an, die erledigt werden müssen; von Verwaltungsarbeiten bis hin zur täglichen Reinigung und Pflege der Praxisräume und -ausstattung. Wer glaubt, alles selbst machen zu können und zu müssen, setzt sich unnötig unter Stress, kann sich leicht überfordern und im schlimmsten Fall sogar den Überblick komplett verlieren. Lassen Sie es nicht so weit kommen. Aber ganz abgesehen davon gibt es noch einen weiteren Grund für eine frühzeitige Personalplanung: Wer plant, ab einem bestimmten Zeitpunkt einen Berufskollegen einzustellen, muss dies bereits bei der Wahl der Praxisräumlichkeiten berücksichtigen.

Gründer und mittelständische Betriebe neigen häufig dazu, die Aufgaben des Personalwesens eher spontan und ohne vorausschauende Planung zu betreiben. Erst wenn der Bedarf akut ist, werden Mitarbeiter gesucht. Wegen des Tagesgeschäfts fehlt jedoch dann meist die Zeit, sich mit den Fragen des Personalwesens eingehend zu beschäftigen.

Motivierte und qualifizierte Mitarbeiter tragen wesentlich zum Erfolg eines Unternehmens bei. Sie gelten zunehmend als entscheidender Wettbewerbsfaktor und werden nicht umsonst für die *wichtigste Ressource* eines Unternehmens gehalten. Doch wer Mitarbeiter einstellen will, übernimmt damit auch Pflichten und Verantwortung. Zugleich muss er sich im Klaren sein, dass Mitarbeiter nicht unerhebliche *Kostenfaktoren* sind und natürlich in Zeiten geringerer Auslastung weiterbezahlt werden müssen. Von besonderer Bedeutung für frisch gebackene Selbstständige, die Verstärkung benötigen, ist daher nicht nur Fehlentscheidungen in der Mitarbeiterauswahl zu vermeiden, sondern auch die Möglichkeiten, den Personaleinsatz flexibel zu gestalten, zu kennen und zu nutzen.

Hinzu kommt schließlich noch die Frage aller Fragen: Wo und wie findet man überhaupt gute Mitarbeiter? Es gibt also genug Gründe, sich bereits im Vorfeld der Gründung in das komplexe Thema Personal einzuarbeiten und frühzeitig den Personaleinsatz zu planen und die Weichen richtig zu stellen, um für den Fall gerüstet zu sein.

16.1 Wichtige Rechtsvorschriften

Kein Gründer wird umhin können, sich mit den rechtlichen Bestimmungen des Arbeitsrechtes zu befassen. Natürlich müssen und sollen Sie Juristen keine Konkurrenz machen, aber zumindest sollten Sie wissen, welche Bestimmungen beim Einsatz von Mitarbeitern für Sie relevant sind.

Grundsätzlich wird zwischen dem kollektiven Arbeitsrecht, zu dem u. a. die Unternehmensmitbestimmung, die betriebliche Mitbestimmung sowie das Tarifvertragsrecht gehören, und dem Individual-Arbeitsrecht unterschieden, das das Verhältnis zwischen Arbeitgeber und Arbeitnehmer regelt. Danach hat derjenige, der Mitarbeiter beschäftigen möchte, eine Vielzahl von Vorschriften zu beachten und gegenüber seinen Arbeitnehmer eine ganze Reihe von Pflichten zu erfüllen. Das gilt übrigens nicht nur für sozialversicherungspflichtige Arbeitsverhältnisse in Voll- oder Teilzeit, sondern auch bei der Beschäftigung sogenannter *Minijobber.*

Als Arbeitgeber müssen Sie z. B.

- dem Arbeitnehmer Entgelt in der Höhe des ihm zustehenden Arbeitsentgelts bei unverschuldeter Arbeitsunfähigkeit wegen Krankheit bis zu sechs Wochen fortzahlen,
- dem Arbeitnehmer mindestens dem nach dem Bundesurlaubsgesetz festgelegten bezahlten Erholungsurlaub (24 Werktage) gewähren,
- das Arbeitsentgelt weiterbezahlen, wenn Arbeitszeit aufgrund eines gesetzlichen Feiertags ausfällt,
- während der Schwangerschaft einer Mitarbeiterin die Regelungen des Mutterschutzgesetzes beachten und auch Entgelt während der Zeit von Beschäftigungsverboten sowie in der Zeit von Mutterschutzfristen leisten,
- wenn Sie einem Mitarbeiter kündigen müssen, die entsprechenden Kündigungsfristen beachten.

Das Arbeitsrecht ist als Arbeitnehmerschutzrecht zu verstehen. Arbeitnehmer gelten aufgrund der strukturellen Unterlegenheit als Vertragspartei gegenüber dem Arbeitgeber als besonders schutzbedürftig. Im Folgenden werden wichtige Gesetze kurz skizziert.

16.1.1 Allgemeines Gleichbehandlungsgesetz (AGG)

Das Gesetz hat zum Ziel, „Benachteiligungen aus Gründen der Rasse oder wegen der ethnischen Herkunft, des Geschlechts, der Religion oder Weltanschauung, einer Behinderung, des Alters oder der sexuellen Identität zu verhindern oder zu beseitigen" (§ 1 AGG). In § 7 ist festgelegt, dass Beschäftigte nicht wegen eines in § 1 genannten Grundes benachteiligt werden dürfen. Das gilt auch dann, wenn die Person, die die Benachteiligung begeht, das Vorliegen eines in § 1 genannten Grundes bei der Benachteiligung nur annimmt. Bestimmungen in Vereinbarungen, die gegen das Benachteiligungsverbot verstoßen, sind unwirksam. Kommt es zu einer Benachteiligung durch Arbeitgeber oder Beschäftigte, werden vertragliche Pflichten verletzt. Unterschiedliche Behandlung von Beschäftigten ist zwar erlaubt – vorausgesetzt dafür gibt es einen sachlichen Grund (§§ 8 –10 AGG). Wichtig: Nicht erst bei den Beschäftigungs- und Arbeitsbedingungen müssen Sie darauf achten, dass Sie nicht gegen das AGG verstoßen.

Das Benachteiligungsverbot umfasst alle Bereiche des Arbeitsrechts und damit auch Stellenausschreibung und Bewerbungsverfahren. D. h., bereits Stellenausschreibungen sind so zu verfassen, dass niemand benachteiligt wird. So müssen diese geschlechtsneutral (z. B. Angabe aller geschlechtlichen Formen: weiblich/männlich/divers) und frei von Diskriminierungen, wie etwa Altersgrenzen, formuliert werden. Dazu berichtete die Süddeutsche Zeitung bereits in der Ausgabe vom 22./23. August 2009, dass Firmen entsprechend einer Entscheidung des Bundesarbeitsgerichts (BAG) in Erfurt nur in begründeten Fällen eine Stellenausschreibung auf Berufsanfänger beschränken dürfen, weil sonst eine indirekte Altersdiskriminierung vorliege. „Die Drogeriemarktkette Schlecker hatte in Rüsselsheim wiederholt mit internen Ausschreibungen Verkäuferinnen und Kassiererinnen im ersten Berufsjahr gesucht, um die Stellen möglichst kostensparend zu besetzen.“ Der Betriebsrat forderte, dass diese Ausschreibungen unterlassen werden. „Weil die Mitarbeiterinnen mit mehr Berufserfahrung in der Regel deutlich älter seien, laufe die Beschränkung auf eine indirekte Altersdiskriminierung hinaus.“ Das BAG hat dem Betriebsrat recht gegeben: „Eine Ausschreibung nach Berufsjahren bedeute eine Ungleichbehandlung und müsse daher sachlich begründet sein.“ Dieses Beispiel zeigt, wie wichtig die Auseinandersetzung mit dem AGG ist, wenn Mitarbeiter beschäftigt werden sollen. Erste Anhaltspunkte, worauf Sie als Arbeitgeber achten müssen, bieten z. B. die Merkblätter zum AGG, die viele IHKs im Internet bereitstellen (Adressen der IHKs unter www.dihk.de).

16.1.2 Arbeitsschutzgesetz (ArbSchG)

Als Grundgesetz des Arbeitsschutzes dient das Gesetz dazu, Sicherheit und Gesundheitsschutz der Beschäftigten bei der Arbeit durch Maßnahmen des Arbeitsschutzes zu sichern und zu verbessern. Im Arbeitsschutzgesetz, das in allen Tätigkeitsbereichen gilt, sind Grundsatzregelungen festgelegt, die die Pflichten des Arbeitsgebers, aber auch Rechte und Pflichten der Beschäftigten betreffen.

Grundsätzlich gilt: Wer als Unternehmer Mitarbeiter beschäftigt, übernimmt Verantwortung für deren Gesundheit. Diese muss er beim Einrichten und Unterhalt von Arbeitsstätten, Geräten oder Anlagen, aber auch der Organisation des Arbeitsalltages berücksichtigen. Arbeitgeber müssen durch geeignete Maßnahmen dafür sorgen, die Beschäftigten im Unternehmen vor Arbeitsunfällen sowie Gesundheitsgefahren, die durch die Arbeit bedingt sind, vorausschauend zu schützen. Ein wichtiges Instrument dafür ist die Durchführung einer Gefährdungsbeurteilung, zu der Unternehmen nach dem Arbeitsschutzgesetz bereits ab mindestens einen im Betrieb beschäftigten Arbeitnehmer verpflichtet sind.

Je nach Betrieb können die Gefährdungen am Arbeitsplatz verschieden sein. In der Podologie-/Fußpflegepraxis lauern unterschiedlichste Gefährdungen für die Gesundheit, z. B. durch die Arbeit mit Reinigungs- und Desinfektionsmittel, Sprays und Aerosole, Nagellacke und andere Gefahrstoffe oder durch den Kontakt mit Biostoffen wie Fuß- oder Nagelpilz, Schleifstaub oder Blut.

Neben dem Arbeitsschutzgesetz verpflichten zum Arbeitsschutz und zur Unfallverhütung staatliche Arbeitsschutzvorschriften und die Unfallverhütungsvorschriften der gewerblichen Berufsgenossenschaften.
Siehe auch Kapitel 15.9: Berufsgenossenschaft

16.1.3 Arbeitssicherheitsgesetz (ASiG)

Sobald ein oder mehrere Arbeitnehmer beschäftigt werden, ist jeder Arbeitgeber nach dem Arbeitssicherheitsgesetz verpflichtet, einen Betriebsarzt und eine Fachkraft für Arbeitssicherheit zu bestellen. In § 1 ASiG heißt es: „Diese sollen ihn beim Arbeitsschutz und bei der Unfallverhütung unterstützen. Damit soll erreicht werden, dass

1. die dem Arbeitsschutz und der Unfallverhütung dienenden Vorschriften den besonderen Betriebsverhältnissen entsprechend angewandt werden,
2. gesicherte arbeitsmedizinische und sicherheitstechnische Erkenntnisse zur Verbesserung des Arbeitsschutzes und der Unfallverhütung verwirklicht werden können,
3. die dem Arbeitsschutz und der Unfallverhütung dienenden Maßnahmen einen möglichst hohen Wirkungsgrat erreichen.“

Dabei haben die Betriebsärzte nach § 3 Abs. 1 ASiG die Aufgabe, den Arbeitgeber beim Arbeitsschutz und bei der Unfallverhütung in allen Fragen des Gesundheitsschutzes und die Fachkräfte für Arbeitssicherheit nach § 6 Abs. 1 ASiG in allen Fragen der Arbeitssicherheit einschließlich der menschengerechten Gestaltung der Arbeit zu unterstützen.

Das Arbeitssicherheitsgesetz ist somit die rechtliche Basis für die sogenannte betriebsärztliche und sicherheitstechnische Betreuung (BuS-Betreuung). In welcher Art und Weise die Betreuung geregelt werden kann, darüber informiert die Unfallverhütungsvorschrift DGUV Vorschrift 2. Nach dieser Vorschrift stehen mehrere Betreuungsformen – abhängig von der Betriebsgröße – zur Auswahl.

Siehe auch Kapitel 15.9: Berufsgenossenschaft

16.1.4 Arbeitsstättenverordnung (ArbStättV)

Diese Verordnung ist ein wichtiges Beispiel der staatlichen Arbeitsschutzvorschriften. Sie dient der Sicherheit und dem Gesundheitsschutz der Beschäftigten beim Einrichten und Betreiben von Arbeitsstätten. Die Verordnung enthält aber nicht nur Mindestvorschriften zur Gestaltung und Ausstattung der eigentlichen Arbeitsräume, sondern auch für die angrenzenden Bereiche wie für Flucht- und Rettungswege, zu Pausenräumen oder sanitären Einrichtungen.

Siehe auch Kapitel 9.1: Die Eignung der Räume als Arbeitsstätte

16.1.5 Arbeitszeitgesetz (ArbZG)

Dieses Gesetz gibt den Rahmen für die Arbeitszeitgestaltung vor von der täglichen Höchstarbeitszeit über Mindestpausenzeiten während der Arbeit, Mindestruhezeiten nach der Arbeit, Nacht- und Schichtarbeit bis hin zu Sonn- und Feiertagsarbeit und Sonderregelungen.

Nach § 3 ArbZG darf die werktägliche Arbeitszeit acht Stunden nicht überschreiten. Sie kann auf bis zu zehn Stunden nur verlängert werden, wenn innerhalb von sechs Kalendermonaten oder innerhalb von 24 Wochen im Durchschnitt eine Arbeitszeit von acht Stunden werktäglich nicht überschritten wird.

In puncto Ruhepausen gilt nach 4 § ArbZG folgende Regelung: „Die Arbeit ist durch im voraus feststehende Ruhepausen von mindestens 30 Minuten bei einer Arbeitszeit von mehr als sechs bis neun Stunden und 45 Minuten bei einer Arbeitszeit von mehr als neun Stunden insgesamt zu unterbrechen." Die Ruhepausen können aufgeteilt werden, müssen dann aber jeweils mindestens 15 Minuten *am Stück* dauern. Länger als sechs Stunden hintereinander, ohne eine Ruhepause einzulegen, dürfen Arbeitnehmer nicht beschäftigt werden. Weitere Informationen enthält die Broschüre *Das Arbeitszeitgesetz*, die im Internet auf der Webseite des Bundesministeriums für Arbeit und Soziales unter www.bmas.de heruntergeladen werden kann.

16.1.6 Betriebsverfassungsgesetz (BetrVG)

In diesem Gesetz sind Regelungen für die Zusammenarbeit zwischen Arbeitgeber, Arbeitnehmer, Betriebsrat, Gewerkschaften und Vereinigungen der Arbeitgeber festgelegt sowie die Regelungen für die Errichtung von Betriebsräten einschließlich deren Aufgaben und Rechte.

Der Betriebsrat ist eine von den Arbeitnehmern gewählte betriebliche Interessenvertretung mit dem Ziel, bei bestimmten betrieblichen Entscheidungen – vor allem bei sozialen und personellen Angelegenheiten – mitzuwirken und mitzubestimmen. Nach §1 Abs. 1 BetrVG gilt: „In Betrieben mit in der Regel mindestens fünf ständigen wahlberechtigten Arbeitnehmern, von denen drei wählbar sind, werden Betriebsräte gewählt ..." Liegen die im Gesetz genannten Voraussetzungen vor, ist die Wahl eines Betriebsrats allerdings nicht verpflichtend, jedoch haben die Arbeitnehmer das Recht dazu. Die Anzahl der Betriebsräte richtet sich nach der Mitarbeiterzahl – bei Betrieben mit fünf bis zwanzig wahlberechtigten Arbeitnehmern besteht der Betriebsrat aus einer Person. In kleinen Betrieben gibt es häufig keinen Betriebsrat. Ein Grund dafür mag sicherlich sein, dass infolge flacher Hierarchien kombiniert mit entsprechender Führungskompetenz des Inhabers Probleme unkompliziert und im gemeinsamen Einvernehmen gelöst werden können. Daneben enthält das BetrVG in den §§ 81 ff. Regelungen, die nicht vom Bestehen eines Betriebsrats abhängen und daher auch für Unternehmen mit wenig Mitarbeitern von Bedeutung sind:

- Die Unterrichtungs- und Erörterungspflicht des Arbeitgebers (§ 81 BetrVG), wonach der Arbeitnehmer über alle Angelegenheiten, Veränderungen und Maßnahmen, die ihn betreffen und für ihn wichtig sind, unterrichtet werden muss. So muss ein Arbeitnehmer natürlich z. B. über seinen Aufgaben- und Verantwortungsbereich, die Art seiner Tätigkeit, deren Einordnung im Betrieb sowie Unfall- und Gesundheitsgefahren und Arbeitsschutzmaßnahmen Bescheid wissen.
- Das Anhörungs- und Erörterungsrecht des Arbeitnehmers (§ 82 BetrVG), „Der Arbeitnehmer hat das Recht, in betrieblichen Angelegenheiten, die seine Person betreffen, von den nach Maßgabe des organisatorischen Aufbaus des Betriebs hierfür zuständigen Personen gehört zu werden."
- Ein Arbeitnehmer ist u. a. berechtigt, Vorschläge für die Gestaltung des Arbeitsplatzes zu machen. Ferner kann er z. B. verlangen, dass ihm die Berechnung und Zusammensetzung seines Arbeitsentgelts erörtert wird.
- Einsicht in die Personalakte (§ 83 BetrVG): „Der Arbeitnehmer hat das Recht, in die über ihn geführten Personalakten Einsicht zu nehmen."
- Beschwerderecht (§ 84 BetrVG): „Jeder Arbeitnehmer hat das Recht, sich bei den zuständigen Stellen des Betriebs zu beschweren, wenn er sich vom Arbeitgeber oder von Arbeitnehmern des Betriebs benachteiligt oder ungerecht oder in sonstiger Weise beeinträchtigt fühlt." Bei einer berechtigten Beschwerde ist für Abhilfe zu sorgen. Aufgrund der Beschwerden dürfen dem Arbeitnehmer keine Nachteile entstehen.

16.1.7 Bundesurlaubsgesetz (BUrlG)

Dieses Gesetz wird auch Mindesturlaubsgesetz für Arbeitnehmer genannt und enthält die gesetzlichen Regelungen zum Erholungsurlaub, auf den jeder Arbeitnehmer unter Weiterzahlung des Arbeitsentgelts Anspruch hat.

In dem *Mindesturlaubsgesetz* ist festgelegt, dass jeder Arbeitnehmer in jedem Kalenderjahr Anspruch auf einen bezahlten Urlaub hat, wobei der Urlaub jährlich mindestens 24 Werktage beträgt. Als Werktage gelten alle Kalendertage, die nicht Sonn- oder gesetzliche Feiertage sind. Häufig sind jedoch in Tarif- oder Einzelarbeitsverträgen für den Arbeitnehmer günstigere Regelungen mit höherem Urlaubsanspruch vorgesehen.

Der volle Urlaubsanspruch wird erstmalig erworben, sobald das Arbeitsverhältnis sechs Monate bestanden hat (§ 4 BUrlG). Weil sich der Arbeitnehmer während des Urlaubs erholen soll, darf er während des Urlaubs keine dem Urlaubszweck widersprechende Erwerbstätigkeit leisten (§ 8 BUrlG). Wenn ein Arbeitnehmer während des Urlaubs krank wird, so werden nach § 9 BUrlG die durch ärztliches Zeugnis nachgewiesenen Tage der Arbeitsunfähigkeit auf den Jahresurlaub nicht angerechnet.

16.1.8 Entgeltfortzahlungsgesetz (EFZG)

Dieses Gesetz regelt den Anspruch, die Höhe und Dauer der Fortzahlung des Arbeitsentgelts im Krankheitsfall und die Zahlung des Arbeitsentgelts an den gesetzlichen Feiertagen. Danach ist für Arbeitszeit, die infolge eines gesetzlichen Feiertages ausfällt, der Arbeitgeber verpflichtet, dem Arbeitnehmer das Arbeitsentgelt zu zahlen, das dieser ohne den Arbeitsausfall erhalten hätte.

Zudem haben Arbeiter, Angestellte und Auszubildende Anspruch auf Fortzahlung des Arbeitsentgelts im Krankheitsfall bis zur Dauer von sechs Wochen, wenn ein Arbeitnehmer durch Arbeitsunfähigkeit infolge Krankheit an seiner Arbeitsleistung verhindert ist, ohne dass ihn ein Verschulden trifft. Der Anspruch entsteht allerdings erst nach vierwöchiger ununterbrochener Dauer des Arbeitsverhältnisses. Das Gesetz enthält Bestimmungen über die Anzeige- und Nachweispflichten des Arbeitnehmers bei krankheitsbedingter Arbeitsunfähigkeit. So muss ein Arbeitnehmer unverzüglich die Arbeitsunfähigkeit und auch deren voraussichtliche Dauer mitteilen. Dies kann mündlich oder fernmündlich erfolgen. Spätestens am darauffolgenden Tag muss der kranke Arbeitnehmer aber seinem Arbeitgeber eine ärztliche Bescheinigung vorlegen, wenn die Arbeitsunfähigkeit länger als drei Kalendertage dauert. Der Arzt muss auf der Bescheinigung angeben, wie lange voraussichtlich der Arbeitnehmer arbeitsunfähig ist. Eine andere wichtige Regelung ist u. a. die Weiterzahlung des Arbeitsentgelts für die Dauer von bis zu sechs Wochen bei Arbeitsverhinderung aufgrund eines Aufenthalts in einer

Rehabilitations- oder Vorsorgeklinik. Voraussetzung ist, dass die medizinischen Vorsorge- oder Rehabilitationsmaßnahmen medizinisch notwendig sind und von einem Träger der Sozialversicherung oder sonstigen Sozialleistungsträger bewilligt werden. Wer nicht gesetzlich kranken- oder rentenversichert ist, hat Anspruch auf Entgeltfortzahlung, wenn die Maßnahme ärztlich verordnet ist und stationär durchgeführt wird.

Kleinbetrieben, die in der Regel nicht mehr als 30 Arbeitnehmer (Auszubildende und schwerbehinderte Arbeitnehmer nicht mitgezählt) beschäftigen, erstatten die Krankenkassen (mit Ausnahme der landwirtschaftlichen Krankenkassen) bis zu 80 % des weiterbezahlten Entgelts (gesetzliche Grundlage: Aufwendungsausgleichsgesetz – AAG). Gut verständlich erklärt ist das Gesetz in der Broschüre *Entgeltfortzahlungsgesetz*, die auf der Webseite des Bundesministeriums für Arbeit und Soziales (www.bmas.de) heruntergeladen werden kann.

16.1.9 Kündigungsschutzgesetz (KSchG)

Dieses Gesetz bildet die gesetzliche Grundlage zum Schutz vor sozial ungerechtfertigten Kündigungen. Danach muss eine Kündigung sozial gerechtfertigt sein, damit sie rechtswirksam ist, d. h., der Arbeitgeber muss einen Grund für die Kündigung angeben können, der in der Person (z. B. mangelnde körperliche und geistige Eignung) oder im Verhalten des zu kündigenden Arbeitnehmers (etwa Arbeitsverweigerung) liegt oder durch dringende betriebliche Erfordernisse bedingt sein, die einer Weiterbeschäftigung des Arbeitnehmers entgegen stehen (z. B. Rationalisierung, Betriebsschließung). Doch diese Gründe sind an bestimmte Voraussetzungen gebunden, so muss beispielweise einer verhaltensbedingten Kündigung in der Regel eine schriftliche Abmahnung durch den Arbeitgeber vorausgehen, in der das Fehlverhalten gerügt und die Konsequenzen, wenn keine Verhaltensänderung eintritt, unmissverständlich dargelegt werden.

Galt das Kündigungsschutzgesetz bis zum 31. Dezember 2003 bereits in Betrieben mit in der Regel mehr als fünf Arbeitnehmern (Auszubildende nicht mitgezählt), gilt er heute noch, wenn mehr als fünf dieser Altarbeitnehmer im Betrieb nach wie vor tätig sind. Danach, d. h. bei Beginn des Arbeitsverhältnisses am 1. Januar 2004 und später ist der Schwellenwert auf mehr als zehn Arbeitnehmer (Auszubildende nicht mitgerechnet) angehoben worden. Die Anzahl der beschäftigten Arbeitnehmer berechnet sich aus der Summe der Voll- und Teilzeitkräfte, wobei teilzeitbeschäftigte Arbeitnehmer anteilig bei einer regelmäßigen Wochenarbeitszeit von nicht mehr als 20 Stunden mit 0,5 und von nicht mehr als 30 Stunden mit 0,75 anteilig berücksichtigt werden. Als Vollzeitkraft gilt ein Arbeitnehmer mit einer regelmäßigen Arbeitszeit von mehr als 30 Stunden pro Woche. Neben der Betriebsgröße gilt das Kündigungsschutzgesetz nur, wenn der zu kündigende Arbeitnehmer zum Zeitpunkt der Kündigung ununterbrochen mehr als sechs

Monate im Unternehmen/Betrieb beschäftigt ist. Das heißt – wer jetzt ein Unternehmen gründet, könnte bis zu zehn Mitarbeiter in Vollzeit einstellen, ohne dass das Kündigungsschutzgesetz Anwendung findet.

Doch Vorsicht: Auch Kleinbetriebe haben sich an bestimmte Regeln zu halten. So sind bei einer ordnungsgemäßen (= fristgemäßen) Kündigung Kündigungsfristen zu beachten. Die gesetzliche Kündigungsfrist, die im Bürgerlichen Gesetzbuch (BGB) im § 622 für Arbeitsverhältnisse geregelt ist, beträgt vier Wochen zum 15. oder zum Ende eines Kalendermonats. Bei mehrjährigen Arbeitsverhältnissen sind die Fristen für die Kündigung durch den Arbeitnehmer abhängig von der Betriebszugehörigkeit des Arbeitnehmers (gezählt ab dem 25. Lebensjahr) verlängert. Bei fünfjähriger Betriebszugehörigkeit z. B. beläuft sich die Kündigungsfrist auf zwei Monate zum Monatsende, bei zwölf Jahren sind es bereits fünf Monate. Bei einer vereinbarten Probezeit mit einer Dauer von längstens sechs Monaten beträgt die Kündigungsfrist zwei Wochen. Die gesetzlichen Kündigungsfristen werden immer dann angewendet, wenn nicht Tarif- oder Einzelverträge andere zulässige Vereinbarungen vorgeben.

Eine Kündigung bedarf nach § 623 BGB der Schriftform. Sie muss eigenhändig unterschrieben sein und wird wirksam, wenn sie dem Arbeitnehmer zugegangen ist. Aus Beweisgründen wird empfohlen, das Kündigungsschreiben unter einem Zeugen persönlich auszuhändigen. Zur weiteren Absicherung sollte dieser aber auch den Inhalt des Schreibens gelesen haben und bezeugen können, dass Sie die Kündigungserklärung auch tatsächlich in den Umschlag gesteckt haben, den Sie dann in seinem Beisein übergeben haben.

Ohne Einhaltung einer Frist kann eine Kündigung nach § 626 BGB ausgesprochen werden, wenn ein wichtiger Grund (fristlose Kündigung) vorliegt und die Fortsetzung des Arbeitsverhältnisses und damit die Einhaltung der Kündigungsfrist nicht mehr zumutbar ist.

Ein wichtiger Grund kann z. B. eine strafbare Handlung im Unternehmen, Tätlichkeiten, Beleidigung von Vorgesetzten oder fortwährende Arbeitsverweigerung sein. Allerdings: es kommt immer auf den Einzelfall an! Eine fristlose (= außerordentliche) Kündigung ist immer nur als allerletztes Mittel zulässig, andere Mittel wie Abmahnung oder Versetzung auf einen anderen Arbeitsplatz müssen versucht oder unzumutbar sein. Darüber hinaus muss die außerordentliche Kündigung innerhalb von zwei Wochen nach Kenntniserlangung der für die Kündigung maßgebenden Tatsachen, also des Kündigungsgrundes, ausgesprochen werden.

Abgesehen von den oben beschriebenen Kündigungsfristen gelten auch für Kleinbetriebe die besonderen Kündigungsschutzregel für bestimmte Personengruppen wie für schwangere Frauen, Mütter nach der Entbindung, Arbeitnehmer in der Elternzeit, Beschäftigten mit Schwerbehinderung oder für die Mitarbeiter bei einer Betriebsübernahme.

Weitere Informationen bietet das Bundesministerium für Arbeit und Soziales in der Broschüre *Kündigungsschutz. Alles was Sie wissen sollten* im Internet unter www.bmas.de.

16.1.10 Mutterschutzgesetz (MuSchG)

Nach einer Reform des im Wesentlichen aus dem Jahr 1952 stammenden Mutterschutzrechts gilt seit 1. Januar 2018 das neue Mutterschutzgesetz mit der Bezeichnung Gesetz zum Schutz von Müttern bei der Arbeit, in der Ausbildung und im Studium (Mutterschutzgesetz – MuSchG). Das reformierte Gesetz will zum einen während der Schwangerschaft, nach der Entbindung und in der Stillzeit die Gesundheit von Mutter und Kind – ob am Arbeitsplatz, Ausbildungsplatz oder Studienplatz – schützen und schwangeren und stillenden Frauen ermöglichen, die Erwerbstätigkeit – soweit verantwortbar – ohne Beeinträchtigung ihrer eigenen Gesundheit und der ihres Kindes fortzusetzen. Zum anderen soll das MuSchG den Verlust des Arbeitsplatzes durch unberechtigte Kündigung verhindern, das Einkommen auch in Zeiten von Beschäftigungsverboten sichern sowie möglichen Benachteiligungen aufgrund von erforderlichen mutterschutzrechtlichen Maßnahmen entgegenwirken.

Das Mutterschutzgesetz gilt für alle (werdenden) Mütter, die in einem Beschäftigungsverhältnis im sozialversicherungsrechtlichen Sinne in Deutschland stehen bzw. auf deren Beschäftigungsverhältnis deutsches Recht Anwendung findet. Das neue MuSchG gilt u. a. auch für Schülerinnen und Studentinnen, sofern die Ausbildungsstelle Ort, Zeit und Ablauf der Ausbildungsveranstaltung verpflichtend vorgibt oder die Schülerinnen und Studentinnen ein im Rahmen der schulischen oder hochschulischen Ausbildung verpflichtend vorgegebenes Praktikum ableisten.

Auch im neuen MuSchG finden sich verschiedene Schutzfristen. So dürfen z. B. wie bisher werdende Mütter sechs Wochen vor der Entbindung nicht beschäftigt werden. Allerdings können sich die Frauen auf eigenen Wunsch hin bereit erklären weiterzuarbeiten. Diese Entscheidung können sie aber jederzeit widerrufen. Nach der Geburt dürfen Mütter bis zum Ablauf von acht Wochen nicht beschäftigt werden. Bei Früh- und Mehrlingsgeburten verlängert sich die Schutzfrist auf zwölf Wochen. Das Beschäftigungsverbot nach der Entbindung ist absolut und nicht *verhandelbar*, selbst wenn die frischgebackene Mutter gern arbeiten würde (Ausnahme: bei einer Todgeburt oder bei Tod des Kindes).

Um werdende und stillende Mütter vor Überforderung, Erschöpfungserscheinungen und psychischen Belastungen zu schützen, sieht das Mutterschutzgesetz besondere Regelungen zur zulässigen Arbeitszeit vor. Zudem enthält das Mutterschutzgesetz Regelungen zum Verbot der Nacht-, Sonn- und Feiertagsarbeit, die branchenunabhängig gefasst wurden. Außerdem besteht die Möglichkeit, individuelle Beschäftigungsverbote auszusprechen. So darf ein Arbeitgeber eine schwangere Frau nicht beschäftigen, soweit bei Fortdauer der bisherigen Tätigkeit laut einem ärztlichen Zeugnis die Gesundheit der werdenden Mutter oder ihres Kindes gefährdet ist.

Ein umfangreiches Kapitel im MuSchG ist der betriebliche Gesundheitsschutz, wobei die *schwangerschaftsspezifische Gefährdungsbeurteilung* eine zentrale Rolle spielt. Danach hat ein Arbeitgeber eine schwangere oder stillende Frau so zu beschäftigen und ihren Arbeitsplatz so zu gestalten, dass diese und ihr Kind vor Gefahren für Leben und Gesundheit ausreichend geschützt sind. Er muss sicherstellen, dass eine werdende oder stillende Mutter ihre Tätigkeit am Arbeitsplatz kurz unterbrechen kann, soweit es für sie erforderlich ist und dass sich die Schwangere oder Stillende während der Pausen und Arbeitsunterbrechungen unter geeigneten Bedingungen hinlegen, hinsetzen und ausruhen kann.

Zudem ist der Arbeitgeber gesetzlich verpflichtet, für Mutter und Kind Arbeitsbedingungen, bei denen unverantwortbare Gefährdungen, z. B. durch Biostoffe wie Bakterien oder Viren schädliche Einwirkungen etwa durch Hitze, Kälte, Nässe oder Lärm vorliegen, auszuschließen. Als unverantwortbar angesehen wird eine Gefährdung, wenn die Eintrittswahrscheinlichkeit einer Gesundheitsbeeinträchtigung angesichts der zu erwartenden Schwere des möglichen Gesundheitsschadens nicht hinnehmbar ist. Im MuSchG finden sich zahlreiche Beispiele von Tätigkeiten und Arbeitsbedingungen, bei denen eine unverantwortbare Gefährdung bestehen kann.

Bei einem mutterschutzbedingten Arbeitsplatzwechsel oder wenn eine schwangere oder stillende Mitarbeiterin aufgrund eines Beschäftigungsverbots außerhalb der Schutzfristen teilweise oder überhaupt nicht beschäftigt werden darf, hat sie Anspruch auf den sogenannten Mutterschutzlohn. Dieser wird aus dem durchschnittlichen Arbeitsentgelt der letzten drei abgerechneten Kalendermonate vor dem Eintritt der Schwangerschaft berechnet. Beginnt das Beschäftigungsverhältnis erst nach Eintritt der Schwangerschaft, berechnet sich der Mutterschutzlohn aus dem Arbeitsentgelt der ersten drei Monate der Beschäftigung.

Während der Schutzfristen vor und nach der Geburt sowie für den Tag der Geburt erhält eine Frau, die Mitglied der gesetzlichen Krankenkasse ist, sogenanntes Mutterschaftsgeld. Übersteigt das durchschnittliche kalendertägliche Nettoarbeitsentgelt der letzten drei Monate diesen Betrag, muss der Arbeitgeber die Differenz als Zuschuss zum Mutterschaftsgeld (Arbeitgeberzuschuss) zahlen. Im Rahmen des Arbeitgeberumlageverfahrens erhält der Arbeitgeber auf Antrag den von ihm zu zahlenden Mutterschutzlohn sowie die Zuschüsse zum Mutterschaftsgeld von den gesetzlichen Krankenkassen wieder im vollen Umfang zurück.

Kehrt eine Mitarbeiterin an den Arbeitsplatz zurück und will ihr Kind stillen, ist der Arbeitgeber gesetzlich verpflichtet, die stillende Mutter auf Verlangen während der ersten zwölf Monate nach der Geburt für die zum Stillen erforderliche Zeit freizustellen – mindestens zweimal täglich für eine halbe Stunde oder einmal täglich für eine Stunde. Außerdem hat ein Arbeitgeber eine Mitarbeiterin von der Arbeit auch für die Zeit, die zur Durchführung von Untersuchungen, die bei Schwangerschaft und Mutterschaft erforderlich sind, freizustellen.

Mit der Neuregelung des MuSchG wurde das Kündigungsverbot erweitert. Danach ist die Kündigung gegenüber einer Mitarbeiterin unzulässig vom Beginn der Schwangerschaft an bis zum Ende ihrer Schutzfrist nach der Entbindung, mindestens jedoch bis zum Ablauf von vier Monaten nach der Entbindung. Den gleichen Kündigungsschutz bis zum Ablauf von vier Monaten erhalten nun auch Frauen nach einer Fehlgeburt nach der zwölften Schwangerschaftswoche. Voraussetzung für das Kündigungsverbot ist, dass dem Arbeitgeber zum Zeitpunkt der Kündigung die Schwangerschaft, die Fehlgeburt nach der zwölften Schwangerschaftswoche oder die Entbindung bekannt ist oder ihm innerhalb von zwei Wochen nach Zugang der Kündigung mitgeteilt wird.

Vom Kündigungsverbot gibt es jedoch Ausnahmen. Denn die für den Arbeitsschutz zuständige oberste Landesbehörde oder die von ihr bestimmte Stelle kann ausnahmsweise die Kündigung in besonderen Fällen für zulässig erklären, z. B. wenn ein Betrieb stillgelegt wird oder in Ermangelung einer entsprechenden Ersatzkraft ein Kleinbetrieb nicht mehr fortgeführt werden kann.

Ein Arbeitgeber ist per MuSchG außerdem verpflichtet, die Aufsichtsbehörde unverzüglich zu informieren, wenn eine Frau mitgeteilt hat, dass sie schwanger ist oder dass sie stillt.

Ausführliche Informationen zum Mutterschutzgesetz stellt das Bundesministerium für Familie, Senioren, Frauen und Jugend, in der Broschüre Arbeitgeberleitfaden zum Mutterschutz (kostenloser Bezug oder Download unter www.bmfsfj.de) zur Verfügung.

16.1.11 Schwerbehindertenrecht

Der 3. Teil des Neunten Sozialgesetzbuches (SGB IX), enthält Sonderregelungen zum Schutz von Menschen mit Schwerbehinderung im Arbeitsleben. Als schwerbehindert gelten Personen ab einem Grad der Minderung der Erwerbsfähigkeit von wenigstens 50 %. In Unternehmen mit mindestens 20 Arbeitsplätzen sind auf 5 % der Arbeitsplätze Schwerbehinderte zu beschäftigen. Für jeden nicht besetzten Pflichtplatz ist eine Ausgleichsabgabe an das Integrationsamt zu bezahlen. Für schwerbehinderte Arbeitnehmer gelten besondere Regelungen beim Kündigungsschutz. Eine Kündigung gegenüber einem schwerbehinderten Arbeitnehmer ist nur wirksam, wenn das Integrationsamt zustimmt. Darüber hinaus beträgt die Kündigungsfrist mindestens vier Wochen. Eine andere Sondervorschrift für Schwerbehinderte ist der Anspruch auf einen bezahlten zusätzlichen Urlaub von fünf Arbeitstagen im Urlaubsjahr.

16.1.12 Teilzeit- und Befristungsgesetz (TzBfG)

Dieses Gesetz dient dazu, Teilzeitarbeit zu fördern, die Voraussetzung für die Zuverlässigkeit befristeter Arbeitsverträge festzulegen und die Diskriminierung von teilzeitbeschäftigten und befristet beschäftigten Arbeitnehmern zu verhindern (§ 1 TzBfG). So ist unter anderem geregelt: In Betrieben, in denen mehr als 15 Arbeitnehmer (ohne Auszubildende und andere Personen in der Berufsbildung) ständig beschäftigt sind, kann ein Arbeitsnehmer, dessen Arbeitsverhältnis länger als sechs Monate bestanden hat, verlangen, dass seine vertraglich vereinbarte Arbeitszeit verringert wird. Diesen Anspruch muss er mindestens drei Monate im Voraus geltend machen. Außerdem soll der Arbeitnehmer angeben, wie er die verminderte Arbeitszeit auf die Wochentage verteilen möchte. Die Verringerung der Arbeitszeit kann aus betrieblichen Gründen abgelehnt werden, wenn z. B. der Arbeitsablauf im Betrieb wesentlich beeinträchtigt oder unverhältnismäßig hohe Kosten verursacht werden. Allerdings gilt sie als bewilligt, wenn die Arbeitszeitverringerung nicht spätestens ein Monat vor dem gewünschten Beginn schriftlich abgelehnt wird. Das gilt übrigens auch, was die Verteilung der verminderten Arbeitszeit anbetrifft.

Darüber hinaus enthält das Teilzeit- und Befristungsgesetz die allgemeinen Regelungen über Zulässigkeit, Abschluss, Inhalt und Beendigung von befristeten Arbeitsverträgen.

Übrigens das TzBfG gilt nach § 2 Abs. 2 im Besonderen auch für sogenannte geringfügig Beschäftigte (sog. Minijobber) nach § 8 Abs. 1 Nr. 1 des Vierten Buches Sozialgesetzbuch (SGB IV), in dem es heißt: „Eine geringfügige Beschäftigung liegt vor, wenn das Arbeitsentgelt aus dieser Beschäftigung regelmäßig im Monat 450 Euro nicht übersteigt".

Neben der zeitlich nicht begrenzten Verringerung der Arbeitszeit (§ 8 TzBfG) ist ab dem 1. Januar 2019 mit § 9a ein Anspruch auf sogenannte Brückenteilzeit im TzBfG neu verankert ist, d. h. ein Anspruch, die vertraglich vereinbarte Arbeitszeit zeitlich begrenzt zu verringern. Ist die Phase der Brückenteilzeit abgelaufen, gilt wieder die ursprünglich vertraglich vereinbarte Arbeitszeit. Der Anspruch, die Arbeitszeit für eine gewisse Zeit zu reduzieren, ist an bestimmte Voraussetzungen geknüpft. So muss das Arbeitsverhältnis länger als sechs Monate bestehen und der Arbeitgeber regelmäßig mehr als 45 Arbeitnehmer beschäftigen. Der Arbeitgeber kann aber den Wunsch nach Brückenteilzeit aufgrund von betrieblichen Gründen (siehe oben) ablehnen. Bei einer Unternehmensgröße von 46 bis 200 Arbeitnehmern kann ein Arbeitgeber ohne Angabe von Gründen die Brückenteilzeit ablehnen, wenn zum Zeitpunkt des begehrten Beginns pro angefangene 15 Arbeitnehmer mindestens ein Arbeitnehmer bereits in Brückenteilzeit ist, d. h. wenn z. B. bei einer Belegschaft von mehr als 45 bis einschließlich 60 Mitarbeiter bereits mindesten vier Arbeitnehmer in befristeter Teilzeit sind. Ferner muss im Voraus festgelegt werden, für welchen Zeitraum die Arbeitszeit vermindert werden soll. Die Brückenteilzeit muss mindestens ein Jahr und darf höchstens 5 Jahre betragen. Mindestens 3 Monate vorher muss der Antrag auf Brückenzeitraum einschließlich Zeitdauer und Verteilungswünsche der verminderten Arbeitszeit gestellt werden. Während der Brückenteilzeit besteht kein Rechtsanspruch, die Arbeitszeit zu verlängern oder zu verkürzen oder wieder zur bisherigen Arbeitszeit zurückzukehren. Einvernehmliche Veränderungen der Arbeitszeit sind zwischen Arbeitgeber und -nehmer aber jederzeit möglich.

Ausführlich informiert über das Thema Teilzeitbeschäftigung die Broschüre *Teilzeit – Alles, was recht ist* und der Flyer *Brückenteilzeit*. Beide Informationsschriften können auf der Internetseite des Bundesministeriums für Arbeit und Soziales (www.bmas.de) heruntergeladen werden.

Wie der Exkurs über die Arbeitnehmerschutzgesetz zeigt, ist das das Arbeitsrecht ein komplexes Thema. Noch sind längst nicht alle Vorschriften wie z. B. das Jugendschutz-, das Mindestlohn- oder das Bundeselterngeld- und Elternzeitgesetz aufgeführt. Auch wenn Sie davon ausgehen, dass die Mitarbeiterfrage eventuell erst nach Anlaufen der Praxis relevant wird, ist es dennoch ratsam, sich in der Phase der Gründungszeit mit dem Thema zu beschäftigen. Umfangreiche Informationen finden Sie z. B. auf den Internetseiten des Bundesministeriums für Arbeit und Soziales (www.bmas.de), dem Existenzgründerportal des Bundesministeriums für Wirtschaft und Energie (www.existengruender.de). Machen Sie sich auch das Informationsangebot an Merkblättern, Seminaren und Weiterbildungsangebote der Wirtschaftskammern zu Nutze.

Siehe Info: Wichtige Schutzvorschriften für Arbeitnehmer

16.2 Der Arbeitsvertrag

Das zeitlich auf unbestimmte Zeit abgeschlossene Arbeitsverhältnis ist in Deutschland die Regel, das befristete die Ausnahme. Von den rund 37,4 Millionen Arbeitnehmern im Jahr 2017 hatten rund 4,79 Millionen einen befristeten, also für bestimmte Zeit vereinbarten Arbeitsvertrag (Quelle: Statistisches Bundesamt: Fachserie 1 Reihe 4.1, 2017). Nur für zeitlich befristete Arbeitsverhältnisse wird für den Arbeitsvertrag die Schriftform verlangt, damit dieser rechtswirksam ist (§ 14 Abs. 4 Teilzeit- und Befristungsgesetz). Von dieser Regel abgesehen kann der Abschluss eines Arbeitsvertrages grundsätzlich mündlich oder schriftlich erfolgen (Ausnahmen: wenn Tarifvereinbarungen die Schriftform vorschreiben). Doch generell wird Arbeitgebern empfohlen, mit seinem künftigen Mitarbeiter den Arbeitsvertrag schriftlich abzuschließen, um spätere Missverständnisse vorzubeugen oder eine eventuell erforderliche Beweisführung zu erleichtern.

16.2.1 Die Angaben im Arbeitsvertrag

Folgende Punkte sollte ein Arbeitsvertrag auf jeden Fall beinhalten:

- Die Namen und Anschriften der Vertragsparteien
- Bestimmung des Eintrittstermins –
  Beginn des Arbeitsverhältnisses/der Tätigkeit
- Beschreibung des Tätigkeitsbereichs
- Laufzeit des Vertrages sowie Dauer der Probezeit
- Kündigungsfristen
- Angaben zur Arbeitszeit
  (z. B. tägliche und wöchentliche Stundenzahl, Arbeitsbeginn etc.)
- Festlegung der Vergütung
- Urlaubsregelung
- Verhalten bei Arbeitsverhinderung
- Regelungen in puncto Nebenbeschäftigung
- Verschwiegenheitspflicht
- Schlussbestimmungen, in denen festgelegt wird, dass Änderungen und Ergänzungen des Vertrags schriftlich erfolgen müssen, wie z. B.: *Nebenabreden und Änderungen des Vertrages bedürfen zu ihrer Rechtsgültigkeit der Schriftform.* Die sogenannte salvatorische Klausel sorgt dafür, wenn eine einzelne Vereinbarung des Vertrags unwirksam wird, dass dennoch der gesamte Vertrag nicht ungültig wird: *Sollte infolge Änderung der Gesetzgebung oder durch höchstrichterliche Rechtsprechung eine Bestimmung dieses Vertrages ungültig werden, wird die Gültigkeit der übrigen Bestimmungen hierdurch nicht berührt. Eine etwaige Unwirksamkeit einzelner Vertragsbestimmungen berührt die Wirksamkeit der übrigen Bestimmungen nicht.*

- Ort und Datum der Vertragsunterzeichnung sowie die Unterschriften vom Arbeitgeber wie Arbeitnehmer

Was die inhaltlichen Vereinbarungen anbetrifft, sind die beiden Vertragsparteien, also Arbeitgeber und Arbeitnehmer, im Grunde frei in der Gestaltung. Doch die Vertragsfreiheit hat ihre Grenzen. So dürfen gesetzliche Mindeststandards der Arbeitsbedingungen nicht unterschritten werden. Außerdem müssen, wenn für den Arbeitsbereich Tarifverträge gelten oder in dem Unternehmen Betriebsvereinbarungen getroffen worden sind, diese beachtet werden.

16.2.2 Musterverträge

Die Arbeitsverträge unterscheiden sich aber auch darin, welche Form von Arbeitsverhältnis eingegangen wird. Musterverträge für unbefristete oder befristete Arbeitsverträge, Teilzeitarbeitsvertrag, Vertrag mit freien Mitarbeitern, Aushilfsvertrag etc. finden Sie auf den Internetseiten vieler Wirtschaftskammern. Muster für Arbeitsverträge sind außerdem im Schreibwarenhandel erhältlich.

Ratsam ist auf jeden Fall, Musterverträge als Vorschlag und als Hilfsmittel anzusehen, um sich mit der Materie vertraut zu machen. Vielleicht ist für Ihre Situation bei dem einen oder anderen Punkt jedoch eine andere Formulierung sinnvoller oder der Vertrag muss an eine bestimmte Situation angepasst werden oder die aktuelle Rechtsentwicklung erfordert eine Anpassung. Deshalb die Empfehlung: Nicht ohne Vorbehalt unverändert den Inhalt eines Mustervertrages übernehmen, sondern sich von einem Rechtsanwalt beraten lassen, um unvollständige oder auch falsche Formulierungen im Vertrag zu vermeiden und damit *für den Fall* später arbeitsrechtliche Auseinandersetzungen vorzubeugen.

16.2.3 Nachweispflicht bei mündlichen Arbeitsverträgen

Wenn der Arbeitsvertrag jedoch nicht schriftlich festgehalten wird, dann ist der Arbeitgeber gemäß § 2 Nachweisgesetz (NachwG) verpflichtet, dem Arbeitgeber spätestens ein Monat nach dem vereinbarten Beginn des Arbeitsverhältnisses eine Niederschrift über die wesentlichen Vertragsbedingungen unterschrieben auszuhändigen. Das Schriftstück muss mindestens folgende Angaben enthalten:

- Namen und die Anschrift der Vertragsparteien
- Zeitpunkt des Beginns des Arbeitsverhältnisses
- Bei befristeten Arbeitsverhältnissen: die vorhersehbare Dauer des Arbeitsverhältnisses
- Arbeitsort oder, falls der Arbeitnehmer nicht nur an einem bestimmten Arbeitsort tätig sein soll, ein Hinweis darauf, dass der Arbeitnehmer an verschiedenen Orten beschäftigt werden kann

- Kurze Charakterisierung oder Beschreibung der vom Arbeitnehmer zu leistenden Tätigkeit
- Zusammensetzung und die Höhe des Arbeitsentgelts einschließlich der Zuschläge, der Zulagen, Prämien und Sonderzahlungen sowie anderer Bestandteile des Arbeitsentgelts und deren Fälligkeit
- Vereinbarte Arbeitszeit
- Dauer des jährlichen Erholungsurlaubes
- Fristen für die Kündigung des Arbeitsverhältnisses
- Ein in allgemeiner Form gehaltener Hinweis auf die Tarifverträge, Betriebs- und Dienstvereinbarungen, die auf das Arbeitsverhältnis anzuwenden sind

Zusätzlich gilt: Ist der Arbeitnehmer im Ausland tätig und das länger als ein Monat, müssen noch weitere Angaben gemacht werden, z. B. wie lange die Tätigkeit im Ausland auszuüben ist sowie über die Währung, in der das Entgelt ausgezahlt wird.

Nach § 3 NachwG muss eine Änderung der wesentlichen Vertragsbedingungen spätestens einen Monat nach der Änderung dem Arbeitnehmer schriftlich mitgeteilt werden. Das gilt aber nicht, wenn die Änderung auf für das Arbeitsverhältnis geltenden gesetzlichen Vorschriften, Tarifverträgen, Betriebs- oder Dienstvereinbarungen und ähnliche Regelungen beruht.

Das Nachweisgesetz und damit die Nachweispflicht gilt übrigens für alle Arbeitnehmer, „es sei denn, dass sie nur vorübergehend zur Aushilfe von höchstens einem Monat eingestellt werden" (§ 1 NachwG). Übrigens: Wenn ein schriftlicher Arbeitsvertrag die im Nachweisgesetz geforderten Angaben enthält, entfällt die Verpflichtung, dem Arbeitnehmer eine Niederschrift über die wesentlichen Arbeitsbedingungen auszuhändigen.

Einen Überblick über die Grundregeln, die beim Abschluss eines Arbeitsvertrages zu beachten sind, aber auch über Rechte und Pflichten von Arbeitgeber und Arbeitnehmer während eines bestehenden Arbeitsverhältnis sowie eine Übersicht über die Möglichkeiten der Kündigung und anderen Gründen, durch die ein Arbeitsverhältnis beendet werden kann, vermittelt die Broschüre *Arbeitsrecht. Informationen für Arbeitnehmer und Arbeitgeber*, die im Internet auf der Webseite des Bundesministeriums für Arbeit und Soziales unter www.bmas.de heruntergeladen oder bestellt werden kann.

16.3 Flexibilität im Personaleinsatz

Es gibt verschiedene Möglichkeiten, wie Sie den Einsatz von Mitarbeitern in der Praxis gestalten können: ganz flexibel als zeitweise Verstärkung bis hin zur einer Festanstellung auf Dauer. Es hängt natürlich von der Größe der Praxis und vom

Konzept ab, ob und wie viele Mitarbeiter benötigt werden. Aber gerade in der Anfangsphase – nicht zuletzt aus Kostengründen – werden vor allem Lösungswege von besonderem Interesse sein, den Personaleinsatz möglichst flexibel zu gestalten und zugleich das junge Unternehmen durch Mitarbeiterfixkosten nicht zu überfordern.

16.3.1 450-Euro-Minijobs

Bei einer geringfügig entlohnten Beschäftigung, sogenannten 450-Euro-Minijob, darf der Arbeitnehmer bis zu 450 Euro im Monat regelmäßig verdienen. Überschreitet das regelmäßige Arbeitsentgelt die monatliche Höchstgrenze von 450 Euro nicht, dann muss der Mitarbeiter keine Sozialversicherungsbeiträge zahlen. Er bekommt das Entgelt von 450 Euro pro Monat in der Regel brutto für netto abgesehen vom Beitrag zur Rentenversicherung. Denn seit 1. Januar 2013 besteht für geringfügig entlohnte Beschäftigte in der Rentenversicherung Versicherungspflicht.

Siehe Kapitel 16.4.5: Minijob-Zentrale

Wichtig zu wissen für Sie als Arbeitgeber ist, dass in die Berechnung des regelmäßigen monatlichen Arbeitsverdiensts auch einmalige Einnahmen eingehen, die mit hinreichender Sicherheit mindestens einmal jährlich gezahlt werden, wie z. B. Weihnachtsgeld. Wer pro Monat 450 Euro verdient, zusätzlich vertraglich zugesichert im Dezember Weihnachtsgeld z. B. von 300 Euro erhält, verdient über das Jahr gerechnet pro Monat 475 Euro. Das ergibt sich aus folgender Rechnung: 450 Euro mal 12 plus 300 Euro ergibt 5.700 Euro. 5.700 Euro geteilt durch 12 sind 475 Euro. Damit ist der Mitarbeiter nicht mehr geringfügig beschäftigt und unterliegt der Sozialversicherungspflicht.

Darüber hinaus gilt wie für andere Teilzeitbeschäftigte auch für Arbeitnehmer, die eine geringfügige entlohnte Beschäftigung ausüben, das Teilzeit- und Befristungsgesetz. Danach haben Teilzeitbeschäftigte grundsätzlich die gleichen Rechte wie Vollzeitbeschäftigte vom Grundsatz der Gleichbehandlung über Teilzeitarbeitsvertrag, Erholungsurlaub, Entgeltfortzahlung im Krankheitsfall bis hin zum Kündigungsschutz.

Außerdem gelten auch die Regelungen zum gesetzlichen Mindestlohn für 450-Euro-Minijobber. Seit dem 1. Januar 2019 beträgt der Mindestlohn 9,19 Euro brutto je Stunde, weshalb ein Arbeitnehmer bei einem monatlichen Arbeitsentgelt von 450 Euro maximal 48,96 Stunden pro Monat arbeiten darf. Ab 1. Januar 2020 steigt der Mindestlohn auf 9,35 Euro je Stunde und die maximale Arbeitszeit bei einem Minijob sinkt auf 48,12 Stunden pro Monat.

Die wöchentliche Arbeitszeit bei 450-Euro-Minijobs ist nicht begrenzt, sondern kann flexibel z. B. zum Ausgleich von Personalschwankungen gestaltet werden. Trotz variablen Arbeitseinsatzes erhält der Minijobber das vertraglich vereinbarte gleichbleibende Arbeitsentgelt pro Monat (= ein verstetigtes Arbeitsentgelt), dem abhängig vom Stundenlohn ein bestimmtes Soll an Arbeitsstunden zugrunde liegt (etwa 45 Stunden je Monat à 10 Euro = 540 Stunden pro Jahr, die flexibel genutzt werden können). Ein wichtiges Arbeitsmittel, um den Personaleinsatz nach Bedarf zu planen und gleichzeitig die Verdienstgrenze der Minijobber nicht zu überschreiten, sind Arbeitszeitkonten, die als Gleitzeit- oder Jahreszeitkonten geführt werden.

Welche Vorgaben, u. a. zum Abbau von Arbeitszeitguthaben, hinsichtlich der Beachtung des Mindestlohns oder zur Einhaltung der zulässigen Entgeltgrenze bei flexibler Arbeitszeitgestaltung von Minijobbern, Arbeitgeber beachten müssen, darüber informiert die Broschüre *Arbeitszeitkonten für Minijobs.* Informationen für Arbeitgeber und Arbeitnehmer, die von der Deutschen Rentenversicherung Knappschaft-Bahn-See herausgegeben wird. Die Broschüre und weitere Informationen zu Minijobs bis 450 Euro monatlich stellt die Minijob-Zentrale im Internet unter www.minijob-zentrale.de bereit.

16.3.2 Kurzfristige Minijobs

Wenn Sie z. B. einen Bekannten oder Verwandten lediglich zur Eröffnung der Praxis mit dem Austragen von Flyern beauftragen und dafür entlohnen möchten, kann ein kurzfristiger Minijob in Frage kommen. Darunter versteht man eine Beschäftigung, die entweder auf drei Monate befristet ist, wenn 5 Tage pro Woche gearbeitet wird, oder bei weniger als 5 Arbeitstagen pro Woche auf insgesamt 70 Arbeitstage begrenzt ist. Ein kurzfristiger Minijob kann innerhalb eines Kalenderjahres oder aber auch jahresüberschreitend ausgeführt werden. Für einen kurzfristigen Minijob gibt es keine Verdienstgrenze. Allerdings darf er nicht berufsmäßig ausgeübt werden.

Siehe Kapitel 16.4.5: Minijob-Zentrale

16.3.3 Midijob oder Niedriglohnjob

Darunter versteht man seit 1. Juli 2019 eine Beschäftigung, bei der ein Arbeitnehmer regelmäßig zwischen 450,01 und 1.300 Euro pro Monat verdient. Arbeitsentgelte in dieser Höhe liegen im sogenannten *Übergangsbereich*. Dieser Bereich wurde bis zum 30. Juni 2019 als *Gleitzone* genannt, wobei das Arbeitsentgelt auf höchstens 850 Euro monatlich begrenzt war. Wie bisher in der Gleitzone sind Beschäftigungen im Übergangsbereich sozialversicherungspflichtig, d. h. es müssen Beiträge zur Kranken-, Pflege-, Renten- und Arbeitslosenversicherung gezahlt werden. Der Arbeitgeber zahlt entsprechend der Höhe des erzielten Arbeitsentgelts den regulären vollen Arbeitgeberanteil (= die Hälfte des gesamten

Sozialversicherungsbeitrags). Der Arbeitnehmer zahlt jedoch nur einen verminderten Beitragsanteil zur Sozialversicherung, ist aber in der Kranken-, Renten-, Pflege- und Arbeitslosenversicherung voll abgesichert. Der Beitragsbelastung des Arbeitnehmers steigt mit dem Einkommen bis zur Obergrenze des Übergangsbereichs auf die normale Höhe des Arbeitsnehmeranteils (= die Hälfte des gesamten Sozialversicherungsbeitrags) an. Der Vorteil für den Arbeitnehmer besteht darin, dass für die Berechnung des Beitrags zur Sozialversicherung nicht das tatsächlich erzielte Einkommen, sondern ein reduziertes beitragspflichtiges Arbeitsentgelt als Bemessungsgrundlage dient. Um die von Arbeitgeber und Arbeitnehmer zu tragenden Beitragsanteile zu berechnen, bietet die Deutsche Rentenversicherung im Internet neben weiteren Informationen zum Midijob einen Übergangsbereichsrechner an, den Sie kostenlos unter www.deutsche-rentenversicherung.de downloaden können.

Eine Zusammenstellung der wichtigsten Informationen zum Sozialrecht, Arbeitsrecht, Steuerrecht und Mindestlohn in puncto Mini- und Midijob bietet das Bundesministerium für Arbeit und Soziales in der Broschüre *Geringfügige Beschäftigung und Beschäftigung im Übergangsbereich,* die im Internet unter www.bmas.de heruntergeladen oder bestellt werden kann.

16.3.4 Freie Mitarbeiter

Eine weitere Möglichkeit, den Personaleinsatz flexibel zu gestalten, sind freie Mitarbeiter. Man findet sie heute praktisch in allen Branchen, erscheint doch zumindest auf dem ersten Blick diese Form einer losen Zusammenarbeit ohne einem festen Arbeitsverhältnis im arbeitsrechtlichen Sinne sowohl für den Auftraggeber als auch für den Auftragnehmer von Vorteil zu sein. Denn der freie Mitarbeiter ist bei Ihnen im Unternehmen nicht angestellt. Vielmehr sind die *Freien* wie Sie selbstständig und tragen damit auch ihr wirtschaftliches Risiko selbst. Sie sind zudem selbst verantwortlich für das Zahlen von Steuern und Sozialversicherungsbeiträgen.

Darüber haben freie Mitarbeiter keinen Anspruch auf Lohnfortzahlung im Krankheitsfall, auf Urlaubs- oder Weihnachtsgeld, auf Tarifbezahlung oder Kündigungsschutz. Das klingt gut. Der Freie verursacht weniger Kosten, schließlich bekommt er lediglich ein Honorar für die geleistete Arbeit, arbeitsrechtliche Schutzrechte sind nicht zu beachten. Aber auch der freie Mitarbeiter genießt Vorteile, weil er vor allem mehr oder weniger weisungsunabhängig ist und über die Art und Weise der Auftragsdurchführung selbst entscheiden kann. Außerdem kann er z. B. seine Arbeitszeiten frei gestalten und ist nicht fest in die betriebliche Arbeitsorganisation eingeplant.

Die freie Mitarbeit hat zugegebenermaßen Vorteile für Auftraggeber wie Auftragnehmer. Allerdings ist die Abgrenzung zwischen einer selbstständigen Tätigkeit und einer abhängigen Beschäftigung oftmals alles andere als einfach.

Wenn eine Person angibt, eine selbstständige Tätigkeit auszuüben, tatsächlich aber gar nicht so *frei* ist, sondern wie ein abhängig Beschäftigter arbeitet, dann spricht man von Scheinselbstständigkeit. Hinweise auf einen beschäftigten Arbeitnehmer können bspw. Weisungsgebundenheit, feste Einplanung in die Arbeitsorganisation des Auftragsgebers, festgelegter Arbeitsort, Einteilung in Dienstpläne, feste Arbeitszeiten, die Verpflichtung zur Auftragsannahme oder fehlendes unternehmerisches Handeln und unternehmerisches Risiko sein.

Scheinselbstständige unterliegen der Sozialversicherungspflicht (Kranken-, Pflege-, Rentenversicherung) – auch rückwirkend. Wird etwa im Rahmen einer Betriebsprüfung Scheinselbstständigkeit festgestellt, kann dies für den Auftraggeber erhebliche Beitragsnachforderungen und eventuell sogar Bußgelder zur Folge haben. Ob ein Beschäftigungsverhältnis als abhängig oder selbstständig einzuordnen ist, richtet sich nach den tatsächlichen Umständen im konkreten Einzelfall.

Keine Rolle bei der Beurteilung spielt dabei allerdings, ob im Vertrag die betreffende Person als *freier Mitarbeiter* oder als *Auftragnehmer* bezeichnet wird. Nicht diese Formulierungen sind entscheidend, sondern die Ausgestaltung des Beschäftigungs- bzw. Vertragsverhältnisses.

Bei Unklarheiten über den Status eines Mitarbeiters können sowohl der freie Mitarbeiter wie sein Auftraggeber ein sogenanntes Statusfeststellungsverfahren bei der Deutschen Rentenversicherung beantragen. Die Deutsche Rentenversicherung hat eine Clearingstelle eingerichtet, bei der der Status eines Mitarbeiters im Einzelfall geklärt werden kann. Das Verfahren wird auf Antrag eingeleitet und dieser kann vom Auftraggeber, Auftragnehmer oder von beiden zusammengestellt werden kann. Empfohlen wird bei Zweifeln über die Qualität eines Beschäftigungsverhältnisses, das Statusfeststellungsverfahren bereits bei Arbeitsaufnahme durchführen zu lassen, um auf diese Weise hohe Beitragsnachzahlungen zu vermeiden. Weitere Informationen über das Statusfeststellungsverfahren finden Sie im Internet unter www.deutsche-rentenversicherung.de.

Im Gegensatz zu Scheinselbstständigen handelt es sich bei arbeitnehmerähnlichen Selbstständigen tatsächlich um *richtige Selbstständige*. Allerdings sind sie verpflichtet, sich in der gesetzlichen Rentenversicherung zu versichern. Als arbeitnehmerähnlich selbstständig wird eine Person eingestuft, die zum einen im Zusammenhang mit ihrer selbstständigen Tätigkeit keinen sozialversicherungspflichtigen Arbeitnehmer beschäftigt und zum anderen auf Dauer und im Wesentlichen nur für einen Auftraggeber tätig ist.

In bestimmten Fällen können sich arbeitnehmerähnliche Selbstständige von der Rentenversicherungspflicht befreien lassen – jedoch muss dafür ein Antrag gestellt werden. So haben erstmalige Existenzgründer die Möglichkeit, für die ersten drei Jahre ab Aufnahme der selbstständigen Tätigkeit von der Rentenversicherungspflicht befreit zu werden. Die Befreiung ist für weitere drei Jahre auch bei einer zweiten Existenzgründung möglich („zweiter Versuch"), allerdings nicht, wenn es sich lediglich um eine Umbenennung handelt oder der Geschäftszweck nicht wesentlich verändert worden ist.

Darüber hinaus bestehen Befreiungsmöglichkeiten für bestimmte Personengruppen, wie z. B. für jemanden, der das 58. Lebensjahr vollendet hat, bereits selbstständig gewesen ist und erstmals als arbeitnehmerähnlicher Selbstständiger versicherungspflichtig wird.

Wichtig: Die Befreiung ist nur auf Antrag möglich. Wenn der Antrag auf Befreiung von der Rentenversicherungspflicht innerhalb von drei Monaten nach dem Eintreten der Versicherungspflicht gestellt wird, gilt die erteilte Befreiung mit Beginn der Befreiungsvoraussetzungen, sonst erst ab Antragseingang.

Wenn Sie als Praxisinhaber die Absicht haben, einen *freien Mitarbeiter* zu beschäftigen, ist es ratsam, sich an die Deutsche Rentenversicherung zu wenden und den Status eindeutig abklären lassen. Um Beitragsnachforderungen vorzubeugen, sollte dies innerhalb eines Monats nach Aufnahme der Tätigkeit erfolgen. Grundlegende Informationen zur Versicherungspflicht von Mitarbeitern sowie die Abgrenzung von selbstständiger Tätigkeit und abhängiger Beschäftigung enthält die von der Deutschen Rentenversicherung herausgegebene Broschüre *Auf den Punkt gebracht: Versicherung. Jahresausgabe. Sozialversicherungspflicht richtig beurteilen. Umfangreicher Personengruppenkatalog*, die im Internet unter www.deutsche-rentenversicherung.de heruntergeladen oder bestellt werden kann.

16.3.5 Befristete Beschäftigung

Unter bestimmten Bedingungen können Arbeitsverträge befristet auf eine bestimmte Zeit geschlossen werden. Die Rechtsgrundlage dafür bildet das Teilzeit- und Befristungsgesetz (TzBfG), in dem die allgemeinen Regelungen über Zulässigkeit, Abschluss, Inhalt und Beendigung festgelegt sind (siehe auch Kapitel 16.1.12). Wichtig: Der Arbeitsvertrag muss schriftlich geschlossen werden und endet in der Regel automatisch ohne Aussprechen einer Kündigung.

Einen Arbeitsvertrag für eine bestimmte Zeit abzuschließen, ist zulässig, wenn es einen sachlich rechtfertigenden Grund dafür gibt, wie z. B. ein nur vorübergehender betrieblicher Bedarf an Arbeitskräften, bei Vertretung eines Arbeitnehmers, der etwa wegen einer Erkrankung über längere Zeit arbeitsunfähig ist oder eine Befristung zur Erprobung.

Befristete Arbeitsverträge abzuschließen, ohne dass ein sachlicher Grund vorliegt, ist nur bei Neueinstellungen möglich. Neueinstellung bedeutet, es darf zuvor zwischen Arbeitgeber und Arbeitnehmer weder ein befristetes noch unbefristetes Arbeitsverhältnis bestanden haben. Wird ein Arbeitnehmer neu eingestellt, kann der Arbeitsvertrag bis zur Dauer von zwei Jahren befristet werden. Bis zu dieser Gesamtdauer von zwei Jahren ist es möglich, den befristeten Arbeitsvertrag aber höchstens bis zu dreimal zu verlängern. In tarifvertraglichen Vereinbarungen kann die Anzahl der Verlängerungen oder die Höchstdauer der Befristung abweichend geregelt werden.

In den ersten vier Jahren nach dem Start eines neu gegründeten Unternehmens können befristete Arbeitsverträge ohne Vorliegen eines sachlichen Grundes bis zur Dauer von vier Jahren abgeschlossen werden. Auch hier ist bis zur Gesamtdauer von vier Jahren eine mehrfache Verlängerung möglich. Die 4-Jahresregel gilt jedoch nicht für Neugründungen, die aufgrund einer rechtlichen Umstrukturierung von Unternehmen und Konzernen erfolgen.

Weiterhin gilt, dass ohne sachlichen Grund über 52-Jährige, die unmittelbar vor Beginn des befristeten Arbeitsverhältnisses z. B. vier Monate arbeitslos waren, bis zu 5 Jahren befristet eingestellt werden können.

16.3.6 Leih- bzw. Zeitarbeit

Zur Ergänzung soll noch auf eine weitere Möglichkeit für einen flexiblen Personaleinsatz hingewiesen werden – nämlich Mitarbeiter über sogenannte Zeitarbeitsunternehmen zu engagieren. Besonderer Vorteil für Unternehmer: Ein kurzfristiger Ausgleich von Personalengpässen, z. B. durch Krankheit oder Schwangerschaft, ist möglich. Gesetzlich geregelt ist die Überlassung von Arbeitnehmern durch ihren Arbeitgeber (= Verleiher) an Dritte (= Entleiher) im Arbeitnehmerüberlassungsgesetz (AÜG).

16.4 Anmeldungen und Beiträge

Wer Mitarbeiter beschäftigen will, muss eine Reihe von Anmeldungen vornehmen und regelmäßig Beiträge zahlen. Wichtige Unterlagen, die Sie sich von Ihren künftigen Mitarbeitern unbedingt vorlegen lassen müssen, sind Lohnsteuerkarte, Mitgliedsbescheinigung der Krankenkasse, der Sozialversicherungsausweis (Kopie) sowie die Urlaubsbescheinigung des früheren Arbeitsgebers zum Ausschluss von Doppelansprüchen (§ 6 Bundesurlaubsgesetz: „Der Anspruch auf Urlaub besteht nicht, soweit dem Arbeitnehmer für das laufende Kalenderjahr bereits von einem früheren Arbeitgeber Urlaub gewährt worden ist.“).

16.4.1 Agentur für Arbeit

Zunächst benötigen Sie, wie bereits im Kapitel 15: Die Formalitäten beschrieben, bei der Beschäftigung von 450-Euro-Jobbern bis zu versicherungspflichtigen Arbeitnehmern eine Betriebsnummer. Diese beantragen Sie beim Betriebsnummern-Service der Bundesagentur für Arbeit (siehe dazu im Internet: www.arbeitsagentur.de > Unternehmen > Betriebsnummern-Service).

16.4.2 Krankenkasse

Bei versicherungspflichtigen Arbeitsverhältnissen – ob in Voll- oder Teilzeit – müssen Sie als Arbeitgeber Ihre Mitarbeiter bei deren Krankenkasse zur Renten-, Kranken- (einschließlich Pflege-) und Arbeitslosenversicherung anmelden und dorthin auch die Sozialversicherungsbeiträge abführen. Nehmen Sie Kontakt mit der Krankenkasse Ihres jeweiligen Mitarbeiters auf. Die Sozialversicherungsbeiträge werden jeweils zur Hälfte vom Arbeitgeber und Arbeitnehmer gezahlt, wobei die Bezugsgröße zur Beitragsberechnung jeweils das Bruttogehalt ist. Der Arbeitgeber überweist stets den Arbeitgeber- und Arbeitnehmeranteil insgesamt.

Die Anmeldung zur Sozialversicherung muss bereits mit der ersten Lohn- und Gehaltsabrechnung spätestens sechs Wochen nach Beschäftigungsbeginn vorgenommen werden. Darüber hinaus müssen der Krankenkasse als Einzugsstelle eine Unterbrechung, Beendigung oder Änderung des Beschäftigungsverhältnisses, aber auch ein Wechsel der Krankenkasse, Änderung der persönlichen Verhältnisse und zum Jahreswechsel eine Jahresmeldung (wird für die spätere Rentenberechnung benötigt) gemeldet werden.

Das Beitrags- und Meldeverfahren zwischen Arbeitgeber und Einzugsstellen wird heutzutage nur noch elektronisch durch gesicherte und verschlüsselte Datenübertragung mittel Entgeltabrechnungsprogrammen oder automatisierten Ausfüllhilfen durchgeführt.

Service für Arbeitgeber: Die elektronische Ausfüllhilfe *sv.net*, wobei das Kürzel *sv.net* für *Sozialversicherung im Internet* steht. Mit *sv.net* können Sozialversicherungsmeldungen, Beitragsnachweise und Entgeltbescheinigungen an die Krankenkassen und bei Minijobs an die Minijobzentrale via Internet verschlüsselt übermittelt werden. Das Programm wird in einer online- und einer PC-basierte Version angeboten. sv.net/standard wird nicht auf dem PC installiert, sondern online genutzt, wobei allerdings keine Daten auf dem PC zwischengespeichert werden können. Das Computerprogramm sv.net/comfort wird auf Windows-PCs installiert, so dass Firmen- und Personenstammdaten sowie Meldungen lokal gespeichert werden können. Die Nutzung von sv.net ist kostenfrei, wenn zum einen maximal bis zu 100 Transaktionen pro Jahr ausschließlich für eine Betriebsnummer durchgeführt werden und zum anderen für diese Betriebsnummer nur ein Benutzer registriert ist. Für Vielnutzer gibt es zudem eine kostenpflichtige Premium-Version, wobei z. B. die Anzahl der Transaktionen unbegrenzt ist und auch Transaktionen für unterschiedliche Betriebsnummern durchgeführt werden können. Weitere Informationen auf der Webseite der Informationstechnischen Servicestelle der Gesetzlichen Krankenversicherung GmbH (ITSG) unter www.itsg.de/oeffentliche-services/sv-net oder www.svnet.info.

Siehe auch Kapitel 16.4.5: Minijob-Zentrale

Nutzen Sie den Beratungsservice, der von den gesetzlichen Krankenkassen in der Regel angeboten wird, um sich über Ihre Pflichten rund um die Sozialversicherung zu informieren.

Ausführliche Informationen über das gemeinsame Meldeverfahren in der Sozialversicherung enthält die Broschüre *Auf den Punkt gebracht: Meldungen. Jahresausgabe, Grundlagen für das gemeinsame Meldeverfahren, Neues im Überblick,* die im Internet auf der Seite der Deutschen Rentenversicherung unter www. deutsche-rentenversicherung.de heruntergeladen oder bestellt werden kann.

16.4.3 Finanzamt

Als Arbeitgeber sind Sie für die regelmäßige Abführung der Lohnsteuer ans Finanzamt verantwortlich. Die Lohnsteuer ist eine Sonderform der Einkommensteuer und wird auf Einkünfte aus nichtselbstständiger Tätigkeit erhoben. Sie als Arbeitgeber sind verpflichtet, vom monatlichen Gehalt oder Lohn Ihrer Mitarbeiter die Lohnsteuer einzubehalten, auf elektronischem Weg via Internet anzumelden (siehe dazu im Internet www.elster.de > Arbeitgeber), d. h. die Lohnsteuersumme anzugeben, und direkt an das für den Betrieb/für das Unternehmen zuständige Finanzamt abzuführen. Dies müssen Sie jeweils bis zum 10. Tag nach Ablauf des Lohnsteuer-Anmeldezeitraums erledigen. Der Kalendermonat ist grundsätzlich Lohnsteuer-Anmeldezeitraum – allerdings bei (sehr) geringen Lohnsteuerbeträgen kann dieser auch das Kalendervierteljahr bzw. sogar das Kalenderjahr sein. Um die elektronischen Lohnsteuermerkmale von Ihrem Mitarbeiter abzufragen, müssen Sie ihn beim Finanzamt im ELStAM-Verfahren beim Finanzamt anmelden.

Siehe Kapitel 14.1.8: Lohnsteuer

16.4.4 Berufsgenossenschaften

Als Arbeitgeber müssen Sie Ihre Mitarbeiter innerhalb einer Woche nach Beginn der Unternehmertätigkeit bei der Berufsgenossenschaft anmelden. Die gesetz-

liche Unfallversicherung, die für Podologen und Fußpfleger zuständig ist, ist die Berufsgenossenschaft für Gesundheitsdienst und Wohlfahrtspflege (BGW).
Mehr Informationen siehe Kapitel 15.9: Berufsgenossenschaft

16.4.5 Minijob-Zentrale

Bei der Minijob-Zentrale müssen Arbeitgeber sowohl geringfügig entlohnte Beschäftigte bis 450 Euro monatlich als auch kurzfristige Minijobber anmelden und dorthin auch die jeweiligen Abgaben entrichten. Welche Abgaben für einen Arbeitgeber zusätzlich zum Arbeitsentgelt anfallen, hängt davon ab, ob es sich um einen 450-Euro-Minijob oder einen kurzfristigen Minijob handelt. Außerdem sind die Abgaben für Minijobs im gewerblichen/freiberuflichen Bereich höher als bei einem Minijob im Privathaushalt.

Bei geringfügig entlohnten Beschäftigungen bis 450 Euro monatlich hat ein Arbeitgeber Pauschalbeiträge zur Kranken- und Rentenversicherung, Beitrag zur gesetzlichen Unfallversicherung sowie Umlagen und Steuern zu entrichten. In puncto Steuern können Arbeitgeber wählen zwischen einer Pauschalsteuer, die direkt an die Minijob-Zentrale abgeführt wird, oder einer individuellen Besteuerung nach Lohnsteuerklasse ihres Minijobbers. Im letzteren Fall wird die Steuer direkt an das Finanzamt abgeführt.

Minijobs sind für Arbeitnehmer sozialversicherungsfrei. Allerdings müssen 450-Euro-Minijobber einen Eigenanteil zur Rentenversicherung leisten, mit dem der Pauschalbeitrag des Arbeitgebers zum vollen Rentenversicherungsbeitrag aufgestockt wird. Seit dem 1. Januar 2013 sind 450-Euro-Minijobs grundsätzlich rentenversicherungspflichtig. Arbeitnehmer können sich aber auf Antrag befreien lassen.

Wie alle Arbeitnehmer haben auch Minijobber Anspruch auf Lohnfortzahlung im Krankheitsfall vom ersten bis zum 42. Tag wegen derselben Erkrankung, wenn das Beschäftigungsverhältnis mindestens bereits vier Wochen bestanden hat. Für Minijobberinnen gelten zudem während der Schwangerschaft die Regelungen des Mutterschutzes. Der Arbeitgeber ist daher auch gegenüber einer 450-Euro-Mitarbeiterin zur Entgeltfortzahlung während der Zeit von Beschäftigungsverboten in der Schwangerschaft sowie während den Mutterschutzfristen verpflichtet. Allerdings sieht das sogenannte Aufwendungsausgleichsgesetz (AAG) eine Erstattung dieser Aufwendungen des Arbeitsgebers bei Krankheit für kleine/mittlere Betriebe und bei Schwangerschaft für alle Betriebe mittels einer Ausgleichsversicherung vor, zu der die Unternehmen Beiträge als sogenannte Umlagen entrichten. Die Ausgleichsversicherung für alle Minijobber sowohl im gewerblichen Bereich wie im Privathaushalt führt die Knappschaft-Bahn-See durch.

Die Umlagen, auch Arbeitgeberversicherung, setzen sich nun wie folgt zusammen:

- Die Umlage U1 für den Ausgleich der Arbeitgeberaufwendungen bei Krankheit macht 0,9 % (Stand Juni 2019) aus und muss von allen Betrieben, in denen in der Regel bis zu 30 Mitarbeiter beschäftigt sind, entrichtet werden. Auf Antrag erhält der Arbeitgeber dann 80 % des fortgezahlten Arbeitsentgelts sowie der vom Arbeitgeber zu tragenden Anteile der Sozialversicherungsbeiträge.
- Die Umlage U2 für den Ausgleich der Arbeitgeberaufwendungen bei Schwangerschaft und Mutterschaft beträgt 0,19 %. Alle Arbeitgeber erhalten auf Antrag von der Ausgleichsversicherung zu 100 % die durch den Mutterschutz verursachten Aufwendungen erstattet.

Die Minijob-Zentrale zieht außerdem bei Arbeitgebern (ausgenommen Privathaushalt) eine Insolvenzumlage (im Jahr 2019: 0,06 % des Arbeitsentgelts) ein. Die Insolvenzumlage dient dazu, Arbeitnehmer bei einer Insolvenz des Arbeitgebers finanziell abzusichern. Von der Agentur für Arbeit erhalten Arbeitnehmer drei Monate Insolvenzgeld, welches durch die monatliche Umlage von den Arbeitgebern aufgebracht wird.

Geringfügig entlohnte und kurzfristig Beschäftigte müssen auch gesetzlich unfallversichert werden. Nur bei Minijobs in Privathaushalten läuft die Anmeldung und Beitragszahlung über die Minijob-Zentrale, ansonsten muss der Arbeitgeber die oder den Minijobber direkt bei der für sein Unternehmen zuständige gesetzliche Unfallversicherung anmelden und die Beiträge dort entrichten. Für Podologie-/Fußpflegepraxen ist dies die Berufsgenossenschaft für Gesundheitsdienst und Wohlfahrtspflege (BGW).

Für kurzfristige Minijobber muss der Arbeitgeber keine Sozialversicherungsabgaben leisten, jedoch die Umlage zum Ausgleichsverfahren bei Schwangerschaft/Mutterschaft ist zu zahlen sowie die Umlage für den Fall einer Insolvenz. Dauert die kurzfristige Beschäftigung länger als vier Wochen ist zudem die Umlage zur Ausgleichsversicherung bei Krankheit (U1) zu zahlen.

Grundsätzlich sind auch kurzfristige Minijobs steuerpflichtig. Entweder erfolgt die Besteuerung über die Lohnsteuerklasse des Arbeitnehmers oder der Arbeitgeber – was in bestimmten Fällen möglich ist – versteuert das Entgelt pauschal mit 25 % zuzüglich Solidaritätszuschlag und eventuell Kirchensteuer. Ob pauschal oder individuell berechnet – die Steuer wird nicht an die Minijob-Zentrale, sondern an das für den Betrieb zuständige Finanzamt abgeführt.

Einen Überblick über die Abgabensätze bei geringfügigen Beschäftigungen gibt die Info: Pauschalabgaben bei Minijobs.

Achtung: Fragen Sie Ihre Minijobber ausdrücklich, ob diese nicht auch bei anderen Unternehmen Minijobs ausüben. Mehrere 450-Euro-Minijobs werden nämlich addiert und sind bei Überschreiten der Höchstverdienstgrenzen Beiträge für die Sozialversicherung fällig. Zuständig als zentrale Meldestelle ist dann nicht mehr die Minijob-Zentrale, sondern die Krankenkasse des Beschäftigten. Neben dem Hauptberuf darf jeder Arbeitnehmer nur einen Minijob abgabenfrei ausüben.

Weitere Informationen zu geringfügig entlohnten und kurzfristigen Beschäftigungen erhalten Sie bei der Deutschen Rentenversicherung Knappschaft-Bahn-See, Minijob-Zentrale, im Internet unter www.minijob-zentrale.de

16.5 Mitarbeiter einstellen

Nach den grundsätzlichen Überlegungen, in welcher Form Mitarbeiter – ob als Voll-, Teilzeit, Aushilfe oder Minijobber – eingestellt werden sollen oder können, stellt sich die Frage, wie man den richtigen Mitarbeiter findet.

Gehen Sie nicht erst dann auf Personalsuche, wenn der Bedarf akut ist. Gehen Sie das Thema frühzeitig an, planen Sie sorgfältig, wählen Sie in Ruhe aus. Überlegen Sie genau, welchen Mitarbeiter Sie für welche Aufgaben benötigen, welche Anforderungen der Bewerber erfüllen, welche Qualifikationen und Erfahrungen er mitbringen soll, welche Persönlichkeitsmerkmale Ihnen wichtig sind.

Die Möglichkeit, Mitarbeiter zu finden, sind vielfältig. Das Spektrum reicht von Empfehlungen durch Verwandte/Bekannte oder Kollegen, Angebote der Arbeitsagenturen, Bewerberdatenbanken im Internet sowie Stellenanzeigen in der Regionalpresse (z. B. für einfache Tätigkeiten) und bei der Suche nach Podologen/Fußpfleger als Fachkräfte die Stellenausschreibungen in den einschlägigen Fachzeitschriften.

16.5.1 Die Stellenausschreibung

Wenn Sie selbst eine Stellenanzeige schalten wollen, dann müssen Sie – wie bereits im Kapitel 16.1.1 hingewiesen – bei der Formulierung der Stellenausschreibung das Allgemeine Gleichbehandlungsgesetz berücksichtigen und auf neutrale und diskriminierungsfreie Formulierungen achten. So ist ein Stellenangebot z. B. geschlechtsneutral zu formulieren. Kein Bewerber und keine Bewerberin darf benachteiligt werden, indem Sie etwa schon von vorneherein das Geschlecht einschränken. Ausnahme: Es muss schon ein sogenannter sachlicher Rechtfertigungsgrund vorliegen, wegen dem eine unterschiedliche Behandlung dennoch zulässig ist.

Was ein solch sachlicher Grund sein kann, macht bspw. das Urteil des Bundesarbeitsgerichts vom 28. Mai 2009 deutlich. Danach darf der Träger eines Gymnasiums bei der Besetzung einer Betreuerstelle für das von ihm betriebene Mädcheninternat die Bewerberauswahl auf Frauen beschränken, wenn die Tätigkeit auch Nachtdienste in Internat beinhalten soll. In der Mitteilung des Bundesarbeitsgerichtes heißt es dazu weiter: *„Das beklagte Land hatte für das Mädcheninternat seines staatlichen Gymnasiums in N. mittels einer Stellenausschreibung eine Erzieherin/Sportlehrerin oder Sozialpädagogin gesucht. Der Kläger, ein Diplom-Sozialpädagoge, hatte sich um diese Stelle beworben. Das staatliche Gymnasium teilte ihm mit, bei der Stellenbesetzung könnten ausschließlich weibliche Bewerber berücksichtigt werden, weil die Stelleninhaberin auch Nachtdienste im Mädcheninternat leisten müsse. Der Kläger hält sich wegen seines Geschlechts für in unzulässiger Weise benachteiligt und hat vom beklagten Land wegen eines Verstoßes gegen das Benachteiligungsverbot des Allgemeinen Gleichbehandlungsgesetzes (AGG) eine Entschädigung in Höhe von mindestens 6.750 Euro verlangt. Das Landesarbeitsgericht hat seine Klage abgewiesen. Die Revision des Klägers blieb vor dem Bundesarbeitsgericht ohne Erfolg. Der Achte Senat hielt die unterschiedliche Behandlung wegen des Geschlechts hier für zulässig. Für die Tätigkeit in einem Mädcheninternat, die auch mit Nachtdiensten verbunden ist, stellt das weibliche Geschlecht der Stelleninhaberin eine wesentliche und entscheidende Anforderung iSd. § 8 Abs. 1 AGG dar. Dabei steht es dem Arbeitgeber grundsätzlich frei festzulegen, welche Arbeiten auf einem zu besetzenden Arbeitsplatz zu erbringen sind“* (Pressemitteilung Nr. 54/09 zum Bundesarbeitsgericht Urteil vom 28. Mai 2009 – 8 AZR 536/08).

Wie das obige Beispiel zeigt, braucht es schon einen guten Grund für eine selektive Stellenausschreibung, wenn man das Stellenangebot etwa auf Bewerber bestimmten Geschlechts einschränken will.

Falls Sie der Ansicht sind, dass aus ganz bestimmten Gründen z. B. nur eine weibliche Bewerberin für die von Ihnen auszuschreibende Stelle infrage kommt, ist dringend zu empfehlen, sich zunächst anwaltlich beraten zu lassen, damit die Regelungen des AGG beachtet und mögliche Entschädigungsklagen wegen eines Verstoßes gegen das Benachteiligungsverbot des AGG bestmöglich vermieden werden.

Darüber hinaus ist beim Texten der Stellenanzeige wichtig, dass alle Informationen aufgeführt sind, die für die Bewerber wesentlich sind. Es sollte aus der Anzeige klar und konkret hervorgehen, welche Stelle zu besetzen ist und welche fachlichen und persönlichen Qualifikationen und Kompetenzen der Bewerber mitbringen soll. Von Bedeutung für die Bewerber sind natürlich auch Angaben über das Unternehmen selbst, das die Anzeige aufgeben hat. Nutzen Sie die

Anzeige daher zur Selbstdarstellung Ihres Unternehmens, durchaus auch im Sinne als Werbung für Sie als Arbeitgeber, der einen attraktiven Arbeitsplatz zu bieten hat.

Um die richtige Zielgruppe anzusprechen, sind in einer Stellenanzeige insbesondere folgende Angaben wichtig:

- Selbstdarstellung des Unternehmens (z. B. Informationen über Branche, Größe, Marktposition, Standort, Kunden-/Patientenstamm, Dienstleistungsspektrum, betriebliche Leistungen für Mitarbeiter usw.)
- Genaue Berufsbezeichnung für die offene Stelle
- Exakte Stellenbeschreibung (Aufgabengebiet, Spezialisierung, Voll-/Teilzeitkraft, Mitarbeit auf selbstständiger Basis usw.)
- Geforderte Ausbildung (z. B. Podologie-Ausbildung, Ausbildung in kosmetischer Fußpflege, Weiterbildung als Podologe/in mit Diabetes-Zertifikat, Erfahrung in Spangentechnik etc.)
- Berufserfahrung (z. B. erwünscht, nicht erforderlich)
- Fachliche und persönliche Kompetenzen (z. B. medizinisches Hintergrundwissen, PKW-Führerschein, Teamfähigkeit, ruhiges und sicheres Auftreten, Einfühlungsvermögen, Verantwortungsbewusstsein, soziales Engagement)

Weisen Sie auch daraufhin, wie sich die Bewerber/-innen bewerben sollen. Werden telefonische Bewerbungen gewünscht, nennen Sie eine Telefonnummer. Geben Sie für schriftliche Bewerbungen die Adresse an, wohin die Bewerbung geschickt werden soll. Nennen Sie darüber hinaus auch einen Ansprechpartner.

16.5.2 Die Bewerbungsunterlagen sichten

Beim Durchsehen von Stellenangeboten stellt man schnell fest, dass überwiegend um schriftliche Bewerbungen – auch im Bereich der Podologie/Fußpflege – gebeten wird. Der Vorteil liegt auf der Hand. Sie können sich beim Studieren der Bewerbungsunterlagen zum einen ein erstes Bild vom Bewerber machen und zum anderen eine Vorauswahl treffen, welche Bewerber eindeutig geeignet, eingeschränkt passend oder völlig ungeeignet für die ausgeschriebene Stelle erscheinen. Achten Sie bei der Analyse der Bewerbungsunterlagen darauf, ob die Unterlagen vollständig und übersichtlich angeordnet sind, ob und inwieweit die Qualifikationen, Fähigkeiten und Erfahrungen der Bewerber mit den in der Stellenanzeige gewünschten Anforderungen übereinstimmen und ob der Ausbildungs- und Berufsweg geradlinig verläuft, Wechsel und Veränderungen schlüssig und nachvollziehbar sind oder ob es im Lebenslauf Lücken und Brüche gibt.

Die einzelnen Abschnitte im Ausbildungs- und Berufsweg sollten durch Zeugnisse von Schulzeugnissen bis hin zu Teilnahmezertifikaten von Lehrgängen oder Weiterbildungsmaßnahmen belegt werden können. Besonders wichtige Bewerbungsunterlagen sind hierbei die Arbeitszeugnisse. Denn Arbeitszeugnisse lassen auf Fähigkeiten, Kenntnisse, Erfahrungen, Leistungsvermögen und Verhalten des Bewerbers schließen und geben Auskunft über seine bisherige berufliche Entwicklung.

Siehe Info: Zeugnisarten

Beim Lesen eines Zeugnisses sollte man aber berücksichtigen, dass es die berufliche Entwicklung eines Arbeitnehmers nicht unnötig erschweren darf und daher stets wohlwollend abgefasst werden muss (Wohlwollenheitsgebot). Allerdings ist der Arbeitgeber zur Wahrheit verpflichtet und darf schlechte Leistungen eines Arbeitnehmers nicht besser darstellen, als sie in Wirklichkeit sind (Wahrheitsgebot). Unrichtige Angaben in einem Zeugnis können Schadensersatzansprüche nach sich ziehen, etwa des neuen Arbeitsgebers gegenüber dem früheren Arbeitgeber, der das Zeugnis ausgestellt hat.

Darüber hinaus hat natürlich auch der Arbeitnehmer selbst ein Recht auf ein in allen Aussagen klar formuliertes und eindeutiges Zeugnis. Verdachtsmomente, Annahmen oder Behauptungen sowie Widersprüchliches haben in einem Zeugnis nichts zu suchen. In einem Zeugnis dürfen nur Tatsachen aufgeführt sein. Weil aber in der Ausdrucksweise die Grundsätze verständigen Wohlwollens und der Wahrheit zu beachten sind, hat sich eine allgemein verwendete Zeugnissprache etabliert, die man kennen sollte, um Zeugnisse richtig lesen und interpretieren zu können. Diese Zeugnisformulierungen sind grundsätzlich positiv, aber vergleichbar zu einer Notenskala in sich abgestuft.

Siehe Info: Zeugnissprache

Auch wenn sich bestimmte Zeugnisformulierungen eingebürgert haben, geben die Arbeits- und Organisationspsychologen Uta Rohrschneider und Michael Lorenz in ihrem Ratgeber „Erfolgreiche Personalauswahl“ zu bedenken, „dass man nicht weiß, ob ein vorheriger Arbeitgeber eine verschlüsselte Aussage weitergibt oder tatsächlich das meint, was er schreibt.“ Auch die Wirtschaftswissenschaftlerin Sandra Bonnemeier weist in ihrem „Praxisratgeber Existenzgründung“ darauf hin, dass ein einziges negatives Zeugnis nicht unbedingt bedeuten muss, „dass Sie es mit einem schlechten Mitarbeiter zu tun haben.“ Ein möglicher Grund dafür könnte u. a. sein, dass nur einige Formulierungen unglücklich gewählt worden sind. Bonnemeier empfiehlt ein einzelnes negatives Zeugnis nicht überzubewerten, sondern auf den Gesamteindruck und andere Referenzen zu achten.

16.5.3 Das Vorstellungsgespräch

Nach Sichten der Bewerbungsunterlagen werden Sie diejenigen Bewerber, die in der engeren Auswahl stehen, zu einem Vorstellungsgespräch einladen wollen.

Ziel ist durch ein persönliches Gespräch herauszufinden, welcher der Bewerber für die freie Stelle am geeignetsten erscheint und ob dieser auch zu Ihrem Unternehmen sowie zu Ihrem Team gut passen würde. Wie aussagekräftig ein solches Gespräch sein wird, hängt vor allem von seiner Vorbereitung ab. Sie sollten deshalb einen Interviewleitfaden erstellen, wobei Sie den Gesprächseinstieg und den Gesprächsablauf planen sollten. Ein Vorstellungsgespräch könnte z. B. folgendermaßen ablaufen:

Begrüßung und Aufwärmphase:
Schaffen Sie bei der Begrüßung des Bewerbers eine angenehme Atmosphäre mittels sogenanntem Small Talk, indem Sie sich z. B. erkundigen: „Hatten Sie eine angenehme Anfahrt? Konnten Sie uns gut finden?“ oder „Wie sind Sie angereist?“. Danach stellen Sie dem Kandidaten eventuell weitere anwesende Gesprächspartner vor, erläutern ihm den geplanten Ablauf und die vorgesehene Dauer des Gesprächs. Ist zur Vorgehensweise alles geklärt, geben Sie dem Bewerber nun zunächst die Möglichkeit, frei über sich zu erzählen – über seinem Lebenslauf vom Ausbildungs- und Berufsweg über seine Ziele bis hin zu seiner familiären Situation. Notieren Sie sich auch gleich Fragen bei Aussagen, bei denen Sie gerne nachhaken wollen.

Phase des vertieften Nachfragens:
Für diese Phase bereiten Sie einen Gesprächsleitfaden vor, der Fragen zur Ausbildung, zum Berufsweg, zur Selbsteinschätzung, zur Motivation, zur Leistungsbereitschaft, zur Bereitschaft zur Weiterbildung bis hin zur Familie und Freizeit umfasst. Wichtig sind auch Fragen zum Arbeitsverhalten, wie der Bewerber z. B. seinen Arbeitsstil bezeichnen würde, was ihm im Bezug zur Arbeitsumgebung wichtig ist oder wie er sich zur Bewältigung bei Problemsituationen verhalten hat bzw. verhalten würde. Überlegen Sie auch, mit welchen Fragen Sie Qualifikationen hinterfragen können, die Sie aus den Zeugnissen nicht ablesen können. Überlassen Sie den Gesprächsablauf nicht dem Zufall, sonst besteht die Gefahr, dass wichtige Fragen vergessen werden.

Um vom Bewerber möglichst viele Informationen zu erhalten, kommt es darauf an, richtig zu fragen. Ein wichtiges Mittel dafür sind *offene* Fragen, auch einfach *W-Fragen* genannt, weil sie mit *W* beginnen: *Wie, Wer, Wo, Was, Warum, Wann, Wodurch, Worin* usw. Beachten Sie bei der Gesprächsführung, dass Sie das Steuer in der Hand behalten, zugleich aber dem Gesprächspartner die Möglichkeit einräumen, ausreichend zu antworten.

Trotz hohem Informationsbedürfnis, das Sie als Arbeitgeber haben, gibt es Grenzen für Fragen, die Sie stellen dürfen. Das gilt für Fragen, die den privaten Bereich betreffen und für die berufliche Tätigkeit nicht relevant sind. Auch in einem Vorstellungsgespräch muss das Recht auf Schutz der Persönlichkeit gewahrt bleiben. Unzulässig sind insbesondere Fragen nach Schwangerschaft, Vorstrafen, Vermögensverhältnissen oder nach Parteien-, Religions- und Gewerkschaftszugehörigkeit. Auf unzulässige Fragen müssen Bewerber nicht antworten oder können die Unwahrheit sagen, also bewusst lügen, ohne befürchten zu müssen, dass der Arbeitsvertrag später angefochten werden kann.

Allerdings kommt es auf den konkreten Einzelfall an, ob eine Frage zulässig oder tatsächlich unzulässig ist. Denn es gibt Ausnahmen: So darf z. B. nach Partei-, Kirchen- oder Gewerkschaftszugehörigkeit durchaus bei sogenannten „Tendenzbetrieben" gefragt werden, also wenn die Tätigkeit in einer Parteienorganisation, bei einer Kirche oder Gewerkschaft erfolgt.

Ob Fragen zulässig oder unzulässig sind, hängt also davon ab, ob sie für den Arbeitsplatz und die Tätigkeit eine Rolle spielen. Manchmal hat aber auch der Bewerber von sich aus die Pflicht, Auskunft zu geben z. B. über einen Führerscheinentzug, wenn für die Tätigkeit das Führen eines Fahrzeuges Voraussetzung ist. Als Interviewer dürfen Sie alle auf den Arbeitsplatz bezogenen Fragen stellen, wobei das Spektrum von der Ausbildung über die Qualifikationen bis hin zu Fragen über den beruflichen Werdegang reicht.

Motivationsphase:
Haben Sie alle relevanten Informationen über den Bewerber erfahren, stellen Sie nur Ihr eigenes Unternehmen vor und beschreiben Sie die zu besetzende Stelle und die damit verbundenen Aufgaben.

Abschlussphase:
Jetzt ist der Zeitpunkt gekommen, um vertragliche Fragen zu, wie z. B. Einarbeitung, Probezeit, Sozialleistungen und natürlich auch das Gehalt, zu diskutieren sowie den Eintrittstermin zu besprechen. Klären Sie eventuell noch offene Fragen ab. Informieren Sie darüber hinaus den Bewerber über das weitere Vorgehen und bis wann dieser mit einer Nachricht rechnen kann.

Nachbereitung:
Direkt nach der Verabschiedung des Bewerbers sollten Sie das Gespräch Revue passieren lassen. Halten Sie Ihre Eindrücke fest – am besten in einem Bewertungsbogen, in dem Sie anhand des Anforderungsprofils für erforderliche Kompetenzen und fachliche Fähigkeiten die Bewertungskriterien zusammengestellt haben. Bei der Beurteilung helfen Ihnen auch die Gesprächsnotizen, die Sie während des Interviews gemacht haben. Auf diese Weise können Sie ein differenziertes Profil erstellen, was Ihnen den Vergleich von mehreren Kandidaten bei der endgültigen Auswahlentscheidung erleichtert.

Weitere Informationen zum Thema Personalauswahl finden Sie im Internet z. B. auf dem Existenzgründungsportal des Bundesministeriums für Wirtschaft und Energie unter www.existenzgruender.de. Darüber hinaus bieten auch die Industrie- und Handelskammern Merkblätter zum Thema an.

Info: Wichtige Schutzvorschriften für Arbeitnehmer

Gesetze und Vorschriften und deren Zielsetzung

Allgemeines Gleichbehandlungsgesetz (AGG)
Benachteiligungen aus Gründen aus Gründen der Rasse oder wegen der ethnischen Herkunft, des Geschlechts, der Religion oder Weltanschauung, einer Behinderung, des Alters oder der sexuellen Identität zu verhindern oder zu beseitigen

Arbeitsmedizinische Vorsorge (ArbMedVV)
Durch Maßnahmen der arbeitsmedizinischen Vorsorge altersbedingte Erkrankungen einschließlich Berufskrankheiten frühzeitig erkennen und verhüten. Zugleich soll ein Beitrag zum Erhalt der Beschäftigungsfähigkeit und der Fortentwicklung des betrieblichen Gesundheitsschutzes geleistet werden.

Arbeitsschutzgesetz (ArbSchG)
Sicherheit und Gesundheitsschutz der Beschäftigten bei der Arbeit durch Maßnahmen des Arbeitsschutzes zu sichern und verbessern

Arbeitssicherheitsgesetz (ASiG)
Bestellung von Betriebsärzten und Fachkräfte für Arbeitssicherheit und deren Aufgaben

Arbeitsstättenverordnung (ArbstättV)
Sicherheit und Gesundheitsschutz der Beschäftigten beim Einrichten und Betreiben von Arbeitsstätten

Arbeitszeitgesetz (ArbZG)
Rahmen für die Arbeitszeitgestaltung von der täglichen Höchstarbeitszeit über Mindestpausenzeiten während der Arbeit, Mindestruhezeiten nach der Arbeit, Nacht- und Schichtarbeit bis hin zu Sonn- und Feiertagsarbeit und Sonderregelungen

Betriebsverfassungsgesetz (BetrVG)
Regelungen für die Zusammenarbeit zwischen Arbeitgeber und Arbeitnehmer sowie für die Errichtung von Betriebsrechten einschließlich deren Rechte und Aufgaben

Bürgerliches Gesetzbuch (BGB)
u. a. § 611 Vertragstypische Pflichten beim Dienstvertrag, § 611b Arbeitsplatzausschreibung, § 612 Vergütung, § 622 Gesetzliche Kündigungsfristen, § 623 Schriftform der Kündigung und des Aufhebungsvertrages, § 626 fristlose Kündigung aus wichtigem Grund, § 629 Freizeit zur Stellensuche, § 630 Pflicht zur Zeugniserteilung

Bundeselterngeld- und Elternzeitgesetz (BEEG)
Regelt Höhe und Zeitdauer für den Bezug von Elterngeld zur Unterstützung der Familien nach der Geburt eines Kindes

Bundesurlaubsgesetz (BUrlG)
Regelungen zum Erholungsurlaub, auf den jeder Arbeitnehmer unter Weiterzahlung des Arbeitsentgeltes Anspruch hat

Jugendarbeitsschutzgesetz (JArbSchG)
Die Beschäftigung von Jugendlichen (= wer bereits 15 Jahre, aber noch nicht 18 Jahre alt ist) zu regeln mit Bestimmung unter anderem zur Arbeitszeit, zum Urlaub, zu ärztlichen Untersuchungen, zu Verboten für bestimmte Beschäftigungen

Entgeltfortzahlungsgesetz
den Anspruch, die Höhe und Dauer der Fortzahlung des Arbeitsentgeltes im Krankheitsfall und die Zahlung des Arbeitsentgelts an den gesetzlichen Feiertagen zu regeln

Kündigungsschutzgesetz (KSchG)
Schutz vor sozial ungerechtfertigten Kündigungen

Mindestlohngesetz (MiloG)
Regelt den allgemeinen, gesetzlichen Mindestlohn, um Arbeitnehmer in Deutschland vor unangemessen niedrigen Löhnen zu schützen

Mutterschutzgesetz (MuSchG)
der besonderen Schutzwürdigkeit von werdenden und stillenden Müttern Rechnung zu tragen, und enthält daher Regelungen zu Arbeitseinschränkungen und den Kündigungsschutz für schwangere Frauen

Teilzeit- und Befristungsgesetz (TzBfG)
Teilzeitarbeit zu fördern, die Voraussetzung für die Zuverlässigkeit befristeter Arbeitsverträge festzulegen und die Diskriminierung von teilzeitbeschäftigten und befristet beschäftigten Arbeitnehmern zu verhindern

Unfallverhütungsvorschrift – Grundsätze der Prävention (DGUV Vorschrift 1)
Bundesweit geltendes Regelwerk zur Organisation des betrieblichen Arbeitsschutzes und diesbezüglichen Pflichten des Arbeitgebers

Weitere speziell u. a. für die Bereiche Podologie und kosmetische Fußpflege wichtige Schutzvorschriften

Biostoffverordnung (BioStoffV)
Regelt Maßnahmen zum Schutz von Sicherheit und Gesundheit der Beschäftigten vor Gefährdungen durch Tätigkeit mit Biologischen Arbeitsstoffen und zugleich auch Maßnahmen zum Schutz anderer Personen, soweit diese aufgrund des Verwendens von Biostoffen durch Beschäftigte oder durch Unternehmer ohne Beschäftigte gefährdet werden können.

Gefahrenstoffverordnung (GefStoffVo)
Ziel ist es, den Menschen und die Umwelt vor stoffbedingten Schädigungen zu schützen, indem die Verordnung Einstufung, Kennzeichnung und Verpackung gefährlicher Stoffe und Gemische regelt, Maßnahmen zum Schutz der Beschäftigten und anderer Personen bei Tätigkeiten mit Gefahrstoffen festlegt und Beschränkungen für das Herstellen und Verwenden bestimmter gefährlicher Stoffe, Gemische und Erzeugnisse trifft.

Für jedes Unternehmen, das Mitarbeiter beschäftigt, gilt: Arbeitgeber müssen bestimmte Arbeitsschutzgesetze und -vorschriften, sogenannte aushangpflichtige Gesetze, an geeigneter Stelle im Unternehmen, z. B. am Schwarzen Brett im Pausenraum, auslegen oder aushängen, so dass Mitarbeiter diese Gesetze jederzeit mühelos und unkontrolliert nachlesen und sich über ihre Rechte und Pflichten informieren können. Sollen die Vorschriften über die übliche Informations- und Kommunikationstechnik im Unternehmen bekannt gemacht werden, dann muss jeder Mitarbeiter stets freien Zugang dazu haben. In einer Reihe von Gesetzen und Vorschriften ist die Aushangpflicht explizit geregelt, wie z. B. im Allgemeinen Gleichbehandlungsgesetz, Arbeitszeitgesetz oder Mutterschutzgesetz. So ist etwa nach § 26 Mutterschutzgesetz (MuSchG) der Arbeitgeber in Betrieben oder Verwaltungen verpflichtet, in denen regelmäßig mehr als drei Frauen beschäftigt sind, eine Kopie des MuSchG an geeigneter Stelle auszulegen bzw. auszuhängen

Info: Pauschalabgaben bei Minijobs (Stand Juni 2019)			
	450-Minijob (im gewerblichen und freiberuflichen Bereich	**450-Minijob im Privathaushalt**	**Kurzfristiger Minijob**
Pauschalbeitrag zur Krankenversicherung	13 %	5 %	Kein Beitrag
Pauschalbeitrag zur Rentenversicherung Arbeitgeber	15 %	5 %	Kein Beitrag
Beitragsanteil des Minijobbers bei Versicherungspflicht in der Rentenversicherung	3,6 %	13,6 %	Kein Beitrag
Umlagen zum Ausgleich der Arbeitgeberaufwendungen bei Krankheit (U1) und Schwangerschaft und Mutterschaft (U2)	U1 = 0,9 % U2 = 0,19 %	U1 = 0,9 % U2 = 0,19 %	U1 = 0,9 % U2 = 0,19 %
Insolvenzgeldumlage	0,06 %	Kein Beitrag	0,06 % (kein Beitrag im Privathaushalt)
Steuer	2 % Pauschalsteuer für Lohnsteuer einschließlich Solidaritätszuschlag und Kirchensteuer oder individuelle Besteuerung nach Lohnsteuerklasse des Minijobbers	2 % Pauschalsteuer für Lohnsteuer inklusive Solidaritätszuschlag und Kirchensteuer oder individuelle Besteuerung nach Lohnsteuerklasse des Minijobbers	Individuell nach Steuerklasse des Arbeitnehmers oder Pauschalsteuer von 25 %
Beitrag zur gesetzlichen Unfallversicherung	Individuell je nach Unfallversicherungsträger	1,6 %	individueller Beitrag (1,6 % bei Privathaushalt)

oder alternativ in einem elektronischen Verzeichnis jederzeit den Beschäftigten zugänglich zu machen. Bei anderen wie z. B. beim Bundesurlaubsgesetz ist der Aushang nicht ausdrücklich vorgeschrieben, aber hat große praktische Bedeutung für das Miteinander zwischen Arbeitgeber und Belegschaft. Welche Gesetze und Rechtsvorschriften im Einzelnen aushangpflichtig sind, hängt von der Branche, Personalstruktur und Arbeitsweise des Unternehmens ab. Bei Verstoß gegen die Informationspflicht können Bußgelder bis zu einer Höhe von 2.500 Euro fällig werden oder auch Schadensersatzansprüche von Seiten des Arbeitnehmers drohen, wenn der fehlende Aushang ursächlich für den Eintritt des Schadens anzusehen ist. Die Vorschriften müssen stets auf aktuellem Rechtsstand sein. Verschiedene Verlage bringen jährlich aktualisiert die aushangpflichtigen Gesetze als Sammelband häufig mit einer Kordel versehen zum Aufhängen heraus.

Info: Zeugnisarten

Zeugnisart	**Inhalt**
einfaches Zeugnis	persönliche Daten des Arbeitnehmers sowie vollständige und genaue Angaben über die Art und Dauer der Beschäftigung
qualifiziertes Zeugnis	persönliche Daten des Arbeitnehmers sowie vollständige und genaue Angaben über die Art und Dauer der Beschäftigung plus Ausführungen über die Leistungen und über die Führung des Arbeitnehmers

Checkliste: Zeugnissprache (Beispiele)

Bewertung	**Zeugnisformulierung**
sehr gut	… stets zu unserer vollsten Zufriedenheit … … stets außerordentlich zufrieden … … ausgezeichnete Leistungen … … das Verhalten war stets einwandfrei …
gut	… stets zu unser vollen Zufriedenheit … … stets überdurchschnittliche Arbeitsqualität …
befriedigend	… stets zu unserer Zufriedenheit … … gute Arbeitsweise …

ausreichend	… zu unserer Zufriedenheit … … hat den Erwartungen entsprochen …
mangelhaft	… im Großen und Ganzen zu unserer Zufriedenheit … … war um sorgfältige Arbeitsweise bemüht … … arbeitete insgesamt zufriedenstellend …
ungenügend	… war stets bemüht … … bemühte sich um sinnvolle Lösungen … … zeigte Interesse …
zeigte mangelndes Engagement	… hat alle Aufgaben ordnungsgemäß erledigt …
war faul	… zeigte Verständnis für die Arbeit …
war völlig unfähig	… war wegen Pünktlichkeit stets ein gutes Vorbild …
war ein unangenehmer, wichtigtuerischer Mitarbeiter	… war tüchtig und wusste sich gut zu verkaufen …
war unbeliebt	… war ein umgänglicher Kollege …
bemühte sich ohne Erfolg	…erledigte die ihm übertragenen Aufgaben mit großem Fleiß und Interesse …
hatte Probleme mit den Vorgesetzten	… galt im Kollegenkreis als toleranter Mitarbeiter …

17 Die Praxis verwalten und organisieren

Neben der Pflege und Behandlung der Füße fallen in jeder Fußpflege-/Podologiepraxis unabhängig von der Größe der Praxis eine Vielzahl von weiteren Aufgaben an, die erledigt werden müssen, von der Terminvergabe und Verwaltung der Kunden-/Patientendaten über die Dokumentation und Abrechnung der Behandlungen bis hin zur Warenwirtschaft und Buchführung. Die tägliche *Büroarbeit* ist unvermeidbar und hat einen erheblichen Anteil im Praxisalltag eines Podologen/Fußpflegers. Damit dennoch genügend Zeit für die eigentliche Arbeit bleibt, ist es umso wichtiger, die Aufgaben rund um die Praxis effizient zu gestalten und möglichst zeitnah auszuführen. Darüber hinaus müssen sich Podologiepraxen auch der Einführung eines zertifizierten Qualitätsmanagements als Herausforderung stellen. Eine gute Organisation und Verwaltung der Praxis spart Zeit und Geld und ist ein entscheidender Faktor für den Erfolg eines Unternehmens. Es gibt also gewichtige Gründe, sich bereits in der Gründungsphase mit Fragen rund um die Praxisorganisation und -verwaltung auseinanderzusetzen.

Sicherlich kennen auch Sie Sprüche wie *Wer suchet, der findet* oder *Das Haus verliert nichts* – zum Glück könnte man sagen. Ordnung scheint eine weitverbreitete Schwäche zu sein. In der BMWi-Broschüre GründerZeiten *Organisation* aus dem Jahr 2006 wird eine Umfrage bei Fach- und Führungskräften zitiert, wonach diese bei einer Arbeitszeit von durchschnittlich 40,7 Stunden pro Woche insgesamt 15,4 Stunden für zeitraubende, unproduktive Tätigkeiten aufwenden. Allein 1,5 Stunden/Woche entfallen dabei nur auf Suchen von Unterlagen, Dateien, Kollegen und Informationen aller Art. Ebenfalls 1,5 Stunden/Woche werden mit Warten auf EDV-Programme, Kollegen oder Unterlagen verbracht.

Als besonders starker Zeitfresser, durch den immerhin 2,5 Stunden in der Woche verloren gehen, hat sich das Unterbrechen der eigentlichen Arbeit durch Störungen herausgestellt. Wie diese Beispiele zeigen, sind auch erfahrene Mitarbeiter im Geschäftsleben offenbar nicht vor Zeit- und Effektivitätsverlusten gefeit. Die Gründe dafür sind insbesondere in einer schlechten bis mangelhaften Organisation zu suchen. Neben zeitraubenden Suchaktionen, nervenzerrenden Leerläufen oder störenden Arbeitsunterbrechungen gibt es eine ganze Reihe von weiteren Symptomen dafür, dass es mit der Betriebsorganisation hapert. So kann es sein, dass Rechnungen häufig erst verspätet bezahlt werden oder sich die Unterlagen auf dem Schreibtisch stapeln und nicht bearbeitet und abgelegt werden.

Es kann auch sein, dass der Informationsaustausch im Team nicht funktioniert nach dem Motto *die rechte Hand weiß nicht, was die linke tut*. Missverständnisse sind dann vorprogrammiert.

Ein Zeichen für einen Fehler in der Organisation kann aber auch eine Überorganisation sein oder das Gefühl, dass für die Organisation des Unternehmens viel zu viel Zeit aufgewendet werden muss. Oder es gibt so gut wie kein Privatleben mehr, weil das Unternehmen zu viel Zeit in Anspruch nimmt.

17.1 Organisationsprobleme

In einer Fußpflege-/Podologiepraxis können Organisation und Verwaltung empfindlich gestört werden, wenn Kunden/Patienten zu spät kommen oder überhaupt nicht oder nicht mehr erscheinen. Weitere Probleme können z. B. auftreten, weil Termine zu knapp hintereinander vergeben werden, eine Behandlung länger als vorgesehen dauert, ein Mitarbeiter plötzlich erkrankt und ausfällt.

Der Behandlungsablauf kann beeinträchtigt werden, weil ein dringend benötigtes Pflegeprodukt oder bestimmte Therapiematerialien unvorhergesehen aus sind und erst wieder bestellt werden müssen. Organisationsfehler in der Lagerhaltung sind natürlich auch von Nachteil für Beratung und Verkauf, wenn der Kunde/Patient wünscht, *sein* Pflegeprodukt nach Hause mitzunehmen ist, aber der Griff ins Regal unverhofft ins *Leere* geht.

Unbedingt sollte die Organisation überdacht werden, wenn es in der Podologiepraxis einfach an der Zeit fehlt, erfolgte Behandlungen mit den Krankenkassen abzurechnen, sodass sich die Abrechnungen stapeln und schließlich auf einmal abgearbeitet werden müssen. Doch geben Sie als Gründer solchen Nachlässigkeiten von Anfang an keine Chance nach dem Motto: *Wehret den Anfängen!* Richtige Organisation und der Einsatz von EDV können helfen, dass die Abläufe in der Praxis reibungslos funktionieren und Chaos oder Schlampereien gar nicht erst aufkommen.

17.2 Vorteile guter Organisation

Warum Sie gleich von Anfang an dem weit verbreiteten Übel fehlende oder schlechte Organisation Paroli bieten sollten, dafür kennt die BMWi-Broschüre GründerZeiten aus dem Jahr 2006 zum Thema Organisation gleich zehn gute Gründe:

Eine gute Organisation

- erhöht die Arbeitsleistung,
- ist Voraussetzung für Effizienz und Wirtschaftlichkeit,
- macht die Arbeit leichter (z. B. griffbereite Unterlagen),

- schafft Raum für die wirklich wichtigen Dinge (z. B. keine Zeitverschwendung durch Diskussionen, wann was wie erledigt werden soll),
- sorgt für transparente und einheitliche Arbeitsabläufe,
- macht das Einarbeiten von Mitarbeitern einfacher,
- erleichtert die Zusammenarbeit im Unternehmen,
- sorgt für ein einheitliches Auftreten nach außen,
- klärt wichtige Fragen, die immer wiederkehren, wie z. B. Urlaubsregelungen oder Dateiablagen,
- motiviert die Mitarbeiter (z. B. durch das Vermeiden von Stress).

Man muss kein geborenes Organisationsgenie sein, damit die Praxis *rund* läuft. Um sich in den vielfältigen Aufgaben rund um die Praxisorganisation nicht zu verlieren und zu verzetteln, wird die gesamte Organisation in Teilbereiche gegliedert.

17.3 Termine vergeben und verwalten

Auch wenn Sie mit der Eröffnung der neuen Praxis voraussichtlich nicht sofort ein *volles* Haus haben werden, sollten Sie gleich von Anfang an Regeln für die Vergabe und Verwaltung der Termine festlegen.

Meistens werden Termine telefonisch vereinbart. Wer allerdings ohne Mitarbeiter oder Aushilfen, also allein, in der Praxis tätig ist, kann kaum während einer Behandlung mehrmals ans Telefon laufen, wenn es läutet. Vielleicht akzeptiert ein Kunde/Patient einmal eine Unterbrechung, aber darüber hinaus …? Schließlich wünscht sich jeder Kunde/Patient während seines Termins die volle Aufmerksamkeit des Behandelnden. Deshalb wird während einer Behandlung häufig der Anrufbeantworter eingeschaltet. Auch wenn Sie freundlich erklären, warum Sie im Augenblick nicht ans Telefon gehen können, und versichern, so schnell wie möglich zurückzurufen, ist der Einsatz eines Anrufbeantworters nicht unproblematisch. Denn es besteht immer die Gefahr, dass Kunden/Patienten sofort wieder auflegen und bei der Konkurrenz anrufen. Die Gründe dafür sind verschieden: Manch einer ist grundsätzlich nicht bereit oder ein anderer hat Scheu, auf das *Band* zu sprechen. Andere sind wiederum verärgert und sagen sich: „Ich ruf' doch nicht x-Mal an, nur um einen Termin zu bekommen."

Als Alternative zum unpersönlichen Anrufbeantworter bieten sogenannte Business-Center, die Service-Leistungen rund ums Büro anbieten und mittlerweile in vielen größeren Städten in ganz Deutschland zu finden sind, einen persönlichen Telefonservice an. Um die Dienstleistung in Anspruch nehmen zu können, schließen Sie als Praxisinhaber mit einem Business-Center Ihrer Wahl einen Vertrag ab und erhalten daraufhin eine Rufnummer, auf die Sie die Rufnummer der Praxis weiterleiten. Nach Umleitung der Rufnummer werden die Anrufe im Business-Center jedoch mit dem Namen der Praxis entgegengenommen, so dass Ihre Kunden/Patienten überhaupt nicht bemerken, dass sie mit einem Telefonservice verbunden sind. Sie selbst können aber ungestört die Behandlungen durchführen, ohne dass Ihnen ein Anruf entgeht. Den Anrufern wird persönlich erklärt, warum Sie momentan selbst nicht erreichbar sind, weil Sie etwa in Behandlung sind oder Termine außer Haus wahrnehmen. Die Anrufer können jedoch wichtige Informationen über ihre Wünsche und Anliegen hinterlassen, so dass der Rückruf Ihrerseits gezielt auf die jeweiligen Fragen erfolgen kann.

Es wird auch abgesprochen, wann der Praxisinhaber zurückrufen kann. Vergebliche Rückrufversuche lassen sich so vermeiden. Als Praxisinhaber vereinbaren Sie ganz individuell mit dem Business-Center, bis wann Ihnen die eingegangenen Nachrichten mitgeteilt werden sollen, z. B. jede Nachricht einzeln nach einem Anruf oder als Sammelnachricht zu einer bestimmten Uhrzeit. In dringenden Fällen erhalten Sie eine SMS und der Anrufer kann aber auch auf Wunsch direkt mit Ihnen verbunden werden. So sind Sie trotz Telefonservice im Fall des Falles immer erreichbar.

Mehr Informationen über den Telefonservice, über weitere mögliche Büro-Serviceleistungen und die Adresse eines Business-Centers in Ihrer Nähe erhalten Sie unter:
Bundesverband Business Center e.V.
Internet: www.business-centers.de

Dass Behandlungstermine in einer Fußpflege-/Podologiepraxis normalerweise im Voraus vereinbart werden, hat sowohl für den Behandelnden bzw. für das gesamte Team als auch für Kunden/Patienten Vorteile. Vorausgesetzt, das Terminmanagement ist gut durchdacht und weiß auch Störungen und Zwischenfälle zu handeln, damit der Praxisablauf durch ungeplante Ereignisse wie Terminabsagen, Verspätungen von Kunden/Patienten oder unvorhergesehene lange Behandlungsdauer nicht durcheinander gerät.

Durch ein effektives Terminmanagement lassen sich lange Wartezeiten vorbeugen. Viele Menschen reagieren heutzutage häufig sehr ungehalten, wenn sie zum einbestellten Termin länger warten müssen. Spricht es sich dagegen herum, dass die Termine ziemlich punktgenau eingehalten werden, ist das ohne Zweifel ein Pluspunkt für den positiven Ruf Ihrer neuen Praxis.

Aber auch für Sie als Inhaber ist eine genaue Terminierung wichtig. Zum einen gilt es schon rein aus betriebswirtschaftlicher Sicht, Leerlaufzeiten zu vermeiden. Schließlich ist eine möglichst optimale Auslastung der Kabinen, Geräte und eventuell vorhandenen Mitarbeiter entscheidend für den Erfolg Ihrer Praxis.

Zum anderen ist ein gut funktionierendes Terminsystem Voraussetzung dafür, dass Sie die Behandlungen an Kunden/Patienten in Ruhe und ohne Zeitdruck ausführen, aber auch den Arbeitstag planen und vorbereiten können.

Um die Dauer des Termins besser abschätzen zu können, sollten Sie bereits bei der Terminvergabe nach der gewünschten Behandlung fragen. Neben der Dauer der jeweiligen Behandlung sind natürlich auch die Ankleidezeiten für den Kunden/Patienten, die Vor- und Nachbereitung des Behandlungsraums sowie die erforderlichen Zeiten für Beratungs- und Verkaufsgespräche zu berücksichtigen. Kommt etwa ein neuer Patient in die Praxis, werden Sie mehr Zeit einplanen müssen, um etwa die Patientendaten aufnehmen zu können und genügend Zeit für eine ausführliche Beratung zu haben.

Ein weiterer wichtiger Aspekt bei der Terminplanung sind Zeiten, die für länger dauernde spezielle Behandlungen vorgesehen und im Voraus geplant werden müssen. Wichtig sind auch Pufferzeiten, um eventuelle Terminverschiebungen auffangen zu können.

Denken Sie auch bei der Tagesplanung an Ihre persönlichen Pausen, die Sie für sich selbst freihalten sollten.

Verspätungen können den gesamten Terminplan durcheinanderbringen. Notorische Zuspätkommer unter Ihrem Kunden-/Patientenstamm können Sie ohne Bedenken mit einem Zeitpuffer vor der Behandlung, z. B. 15 Minuten früher, einbestellen. Mit anderen Kunden/Patienten, die aus Erfahrung ohne Absicht den Termin vergessen, können Sie ein sogenanntes *Call-System* vereinbaren und sie durch einen Telefonanruf oder ein kurzes E-Mail einen Tag vor dem Behandlungstermin erinnern.

Für die Terminvergabe können Sie zur Planung der Termine das alt bewährte Terminbuch verwenden und Name, Telefonnummer und eventuell die Krankenkasse, wenn die Behandlung abgerechnet werden kann, eintragen. Eine Alternative ist ein modernes Computer-Verwaltungsprogramm mit einem Terminkalender, in dem die Termine mit den noch freien Terminen abgestimmt und nach Kunden/Patienten, Mitarbeiter, Räumen oder Geräten geplant und verwaltet werden können. Termine, die bereits vergeben sind, werden als belegt blockiert, sodass Doppelbelegungen vermieden werden.

Mit einem modernen Terminverwaltungsprogramm lassen sich Termine auch leicht wieder ändern, verschieben oder auch löschen. An die Terminverwaltung kann auch eine Druckmöglichkeit angekoppelt sein, so dass Kunden/Patienten ein Ausdruck der vereinbarten Termine mitgegeben werden kann.

17.4 Daten verwalten und dokumentieren

Das zentrale Element in der Verwaltung und Organisation einer Fußpflegepraxis ist die Verwaltung der Kundendaten oder Patienten. Weil früher ausschließlich diese Daten auf Karteikarten festgehalten wurden, spricht man auch heute noch vom Karteimanagement. Doch inzwischen leistet die moderne Computertechnologie Unterstützung auch in diesem Bereich. Ob auf Papier oder elektronisch – wichtig ist, dass die Daten sorgfältig geführt werden. Ständige Aktualisierung ist ebenso erforderlich wie die Gewährleistung der Datensicherheit.

Daten, die mit dem Karteimanagement erfasst werden, sind Namen, Geburtsdatum, Adresse, Angaben zur Erreichbarkeit. Zu vermerken sind Angaben zur Abrechnung wie Krankenversicherung und Versicherungsnummer oder auch Selbstzahler, der oder die behandelnden Ärzte, Vorerkrankungen oder Allergien. Wichtig sind auch Angaben, ob Medikamente, die die Blutungszeit oder die Wundheilung beeinflussen, eingenommen werden.

Festgehalten werden sollte darüber hinaus der Zustand der Schuhe. Jederzeit abrufbar und ablesen lassen müssen sich die Heilmittel-Verordnungen bei Podologie-Patienten, Untersuchungsergebnisse, die Behandlungsmethoden, der Behandlungsverlauf sowie das Ziel der Behandlung. Neben durchgeführten Behandlungen und den eingesetzten Präparaten sind weitere Angaben von Interesse, die z. B. den Verkauf von Produkten, bestimmte Vorlieben von Kunden/Patienten oder auch Anforderungen betreffen, die einen erhöhten Zeitaufwand erfordern, wie etwa Hilfestellung durch den Fußpfleger/Podologen bei älteren oder gebrechlichen Kunden/Patienten.

Ein gut geführtes Karteimanagement gibt natürlich auch Auskunft darüber, wenn während den Behandlungen Unverträglichkeiten oder Beschwerden aufgetreten sind. Praktisch ist auf jeden Fall ein Warnsystem in Software-Programmen, mit denen einmal in die Datenbank aufgenommene Kunden/Patienten, die einer Risikogruppe (Diabetiker, Allergiker oder Bluter) angehören farblich gekennzeichnet werden. Werden die Daten bei der Terminplanung übernommen, wird der Behandelnde bereits beim Blick auf den Terminkalender an die besondere Situation seines Kunden/Patienten erinnert.

Die Dokumentation von Behandlungsverläufen und Behandlungserfolgen ist Pflicht für Podologie-Praxen, die mit den Krankenkassen abrechnen wollen. Die Sicherstellung der Dokumentation ist eine der Anforderungen für die Krankenkassenzulassung. Darüber hinaus sollte sich jede Fußpflege-/Podologiepraxis unabhängig von der Krankenkassenzulassung eine gewissenhafte Dokumentation zur Pflicht machen, um so z. B. bei Rechtsstreitigkeiten gerüstet zu sein, wenn sich Kunden/Patienten falsch behandelt fühlen. Die sorgfältige Dokumentation dient hier als Nachweis für den Behandlungserfolg.

Außerdem kommt in den Verwaltungsprogrammen der Kunden-/Patientendaten die Bilddokumentation mittels digitalem Foto oder mittels Video zum Einsatz, um den Verlauf der Behandlung zu belegen. Digitalkamera oder Camcorder, die im Preis durchaus erschwinglich geworden sind, machen es möglich. Das Dokumentieren mithilfe digitaler Bilder hat zudem den Vorteil, dass Fotoserien zu Vorher- und Nachher-Vergleichsansichten problemlos erstellt und durchgeblättert oder Bilder ohne Schwierigkeiten in den vom Arzt geforderten Therapiebericht eingefügt werden können.

Grundsätzlich gilt, dass die Aufnahmen nur mit Zustimmung des Kunden/Patienten gemacht werden dürfen. Dasselbe gilt auch für Weitergabe der Aufnahmen. Selbstverständlich müssen die Bilder zu dem jeweiligen Kunden/Patienten eindeutig zuordbar sein. Daher sollten folgende Angaben mitfotografiert sowie in der Dateiinformation des digitalen Bildes eingegeben werden: der Vorname und der Nachname des Kunden/Patienten, sein Geburtsdatum, die Kunden- bzw. Patientennummer sowie das Datum vom Tag der Aufnahme. Besonders praktisch ist, wenn mit Hilfe der Software zur Verwaltung der Kunden/Patientendaten die digitalen Bilder erfasst, archiviert und den jeweiligen Kunden-/Patientenstammdaten zugeordnet werden können.

17.5 Datenschutz-Grundverordnung (DSGVO)

Als Inhaber einer Fußpflege-/Podologiepraxis tragen Sie für den Datenschutz die Verantwortung und sind damit verantwortlich, dass in ihrem Unternehmen personenbezogene Daten rechtlich korrekt verarbeitet werden. Unter *Verarbeitung* wird jede Maßnahme verstanden, die sich – mit oder ohne Hilfe automatisierter Verfahren – mit Daten durchführen lassen, wie z. B. das Aufzeichnen, Erfassen, Ordnen, Nutzen, Sammeln, Speichern, Verändern oder Löschen von Daten. Mit *personenbezogenen* Daten sind sämtliche Informationen gemeint, die sich auf eine identifizierte oder identifizierbare natürliche Person beziehen, wie Name, Anschrift, E-Mail-Adresse, Geburtsdatum, Ausweisnummer, Versicherungsnummer etc. Als besonders schutzwürdig gelten außerdem neben religiösen Überzeugungen, Gewerkschaftszugehörigkeit u. a. auch Gesundheitsdaten (z. B. Medikamente, Diagnosen, Krankengeschichte, Behandlungsverlauf), wie sie von Krankenhäusern, Ärzten und auch von Podologen und anderen Heilmittelerbringern verarbeitet werden.

In einer Fußpflege-/Podologiepraxis fallen in der Regel zur Bearbeitung Daten von Kunden, Patienten, Mitarbeitern, Lieferanten und Kooperationspartnern an. Maßgebliche rechtliche Grundlage für den Schutz dieser Daten ist die EU-Datenschutz-Grundverordnung (DSGVO), die bereits im Mai 2016 in Kraft getreten ist, aber erst nach einer zweijährigen Übergangsfrist ab dem 25. Mai 2018 in allen Mitgliedstaaten der EU endgültig angewendet werden muss. Zugleich wurde am 25. Mai 2018 das bisherige Bundesdatenschutzgesetz (BDSG) durch ein neues BDSG abgelöst, das ergänzende Regelungen zur DSGVO zum Inhalt hat. Darüber hinaus gelten für Heilmittelerbringen auch weiterhin die Regeln zur Schweigepflicht für Angehörige der Heilberufe nach § 203 StGB.

Unterschiedliche Datenschutzregelungen in den EU-Ländern und eine rasante technologische Entwicklung und fortschreitende Digitalisierung haben die Modernisierung des Datenschutzrechts erforderlich gemacht. Ziel der DSGVO ist, dass im gesamten EU-Raum einheitliche und eindeutige Bestimmungen in puncto Datenschutz gelten. Ein zentrales Anliegen der DSGVO ist das Recht auf Schutz personenbezogener Daten. Die Verordnung betrifft alle Unternehmen vom Ein-Mann-Unternehmer bis zum Globalplayer sowie Behörden. Übrigens auch für Unternehmen außerhalb der EU, die Waren und Dienstleistung auf dem europäischen Binnenmarkt anbieten, ist die DSGVO bindend.

Wichtige Grundsätze bei der Verarbeitung personenbezogener Daten laut DS-GVO sind u. a.:

- Rechtsmäßigkeit der Datenverarbeitung, d. h. die Verarbeitung der Daten darf nur auf Basis einer Rechtsgrundlage erfolgen (z. B. Behandlungsvertrag, Einwilligung von Privatpatienten zur Abrechnung der Behandlungskosten über Abrechnungszentrum, gesetzliche Aufbewahrungspflichten).
- Zweckbindung, d. h. Verarbeitung der Daten nur für zuvor festgelegte, eindeutige und legitime Zwecke, wie etwa zur Erfüllung des Vertrages oder für den Zweck, für den der Betroffene zuvor seine Einwilligung erteilt hat.
- Datenminimierung und Speicherbegrenzung, d. h. die Erhebung, Verarbeitung und auch Speicherung der Daten wird auf das angemessene, notwendige Maß beschränkt.
- Richtigkeit der Daten, d.h. die Daten müssen sachlich richtig und auf dem neuesten Stand sein. Unrichtige Daten oder Daten, die nicht mehr aktuell sind (z. B. Wohnort, Telefonnummer, neuer Hausarzt etc.), müssen umgehend korrigiert oder gelöscht werden.
- Integrität und Vertraulichkeit, d.h. die Sicherheit der Daten sowie deren Schutz vor unbefugtem Zugriff und Verarbeitung sowie vor unbeabsichtigtem Verlust oder Zerstörung muss gewährleistet sein (z. B. durch Passwortschutz, aktuelle Betriebssysteme, Backups, verschlüsselte Speicherung).
- Transparenz, d. h. Betroffene müssen bei der Erhebung der Daten informiert werden, wie mit ihren Daten umgegangen wird, u. a. zu welchem Zweck und auf welcher Rechtsgrundlage diese erhoben werden, wie lange diese gespeichert werden und bei Weitergabe an Dritte an wen die Daten weitergegeben werden.

Außerdem müssen Betroffene über ihre Rechte (sog. Betroffenenrechte), wie z. B. Auskunftsrecht, Recht auf Berichtigung oder Recht auf Löschung (Recht des Vergessenwerdens) aufgeklärt werden.

Um der Informationspflicht über die Datenverarbeitung in der Fußpflege-/ Podologiepraxis nachzukommen gibt es verschiedene Möglichkeiten: Flyer, Informationsblatt oder auch ein Aushang. Werden personenbezogene Daten auf der Praxis-Webseite verarbeitet, ist darauf im Rahmen der Datenschutzerklärung hinzuweisen.

Siehe Kapitel 18.7.2: Die Bestandteile einer Webseite

U. a. ist ferner ein Datenschutzbeauftragter zu benennen, wenn in der Regel mindestens 20 Personen ständig mit der automatisierten Verarbeitung personenbezogener Daten beschäftigt sind (§ 38 Abs. 1 Satz 1 BDSG). Allerdings weist die Gesellschaft für Datenschutz und Datensicherheit e. V. in der Praxishilfe *Der Datenschutzbeauftrage nach der Datenschutz-Grundverordnung* darauf hin, dass die Verpflichtung, die datenschutzrechtlichen Vorgaben einzuhalten, unabhängig von der Größe sei und stellt klar: „Der Umstand, dass eine Stelle nicht zur Benennung eines Datenschutzbeauftragten verpflichtet ist, bedeutet also nicht, dass sie sich nicht an die datenschutzrechtlichen Vorgaben zu halten hätte."

Als Praxisinhaber müssen Sie nachweisen, dass Sie die Vorgaben des Datenschutzes einhalten. Dazu gehört z. B. die Erstellung eines Verarbeitungsverzeichnisses, in das der Zweck der Verarbeitung, Kategorie der betroffenen Personen (beispielsweise Kunden, Patienten, Beschäftigte), Kategorie der personenbezogenen Daten (Name, Anschrift, Bankverbindung, Behandlungsdaten etc.), Ansprechpartner, Empfänger bei Weitergabe der Daten, Löschfristen und technische sowie organisatorische Maßnahmen aufgeführt sind.

Verstöße gegen die DSGVO können teuer werden. Bußgelder bis zu 20 Millionen Euro sind vorgesehen, bei besonderer Schwere des Vergehens sogar bis zu 4 % des gesamten weltweiten Jahresumsatzes.

Als Praxisinhaber müssen Sie das Datenschutzmanagement für Ihre Praxis selbst entwickeln und umsetzen. Für Sie als Gründer ist wichtig, dass Sie bereits mit Beginn der Praxistätigkeit überlegen, wie Sie die Praxisabläufe datenschutzkonform gestalten und dokumentieren können. Um sich in die Thematik einzuarbeiten und damit vertraut zu machen, finden Sie weiterführende Informationen und Mustervorlagen als Arbeitshilfen z. B. hier:

- Bayerisches Landesamt für Datenschutzaufsicht: www.lda.bayern.de,
- Bayerisches Staatsministerium des Innern, für Sport und Integration: www.dsgvo-verstehen-bayern.de,

- IHK München und Oberbayern: www.ihk-muenchen.de/dsgvo,
- Landesbeauftragter für den Datenschutz und die Informationsfreiheit in Baden-Württemberg: www.baden-wuerttemberg.datenschutz.de,
- Gesellschaft für Datenschutz und Datensicherheit e. V. (GDD): www.gdd.de,
- Bundesbeauftragte für den Datenschutz und die Informationsfreiheit: www.bfd.bund.de,
- Datenschutzkonferenz (DSK) – ein Zusammenschluss aus unabhängigen Datenschutzbehörden des Bundes und der Länder: www.datenschutzkonferenz-online.de,
- Deutscher Verband für Podologie (ZFD) im Mitgliederbereich: www.podo-deutschland.de,
- Verband Deutscher Podologen e.V. im Mitgliederbereich: www.verband-deutscher-podologen.de.

Orientierung bietet darüber hinaus der folgende Leitfaden:

- Buchner, Ralf (Hrg.); Lübbe, Karin; Köhrer, Niels; Lazinka, Jenny: Datenschutzhandbuch für Heilmittelpraxen. Praxisleitfaden mit Checklisten und Auditplänen für die gesamte Heilmittelpraxis. Buchner & Partner GmbH, Kiel Stand Mai 2018, 2. Auflage.

Um sich mit der komplexen Thematik vertraut zu machen, ist darüber hinaus die Beratung durch einen im Datenschutzrecht versierten Anwalt zu empfehlen (Rechtsanwaltssuche unter www.anwaltauskunft.de).

17.6 Die Praxissoftware

Der Einsatz von EDV in der Fußpflegepraxis bietet ohne Zweifel erhebliche Arbeitserleichterungen, kann für mehr Effektivität in der Verwaltung und Organisation sorgen und dazu beitragen, dass mehr Zeit für die Behandlung von Kunden/Patienten zur Verfügung steht. Letzteres führt natürlich auch dazu, dass insgesamt mehr Behandlungen durchgeführt werden können. Mittlerweile gibt es eine Reihe von Praxissoftware-Programmen auf dem Markt.

Bei der Auswahl und Entscheidung einer für Ihre Praxis geeigneten Software können neben den bereits angesprochenen Punkten zur Verwaltung von Terminen und der Daten von Kunden/Patienten sowie zur Dokumentation der Behandlungen u. a. folgende Überlegungen von Bedeutung sein:

- Ist das Programm bedienungsfreundlich – klare Programmstruktur, verständliche und übersichtliche Eingabemasken?
- Werden alle wichtigen Daten in den verschiedenen Datenbanken erfasst (Kunden-/Patientendaten, Ärzteverzeichnis)?

- Lassen sich die Daten der Krankenkassenversicherungskarte mit einem Lesegerät einlesen?
- Welche Erleichterungen zur Rezeptabrechnungen bietet das Programm? Sind z. B. in der Software ein Krankenkassenverzeichnis mit Kassennummer und Adressen, der Heilmittelkatalog sowie Rezeptdruckvorlagen hinterlegt? Führt das Programm Plausibilitätsprüfungen zum Heilmittelkatalog durch? Werden automatisch die Zuzahlungen berechnet, die die Patienten pro Behandlungen leisten müssen? Werden die zur Erfassung und Bearbeitung von Kassenrezepten erforderlichen Daten regelmäßig aktualisiert? Oder ist beidseitiges Bedrucken der Heilmittelverordnung 13 möglich?
- Wie unterstützt das Programm Privatabrechnungen mit oder ohne Heilmittelverordnungen?
- Soll oder kann Sie das Programm beim Erstellen von Kostenvoranschlägen für Spangenbehandlungen unterstützen?
- Gibt es eventuell eine Anbindung zu einem Textprogramm, um per Mausklick Therapieberichte erstellen zu können (Daten des Patienten und seinem behandelnden Arzt werden automatisch in den Brief eingefügt)?
- Wird ein Modul für die Lagerhaltung gewünscht, um Warenein- und -ausgänge per Computer zu verwalten und so jederzeit den Überblick über den aktuellen Warenbestand zu behalten?
- Welche Statistiken können per *Mausklick* abgerufen werden, wie z. B. Anzahl der Stamm- und Neukunden, Listen über Kundenumsatz oder/und Mitarbeiterumsatz?
- Soll das Programm für Marketingmaßnahmen nach bestimmten Vorgaben Spezialauswertungen der Kundendaten ermöglichen (z. B. für Serienbriefe, Werbe-Mailings, Einladungen oder Geburtstagsschreiben)?
- Welche Möglichkeiten bietet das Programm im Bereich der Buchhaltung (Kasse, Kassenbuch, Rechnungs- und Quittungsdruck, Einnahmen- und Ausgabenkontrolle, Jahresabschluss, Schnittstelle zur Finanzbuchhaltung)?
- Wie erfolgt die Einweisung in das Programm? Gibt es eine Einführung oder werden Schulungen angeboten. Welche Hilfefunktion bietet das Programm. Oder legen Sie Wert auf einen sogenannten Remote-Service, d. h. auf die Unterstützung durch eine Hotline, die Ihnen telefonisch Auskunft geben und sich zeitgleich via Internet auf Ihren Rechner einwählen und Ihnen bei einem Problem weiterhelfen kann. Sie sehen dann auf ihrem Bildschirm wie sich die Maus bewegt.

Weitere wichtige Entscheidungskriterien sind zudem Fragen zur Aktualisierungen und Weiterentwicklung des Programms, zu den erforderlichen Systemvoraussetzungen sowie zur Datensicherung sowie eventuell zur Netzwerkfähigkeit oder zur Verwaltung von mehreren Praxen. Relevant für die Entscheidung kann darüber hinaus auch die Frage sein, ob man das Programm nicht nur kaufen, sondern eventuell auch mieten könnte.

Der Fragenkatalog ist sicher nicht vollständig, zeigt aber, dass viele Kriterien bei der Auswahl einer geeigneten Praxissoftware zu beachten sind. Wie findet man aber nun das richtige Programm für die eigene Praxis?

Neben einer Suchanfrage *Praxissoftware+Podologie* im Internet bieten sich für eine gezielte Suche die einschlägigen Fachzeitschriften zum Bereich Fußpflege/Podologie an. In der Regel kann man sich auf der Webseite der Praxissoftware-Anbieter zunächst unverbindlich näher über das Programm informieren. Einige bieten die Möglichkeit, weiteres Informationsmaterial und eine Demoversion anzufordern, andere gleich eine Testversion zum Download an.

Als wichtige Informationsquelle darüber hinaus sind die verschiedenen Branchentreffs rund um Podologie, Fußpflege und Kosmetik empfehlenswert, die im Verlauf eines Jahres in ganz Deutschland stattfinden. Schließlich besteht hier die Möglichkeit, mit Softwareanbietern persönliche Informations- und Beratungsgespräche zu führen und sich die verschiedenen Funktionen des Programms zeigen zu lassen und anschließend Vergleiche anzustellen.

Hat man einmal *seine* Praxissoftware gefunden, wird man den Praxismitarbeiter *Computer* nicht mehr missen wollen. Elektronische Medien haben im Gesundheitsbereich mittlerweile einen festen Platz erobert. Für neu gegründete Praxen, die von vornherein die Praxisverwaltung und -organisation auf die elektronische Datenverarbeitung ausrichten, bleiben auf jeden Fall zeitraubende und anstrengende Umstrukturierungsmaßnahmen erspart. Und wer eine Kassenzulassung erworben hat, gesetzlich versicherte Patienten behandeln und die erbrachten Leistungen mit den gesetzlichen Krankenkassen abrechnen will, kommt ohne die moderne Computertechnologie ohnehin nicht mehr aus.

17.7 Informationen zur Abrechnung mit den gesetzlichen Krankenkassen

Prinzipiell können podologische Behandlungen, die im Rahmen der Heilmittelverordnung 13 geleistet werden, zwar immer noch in Papierform mit den gesetzlichen Krankenkassen abgerechnet werden. Denn nach § 303 Abs. 3 des fünften Sozialgesetzbuches (SGB V) haben die Krankenkassen die Daten, die nicht im Wege elektronischer Datenübermittlung oder maschinell verwertbar auf Datenträgern, sondern als Papierabrechnung übermittelt werden, nachzuerfassen. Falls die Gründe allerdings für die nicht maschinell verwertbare Datenübermittlung beim Leistungserbringer (Abrechner) liegen, stellen die Krankenkassen die für die Nacherfassung entstehenden Kosten durch eine pauschale Rechnungskürzung von bis zu 5 % in Rechnung. Daraus kann schnell ein nicht unerheblicher Betrag entstehen, weshalb es dringend zu empfehlen ist, bei Gründung einer eigenen podologischen Praxis sich frühzeitig mit dem genauen

Abrechnungsprozedere vertraut zu machen. Denn der Gesetzgeber hat mit Inkrafttreten des GKV-Modernisierungsgesetzes (GMG) die Leistungserbringer gemäß §§ 301a und 302 SGB V dazu verpflichtet, die Abrechnungen auf dem Wege elektronischer Datenübertragung (z. B. durch E-Mail) oder elektronisch verwertbar auf Datenträger (z. B. CD) den Krankenkassen zu übermitteln. Die Regelungen zum Abrechnungsverfahren nach Form und Inhalt sind in den Richtlinien des Spitzenverband Bund der Krankenkassen nach § 302 sowie 301a SGB V aufgeführt. Weitere Regelungen, wie etwa organisatorische und technische Sachverhalte bei Übermittlung der Abrechnung in digitalisierter Form oder über die Schlüsselverzeichnisse, die für die Erstellung, Prüfung, Verarbeitung und Übermittlung des Datenaustausches benötigt werden, sind separaten Anlagen aufgeführt.

Damit die elektronische Abrechnung mit den Krankenkassen funktioniert, muss die Praxis ein Institutskennzeichen haben. Ferner ist eine Anmeldung zum elektronischen Datenaustausch bei der jeweiligen Kassenart erforderlich. Zur Übertragung der Daten muss entsprechende Abrechnungssoftware eingesetzt werden. Und schließlich sind die Abrechnungsdaten und rechnungsbegründende Unterlagen wie z. B. Verordnungen an die von den Krankenkassen genannten Daten- und Belegannahmestellen zu senden.

Siehe dazu Kapitel 15: Die Formalitäten

Genaue Informationen zum elektronischem Abrechnungsverfahren mit den gesetzlichen Krankenkassen hat der GKV-Spitzenverband in dem Internetportal www.gkv-datenaustausch.de > Leistungserbringer > Sonstige Leistungserbringer zusammengestellt. Dort gibt es auch eine Informationsbroschüre zum Download, um in Ruhe die Durchführung des Abrechnungsverfahrens zwischen den gesetzlichen Krankenkassen und den Sonstigen Leistungserbringern nachlesen zu können.

Als Podologe haben Sie die Wahl – ausgerüstet mit entsprechender Software – selbst mit den gesetzlichen Krankenkassen abzurechnen oder die Dienste eines Abrechnungszentrums in Anspruch zu nehmen, das für Sie die sämtliche Aufgaben und Formalitäten rund um die Abrechnung mit den Kassen erledigt. Sie schicken die Rezepte an die Abrechnungsstelle und – wenn Sie mit einer Praxissoftware arbeiten – übermitteln die erfassten Rezeptdaten, dann haben Sie im Prinzip nichts anderes zu tun, als den Honorareingang auf Ihrem Konto abzuwarten.

Natürlich gibt's diese Leistung nicht umsonst. In der Regel wird eine prozentuale Abrechnungsgebühr berechnet, die sich wiederum nach den jeweiligen

Vertragsvereinbarungen richtet. Besonderer Vorteil: Die Abrechnungszentren treten häufig in Vorauskasse, sodass der Leistungserbringer genau weiß, wann sein Geld auf dem Konto ist und nicht auf die Abrechnung und Überweisung durch die Krankenkasse warten muss.

Selbst abrechnen oder abrechnen lassen? Um eine Antwort darauf zu finden, könnten Sie sich folgende Fragen stellen:

- Haben Sie genügend Zeit, um selbst abzurechnen?
- Haben Sie die Geduld, sich in das Abrechnungsverfahren einzuarbeiten?
- Wie hoch sind die Kosten im Schnitt für die Dienstleistung eines Abrechnungszentrums?
- Wie viel Zeitersparnis bringt die externe Vergabe der Abrechnung für Sie und Ihre Arbeit?
- Wie viel Aufwand ist bei der Rezeptbearbeitung ist dennoch in der Praxis erforderlich?
- Welchen Nutzen und welche Leistungen kann ein Abrechnungszentrum mir darüber hinaus bieten (Vorauskasse, Versicherung der Unterlagen wie z. B. Rezepte bereits in den Praxisräumen, Bilderzeugung (Imaging) und Bildarchivierung der Originalverordnungen zur Dokumentation und als Nachweis für eventuelle spätere Reklamationen, statistische Auswertungen (Kundenumsatzstatik, Mitarbeiter- oder Arztstatistik) oder Forderungsmanagement bei Privatpatienten einschließlich Mahnwesen)?
- Wie lange sind die Vertragsdauer und Kündigungszeiten (wichtig für den Fall, dass Sie das Abrechnungszentrum einmal wechseln oder selbst abrechnen wollen)?
- Wie schätzen Sie die persönliche Beratung und Betreuung ein? Ist Ihnen ein persönlicher Ansprechpartner wichtig, an den Sie sich mit Fragen rund um die Abrechnung wenden können?

Ob Sie nun direkt oder über ein Abrechnungszentrum mit den gesetzlichen Krankenkassen abrechnen, die wichtigste Voraussetzung dafür, dass Sie Ihr Geld bekommen, ist das korrekte Ausfüllen der Heilmittelverordnung 13. Bei Unsicherheiten können hier die Krankenkassen, die Berufsverbände, aber auch die Abrechnungsstellen weiterhelfen.

17.8 Bezahlen ohne Bargeld

PC und elektronische Datenübertragung ist nicht nur unentbehrlich für die Abrechnung mit den Krankenkassen bzw. für die Übermittlung der Abrechnungsdaten an ein Abrechnungszentrum, sondern kann Sie auch bei der direkten Abrechnung mit Kunden/Patienten (z. B. für die Verordnungsgebühr, für Zuzahlungen oder Verkäufe) unterstützen. Verschiedenste Dienstleistungen und Einkäufe einfach und bequem per Karte zu bezahlen, ist heutzutage üblich geworden. Auch in einer Fußpflege-/Podologiepraxis bietet ein kartengestütztes Bezahlungsverfahren ohne Zweifel Vorteile.

Ihre Kunden/Patienten können Behandlung und Pflegeprodukte für die Heimpflege ohne Bargeld mit der Bankkarte oder Kreditkarte bezahlen, Sie als Praxisinhaber können sich sicher sein, dass kein Falschgeld in der Kasse landet. Für die Einrichtung eines Kartenzahlungssystems ist ein Kartenlesegerät, auch Kundenterminal oder Händlerterminal genannt, erforderlich. Diese Terminals sind in unterschiedlichen Ausführungen erhältlich. Entweder werden sie stationär direkt an der Kasse eingesetzt oder – wie häufig in der Gastronomie anzutreffen – als tragbare Geräte, die bei der Bezahlung zum Kunden/Patienten gebracht werden. Darüber hinaus gibt es auch mobile Terminals, die sich zum Einsatz im Außendienst oder auch auf Messen eignen.

Bei den Kartenzahlungssystemen wird zwischen fünf verschiedenen Bezahlverfahren unterschieden:

girocard-Verfahren (electronic cash)
Es wird die Bank- oder Sparkassenkarte ins Kartenterminal eingelesen, der Kunde tippt seine PIN (Persönliche Identifikations-Nummer = vierstellige Geheimzahl) ein. Sofort wird online vom jeweiligen Rechnungszentrum der kontoführenden Bank überprüft, ob Karte und Geheimzahl übereinstimmen, die Karte gültig ist und das Konto ausreichend gedeckt ist – ist alles in Ordnung, erfolgt sofort eine Zahlungsgarantie. Auch ob die Karte verloren oder gestohlen worden ist, wird überprüft.

Maestro-Verfahren
Die Kunden zahlen ebenfalls mit der Bankkarte unter der Eingabe der PIN. Im Unterschied zum deutschen girocard-Verfahren, bei dem per Bankkarte einer inländischen Bank bezahlt wird, akzeptiert das Maestro-Verfahren internationale Bankkarten.

Geldkarte
Kein Zahlungsrisiko besteht ebenso beim Einsatz der Geldkarte als Zahlungsmittel. Diese sogenannte *elektronische Geldbörse* kommt insbesondere bei Automaten (Zigaretten, Fahrkarten, Lebensmittel), aber auch bei Kiosken oder Parkhäusern zum Einsatz. Hierbei ist die Bank- oder Sparkassenkarte mit einem Chip ausgestattet, den der Kunde am Geldautomaten oder in Schalter von Bank/Sparkasse aufladen kann (bis 200 Euro) – an der Kasse wird der entsprechende Betrag vom Chip abgebucht – der Zahlvorgang erfolgt offline und das Geld wird nach Kassenschluss dem Händler gutgeschrieben.

Elektronischen Lastschriftverfahren (ELV)
Die Karte wird am Kartenterminal eingelesen und ein Lastschriftbeleg ausgedruckt, den der Kunde unterschreibt. Damit erteilt der Kunde Ihnen eine Einzugsermächtigung über den betreffenden Betrag, den Ihre Geschäftsbank per Lastschrift vom Girokonto des Kunden für Sie einzieht und Ihnen auf Ihr Geschäftskonto gutschreibt. Allerdings gibt es beim Elektronischen Lastschriftverfahren keine Zahlungsgarantie, weil z. B. die Karte gesperrt oder der Kunde aber auch zahlungsunfähig sein könnte. Beides wird bei diesem Zahlverfahren nicht automatisch überprüft.

Kreditkarte
Ein sicheres Bezahlverfahren ist dagegen das Zahlen mit der Kreditkarte. Der Kreditkarteninhaber kann etwa in Geschäften oder Hotels, die mit dem Kreditkartenunternehmen (z. B. VISA, Mastercard) einen Vertrag abgeschlossen haben, mit der Kreditkarte bezahlen. Hierbei wird die Karte in das Kartenlesegerät eingelesen und ein Beleg ausgedruckt, den der Karteninhaber zum Nachweis seiner Identität unterzeichnen muss. Die Daten werden online übermittelt und es erfolgt sofort eine Zahlungsgarantie, sofern die Karte gültig und der Verfügungsrahmen des Kunden nicht überschritten ist.

Information und Beratung, unter welchen Konditionen und Voraussetzungen Sie in Ihrer Fußpflege-/Podologiepraxis ein kartengestütztes System einrichten können und welches System für Ihre Geschäftszwecke am besten erscheint, erhalten Sie bei Ihrer Bank oder Sparkasse, bei der Sie Ihr Geschäftskonto eingerichtet haben.

17.9 Ordnungsgemäße Kassenführung

Mit Karte oder bar können Kunden/Patienten Behandlungen, Zuzahlungen oder Pflegeprodukte in der Praxis bezahlen. Erfolgt das Abrechnen der Umsätze und Ausdrucken von Belegen mittels elektronischer Registrierkasse oder im Rahmen eines EDV-gestützten Praxismanagements mittels moderner digitaler Kassensoftware oder App, die in Verbindung mit bereits vorhandener Hardware wie PC, Tablet, Laptop oder Smartphone benutzt wird, sind die seit Anfang 2017 geltenden neuen Anforderungen an elektronische Kassensysteme zu beachten. Um Manipulationen von digitalen Grundaufzeichnungen zu verhindern, sind die Vorschriften verschärft worden.

Technisch wird grundsätzlich zwischen Offline-Kassen, bei denen die Daten vor Ort auf dem Computer gespeichert werden, und Cloud-basierten Kassensystemen, bei denen die Speicherung der Daten auf einem Server erfolgt, unterschieden. Ob offline oder online genutzt – das Gesetz zum Schutz vor Manipulationen an digitalen Grundaufzeichnungen sieht eine Einzelaufzeichnungspflicht vor.

Das bedeutet, dass aufzeichnungspflichtige Geschäftsvorfälle laufend zu erfassen, einzeln festzuhalten sowie aufzuzeichnen und aufzubewahren sind, sodass sich die einzelnen Geschäftsvorfälle in ihrer Entstehung und Abwicklung verfolgen lassen können. Eine Ausnahme von der Einzelaufzeichnungspflicht gibt es beim Verkauf von Waren gegen Barzahlung an eine Vielzahl von nicht bekannten Kunden (z. B. Verkaufsstand auf einem Wochenmarkt), allerdings mit der Einschränkung, dass beim Kassieren kein elektronisches Aufzeichnungsgerät, sondern eine offene Ladenkasse genutzt wird.

Weitere wichtige Kennzeichen einer ordnungsgemäßen Kassenführung bei elektronischen Kassensystemen sind, dass

- jeder Kassenbewegung ein Beleg zugrunde liegt,
- jeder Geschäftsvorfall direkt nach Entstehung erfasst wird,
- die Geschäftsvorfälle fortlaufend gebucht werden,
- die Kasseneinnahmen und -ausgaben täglich chronologisch im Kassenbuch verzeichnet werden und nach Geschäftsschluss ein Soll-Ist-Abgleich mit dem Kassenendbestand durchgeführt wird (Kassensturz),
- die elektronisch ausgestellten Belege und Rechnungen entsprechend den Grundsätzen zur ordnungsgemäßen Führung und Aufbewahrung von Büchern, Aufzeichnungen und Unterlagen in elektronischer Form sowie zum Datenzugriff (GoBD) im Nachgang unveränderbar sind und vor Verlust geschützt sind (siehe Schreiben des Bundesfinanzministerium vom *11. Juli 2019. GZ: IV A4 – S-0316/19/10003: 001; DOK: 2019/0592405*),
- die Aufbewahrungspflicht von zehn Jahren eingehalten wird.

Die Finanzbehörde hat das Recht, durch Datenverarbeitung erstellte und aufbewahrungspflichtige Unterlagen durch Datenzugriff zu prüfen. Deshalb muss in den elektronischen Kassensystemen eine einheitliche digitale Schnittstelle integriert sein, damit die Daten für das Finanzamt jederzeit verfügbar und auswertbar sind. Denn auch die von einem elektronischen Kassensystem erstellten Buchungsbelege gehören zu den steuerrelevanten Daten eines Unternehmens und diese müssen jederzeit verfügbar, unverzüglich lesbar und maschinell auswertbar aufbewahrt werden (§ 147 Abs. 2 Abgabeordnung (AO)).

Seit dem 1. Januar 2018 sind die Finanzbehörden berechtigt, eine sogenannte „Kassen-Nachschau“ durchführen, um die Ordnungsmäßigkeit der Kassenaufzeichnungen und die ordnungsgemäße Übernahme die Kasseneinnahmen und -ausgaben in die Buchführung zu überprüfen. Die Prüfung erfolgt ohne vorherige Ankündigung und in der Regel während der üblichen Geschäfts- und Arbeitszeiten (§ 146b AO).

Mit Beginn des Jahres 2020 gibt es im Einsatz von elektronischen Kassensystemen noch weitere Neuerungen, auf die Sie als Gründer bei Einrichtung Ihres Kassensystems achten sollten. So gilt ab dem 1. Januar 2020 eine Meldepflicht, wenn ein elektronisches Aufzeichnungssystem eingesetzt wird. Danach müssen Art und Anzahl der im Unternehmen verwendeten elektronischen Aufzeichnungssysteme und der zertifizierten technischen Sicherheitseinrichtungen dem zuständigen Finanzamt mitgeteilt werden. Ab dem 1. Januar 2020 müssen elektronische Kassensysteme über eine zertifizierte, technische Sicherheitseinrichtung verfügen, die alle Kasseneingaben unveränderlich erfasst, jede spätere Veränderung kenntlich macht, die Einzelaufzeichnungen entsprechend der Aufbewahrungspflicht speichert und durch eine digitale Schnittstelle eine reibungslose Datenübertragung, z. B. für Prüfzwecke durch das Finanzamt, gewährleistet. Außerdem ist ab 1. Januar 2020 beim Einsatz einer elektronischen Kasse die Ausgabe eines Zahlungsbelegs verpflichtend (Bon-Pflicht). Der Beleg kann in Papierform ausgehändigt oder elektronisch per E-Mail zugestellt werden. Für Kunden besteht trotz Bon-Pflicht keine Pflicht zur Bon-Mitnahme.

Grundsätzlich ist zu empfehlen, dass Sie sich mit Ihrem Steuerberater besprechen, was die korrekte Bearbeitung von Belegen und die Auszeichnungs-, Berichts- und Buchführungspflichten steuerrelevanter Daten anbetrifft und welches Kassensystem für Ihren Fall praktikabel ist.

Eine Registrierkassenpflicht gibt es übrigens in Deutschland nicht. Immer noch zulässig ist das Führen einer offenen Ladenkasse mit Geldkassette oder Portemonnaie und einem handschriftlich geführtem Kassenbericht. Aber die Frage stellt sich, ob eine offene Ladenkasse überhaupt noch zeitgemäß ist angesichts der Vorteile, die ein EDV-gestütztes Praxismanagement in puncto Verwaltung, Organisation, Abrechnung, Buchführung bis hin zur Kundenpflege etc. zu bieten hat.

17.10 Der Hygieneplan

Zur Pflichtaufgabe im Management einer Podologie-/Fußpflegepraxis gehört, alle Hygienemaßnahmen so zu organisieren, dass sie den gesetzlichen Anforderungen und der Kontrolle durch das Gesundheitsamt entsprechen, aber auch den Anforderungen der Berufsgenossenschaften standhalten. Ein zusätzlicher Pluspunkt ist, dass ein hoher Hygienestandard auch von Kunden/Patienten als Zeichen von hoher Qualität und sozusagen als Visitenkarte für die in der Fußpflege-/Podologie-Praxis geleistete Arbeit gewertet wird. Korrektes und sichtbares Durchführen von Hygieneregeln wirkt sich förderlich auf das Vertrauen aus, ist werbewirksam und beugt außerdem eventuelle Schadensersatzansprüche vor.

Die Hygiene ist ein wichtiges Instrument zur Infektionsprophylaxe. Im Bereich der Fußpflege und podologischen Behandlungen können sowohl Pilze und

Bakterien als auch Viren Infektionskrankheiten verursachen. Hierbei handelt es sich vor allem um Haut- und Nagelpilze, Warzenviren, Eitererreger wie Staphylococcus aureus sowie durch Blut übertragbare Krankheiten, wie z. B. Hepatitis B, C und HIV. Geeignete hygienische Maßnahmen – fachgerecht umgesetzt und kontrolliert – tragen dazu bei, das Risiko einer Infektion mit diesen Erregern zu minimieren.

Gesetzliche Grundlage für die Hygiene ist das Infektionsschutzgesetz (IfSG). Darüber hinaus müssen Podologen und Fußpfleger die Hygieneverordnungen der Bundesländer beachten. Wichtige Orientierungshilfen in Sachen Hygienemanagement bilden zudem die *Empfehlungen der Kommission für Krankenhaushygiene und Infektionsprävention (KRINKO)* beim Robert Koch-Institut (RKI), wie z. B. zur Aufbereitung von Medizinprodukten, über die Händehygiene in Einrichtungen des Gesundheitswesens oder hinsichtlich der Reinigung und Desinfektion von Flächen (www.rki.de > Infektionsschutz > Infektions- und Krankenhaushygiene). Neben einer Übersicht über die KRINKO-Empfehlungen findet man auf den Internetseiten des RKI unter *Infektions- und Krankenhaushygiene > Desinfektion u. a.* die Liste der vom Robert Koch-Institut geprüften und anerkannten Desinfektionsmittel und unter *Infektions- und Krankenhaushygiene > Aufbereitung Medizinprodukte* Antworten auf häufig gestellte Fragen in puncto Aufbereitung von Medizinprodukten.

Nach § 36 Infektionsschutzgesetz können Fußpflege-/Podologiepraxen durch das Gesundheitsamt infektionshygienisch überwacht werden, wobei die Überwachung insbesondere der Einhaltung von Hygienemaßnahmen zum Schutz von Patienten/Kunden und Personal vor Infektionskrankheiten gilt. Den Betreibern von Fußpflege-/Podologiepraxen wird empfohlen, die innerbetrieblichen Verfahrensweisen zur Infektionshygiene in einem Hygieneplan, der sich auf die Einrichtung bezieht, festzulegen und so die Einhaltung der Maßnahmen zu erleichtern. Allerdings macht das Gesetz für das Erstellen derartiger Pläne keine Vorgaben, sondern erlässt dies weitgehend dem Ermessen der jeweiligen Einrichtung.

Unterstützung, wie sich die erforderlichen Hygienemaßnahmen in einer podologischen Praxis durchführen lassen, will deshalb der „Rahmenhygieneplan für Einrichtungen der Medizinischen Fußpflege (Podologie)" geben, der vom Länder-Arbeitskreis zur Erstellung von Hygieneplänen nach § 36 IfSG erarbeitet worden ist. Der Länder-Arbeitskreis wurde im Auftrag des Gesundheits- und Sozialministeriums Mecklenburg-Vorpommern, Brandenburgs, Sachsen-Anhalts, Sachsens und Thüringens gegründet und setzt sich aus Mitarbeitern der jeweiligen Landesgesundheitsämter oder ähnlicher Landeseinrichtungen zusammen, die Erfahrung auf dem Gebiet des Infektions- oder Arbeitsschutzes besitzen. Dieser Rahmenhygieneplan geht von einer Risikobewertung der üblichen Tätigkeiten in der Podologie aus, gibt Hinweise zur Einhaltung der Basishygiene und zum Arbeitsschutz, nimmt darüber hinaus eine Risikoeinstufung der eingesetzten Medizinprodukte vor und leitet die notwendigen Aufbereitungs- und Hygienemaßnahmen an. Informationen über die Anforderungen nach der Biostoff-Verordnung (Gefährdungsbeurteilung, arbeitsmedizinische Vorsorge), Maßnahmen der Ersten Hilfe (Verbandskasten, Ersthelfer etc.) sowie ein Literaturüberblick über wichtige rechtliche Grundlagen und fachliche Standards und ein Beispiel für einen Reinigungs- und Desinfektionsplan runden die für jeden Inhaber einer neugegründeten oder bestehenden Podologie-Praxis äußerst informative Schrift ab.

Der *Rahmenhygieneplan für Einrichtungen der Medizinischen Fußpflege* (Podologie) mit Stand Juni 2009 steht im Internet z. B. auf den Seiten des Landesamtes für Verbraucherschutz Sachsen-Anhalt zum Download zur Verfügung unter www.verbraucherschutz.sachsen-anhalt.de > Hygiene > Rahmenhygienepläne. Dieser Rahmenplan kann auch Einrichtungen der kosmetischen Fußpflege Orientierung bieten. Allerdings steht auf der oben genannten Internetseite auch ein Rahmenhygieneplan für Piercing- und Tätowierungs- (Tattoo-), Kosmetik- und Fußpflegeeinrichtungen des Landesarbeitskreises vom April 2007 zum Herunterladen bereit. Diese vorliegenden Rahmenpläne sind als Empfehlung für die Erstellung einrichtungsspezifischer Hygienepläne zu verstehen und müssen daher entsprechend den Gegebenheiten der jeweiligen Praxis verändert oder ergänzt werden.

Verantwortlich für den Hygieneplan sowie für das korrekte Anwenden und Einhalten der Hygienemaßnahmen ist der Praxisinhaber. Wo findet man darüber hinaus Unterstützung, um das Hygienemanagement sicher zu meistern?

Um sich das notwendige Know-how anzueignen oder aufzufrischen, sind in erster Linie die Branchenverbände zu nennen, die in ihren Seminarprogrammen auch Schulungen und Weiterbildungsmaßnahmen zum Thema Hygiene anbieten. Ferner kann es durchaus sinnvoll sein, sich bei Fragen zur Hygiene in der Praxis an das Gesundheitsamt zu wenden. Eine weitere Möglichkeit ist die Beratung durch externe Hygienefachberater.

Einwandfreie Hygiene und Sauberkeit in der Praxis bescheinigt z. B. das Gütesiegel des Deutschen Hygienezertifikats. Das unabhängige Beratungs- und Prüfungsunternehmen mit Sitz in Kleinmachnow bei Berlin hat sich darauf spezialisiert Beauty-, Wellness- und Gesundheitseinrichtungen zu beraten und – gemessen an den behördlichen Auflagen – den Hygienestatus zu überprüfen. Das Leistungsspektrum reicht von der Begehung des Betriebs, Ausarbeitung von Verbesserungsmaßnahmen über gesetzlich vorgeschriebene Schulungen in den betriebseigenen Räumen bis hin zur Erstellung eines Hygieneplans für den jeweiligen Betrieb.

Sind alle vorgeschriebenen Hygienestandards erfüllt, gibt es eine Auszeichnung mit dem Siegel des Deutschen Hygienezertifikates. Weitere Informationen unter:
Deutsches Hygienezertifikat
Auf der Reutte 7
14532 Kleinmachnow
Internet: www.deutsches-hygienezertifikat.de

17.11 Das Qualitätsmanagementsystem

Ein komplexes Thema in der Podologie sind zweifellos die Hygieneanforderungen. Ist deren Einhaltung Pflicht, beruht ein nicht weniger komplexes Thema zumindest zurzeit noch auf freiwilliger Basis: Die Einführung eines Qualitätsmanagement-Systems (QM-System) in der Praxis.

Was versteht man unter einem Qualitätsmanagement? Ganz allgemein handelt es sich darum, die Qualität in einem Betrieb oder einer Einrichtung kontinuierlich zu verbessern, also die positive Fort- und Weiterentwicklung eines Unternehmens zu fördern und damit auch seinen Erfolg auf dem Markt nachhaltig zu sichern. Dabei werden unter bestimmten standardisierten Vorgaben (Normen) Organisation, Verfahrensabläufe und Ergebnisse im Unternehmen unter die Lupe genommen. Sie werden dokumentiert, überprüft und – wenn nötig – verändert.

Ziel eines Qualitätsmanagementsystems in der Praxis ist zum einen, für erhöhte Rechtssicherheit zu sorgen, dass bei allen Arbeitsabläufen alle gesetzlichen Anforderungen, Verordnungen und Richtlinien erfüllt sind und so mögliche Risiken im Vorfeld bereits minimiert und beherrscht werden. Zum anderen hat ein QM-System das Ziel, die Leistungs- und Wettbewerbsfähigkeit eines Unternehmens zu verbessern.

Wie jedes andere Unternehmen auch muss sich der Inhaber einer Podologiepraxis immer wieder aufs Neue die Frage stellen, was er in seinem Dienstleistungsangebot verbessern kann. Wie kann die optimale Qualität der Behandlung sichergestellt werden? Entspricht das Angebot noch den Wünschen und Qualitätsansprüchen der Kunden/Patienten von heute? Wie kann die Kunden-/Patientenbindung gestärkt werden? Wie gelingt es, die Zufriedenheit, Motivation und Leistungsfähigkeit der Mitarbeiter zu erhöhen?

Im Gegensatz zu anderen Bereichen im Gesundheitswesen, wie z. B. in Arztpraxen oder Krankenhäusern, wird für Podologen im Moment von Seiten des Gesetzgebers und Kostenträgern noch kein QM-System gefordert. Aber bereits heute besteht für Podologiepraxen die Möglichkeit, auf freiwilliger Basis ein Qualitätsmanagements einzuführen und nach der Norm DIN EN ISO 9001:2015 (Qualitätsmanagementsysteme - Anforderungen) und DIN EN ISO 13485 (Medizinprodukte – Qualitätsmanagementsysteme – Anforderungen für regulatorische Zwecke) durch eine Zertifizierungsstelle zertifizieren zu lassen. Durch die Zertifizierung wird bestätigt, dass sämtliche Arbeitsabläufe der gewählten Norm entsprechen. Die Zertifizierung wird von unabhängigen akkreditieren Zertifizierungsgesellschaften vorgenommen, die bei der Deutschen Akkreditierungsstelle (DAkkS), der nationalen Akkreditierungsstelle der Bundesrepublik Deutschland, gelistet sind (Internet: www.dakks.de).

Unter dem Stichwort „BGWqu.int.as“ bietet die Berufsgenossenschaft für Gesundheitsdienst und Wohlfahrtspflege (BGW) die Unterstützung bei der Einführung eines zertifizierten Qualitätsmanagements samt integriertem Arbeitsschutz an. Das Präventionsangebot kombiniert Qualitätsmanagement und Arbeitsschutz mit dem Ziel, die Gesundheit und Sicherheit der Mitarbeiter zu fördern und gleichzeitig die Leistungs- und Wettbewerbsfähigkeit des Betriebes zu verbessern. Das Engagement wird zudem von der BGW durch Fördermaßnahmen unterstützt, wie z. B. kostenfreie Erstberatung, Übernahme eines Anteils der Zertifizierungskosten sowie unter bestimmten Voraussetzungen Vergünstigungen für zertifizierte Betriebe bei kostenpflichtigen Seminaren und anderen Angeboten der BGW.

Qu.int.as richtet sich an die unterschiedlichen bei der BGW versicherten Branchen: vom Beauty und Wellness über Friseurhandwerk, Humanmedizin, Kliniken, Pharmazie, therapeutischen Praxen (einschließlich medizinische Fußpflege) bis hin zur Zahnmedizin. Mehr Informationen zu qu.int.as unter www.bgw-online.de > Gesund im Betrieb > Arbeitsschutz mit System > BGWqu.int.as.

Gründer haben im Grunde gleich von Anfang an die einmalige Chance, das Qualitätsmanagement als Führungs- und Steuerungsinstrument einzusetzen und so Stärken und Schwächen des Betriebs zu analysieren, Risiken zu reduzieren und Chancen zu erkennen und dabei gleichzeitig auf mögliche Anforderungen der Kostenträger und Gesetzgeber in Sachen Qualitätssicherheit und Zertifizierung gerüstet zu sein. Ganz abgesehen von der positiven Außendarstellung auf Kunden, Patienten oder auch Kostenträgern.

17.12 Unterlagen immer im Blick

Je weiter Sie in der Gründung der Praxis vorankommen, umso mehr Dokumente und Unterlagen, wie z. B. Verträge mit dem Vermieter der Praxisräume, den Krankenkassen, den Lieferanten, Mitteilungen von Behörden, Rechnungen, Kreditunterlagen, Kontoauszüge, Nachrichten vom Berufsverband etc. häufen sich an. Geben Sie der Versuchung nicht nach, zunächst all diese Belege auf einem Stapel anzuhäufen oder in einer Schublade zu sammeln. Denn dieses Nicht-Ablagesystem wird schnell zum Problem, wenn dringend benötigte Unterlagen in dem Durcheinander nur schwer auffindbar oder sogar verloren gegangen sind. Außerdem kostet es viel Zeit und Mühe, den Berg von Belegen im Nachhinein zu ordnen und abzulegen. Eine gut durchdachte Ablagesystematik schont dagegen Ihre Nerven und spart Zeit, die Sie dann für andere Dinge nutzen können.

Machen Sie es sich zur Gewohnheit, Schriftstücke immer sofort abzulegen. Sammeln Sie Unterlagen, die zusammengehören, z. B. in Klarsichthüllen oder mit Heftstreifen. Ordnen Sie die Unterlagen so, dass immer das Schriftstück mit dem neuesten Datum oben auf liegt (= kaufmännische Ablage). Die vorsortierten Unterlagen werden anschließend in Aktenordner abgelegt. Diese werden in Fächer unterteilt, wobei später einzelnen Fächer – entsprechend dem Umfang an Daten – wieder zu eigenen Ordnern werden können.

Legen Sie einen Praxisordner an und überlegen Sie ein für Sie sinnvolles Ordnungsschema, so dass Sie ohne langes Suchen die Unterlagen wieder finden können, z. B. Kontoauszüge und Kreditunterlagen unter Bank, Versicherungsverträge rund um die Praxis unter Versicherungen, unter dem Stichwort Verträge Mietvertrag und sonstige Verträge, alles, was mit der Zulassung durch die Krankenkassen zu tun hat, unter Krankenkassenzulassung usw.

Damit Sie wichtige Termine, wie z. B. wiederkehrende Zahlungen oder Ablauffristen von Verträgen nicht übersehen, legen Sie eine Terminmappe an: entweder als Ordner, in dem eine Kopie der Terminsache monatsweise abgelegt wird, oder online, indem Sie die Kalenderfunktion der Verwaltungssoftware nutzen.

Starten Sie den Praxisbetrieb zusammen mit Mitarbeitern, ist es sinnvoll, für jeden Mitarbeiter eine Personalakte anzulegen. Darin werden alle Aufzeichnungen und Unterlagen rund um das Arbeitsverhältnis gesammelt.
Dazu gehören z. B.

- Bewerbungsunterlagen,
- Lebenslauf,
- Personalstammdaten,
- Arbeitszeugnis,
- Qualifikationen,
- Weiterbildungsnachweise,
- Arbeitsvertrag,
- Verpflichtungserklärungen (u. a. betreffend der Wahrung von Patienten- und Geschäftsgeheimnissen, Beachtung des Praxismanagements),

- Sozialversicherungsunterlagen,
- Lohnsteuerunterlagen,
- Schriftverkehr etc.

Achten Sie im Umgang mit Personalakten darauf, dass diese sicher aufbewahrt und die Vorgaben des Datenschutzes eingehalten werden. Außer Ihnen hat auch Ihr Mitarbeiter das Recht, auf Wunsch in die über ihn geführte Personalakte Einsicht zu nehmen (§ 83 Betriebsverfassungsgesetz).

Info: Kontakte und Informationsmöglichkeiten zum Thema Praxissoftware und Abrechnungsstellen (Beispiele):

EDV-Programme:

Adad95 Therapieorganisation und Praxisverwaltung: Die Rosenheimer Praxisprogramme, www.adad95.de
azh TIM Software für professionelle Praxisverwaltung: NOVENTI HealthCare GmbH, Geschäftsbereich azh, www.azh.de
Der digitale Fuß – computergestütztes Verwaltungsprogramm für Fußpflege- und Podologenpraxen: HELM DATENTECHNIK, www.derdigitalefuss.de
DokuPEDES®, Dokumentationssystem für die Podologie, www.dokupedes.de
Pododat® – Patienten- und Praxisverwaltung für Podologen und Fußpfleger: Pododat® Karl-Heinz Küstermann, www.pododat.de
pododesk – webbasierte Verwaltungssoftware für Podologie- und Fußpflegepraxen: Pododesk GmbH, www.pododesk.de
Software BusinessCLASS für Podologie- und Fußpflegepraxen und Software BusinessCLASS Studio-Verwaltung für Kosmetik, Fußpflege, Fingerpflege und Gesichtspflege: MS-WinSOFT, www.ms-winsoft.de

Abrechnungszentren:

NOVENTI HealthCare GmbH, Geschäftsbereich azh, www.azh.de
RZH Rechenzentrum für Heilberufe GmbH, www.rzh-online.de
Severins GmbH, www.severins.de

18 Marketingkommunikation

Wer sich als Unternehmer am Markt erfolgreich behaupten will, muss Marketing betreiben. Der Begriff *Marketing* leitet sich vom englischen Wort *market* = Markt ab und bedeutet, dass sich das gesamte unternehmerische Handeln an den Bedürfnissen des Marktes bzw. der Kunden orientiert. Es geht darum, ein zielorientiertes Marketingkonzept zu planen und Maßnahmen für dessen Umsetzung zu entwickeln.

Auf dem Weg in die Selbstständigkeit haben Sie in den vorangegangenen Kapiteln bereits wichtige Schritte für die Entwicklung einer eigenen Marketingstrategie absolviert. Sie versprechen sich Wettbewerbsvorteile gegenüber der Konkurrenz aufgrund des von Ihnen festgelegten Leistungsprofils, der gewählten Preisstrategie sowie aufgrund der Entscheidung, die stationäre Fußpflege z. B. auch durch mobile Komponenten zu ergänzen. Was Sie jetzt noch brauchen, ist eine Strategie, mit der Sie Ihre Praxis ins rechte Licht der Öffentlichkeit rücken und über Ihre Leistungen informieren. In der Marketing-Fachsprache spricht man von *Kommunikationspolitik*.

Warum ist Kommunikationspolitik so wichtig? Die Antwort liegt im Grunde auf der Hand. Es reicht einfach nicht, dass Sie ein Könner in Ihrem Fach sind und Ihre Praxis, was Technik und Ambiente betrifft, toll eingerichtet haben. Oder dass Sie zum Standardangebot der Fußpflege spezielle Zusatzleistungen, z. B. Reflexzonenmassage oder besondere Wellness-Specials, und bestimmte Serviceangebote anbieten, wie etwa günstige Öffnungszeiten für Berufstätige. Oder Sie haben sich als Podologe auf dem Gebiet der Behandlung von Diabetiker-Füßen weitergebildet und sind daher ein Spezialist auf diesem Gebiet. Aber was nützt das alles, wenn keiner weiß, dass es Ihre Praxis gibt?

Ihre potenziellen Kunden/Patienten und damit die von Ihnen anvisierten Zielgruppen müssen von Ihrem Angebot erfahren. Fühlen sich diese davon angesprochen, ist es Ihnen gelungen Interesse zu wecken. Nun müssen sich diese Kunden/Patienten nur noch davon überzeugen, dass genau Ihre Praxis die richtige Wahl für eine Fußbehandlung ist. Deshalb müssen Sie sich auf dem Markt sehen und hören lassen.

Verschaffen Sie sich Gehör, bringen Sie sich ins Gespräch. Dazu gehört das Erscheinungsbild der Praxis nach außen, Werbung und Öffentlichkeitsarbeit, auch Public Relations oder kurz PR genannt, sowie das sogenannte Empfehlungsmarketing, also die Weiterempfehlung durch zufriedene Kunden/Patienten und auch

Geschäftspartner. All diese Kommunikationsinstrumente helfen Ihnen, einen gewissen Bekanntheitsgrad in der Öffentlichkeit zu erlangen, ein bestimmtes Image aufzubauen, Vertrauen zu schaffen und Sympathie zu erzielen. Ein professioneller Marktauftritt und gezielte Kommunikation sind für jedes Unternehmen heute unabdingbar, um auf dem Markt bestehen und wirtschaftlich erfolgreich zu sein.

18.1 Corporate Design

Das Praxiskonzept steht, das Leistungsprofil ist erarbeitet. Nun müssen Sie überlegen, auf welche Art und Weise Sie bzw. Ihre Fußpflege-/Podologiepraxis in der Öffentlichkeit in Erscheinung treten soll.

Das visuelle Erscheinungsbild nach außen, welches Sie Ihrer Praxis geben, nennen Grafiker-Profis *Corporate Design* oder auch kurz nur CD. Das Corporate Design sollte zu Ihrem Unternehmensprofil passen, es sollte einheitlich sein und dem gesamten Außenauftritt Ihrer Praxis bestimmen. Denn nur ein einheitliches Erscheinungsbild gewährleistet einen Wiedererkennungseffekt und sorgt dafür, dass Ihre Praxis optisch schnell und eindeutig – ohne viele Worte – von Kunden/ Patienten identifiziert wird. Es geht also um den *Aha-Effekt*! Der ist bekannt! Jeder von uns kennt solche optischen Elemente: schwarzes Posthorn auf gelben Grund, silbermetallic Stern auf der Motorhaube? Na klar, jeder weiß, welches Unternehmen gemeint ist!

Was gehört zum Corporate Design? Mit dem CD setzen Sie sichtbare Signale, z. B. durch immer wiederkehrende Farben, durch Größe und Platzierung eines Logos, Verwendung eines Slogans oder auch durch Einsatz bestimmter Schriftarten und -typen (klassisch, modern, kursiv, fett oder mager). Sind die einzelnen Elemente des Corporate Designs entwickelt, sollten diese in allen Materialien, mit denen Sie in der Öffentlichkeit auftreten, immer wieder auftauchen: auf Briefbögen, Visitenkarten, Stempeln, Aufklebern, Flyern, Handzettel, Broschüren, in Annoncen und im Internetauftritt.

Auch macht sich ein Logo, gestaltet als Schriftzug oder als Kombination aus Schriftzug und Bildelement, natürlich auch gut auf der Berufskleidung oder als Deko-Element im Schaufenster oder Schaukasten der Praxis. Das gilt selbstverständlich auch für einen griffigen Slogan.

Die gewählte Firmenfarbe können Sie aufgreifen und damit etwa bei der Praxiseinrichtung, der Raumgestaltung oder auch der Berufskleidung Akzente setzen. Auf jeden Fall ist es aufgrund der hohen Kontaktmöglichkeiten im Straßenverkehr eine Überlegung wert, das Praxisauto als Werbeträger einzusetzen, wobei auch hier gilt: Die Fahrzeugbeschriftung sollte dem Corporate Design der Fußpflege-/ Podologiepraxis entsprechen.

Weil der wirtschaftliche Erfolg einer Fußpflege-/Podologiepraxis auch von ihrem professionellen Außenauftritt abhängt, sollten Sie sich bei der Entwicklung des Corporate Designs von Profis unterstützen lassen: Bei der grafischen Gestaltung und eventuell auch beim Text. Natürlich hat eine derartige Geschäftsausstattung seinen Preis. Doch die Investition lohnt sich. Denn der gute erste Eindruck, den Visitenkarten und Co. bei potenziellen Kunden/Patienten hinterlassen, beeinflusst maßgeblich die Entscheidung für eine Terminvereinbarung in Ihrer Praxis.

Nur ein einheitliches, unverwechselbares und stimmiges Erscheinungsbild fördert den Wiedererkennungseffekt. Fehlt dagegen der rote Faden in der Gestaltung des Außenauftritts oder werden häufig Änderungen im Erscheinungsbild vorgenommen, weil Sie z. B. mit der *selbst gezimmerten* Lösung unzufrieden sind, werden Kunden/Patienten verwirrt und die Chance auf Wiedererkennung ist verspielt.

Bevor Sie den Auftrag für die Entwicklung des CDs vergeben, formulieren Sie exakt Ihre Anforderungen, holen Sie Angebote ein und vergleichen Sie diese. Wollen Sie eine Werbeagentur oder einen Grafiker beauftragen? Erstere haben u. a. den Vorteil, dass sie einen Rundum-Service anbieten und aufgrund größerer Kapazitäten einen Auftrag schneller abwickeln können. Höhere Preise und die Gefahr bei einem Kapazitätsengpass gegenüber dem größten und wichtigsten Auftraggeber der Agentur als Unternehmen mit kleinem Budget das fünfte Rad am Wagen zu sein, sind jedoch als mögliche Nachteile zu nennen.

Darauf weist in seinem Ratgeber *Werbung mit kleinem Budget* der Fachjournalist und Buchautor Bernd Röthlingshöfer, Fachmann auf dem Gebiet innovative Marketing- und Werbeformen, hin und empfiehlt: „Wählen Sie eine Werbeagentur aber immer dann, wenn Sie umfassende Betreuung brauchen, wenn Ihr Geschäft einer nahezu täglichen Betreuung bedarf und Sie auf eine hohe Verfügbarkeit der Dienstleistung achten müssen."

Wenn es um die Erledigung von grafischen Werbefragen geht, bietet sich ein Grafikbüro als Alternative an. Als Vorteile sind neben einem günstigeren Preis ein hohes Maß an Flexibilität und enge persönliche Zusammenarbeit zu nennen. Durch Networking, der Grafiker kooperiert z. B. mit einem Texter, ist oftmals auch auf diesem Weg eine Rundum-Betreuung möglich.

Das Corporate Design oder visuelle Erscheinungsbild ist allerdings nur ein Teilaspekt, der das Bild eines Unternehmens prägt. Marketingfachleute sprechen von Unternehmenspersönlichkeit oder Corporate Identity und verstehen darunter die Philosophie, die Werte und Leitbilder, aus denen sich das Gesamtbild eines Unternehmens ergibt. Die Corporate Identity wiederum beeinflusst maßgeblich das Image eines Unternehmens.

Um sich von der Konkurrenz abzuheben und zu unterscheiden, muss eine unverwechselbare Unternehmenspersönlichkeit geschaffen werden. Neben dem Corporate Design sind das Verhalten und die Kommunikation – nach innen wie nach außen – wichtige Instrumente.

In der Kommunikation nach außen ist für ein Unternehmen die Kundengewinnung und -bindung ein zentrales Thema. Um bei Kunden/Patienten für die Praxis Aufmerksamkeit und Interesse zu wecken, stehen dem Fußpfleger/Podologen vielfältige Instrumente zur Verfügung. Wichtig ist, den richtigen Kommunikationsmix zu finden. Übrigens kosten nicht alle Marketingmaßnahmen Geld. Bei einigen kommt es lediglich auf ihren persönlichen Einsatz an.
Siehe Info: Viele Wege führen zum Kunden

18.2 Podologenliste

Wer die Genehmigung zur Titelführung nachweisen kann, kann sich als Podologe in die von den Berufsverbänden geschaffenen Podologenlisten eintragen lassen. Kunden/Patienten können über die Postleitzahl oder auch den Ortsnamen nach einem Podologen in Wohnortsnähe suchen. Wie wichtig diese Podologenlisten sind, zeigt die eigene Erfahrung.

Als eine in Berlin lebende bereits ältere Verwandte, die selbst über kein Internet verfügte, aber von ernsten Fußproblemen geplagt war, eilends nach einer Podologiepraxis in ihrer Nähe suchte, konnte die Autorin mit Hilfe dieser Internet-Suchmöglichkeiten aus 1.000 Kilometer Entfernung mit einer Liste von Adressen schnell und unkompliziert weiterhelfen.

Nehmen Sie das Angebot der Berufsverbände wahr und lassen Sie sich als Podologe in diese Listen eintragen, zumal das Angebot des Registrierens kostenfrei ist. Weitere Informationen finden Sie im Internet:

- beim Deutschen Verband für Podologie (ZFD) e.V. unter www.podo-deutschland.de > Podologenliste oder direkt unter www.podologenliste.de
- beim Verband-Deutscher-Podologen e.V. unter www.verband-deutscher-podologen.de > Service > Therapeutensuche
- beim Deutschen Podologen Verband e.V. unter www.podologen.de > Podologenliste oder Podologiepraxen.

18.3 Wie kann man Sie finden?

Darüber hinaus sollten Sie natürlich auch direkt vor Ort zu finden sein, wie im örtlichen Telefonbuch und im Branchenbuch, den berühmten Gelben Seiten. Achtung: Branchenbücher gibt es inzwischen eine ganze Reihe. Sie sollten vor dem Eintrag aber genau prüfen, welche Kosten auf Sie zu kommen und wie und an welche Haushalte das Branchenverzeichnis geliefert wird. Da Branchenbücher heutzutage nicht nur in der Printversion vorliegen, sondern auch in elektronischer Form, können Sie durch einen Eintrag auch im Internet zu finden sein.

Sie können sich in diesem Fall auch ohne eigene Webseite im Internet *googeln* lassen. Kunden/Patienten, die eine Fußpflegepraxis vor Ort suchen, können dann mit Hilfe einer Suchmaschine wie Google oder Bing im Internet danach suchen. Gibt man als Suchbegriffe z. B. *Fußpflegepraxis* oder *Podologiepraxis* und *München* ein, bekommt man verschiedene Branchenverzeichnisse angezeigt. Die Verknüpfung zwischen Suchmaschine und Online-Branchenverzeichnis ist dabei so eng, dass beim Anklicken des jeweiligen Branchenverzeichnisses eine Liste zur Anfrage passenden Adressen angezeigt wird.

Abgesehen von der Google-Suche oder einer Suche mit einer anderen Suchmaschine können Sie es potenziellen Kunden und Patienten mit einer Anmeldung bei Google Maps noch einfacher machen, Ihre Praxis zu finden. Bei Google Maps können Internetnutzer gezielt nach Unternehmen suchen, die bestimmte Dienstleistungen oder Produkte anbieten. Der Eintrag in das Branchencenter bei Google Maps ist kostenlos und kann bei Bedarf auch immer wieder aktualisiert werden.

Besonders praktisch ist, dass zusätzlich zu den Kontaktdaten des Unternehmens, also Branche, Name, Adresse, Telefonnummer etc., auch eine Anfahrtsskizze angezeigt wird. Weitere Informationen zum Eintrag und zur Suche bei Google Maps finden Sie im Internet unter www.google.de > Unternehmen.

18.4 Anzeigenwerbung

Diese Art der Werbung ist nicht kostenlos, sondern im Gegenteil – hat ihren Preis. Hier gilt: Einmal ist keinmal. Sie müssen mehrmals in ein- und demselben Medium Werbung schalten, damit Sie bei den Lesern überhaupt Aufmerksamkeit wecken und eine Wirkung erzielen.

Die Anzeigenwerbung gehört nach wie vor zu den wichtigsten Werbemaßnahmen überhaupt und gilt als Klassiker unter den Werbemitteln. In diesen Printmedien machen Unternehmen auf ihr Leistungsangebot aufmerksam und informieren über Adresse und Öffnungszeiten. Der Vorteil von Anzeigen als Transportmittel für Werbebotschaften ist, dass damit direkt die gewünschten Zielgruppen erreicht werden können.

Hierzu müssen Sie wissen, welche Zeitung oder Zeitschriften von Ihren Kunden/Patienten gelesen werden.

Wie Sie das herausfinden können? Zum einen haben Sie mittlerweile eine genaue Vorstellung von Ihren potenziellen Kunden/Patienten, sodass Fragen nach Alter, Wünschen, Bedürfnissen, Wohnort (Land, Stadt) oder finanzielle Möglichkeiten Ihrer Kunden/Patienten bestmöglich beantwortet sind. Zum anderen werden in den sogenannten Media-Daten die Ziel- bzw. Lesergruppen (nach Alter, Bildungsstand, Einkommen etc.) genannt, von denen die Zeitung oder Zeitschrift gelesen wird. Die Media-Daten einer Zeitschrift/Zeitung können Sie sich von dem jeweiligen Verlag zuschicken lassen und häufig auch online einsehen und downloaden. Die Media-Daten informieren außerdem u. a. über die Auflagenhöhe der Zeitung oder Zeitschrift, Anzeigenformate sowie über Anzeigenpreise und auch Rabatte sowie über die Ansprechpartner in der Anzeigenabteilung. Die Media-Daten sind eine wichtige Erstinformation, wenn man eine Anzeige buchen möchte.

Fußpfleger/Podologen sind lokal/regional tätig. Daher kommen örtliche Medien in erster Line für die Anzeigenschaltung in Frage. Das können lokale Tageszeitungen, Wochen- und Anzeigenblätter, Stadt- oder Stadtteilmagazine sein. Wichtig ist jedoch, dass das redaktionelle Umfeld zu ihrer Anzeige passt. Interessant sind hierbei vor allem Seiten mit Themenschwerpunkten, die Ihre Zielgruppe(n) betreffen, z. B. regelmäßige Seiten oder auch Wochenendbeilagen zum Thema Senioren, Gesundheit, Wellness oder Wohlfühlen.

Es können aber auch andere Publikationen als Werbeträger in Frage kommen. Dies können bspw. das Gemeinde- oder Kirchenblatt, die Zeitung eines örtlichen Seniorenvereins oder die Mitgliederzeitschrift des örtlichen Tennis- oder Fußballvereins sein. Befindet sich Ihre Praxis in einem Kurort? Dann gibt es sicher eine Imagebroschüre mit Anzeigen der Gesundheits- und Wellness-Betriebe. Finden publikumsträchtige Ereignisse in der Umgebung statt, etwa ein Musikfestival oder ähnliches, dann entsprechen vielleicht die Besucher des Events so ziemlich genau Ihrer Zielgruppe. Aus diesem Grund sollten Sie im Programmheft inserieren. Mit Engagement und Fantasie gibt es eine Reihe von Möglichkeiten, sich mit einer Printanzeige bei seinen potenziellen Kunden/Patienten ins Gespräch zu bringen.

Wichtige Tipps für die richtige Anzeigenstrategie:

- Ein entscheidendes Auswahlkriterium für ein Medium sollte nicht dessen Auflagestärke sein, sondern die Frage, ob besonders viele Leser aus Ihrer Zielgruppe erreicht werden.
- Nicht die Größe, sondern die Wiederholung einer Anzeige ist für den Werbeerfolg entscheidend: Schalten Sie daher anstatt einer einzigen großen, besser mehrere kleinere Anzeigen hintereinander. Wichtig: Es sollte immer die gleiche

Anzeige in den aufeinander folgenden Ausgaben desselben Mediums sein. Es braucht eine gewisse Anlaufzeit, bis Leser die Anzeige und deren Informationen bewusst wahrnehmen.
- Auch bei der Anzeigenschaltung für die Eröffnung Ihrer Fußpflegepraxis sollte der Widerholungseffekt berücksichtigt werden, z. B. durch eine regelmäßige Anzeige auf der wöchentlichen Gesundheitsseite der Tageszeitung, beginnend am besten bis zu sechs Wochen vor dem Eröffnungstermin.

Wichtige Elemente einer Anzeige sind:

- eine große, gut lesbare Überschrift (Headline), die den Leser anspricht und neugierig macht,
- ein kurzer, prägnanter Textteil mit Angaben zu Ihrem Leistungsprofil sowie von Adresse und Telefon
- und ein Logo, wenn Sie eines haben, sowie ein passendes Bild als Blickfang. Vorausgesetzt, dass das Anzeigenformat groß genug dafür ist. Grafische Elemente sind in einer Anzeige kein Muss, machen aber die Anzeige auffälliger.
- Anzeigen müssen nicht unbedingt mehrfarbig sein. In einer bunten Umgebung heben sich schwarz-weiß oder einfarbig gestaltete Anzeigen deutlich genug ab.

18.5 Flyer und Co.

Machen Sie es wie Pizza-Bringdienste oder Konzertbetreiber: Erstellen Sie einen Flyer oder auch einen Handzettel, damit Ihre potenziellen Kunden/Patienten einen ersten Eindruck über Ihr Unternehmen, Ihr Angebot und Ihre Preise gewinnen können. Bilder vermitteln zudem einen Eindruck von der Atmosphäre in der Praxis. Prospektmaterialien haben natürlich den unschlagbaren Vorteil, dass sie zu jeder Zeit und überall gelesen werden können. Weitere Vorteile: Ein Flyer enthält alles Wesentliche, was der Kunde/Patient zunächst über Ihre Praxis wissen muss, und kann aufgrund seiner Handlichkeit überall hin mitgenommen werden.

Schriftliche Prospektmaterialien haben den Vorteil, dass Sie beschreiben können, warum Fußpflege im Allgemeinen und für Ihre Zielgruppe im Besonderen so wichtig ist, welche Fußprobleme in der Praxis behandelt und welche Behandlungsmethoden eingesetzt werden. Machen Sie Angaben über Spezialisierung und Zusatzangebote. Sie sollten sich auch selbst vorstellen. Welche Ausbildung haben Sie absolviert? Haben Sie sich durch Fortbildungsmaßnahmen für bestimmte Behandlungen qualifiziert?

Weitere wichtige Informationen sind sämtliche Kontaktdaten vom Namen der Praxis, des Inhabers, Adresse, Telefon- und Faxnummer sowie – wenn vorhanden – Webadresse der Webseite und E-Mail-Adresse. Angaben zu den Sprechzeiten dürfen nicht fehlen, ebenso zu den Anreisemöglichkeiten mit öffentlichen Verkehrsmitteln und PKW. Geben Sie Hinweise zu Parkmöglichkeiten oder auch Orientierungshilfen (wie z. B. *gegenüber von* oder *in der Nähe von*). Günstig ist auch immer ein kleiner Ausschnitt aus dem Stadtplan (Copyright beachten). Ist Ihre Praxis behindertengerecht zu erreichen, sollten Sie auch dies erwähnen.

Einmal erstellte Werbematerialien sollten Sie keinesfalls horten, sondern bringen Sie diese gezielt unter die Menschen, damit der Werbeeffekt nicht verpufft. Legen Sie Flyer, Handzettel und Visitenkarten überall dort aus, wo Ihre potenziellen Kunden/Patienten sind, z. B. in Fitness-Studios, Arzt- und Massagepraxen, Seniorenheimen, Reha-Kliniken, aber auch in Cafés, beim Friseur, in einem Ernährungsberatungsstudio, beim einem orthopädischen Schuhmacher oder in der Apotheke. Selbstverständlich sollten Sie nur mit Erlaubnis des Inhabers oder Leiters der jeweiligen Einrichtung das Informationsmaterial auslegen. Ihren Wunsch wird man bestimmt umso bereitwilliger entgegenkommen, wenn Sie im Gegenzug ebenfalls das Angebot machen, entsprechendes Infomaterial in Ihrer Praxis auszulegen. Dies wird als Werbe- oder Akquisekooperation bezeichnet. Gemeint sind damit Kooperationen, die für beide Partner Vorteile bringen.

Sie können die Flyer im Stadtviertel auch austragen und in die Briefkästen werfen lassen. Ausgenommen Briefkästen mit einem Aufkleber *Werbung – nein danke*. Bedenken sollte man jedoch, dass diese Flyer oftmals auch unbesehen weggeworfen werden oder einfach auf dem Hausflurboden landen! Zu überlegen ist eine Verteilaktion, z. B. in der Fußgängerzone am Eröffnungstag der Praxis. Sie sollten Ihre Werbematerialien selbstverständlich auch in der Praxis selbst für Kunden/Patienten gut sichtbar bereithalten, in einem Ständer direkt am Empfangstresen oder in der Wartezone.

18.6 Pressearbeit

Für jedes Unternehmen ist die Pressearbeit eine wichtige Säule im Kommunikationsmix. Ziel der Pressearbeit ist es, durch Berichterstattung in den Medien Informationen über das Unternehmen in die Öffentlichkeit zu bringen und auf diese Weise eine möglichst große Anzahl von potenziellen Kunden/Patienten zu erreichen. Darüber hinaus ist Pressearbeit ein wichtiges Instrument, die Glaubwürdigkeit und Objektivität seiner eigenen Aussagen zu erhöhen, Aufmerksamkeit für das Unternehmen, seine Produkte und Dienstleistungen zu wecken, den Bekanntheitsgrad des Unternehmens zu steigern, ein positives Image in der Öffentlichkeit aufzubauen und schließlich Vertrauen der Kunden/Patienten zu gewinnen und zu erhalten.

Bei der Pressearbeit für eine Fußpflege-/Podologiepraxis geht es also darum, dass potenzielle Kunden/Patienten Fußpflege-Leistungen mehr Beachtung schenken und sich der Bedeutung für die Pflege, Gesunderhaltung bzw. Gesundung der

Füße stärker bewusst werden und dass skeptische und unwissende Menschen sich von der professionellen Fußpflege überzeugen lassen. Außerdem sollen auch Informationen über Ihr eigenes Leistungsprofil und Serviceangebot herausgegeben werden mit dem Ziel, dass mögliche Kunden/Patienten den Entschluss fassen, ihre Füße in professionelle Hände zu geben.

Den Medien Print, Hörfunk, TV oder Online kommt die Vermittler- und Multiplikatorenrolle zu. Welche Medien als Plattform in Frage kommen, um Ihre Praxis und Ihr Angebot in der Öffentlichkeit zu präsentieren, hängt – wie bei der Anzeigenwerbung – davon ab, welche Medien für Ihre Zielgruppen von Bedeutung sind. Pressearbeit bedeutet daher zunächst einmal, persönliche Kontakte zu den Journalisten und Redaktionen der für Sie relevanten Medien, herzustellen, wie z. B. der Heimatzeitung, den lokalen Anzeigen- und Wochenblättern, Vereinszeitungen oder auch beim lokalen Hörfunk- oder Fernsehsender.

Wenn Sie noch keine Kontakte zu den Medien haben, weil Sie noch am Anfang Ihrer Selbstständigkeit stehen, dann müssen diese Kontakte erst aufbauen. Scheuen Sie sich nicht, einfach bei den für Sie relevanten Medien anzurufen und nach dem für Sie zuständigen Ansprechpartner zu fragen. Für Botschaften, die Sie als Inhaber einer Fußpflege-/Podologiepraxis vermitteln wollen, kommen bspw. die Redaktion für Gesundheit und Medizin, die Lokalredaktion sowie das Ressort Ratgeber und Verbraucher infrage. Erstellen Sie einen Presseverteiler mit allen erforderlichen Kontaktdaten. Diese Liste sollten Sie stets aktuell halten und ergänzen, wenn sich neue Kontakte mit für Sie interessanten Redaktionen oder freien Journalisten ergeben.
Folgende Angaben sollte ein Presseverteiler enthalten:

- Name des Ansprechpartners
- Angabe des/der Ressort(s), bei freien Journalisten der Themenschwerpunkte
- Name des Mediums
- Name des Verlags
- Anschrift des Mediums bzw. des freien Journalisten
- Telefonnummer mit Durchwahl
- Faxnummer
- E-Mail-Adresse
- Redaktionsschluss

Pressearbeit bedeutet, Pressemitteilungen zu schreiben und zu versenden. Ob der Text bei einem Abdruck oder einer Berichterstattung wortwörtlich veröffentlicht wird, ist nicht sicher. Professionell gemacht erhöhen sich jedoch die Chancen, dass Ihr Wunsch erfüllt wird. Erleichtern Sie Journalisten die Arbeit, indem Sie die Grundregeln beim Formulieren der Presseinformation beachten.

Noch über der Überschrift sollten Sie das Schreiben mit der Aufschrift Pressemitteilung oder Presseinformation kennzeichnen. Dann brauchen Sie eine griffige, prägnante und originelle Schlagzeile als Überschrift, damit sich die Meldung aus der täglichen Nachrichtenflut hervorhebt und die Aufmerksamkeit des Redakteurs/Journalisten auf sich zieht. In der Schlagzeile sollte eine Zusammenfassung der wichtigsten Informationen der Meldung sein, damit der Leser schon weiß, worum es geht.

Der nachfolgende Text soll Antworten auf die berühmten sechs *W-Fragen* geben:

- Wer?
- Was?
- Wann?
- Wo?
- Wie?
- Warum?

Eine Pressemitteilung kann ganz kurz und nur wenige Sätze umfassen. Sie können auch mehr schreiben. Als Faustregel wird jedoch empfohlen, dass die Presseinformation nicht länger als eine DIN-A4-Seite sein sollte.

Zur besseren Lesbarkeit sollten Sie den Text mit Absätzen klar strukturieren und gliedern, einen anderthalbfachen Zeilenabstand wählen und eher kurze Sätze (keine Schachtelsätze) schreiben. Formulieren Sie in einer einfachen, gut verständlichen Sprache. Fachausdrücke, Abkürzungen und Fremdwörter möglichst vermeiden, andernfalls sollten Sie diese unbedingt erklären.

Der Inhalt einer Presseinformation sollte auf jeden Fall sachlich bleiben. Formulieren Sie nicht reißerisch, setzen Sie Mitbewerber oder andere Personen nicht herunter und übertreiben Sie es nicht mit dem Eigenlob, also dem Anpreisen Ihrer eigenen Fähigkeiten und Qualitäten.

Damit es eine Pressemitteilung überhaupt in die Medien schafft, muss sie eines haben: einen Nachrichtenwert. Was macht eine Mitteilung zu einer Nachricht, damit diese veröffentlicht wird? Wenn die Nachrichten aktuell, neu, einmalig, kurios, originell oder ungewohnt sind! Für lokale/regionale Medien ist eine Meldung zudem interessant, wenn sie einen geografischen Bezug hat (z. B. hier in unserer Stadt ...). Selbstverständlich sollte der Inhalt einer Pressemeldung wahr und für die Leser oder zumindest für einen Teil davon von Bedeutung und Interesse sein.

Welche Themen eignen sich für Fußpfleger/Podologen, um in die Medien zu kommen? Ein Thema haben Sie jetzt schon: Ihre Praxisgründung und Praxiseröffnung. Doch machen Sie eine Story daraus. Denken Sie daran, Leser wollen mehr wissen als nur, dass Sie zu einem bestimmten Zeitpunkt mit dem Praxisbetrieb beginnen. Vielleicht bieten Sie mit Ihrer Fußpflege eine Leistung an, die vor Ort schon seit langem gefehlt hat, oder Sie übernehmen eine ortsbekannte Praxis und führen damit z. B. eine Familientradition weiter.

Haben Sie besondere Erfahrungen? Sind Sie Spezialist auf einem Gebiet in der Fußpflege/Podologie? Wie sind Sie überhaupt zur Fußpflege/Podologie gekommen? Vielleicht gibt es dafür einen besonderen Anlass oder Sie hatten ein besonderes Vorbild? Planen Sie ein Eröffnungsevent, wie etwa als *Tag der offenen Tür* mit Praxisführungen oder auch Vorträgen über Fußpflege bezogen z. B. auf die Jahreszeit (*Mit frischen Füßen durch den Sommer; Warme Füße im Winter*). Falls genügend Platz ist, könnte ein Barfußpfad mit unterschiedlichen Bodenbelägen das ideale Rahmenprogramm dazu bieten. Oder Sie planen mit einem Künstler vor Ort eine kleine Ausstellung mit seinen Bildern?

Es gibt vielfältige Möglichkeiten, die Praxiseröffnung mit spannenden Botschaften zu verknüpfen, über die die lokalen Medien bestimmt gerne im Vorfeld bzw. im Nachhinein berichten werden.

Doch *bleiben Sie im Gespräch*, auch über die Praxiseröffnung hinaus. Machen Sie kontinuierlich Pressearbeit. So sind Sie immer wieder in der Öffentlichkeit präsent, können Ihr Image aufbauen und pflegen, werden aber auch als Experte und für die Medien als kompetenter Ansprechpartner wahrgenommen. Anlässe für das Verschicken von Pressemitteilungen gibt es für Fußpfleger /Podologen genug, wie z. B.:

- Sie veranstalten mit einem Mediziner vor Ort eine Vortragsreihe zum Thema *Fußerkrankungen vorbeugen und behandeln.*
- Sie nehmen an einer Informationsveranstaltung an einen der bundesweiten Gesundheitstage teil (z. B. *Weltosteoporose-Tag* immer am 20. Oktober, *Welt-Diabetes-Tag* immer am 14. November).
- Sie beantworten bei einer Telefonaktion des lokalen Radios Fragen zum Thema *Fuß- und Nagelpilz.*
- Sie weiten Ihr Leistungsangebot aus.
- Sie haben ein Zertifikat oder eine Auszeichnung für Ihre Praxis erhalten.
- Sie erwarten Ihren 1.000. Kunden.

Dies sind nur einige der Themen, die von der Presse gerne aufgegriffen werden. Sicher finden Sie mit ein wenig Kreativität noch weitere Anlässe, mit denen Sie in die Zeitung und/oder auch ins Radio/Fernsehen kommen können.

Vielleicht benötigt der Journalist bei dem einen oder anderen Punkt weitere Informationen. Vielleicht findet er die Presseinformation so interessant, dass er ein Interview mit Ihnen führen oder eine Reportage zum Thema schreiben möchte. Deshalb sollten Sie auf jeden Fall am Ende einer jeden Pressemitteilung unter dem Punkt Für Rückfragen Ihre vollständigen Kontaktdaten (Name, Telefon- und Faxnummer, E-Mail-Adresse und Adresse der Praxis) angeben. Zum Abschluss machen Sie noch einen Hinweis zum Abdruck der Mitteilung, wie z. B. *Abdruck honorarfrei, zwei Belegexemplare erbeten.*

18.7 Der Auftritt im World Wide Web

Heute gehört der Webauftritt auch für viele kleine Unternehmen und Selbstständige einfach als Grundausstattung dazu. Er ist schon gewissermaßen zum Standard geworden. Es werden kaum Pressemitteilungen verschickt oder Anzeigen geschaltet, ohne dass auch eine Internetadresse angegeben wird. Viele Fußpfleger/Podologen haben ebenfalls bereits eine eigene Webseite im World Wide Web, denn die Internetpräsenz wird in der Werbung um den Kunden immer wichtiger, um Kunden zu gewinnen und zu binden sowie um ein positives Image aufzubauen.

18.7.1 Virtuelle Visitenkarte und Kommunikationsplattform

War es Anfang der 1990er Jahre noch Zukunftsmusik, betrifft das Internet mittlerweile all unsere Lebensbereiche. Ganz selbstverständlich bestellen wir Theaterkarten, buchen den Urlaub, kaufen Kleidung oder Kosmetika, vergleichen Preise, lesen Hotelbewertungen im Internet oder geben die Webadresse ein, um uns einen ersten Eindruck über ein Unternehmen und sein Angebot an Produkten/Dienstleistungen zu verschaffen. Das gilt auch, wenn es um den Handwerker, den Händler oder Dienstleister um die Ecke geht. Viele recherchieren dann zunächst einmal im Web – bei Google oder bei einer anderen Suchmaschine, wie z. B. Bing oder der DuckDuckGo-Suche.

Aber auch bei Themen rund um Gesundheit und Wohlfühlen hat sich das Internet zu einer bedeutenden Informationsquelle entwickelt. Es bietet daher auch Fußpflegern/Podologen neue Formen, mit Kunden/Patienten Kontakt aufzunehmen und zu kommunizieren.

Eine eigene Webseite ist außerdem für Ihre Geschäftsbeziehungen von Vorteil. Insbesondere bei neuen Kontakten werden Lieferanten und Geschäftspartner gern die Chance aufgreifen, sich anhand Ihrer Webseite ein besseres Bild über

Sie machen zu können, also um ganz einfach festzustellen, mit wem sie es eigentlich zu tun haben.

Und schließlich gibt es noch einen weiteren Grund für eine virtuelle Visitenkarte im Netz. Warum sollten Sie den vielen Kollegen, die mit einer Webseite im Internet vertreten sind, das Feld allein überlassen?

18.7.2 Die Bestandteile einer Webseite

Rund um die Uhr können Kunden/Patienten Ihre Praxis im Internet besuchen. Aber welche Informationen sind für sie von Bedeutung? Was möchten Sie wissen, wenn Sie selbst ein Unternehmen im Internet besuchen? In der Regel werden Antworten zu den Fragen gesucht, wer z. B. hinter einer Firma oder einem Unternehmen steht, was angeboten wird, wie das Unternehmen zu finden ist, ob und wie man Kontakt aufnehmen kann. Also sollte die Webseite über Ihre Fußpflege-/Podologiepraxis als virtuelle Visitenkarte dienen und mindestens folgende Inhalte bieten:

- Startseite, die auf den ersten Blick vermittelt, wer Sie sind und was Sie anbieten („Home")
- Informationen über den Praxisinhaber und – wenn vorhanden – das Praxisteam („Wir über uns" oder „Profil")
- Angaben zum Behandlungsspektrum
- Überblick über die Behandlungspreise
- Angaben der Öffnungszeiten
- Wegbeschreibung plus Lageplan
- Angaben der Kontaktdaten (Adresse, Telefon- und Faxnummer, E-Mail-Adresse)
- Impressum für eine eindeutige Anbieterkennzeichnung
- Datenschutzerklärung
- Cookie-Banner bei Nutzung von Cookies

Das Impressum auf der Webseite für Ihre Praxis ist gesetzliche Pflicht und ist im Telemediengesetz (TMG) geregelt. Dabei handelt es sich allerdings nicht um ein Impressum im presserechtlichen Sinne. Vielmehr geht es um die Anbietertransparenz im elektronischen Geschäftsverkehr, weshalb auch von Anbieterkennzeichnung gesprochen wird. Der Impressumspflicht sollte man unbedingt nachkommen. Wer dagegen verstößt, begeht eine Ordnungswidrigkeit und kann mit einem Bußgeld bis zu 50.000 Euro belegt werden. Zudem sind fehlerhafte Angaben ein Wettbewerbsverstoß, der kostenpflichtig abgemahnt werden kann. Auch solche Abmahnungen können teuer werden. Welche Angaben ein Impressum enthalten muss, um den Anbieter von Informationen eindeutig zu kennzeichnen, dazu bietet das Bundesministerium der Justiz und für Verbraucherschutz auf seiner Webseite einen Leitfaden zur Impressumspflicht an unter www.bmjv.de > Verbraucherportal > Digitales & Telekommunikation > Impressumspflicht.

Zusätzlich zum Impressum muss eine sogenannte Datenschutzerklärung auf einer Internetseite eingestellt werden. Die Datenschutzerklärung dient dazu, die Besucher einer Internetseite zu informieren, wie die beim Besuch der Seite von ihnen erhobenen personenbezogenen Daten (z. B. IP-Adresse) verarbeitet werden. Rechtliche Grundlagen für die Informationspflicht sind Art. 13 EU-DSGVO und § 13 Abs. 1 TMG. Die Datenschutzerklärung muss u. a. folgende Angaben enthalten:

- Name und Kontaktdaten des Verantwortlichen und gegebenenfalls seines Vertreters
- Kontaktdaten des Datenschutzbeauftragten, falls einer bestellt worden ist
- Zweck der Verarbeitung personenbezogener Daten
- Rechtsgrundlage der Datenverarbeitung (z. B. ein Nutzer stimmt dem Bezug eines Newsletters zu)
- Dauer der Datenspeicherung
- Das Recht auf Auskunft, Berichtigung oder Löschung
- Das Recht auf Einschränkung der Verarbeitung
- Das Recht auf Widerruf einer erteilten Einwilligung
- Beschwerderecht bei der Datenschutzaufsichtsbehörde
- Bei Weitergabe der Daten an Dritte Nennung der Empfänger oder Kategorien von Empfängern (z. B. Dienstleister)

Die Datenschutzerklärung gilt für alle Bereiche der Webseite, in denen personenbezogene Daten verarbeitet werden, wie etwa Kontaktformulare, Kontaktaufnahme per E-Mail, Bestellformulare, Versand von Newsletter, Gästebuch/ Kommentare, Mitgliederbereich oder Einsatz von Cookies etc. Die Datenschutzerklärung muss in einer allgemein verständlichen Form abgefasst werden und für den Nutzer jederzeit abrufbar sein. Die Datenschutzerklärung muss auf der Webseite so platziert werden, dass sie leicht auffindbar ist (z. B. in der Kopf- oder Fußzeile). Der entsprechende Link wird mit *Datenschutz* oder *Datenschutzerklärung* bezeichnet.

Zur Erstellung einer Datenschutzerklärung können Mustervorlagen aus dem Internet eine erste Orientierungshilfe sein. Ausführliche Informationen finden Sie im Internet auch auf den Webseiten der Industrie- und Handelskammern und Handwerkskammern sowie auf dem BMWi-Existenzgründerportal www.existenzgruender.de > Unternehmen führen. Um eine rechtssichere Datenschutzerklärung abzufassen, ist es jedoch empfehlenswert, sich von einem im Datenschutz versierten Rechtsanwalt vor Ort beraten zu lassen.

Juristen können auch bei der Frage weiterhelfen, ob bei der Nutzung von Cookies in jedem Fall eine Einwilligungserklärung des Webseitenbesuchers erforderlich ist. Cookie (= engl. Plätzchen, Kekse) sind kleine Textdateien, die beim Besuch einer Webseite auf dem Computer des Nutzers abgelegt werden und bei einem erneuten Aufrufen dieser Internetseite an den Webserver zurückgesendet werden mit dem Ziel, den Nutzer wiederzuerkennen und Einblick in sein Nutzerverhalten zu bekommen. Cookies werden u. a. verwendet, um Logins zu automatisieren, Online-Käufe zu erleichtern oder Nutzerprofile zu erstellen (Webtracking). Es gibt aber auch Cookies, die einfach dazu dienen, die Navigation der Webseite technisch zu optimieren. Abhängig davon, welche Daten für welchen Zweck mit Hilfe von Cookies erhoben werden, muss der Webseiten-Betreiber nicht nur über die Cookie-Nutzung in der Datenschutzerklärung und mittels Hinweis auf der Internetseite (Cookie-Banner) darüber informieren, sondern auch den Webseiten-Besucher auf sein Widerspruchsrecht, dass Cookies auf seinen Computer hinterlegt werden, hinweisen. Dies gilt sogar auch bei pseudonymisierten Daten, die mit keiner spezifischen Person ohne Hinzuziehung weiterer Informationen in Verbindung gebracht werden können (Art. 4 lit 5 DSGVO, § 15 Abs. 3 TMG). Bei vielen Webseiten wird die Aufforderung zur Einwilligung, dass Cookies auf den Computer des Webseitenbesuchers hinterlegt werden dürfen, mit dem Cookie-Banner kombiniert. Auf dem BMWi-Existenzgründerportal in der Rubrik *Unternehmen führen* wird darüber hinaus empfohlen, dass auf jeden Fall der IT-Dienstleister, der die Webseite gebaut hat, wissen sollte, ob die eigene Webseite Cookies benutzt und wenn ja, welcher Art. Außerdem wird in der oben genannten Rubrik *Unternehmen führen* des BMWi-Existenzgründerportals Unternehmern und Freiberuflern, die ihre Webseite mit Hilfe von vorgefertigten Modulen im Internet selbst erstellt haben, geraten, dass sie sich bei dem jeweiligen Anbieter erkundigen sollten, „ob in den Bausätzen auch Cookies und Analysetools eingebunden sind und um welche es sich genau handelt. Diese Informationen müssen in der Datenschutzerklärung berücksichtigt werden."

18.7.3 Mehrwert durch Zusatzinformationen

Sind die Mindestanforderungen für einen Internetauftritt erfüllt, können Sie den Erfolg Ihrer Webseite noch steigern. Sorgen Sie für einen Zusatznutzen, indem Sie auf Ihrer Webseite etwas von Ihrem Know-how kostenfrei bereitstellen. Denn das Wissensangebot fördert das Vertrauen. Sie unterstreichen dadurch Ihre Kompetenz und der Besucher Ihrer Webseite nimmt Sie als Experten wahr.

Auch wenn er nicht sofort einen Termin vereinbart, wird er sich an Ihr Angebot erinnern, wenn er einen Profi für seine Füße benötigt. Ganz abgesehen davon besteht zudem die Chance, dass er auch Freunde und Bekannte, die Informationen zum Thema Fußpflege suchen, auf Ihre Webseite aufmerksam machen kann.

Attraktive Inhalte, die Sie auf Ihrer Webseite einstellen könnten, sind z. B.:

- Informationen zur Frage: Was ist kosmetische Fußpflege, was ist medizinische Fußpflege/Podologie?
- Eine kurze Beschreibung der in Ihrer Praxis angebotenen Behandlungsmethoden
- Informationen über Krankheitsbilder rund um den Fuß
- Unter dem Stichpunkt *Aktuelles* Neuigkeiten, z. B. über die Praxis, über Trends aus dem Bereich Gesundheit/Wellness oder für Ihre Zielgruppe interessante Studienergebnisse oder Entwicklungen
- Tipps zur Fußpflege für zu Hause
- Veröffentlichungen, wenn Sie in (Fach-)Zeitschriften Beiträge veröffentlicht haben
- Sammlung von Links zu Webseiten, die bspw. für Diabetiker oder Rheumatiker interessant sein könnten

18.7.4 Weitere Tipps zum Aufbau einer Webseite

Wichtig ist, dass die aufbereiteten Informationen zum Leistungsprofil Ihrer Praxis und zu den von Ihnen angesprochenen Zielgruppen passen. Ebenfalls muss eine Webseite eine Reihe weiterer Anforderungen erfüllen, wie z. B.:

- Der Weg zum eigenen Internetauftritt beginnt mit der Wahl einer gut einprägsamen Internetadresse, auch Domain genannt. Doch Vorsicht: Jede Internetadresse wird nur einmal vergeben. Um Streitigkeiten über die Nutzungsberechtigung einer bestimmten Domain von Anfang an vorzubeugen, müssen bei der Auswahl der Internetadresse sowohl in rechtlicher wie praktischer Hinsicht einige Punkte beachtet werden. Denn der Antragssteller und damit künftige Domaininhaber ist u. a. dafür verantwortlich, vorrangige Namens- und Kennzeichnungsrechte anderer nicht zu verletzen. Die Broschüre *Die eigene Internetpräsenz. Wissenswertes zum Thema Domainrecht* bietet eine Einführung in das Domainrecht und erklärt, worauf Sie bei der Auswahl und Nutzung einer Domain achten sollten. Diese Broschüre steht auf der Webseite der eCommerce-Verbindungsstelle Deutschland zum Download bereit unter www.ecommerce-verbindungsstelle.de > Veröffentlichungen > Broschüren. Die eCommerce-Verbindungsstelle wurde zum 01.01.2003 vom Bundesministerium der Justiz bei Euro-Info-Verbraucher e.V. eingerichtet, um Anbieter und Nutzer über die Rechte und Pflichten des elektronischen Geschäftsverkehrs zu informieren. Auf der Internetseite findet man umfangreiche Informationen zum Thema Recht im Internet. Die Informationen richten sich sowohl an Unternehmen und Gewerbetreibende als auch an Kunden und Verbraucher.
- Der gesamte Webauftritt sollte mit Ihrem Corporate Design, wie Praxislogo sowie Praxisfarbe, konform gehen. Das fördert den Wiedererkennungseffekt.

- Achten Sie auf einen benutzerfreundlichen Aufbau Ihrer Webseite. So muss ein Internetauftritt gut durchdacht und strukturiert, die Inhalte nach praktischen Gesichtspunkten gegliedert sein. Je weniger Klicks erforderlich sind, um auf die wesentlichen Inhalte einer Seite zu kommen, desto besser. Eine übersichtliche Menüleiste mit eindeutigen Begriffen und überschaubaren Unterebenen fördert die Benutzerfreundlichkeit. Mit schnellen Ladezeiten machen Sie es den Besuchern einfach, sich auf Ihrer Seite *durchzuklicken*. Ein langsamer Seitenaufbau dagegen verärgert in der Regel. Auf alles, was die Nutzung Ihrer Seite erheblich verlangsamt, wird deshalb am besten verzichtet, wie z. B. aufwändige Intro-Animationen, die ohnehin – wenn überhaupt – nur beim ersten Ansehen interessant, dann nur noch lästig sind.
- Zur besseren Lesbarkeit sollten lange Texte in kleinere Informationseinheiten aufgeteilt und verlinkt werden. Die Texte sollten außerdem keine Rechtschreib- und Grammatikfehler enthalten und gut verständlich geschrieben sein. Sprachliche und/oder orthografische Fehler hinterlassen einen unprofessionellen Eindruck, der beim Leser negative Rückschlüsse auf Ihr gesamtes Angebot hinterlässt.

Dies sind nur einige Kriterien, die es beim Aufbau einer Webseite zu beachten gilt. Zum Thema Internet, z. B. wie man in wenigen Schritten eine Webseite erstellt oder worauf rechtlich zu achten ist, findet man im Buchhandel reichlich Literatur.

18.7.5 Auf die Webseite aufmerksam machen

In Deutschland gibt es Millionen von Internetseiten. Kein Wunder, dass die Suche im Netz mit der sprichwörtlichen Suche nach der Stecknadel im Heuhaufen vergleichbar ist. Onlinepräsenz allein reicht daher nicht aus. Soll Ihr Internetauftritt von Kunden/Patienten gefunden werden, kommen Sie nicht umhin, ein wenig nachzuhelfen. Weisen Sie auf Ihre Webadresse auf Briefpapier, Visitenkarten und Ausgangsrechnungen hin. Geben Sie Ihre Domain bei Pressemitteilungen an, die Sie verschicken, und nehmen Sie die Internetadresse auch in Anzeigen auf. Hat Ihre Praxis ein Schaufenster? Dann könnten Sie auch dort auf Ihren Online-Auftritt hinweisen. Bestimmt ist manch ein Passant dankbar für die Möglichkeit, sich zunächst virtuell über Ihr Leistungsangebot informieren zu können.

18.7.6 Suchmaschinen als Marketing-Instrument

Aber auch im Internet selbst können Sie für Ihren Online-Auftritt werben. Die Auskunft über Angebote im Internet sind die Suchmaschinen, wie z. B. Google oder Bing. Rund 80 % der Seitenaufrufe gehen auf Treffer durch Suchmaschinen zurück. Umso wichtiger ist es, die Suchmaschinen selbst als Marketing-Instrument zu nutzen.

Zum einem kann man seine Webseite für die Suchkriterien der Suchmaschinen optimieren (lassen), um nach Eingabe des Suchbegriffes auf den vorderen Plätzen der Trefferliste zu erscheinen. Neben der Arbeitsweise der jeweiligen Suchmaschine sind dafür die Schlüsselbegriffe (Keywords) entscheidend, mit denen der Interessent Informationen finden soll. Überlegen Sie, unter welchen Stichwörtern Sie selbst nach den Leistungen Ihrer Praxis suchen würden. Es gibt spezielle Dienstleister, die sich auf Suchmaschinenoptimierung spezialisiert haben.

Eine andere Möglichkeit, mittels Suchmaschinen Interessenten auf die eigene Webseite zu *locken* ist das Suchmaschinenmarketing, wie z. B. das Werben mit Google Ads (früher Google Adwords). Wird bei Google nach einem bestimmten Suchbegriff gesucht, erscheinen neben oder über der Liste mit den Suchergebnissen *Textanzeigen*. Diese Textanzeigen werden Google Ads genannt und erscheinen nur dann, wenn sie zum gesuchten Begriff passen. Damit wird die Werbung gezielt dem Suchenden angezeigt, der nach einem bestimmten Angebot sucht.

Kosten fallen nicht für die Anzeigenschaltung an, sondern nur, wenn der Nutzer auf die Anzeige reagiert und z. B. darauf klickt und die damit verlinkte Webseite besucht (Preis pro Klick).

Um die Kosten im Griff zu behalten, kann man die Höhe des Werbebudgets im Vorfeld bestimmen, indem man etwa ein Monatsbudget und einen Höchstbetrag pro Klick festlegt. Das Monatsbudget wird nicht überschritten. Eine Anpassung an das Werbebudget oder ein Pausieren der Kampagne ist jederzeit möglich, wie man auf der Google-Webseite nachlesen kann.

Mit Google Ads können Sie weltweit oder – was für eine Fußpflege-/Podologiepraxis von größerer Bedeutung ist – zielgerichtet in einem festgelegten Umkreis regional werben. Weitere Informationen zu Google Ads finden Sie im Internet unter www.google.de > Werbeprogramme. Neben Google bieten auch andere Suchmaschinen ähnliche Werbeprogramme an.

18.8 Empfehlungsmarketing

Die effektivste und auch preiswerteste Werbung sind Empfehlungen durch zufriedene Kunden und Patienten (Mund-zu-Mund-Werbung). Bestimmt sind Sie selbst schon gefragt worden oder haben andere um Rat gefragt: „Kennst Du einen guten Zahnarzt?“ oder „Zu welchen Friseur gehst Du eigentlich?“ Und sicher haben Sie sich schon auf Empfehlung einen Kinofilm angeschaut oder vielleicht auch ein Urlaubshotel gebucht? Eine Empfehlung von Angehörigen, Freunden oder Bekannten gibt uns eine gewisse Sicherheit und Orientierungsmöglichkeit. Wer mit Ihrer Leistung zufrieden ist, wird Ihre Praxis gerne weiterempfehlen. Sind Ihre Kunden/Patienten sogar begeistert von Ihrer Leistung, können Sie davon ausgehen, dass diese sogar von selbst auf Ihre Praxis hinweisen werden. In ihrem Ratgeber *Wege zum Kunden* nennt Barbara Kettl-Römer als die drei wichtigsten Voraussetzungen für die Kundenbegeisterung: „allerhöchste Qualität zu angemessenen Preisen, pünktlich und zuverlässig sein und sich im menschlichen Umgang als angenehm und kundenorientiert erweisen.“ Über 80 % der Aufträge, die erfolgreiche Dienstleister erhalten, basieren auf Empfehlungen. Und wenn ein neuer Patient/Kunde aufgrund einer Empfehlung zu Ihnen in die Praxis gekommen ist, sollten Sie sich beim Empfehlenden mit ein paar netten Worten bedanken. Die Auswirkung darauf ist nicht zu unterschätzen. Der Empfehlende bekommt nämlich ein gutes Gefühl, weil er seinem Bekannten oder Freund einen guten Gefallen getan hat und sein Vertrauen in Ihre Praxis als gerechtfertigt sieht, und weil Ihr Dank für ihn ein Zeichen der Aufmerksamkeit und Anerkennung ist. Positives Feedback und Lob fördern weitere positive Mundpropaganda!

18.9 Rechtlicher Rahmen – nicht alles ist erlaubt!

Wer eine Fußpflege-/Podologiepraxis eröffnet, muss und darf diese in der Öffentlichkeit bekannt machen. Allerdings ist bei der Werbung und Öffentlichkeitsarbeit auf die rechtlichen Rahmenbedingungen zu achten. An das Gesetz gegen den unlauteren Wettbewerb (UWG) müssen sich alle Werbenden halten.

Wer in einem Heilberuf tätig ist, muss zudem die Vorgaben des Heilmittelwerberechts (HWG = Gesetz über die Werbung auf dem Gebiet des Heilwesens) und etwa bei einer Kassenzulassung auch die Vereinbarungen mit den Krankenkassen beachten. Sachliche, berufsbezogene Informationen sind erlaubt. Hüten Sie sich aber vor schreierischen, anpreisenden, vergleichenden und irreführenden Werbeaussagen. Um nicht über die Fallstricke des Werberechts zu stolpern, sollten Sie zum einen die einschlägigen Gesetze, z. B. im Internet unter www.gesetze-im-internet.de nachlesen und zum anderen auf jeden Fall vor dem Start jeglicher Werbemaßnahmen die Beratung durch einen im Werberecht versierten Rechtsanwalt einholen.

Info: Viele Wege führen zum Kunden

- Ein einheitliches Erscheinungsbild der Praxis entwickeln (= Corporate Design)
- Registrierung in die Podologenlisten auf den Webseiten der Berufsverbände
- Eintragung in das Branchen-/Telefonbuch
- Nutzung von Google Maps
- Schaltung von Werbeanzeigen in Zeitungen/Zeitschriften
- Gezielte Verteilung von Flyern, Handzetteln und Visitenkarten in Einrichtungen, die von potenziellen Kunden/Patienten aufgesucht werden
- Zielgruppenorientierte Pressearbeit
- Erstellung einer eigenen Webseite oder erstellen lassen
- Auf Empfehlungen von Kunden/Patienten bauen (Empfehlungsmarketing)

19 Die kompetente Beratung

Was ist auf dem Weg zum eigenen Unternehmen zu beachten ist, welche Fördermöglichkeiten es gibt und wer Antworten auf all die Fragen weiß, die in der Gründerphase auftauchen – dazu sind die zahlreichen alljährlich stattfindenden Gründertage und -messen ideale Informationsplattformen. Wer einen dieser Aktions- und Informationstage besucht, wird vom Elan und der Begeisterung der Gründer und Jungunternehmer mitgerissen, die konzentriert die Workshops verfolgen, sich an Informationsständen in Einzelgesprächen beraten lassen und dabei so viel Info-Material wie möglich einsammeln. Gründertage und -messen sind ein wichtiger Baustein im *Puzzle* der zahlreichen Beratungsmöglichkeiten, die Gründern heute angeboten werden.

Um die eigene Praxis von Anfang an auf solide *Beine* zu stellen, sollten Entscheidungen nicht *aus dem Bauch heraus*, sondern auf der Basis von fundierten Fakten getroffen werden. Niemand kann Experte auf allen Gebieten gleichzeitig sein. Ratgeber zur Existenzgründung sowie die zahlreichen Informationsmaterialien, die von Kammern, Verbänden oder Behörden in Form von Broschüren und Schriften angeboten werden, oder die verschiedenen Gründerportale im Internet sind wertvolle Orientierungshilfen und Wegweiser.

Siehe Info: Internetportale für Gründer

Da aber jedes Unternehmen im wahrsten Sinne des Wortes *einzigartig* ist, bedarf es in der Regel zusätzlich auch eine individuelle Beratung, die auf das konkrete Vorhaben abgestimmt ist. Haben Sie daher weder Hemmungen noch Scheu, so früh wie möglich externen Rat zu suchen. Informationsdefizite sind die häufigsten Ursachen, warum junge Unternehmen frühzeitig scheitern. Wurde in den vorherigen Kapiteln immer wieder auf Beratungsmöglichkeiten hingewiesen, wird in diesem Kapitel ein Überblick über wichtige Anlaufstellen für Gründer gegeben.

19.1 Die persönliche Beratung

Warum ist eine ausführliche Existenzgründungsberatung so wichtig? Externe Berater können sozusagen als neutrale Beobachter das Konzept sachlicher beurteilen und Schwachpunkte aufspüren, die Ihnen als *Insider* nicht auffallen oder vielleicht auch nicht auffallen wollen.

Als erste Anlaufstelle für allgemeine Beratungen sind Beratungsstellen zu empfehlen, die zum Teil unentgeltlich Beratungen anbieten Wenn es jedoch um komplizierte steuerliche, betriebswirtschaftliche oder vertragliche und rechtliche

Fragen geht, sollte man den Rat von Experten wie Steuerberater, Unternehmensberater oder Rechtsanwälten einholen.
Siehe Info: Wichtige Anlaufstellen für Gründer

Erfahrungsgemäß ist bis ins fünfte Jahr nach der Gründung Unterstützung durch externe Beratung notwendig. Für welches Beratungsangebot oder für welchen Berater Sie sich entscheiden, hängt schließlich vom Beratungsbedarf ab. Auf die Beratungsgespräche sollten Sie sich gut vorbereiten, d. h. Sie sollten bereits vor dem Gespräch herausfinden, zu welchen Fragen der Existenzgründung Sie Beratung einholen sollten.
Siehe Checkliste: Mein Beratungsbedarf

19.2 Die Beraterwahl

Den richtigen Ratgeber zu finden ist nicht ganz einfach, aber für den Erfolg entscheidend, insbesondere wenn Sie der Berater über Monate oder gar Jahre hinweg begleiten soll. Suchen Sie sich *Ihren* Berater, mit dem Sie *gut können*! Es ist wichtig, dass sie ihn sympathisch finden, ihm vertrauen können und Sie überzeugt sind, dass der Berater ein offenes Ohr für Ihre Wünsche, Vorstellungen oder Ängste hat und für Sie das Beste erreichen will. Kurzum: Die Chemie muss stimmen.

Bei der Suche nach dem richtigen Berater können Empfehlungen von Freunden, Verwandten, Bekannten oder auch Wirtschaftskammern helfen, ebenso der Blick in die Gelben Seiten oder die verschiedenen Online-Suchdienste im Internet. Nutzen Sie die Beraterlisten, Beraterbörsen oder Beratersuchdienste, die einschlägige Berufsverbände im Internet anbieten. Auf diesen Internet-Seiten können Sie auch erfahren, welche Aufgaben die jeweiligen Experten übernehmen, über welche Qualifikationen vor allem Unternehmensberater verfügen oder welchen Berufsgrundsätzen sich diese verpflichtet haben. Denn Berufsbezeichnungen wie Unternehmensberater oder Betriebsberater sind nicht gesetzlich geschützt, sodass sich jeder unabhängig von Berufserfahrung und Können als Unternehmensberater bezeichnen darf. Berücksichtigen Sie auch bei der Auswahl die Unternehmensphilosophie, Referenzen (sollten nachprüfbar sein) und schließlich, ob der Berater Ihnen komplizierte Sachverhalte verständlich erklären kann.
Siehe Info: Wer hilft bei der Beratersuche?

Eine weitere wichtige Frage ist bei kostenpflichtigen Beratungen der Preis. Unabdingbare Voraussetzungen für eine möglichst reibungslose und erfolgreiche Zusammenarbeit sind, die Höhe des Beraterhonorars sowie anfallende Kosten, wie etwa Reisekosten, aber auch Ziele, Leistungsumfang und Terminvereinbarungen schriftlich zu vereinbaren. So lassen sich spätere Unstimmigkeiten über Honorierung und Beratungsumfang optimal vorbeugen.

Beraterhonorare werden individuell und frei vereinbart, abhängig u. a. von der Qualifikation, der Erfahrung und auch dem Schwierigkeitsgrad der anstehenden Aufgaben. Am häufigsten sind Zeithonorare, bei denen das Honorar als Tagessätze, sogenannte Mann-Tages-Honorare, für den tatsächlich angefallenen Zeitaufwand berechnet werden. Ein Pauschalhonorar ist aber z. B. für eine Gesamtberatung, insbesondere bei kleinen Unternehmen, durchaus üblich.

Eine Pauschalhonorierung hat den Vorteil, dass die Gesamtkosten der Beratung von Anfang an bekannt sind. Denn neben dem Beraterhonorar sind auch die anfallenden Nebenkosten mit einkalkuliert. Hüten Sie sich aber vor einer Honorargestaltung, die sich an einer künftigen Umsatz- und Ertragssteigerung bemisst. Denn in welchem Umfang die Beratung und umgesetzten Maßnahmen zum Erfolg geführt haben, lässt sich nur schwer berechnen, da auch äußere Markteinflüsse wie etwa ein Konjunkturschub dazu beigetragen haben können.

Siehe Info: Beratervertrag abschließen

19.3 Förderprogramme

Beratungsleistungen von Existenzgründer- oder Unternehmensberatern kosten Geld. Tageshonorare bewegen sich in einem Preisspektrum von mehreren 100 Euro bis um die 1.000 Euro zuzüglich Spesen und Umsatzsteuer. Doch es gibt eine Reihe von Förderprogrammen, mit denen die Beratungen von Gründern und jungen Unternehmern mit einem Zuschuss zu den Beratungskosten gefördert werden können. Hierbei gilt jedoch: Die Beratungsförderung vor der Gründung ist Aufgabe der Bundesländer, für die Förderung der Beratung nach der Gründung ist das Bundesministerium für Wirtschaft und Energie (BMWi) zuständig.

19.3.1 Beratungsförderung vor der Gründung

Die Bundesländer bieten Gründungsinteressierten und potenzielle Unternehmensnachfolgern entweder kostenfreie Beratungsmöglichkeiten oder die Förderung von Beratungsleistung mit Zuschüssen, sofern die Beratung durch einen Experten vor der Gründung stattfindet. Ob es in Ihrem Bundesland kostenfreie Beratungseinrichtungen oder Förderprogramme gibt, mit denen Experten-Beratungen bezuschusst werden können, und wenn ja, in welcher Höhe und zu welchen Bedingungen, dazu bietet das Existenzgründungsportal des Bundesministeriums für Wirtschaft und Energie (BMWi) unter www.existenzgruender.de > Gründung vorbereiten > Entscheidung > Beratung eine Liste mit Internetadresse zu den Förderprogrammen der Länder. Sie können aber auch direkt in der Förderdatenbank des BMWi unter www.foerderdatenbank.de > Förderrecherche nach entsprechenden Förderprogrammen suchen.

Informationen, welche Bundesländer in welcher Höhe und unter welchen Bedingungen einen Zuschuss zu den Beratungskosten leisten, erhalten Sie aber

auch bei den Landeswirtschaftsministerien, bei den Kammern und Existenzgründungsbüros sowie auf den Internetseiten der Existenzgründer-Initiativen der Bundesländer.
Siehe Info: Internetportale für Gründer

19.3.2 Beratungsförderung nach der Gründung

Nach der Gründung werden Beratungen von Unternehmen der gewerblichen Wirtschaft und der freien Berufe vom Bund mit Unterstützung des Europäischen Sozialfonds (ESF) in allen Entwicklungsphasen gefördert. Seit Beginn des Jahres 2016 werden die bisher vom Bundesamt für Wirtschaft und Ausfuhrkontrolle (BAFA) umgesetzte „Förderung unternehmerischen Know-hows durch Unternehmensberatungen“ und die von der KfW betreuten Programme „Gründercoaching Deutschland“, „Turn-Around-Beratung“ und „Runder Tisch“ in einer Fördermaßnahme mit dem Namen „Förderung unternehmerischen Know-hows“ zusammengefasst.

Das Förderprogramm richtet sich an neu gegründete Unternehmen sowie an bereits am Markt etablierte kleine und mittlere Unternehmen und Angehörige der Freien Berufe, die die EU-KMU-Kriterien (weniger als 250 Mitarbeiter, Jahresumsatz von maximal 50 Millionen Euro oder Jahresbilanzsumme höchstens 43 Millionen Euro) erfüllen.

Gefördert werden

- junge Unternehmen innerhalb der ersten zwei Jahre nach Gründung (Jungunternehmen),
- Unternehmen ab dem dritten Jahr nach der Gründung (Bestandsunternehmen) und
- unabhängig vom Unternehmensalter solche Unternehmen, die sich in wirtschaftlichen Schwierigkeiten befinden (Unternehmen in Schwierigkeiten).

Es gibt drei Beratungsschwerpunkte, in deren Rahmen junge und etablierte Unternehmen gefördert werden können: allgemeine Beratungen, spezielle Beratungen zum Ausgleich struktureller Ungleichheiten und Unternehmenssicherungsberatung.

Jungunternehmen und Bestandsunternehmen können für allgemeine Beratungen zu allen wirtschaftlichen, finanziellen, personellen und organisatorischen Fragen der Unternehmensführung eine Förderung erhalten.

Zusätzlich gefördert werden spezielle Beratungen zum Ausgleich struktureller Ungleichheiten. Hierzu gehören Beratungen von Unternehmen, die von Frauen, von Migranten/-innen oder von Unternehmern/-innen mit einer anerkannten Behinderung geführt werden. Förderbar sind außerdem Beratungen zur besseren betrieblichen Integration von Beschäftigten mit Migrationshintergrund, zur Arbeitsgestaltung für Beschäftigte mit Behinderung, zur Fachkräftegewinnung und -sicherung, zur Gleichstellung und besseren Vereinbarkeit von Familie und Beruf sowie Beratungen zur altersgerechten Arbeitsgestaltung, zur Nachhaltigkeit und zum Umweltschutz.

Außerdem können Unternehmen, die in Schwierigkeiten geraten sind, einen Zuschuss für Beratungen zur Wiederherstellung der wirtschaftlichen Leistungs- und Wettbewerbsfähigkeit (z. B. Analyse der Unternehmenssituation, konkrete betriebliche Handlungsempfehlungen) erhalten. Ergänzend zur Vertiefung der Maßnahmen einer Unternehmenssicherungsberatung kann eine weitere Folgeberatung zu allen wirtschaftlichen, personellen und organisatorischen Fragen der Unternehmensführung gefördert werden.

Pro Beratungsschwerpunkt können alle Unternehmen bis zur Ausschöpfung der jeweils maximal förderfähigen Beratungskosten mehrere Anträge auf Förderung stellen.

Die Förderung erfolgt in Form eines Zuschusses zum Beraterhonorar, d. h., der Betrag muss nicht zurückgezahlt werden. Die Höhe des Zuschusses orientiert sich an den maximal förderfähigen Beratungskosten (Bemessungsgrundlage) und dem Standort des Unternehmens. Für Jungunternehmen sind maximal förderfähig Beratungskosten in Höhe von 4.000 Euro, für Bestandsunternehmen und Unternehmen in Schwierigkeiten jeweils 3.000 Euro. Für Jung- und Bestandsunternehmen beträgt der Fördersatz im Geltungsbereich der neuen Bundesländer (ohne Berlin und ohne Region Leipzig) 80 %, im Geltungsbereich der Region Lüneburg 60 % und im Geltungsbereich der Region Leipzig sowie der alten Bundesländer (einschließlich Berlin, ohne Region Lüneburg) 50 %. Für Unternehmen in Schwierigkeiten beträgt die Zuschusshöhe 90 % der in Rechnung gestellten Beraterkosten unabhängig vom Alter und Standort des Unternehmens.

Der Antrag zur Förderung einer geplanten Beratung muss vor Beginn der Beratung online über die Antragsplattform des BAFA an eine in das Verfahren eingeschaltete Leitstelle gestellt werden. Leitstellen sind Spitzenorganisationen und Spitzenverbände der Wirtschaft, die im Auftrag des BAFA die Unterlagen vorab prüfen, wie z. B. die BBG Bundesbetriebsberatungsstelle GmbH (www.betriebsberatungsstelle.de), Förderungsgesellschaft des BDS-DGV mbH für die gewerbliche Wirtschaft und Freie Berufe (www.foerder-bds.de) und die DIHK – Service GmbH (www.dihk.de/beratungsfoerderung).

Die Leitstelle informiert das Unternehmen über das Ergebnis, über die Bedingung der Förderungen sowie über die Vorlagefristen für den Verwendungsnachweis. Erst nach Erhalt des Informationsschreibens, in dem die Förderung unverbindlich in Aussicht gestellt wird, darf mit der Beratung begonnen werden. Rückwirkend ist eine Förderung ausgeschlossen.

Jungunternehmen und Unternehmen in Schwierigkeiten müssen zusätzlich vor der Antragsstellung ein kostenloses Informationsgespräch mit einem regionalen Ansprechpartner ihrer Wahl über die Zuwendungsvoraussetzungen führen. Bestandsunternehmen können ein solches Gespräch führen, müssen aber nicht. Die Liste der Regionalpartner ist bei den Leitstellen oder auf der Webseite des BAFA einsehbar.

Spätestens sechs Monate nach Erhalt des Informationsschreibens muss der Leitstelle der Verwendungsnachweis mit allen Unterlagen – ebenfalls online – vorliegen. Nach Vorprüfung der Verwendungsnachweise durch die Leitstelle entscheidet das BAFA abschließend über die Bewilligung und zahlt den Zuschuss aus.

Weitere Informationen zum Förderprogramm und zum Verfahren finden Interessierte auf der Webseite des BAFA www.bafa.de.

Info: Internetportale für Gründerinnen und Gründer – eine Auswahl

Unter **www.existenzgruender.de** hat das Bundesministerium für Wirtschaft und Energie (BMWi) als bundesweite und zentrale Anlaufstelle im Internet für Gründer und junge Unternehmerinnen und Unternehmer das BMWi-Existenzgründungsportal eingerichtet.

Schritt für Schritt werden die Interessenten auf dem Weg der Selbstständigkeit mit Hintergrundinformationen und Praxishilfen begleitet und in das Thema Existenzgründung eingeführt. Darüber hinaus finden sich neben einem Expertenforum, das Fragen online beantwortet, z.B. Informationen über Fördermittel und das bundesweite Seminarangebot zur Existenzgründung sowie interaktive Checklisten, zahlreiche Publikationen zum Download oder zum Bestellen, Online-Trainingsprogramme für Gründung und Unternehmensführung. Ein Link führt zur Gründerplattform, einem Onlineangebot der KfW Bank und des Bundeswirtschaftsministeriums, das Gründer von der Entwicklung einer Geschäftsidee bis hin zu deren Umsetzung online Unterstützung geben will. Aktuelle Meldungen, ein Newsletter, eine Übersicht über Wettbewerbe für Gründer und junge Unternehmen sowie ein interaktiver Behördenwegweiser und Hinweise für Gründer relevante Veranstaltungen und Termine runden das umfangreiche Informationsangebot ab.

Gründerinitiativen

Gründungsinitiativen werden in den Bundesländern auf kommunaler, regionaler und Landesebene angeboten und begleiten Gründer auf ihren Weg in die Selbstständigkeit. Zum Angebot der Gründerinitiativen gehören Informationsveranstaltungen, Seminare, Beratung und Coaching, die Organisation von Gründermessen und -märkten, das Herstellen von Geschäftskontakten, PR-Unterstützung und vieles andere mehr. Die Existenzgründer-Initiativen der Bundesländer sind im Internet zu finden unter:

Baden-Württemberg: www.gruendung-bw.de
Bayern: www.gruenderland.bayern
Berlin: www.berlin.de/wirtschaft/sen/gruenden-und-foerdern/
Brandenburg: www.gruendungsnetz.brandenburg.de
Bremen: https://starthaus-bremen.de
Hamburg: www.hei-hamburg.de
Hessen: https://existenzgruendung.hessen.de//
Mecklenburg-Vorpommern: www.gruender-mv.de
Niedersachsen: www.nbank.de
Nordrhein-Westfalen: www.startercenter.nrw.de
Rheinland-Pfalz: www.isb.rlp.de
Saarland: https://gruenden.saarland.de
Sachsen: www.existenzgruendung-sachsen.de
Sachsen-Anhalt: www.ego-on.de
Schleswig-Holstein: www.schleswig-holstein.de/Wirtschaft
Thüringen: www.gfaw-thueringen.de

Weiterbildungsinformationssystem (WIS) **www.wis.ihk.de**, eine Datenbank des Deutschen Industrie- und Handelskammertages und Zentralverband des Deutschen Handwerks mit einem bundesweiten Seminarüberblick mit Angaben zu Themen, Zielgruppen, Ort, Termin und Preis.

Das Internetportal **www.nexxt.org** ist die zentrale Anlaufstelle für alle, die ein Unternehmen übergeben oder übernehmen möchten.

Siehe Kapitel 7: Der Kauf einer bestehenden Praxis

Das Internetportal **www.gruenderinnenagentur.de** richtet sich speziell an Existenzgründerinnen und Unternehmerinnen.

Siehe Kapitel 4: Frauen als Gründerinnen

Info: Wichtige Anlaufstellen für Gründer

Industrie- und Handelskammern

Beratungsangebot: allgemeine Beratung (kostenlos) zu allen Fragen rund um das Thema Unternehmensgründung, Informationsmaterial, Organisation von Informationsveranstaltungen, Gründertagen, Gründerwettbewerben, Existenzgründer-Seminaren und Unternehmerstammtischen sowie Begutachtung von Unternehmenskonzepten, z. B. zur Vorlage bei Gesprächen mit Kreditgebern
Kontakt: Telefonnummern und Adressen aller Industrie- und Handelskammern beim Deutschen Industrie- und Handelskammertag (DIHK) unter www.dihk.de

Handwerkskammern (HWK)

Beratungsangebot: allgemeine Beratung (kostenlos) zu allen Fragen rund um das Thema Gründung, die Veranstaltung von Existenzgründer-Seminaren, Erstellung von Informationsmaterial und Begutachtung von Unternehmenskonzepten
Kontakt: Telefonnummern und Adressen aller Handwerkskammern beim Zentralverband des Deutschen Handwerks. unter www.zdh.de

Institut für freie Berufe (IFB) an der Friedrich-Alexander-Universität Erlangen-Nürnberg, Abteilung Gründungsberatung

Beratungsangebot: kostenpflichtige, aber preisgünstige Beratung (landesweit in Bayern, Baden-Württemberg, Hessen und Rheinland-Pfalz) bei Existenzgründung in einem Freien Beruf von Niederlassung bis hin zur Unterstützung in der Nachgründungsphase und bei Existenzsicherung. Weitere Angebote u. a. Informationsschriften, Teilnahme an Gründermessen, Coachingmaßnahmen für Freie Berufe sowie Durchführung von Beratungstagen
Kontakt: Marienstraße 2, 90402 Nürnberg, Internet www.ifb-gruendung.de oder www.ifb.uni-erlangen.de

Agenturen für Arbeit

Beratungsangebot: allgemeine Beratung für Gründer aus der Arbeitslosigkeit
Kontakt: Adressen unter www.arbeitsagentur.de.

Berufsverbände wie z. B.

Deutscher Verband für Podologie (ZFD) e. V.
Beratungsangebot: Schutz, Hilfestellung und Beratung in allen berufsbezogenen Fragen wie zur Neugründung einer Praxis und zur Praxisführung
Kontakt: Wilhelmshöher Allee 258, 34131 Kassel,
E-Mail: info@podo-deutschland.de, Internet: www.podo-deutschland.de

Siehe auch Adressen weiterer Berufsverbände für Fußpflege/Podologie im Kapitel 15.11: Wahl des Berufsverbandes

Alt hilft Jung e. V.
Ist der Name einer Arbeitsgemeinschaft von Vereinen, die sich die Unterstützung von Existenzgründern und kleine Unternehmen zur Aufgabe gemacht haben. Beratungsangebot: Gegen einen Kostenbeitrag u. a. zur Verwaltung bieten ehemalige Fach- und Führungskräfte aus Industrie, Handel, Handwerk, Dienstleistung und Verbänden ehrenamtliche Beratung und Begleitung zur Existenzgründung, Unternehmersicherung, Unternehmensübergabe und -nachfolge
Kontakt: Adressen für Kontakte vor Ort über die Webseite der Bundesarbeitsgemeinschaft Wirtschafts-Senioren: Internet: www.althilftjung.de

Senior-Experten-Service (SES)
Beratungsangebot: Aus dem Berufsleben ausgeschiedene Fachleute leisten ehrenamtlich Hilfe (gegen Erstattung der Aufwandskosten) zur Selbsthilfe vor allem in kleineren und mittleren Unternehmen, insbesondere im Ausland, aber auch in Deutschland
Kontakt: Internet unter www.ses-bonn.de

Banken und Sparkassen
Beratungsangebot: Finanzierungsberatung

KfW-Bank
Beratungsangebot: öffentliche Förderprogramme des Bundes bzw. der Bundesländer
Kontakt: Internet unter www.kfw.de

Förder- und Aufbaubanken der Bundesländer
Beratungsangebot: öffentliche Förderprogramme der Bundesländer
Kontakt: Adressen der zuständigen Institutionen in den Bundesländern finden Sie im Internet unter www.foerderdatenbank.de

Gründermessen/Gründertage
Beratungsangebot: erste Orientierung und eingehende Beratung zu allen Fragen der Existenzgründung
Informationen über aktuelle Veranstaltungen z. B. bei den Wirtschaftskammern vor Ort

Checkliste: Mein Beratungsbedarf			
Wo brauche ich Beratung?		**Wo brauche ich Beratung?**	
persönliche Eignung als Gründer	☐	Marktchancen/ Marktentwicklung	☐
fachliche Qualifikation	☐	Analyse der Kunden- und Zielgruppe	☐
Erwerb von Zusatzqualifikationen in puncto Existenzgründung	☐	Analyse der Konkurrenzsituation	☐
Beschaffung von Informationen	☐	Standortwahl	☐
Prüfen der Geschäftsidee	☐	Preisgestaltung	☐
Gründungsart: Neugründung oder Praxis-/Studio-Übernahme/Nachfolge	☐	Werbung	☐
Gründen im Team	☐	Einkauf	☐
gesetzliche Formalitäten (Zulassung, Anmeldung, Genehmigungen)	☐	Auswahl und Einstellung von Mitarbeitern	☐
Erstellen des Businessplans	☐	Mitarbeiterführung	☐
Ermittlung des Kapitalbedarfs	☐	Löhne/Tarife/Arbeitsrecht	☐
Aufstellen eines Finanzplans	☐	Rechnungswesen/ Buchführung	☐
Förderprogramme	☐	Controlling (Planung und Steuerung)	☐
Steuern	☐	Anforderungen und Vorschriften zur Einrichtung und Gestaltung von Praxis oder Studio	☐
Versicherungen	☐	Begleitung durch einen Coach in der Vorbereitung und Anfangsphase der Praxis	☐
Rechtsform	☐		

Bei allen Themen, bei denen Sie sich unsicher fühlen oder Fragen auftauchen, machen Sie ein Fragezeichen. Zu allen Themen mit Fragezeichen sollten Sie sich umfassend und kompetent beraten lassen.

Info: Wer hilft bei der Beratersuche?	
Berater	Suche und Infos unter
Steuerberater	
Bundessteuerberatungskammer	Kostenloser Suchservice www.bstbk.de
Deutscher Steuerberaterverband e. V. (DStV)	Kostenloser Suchservice www.dstv.de/suchservice
Unternehmensberater	
Bundesverband Deutscher Unternehmensberater (BDU) e. V.	Einsehbares Register und Infos unter www.bdu.de
Vereinigung Beratender Betriebs- und Volkswirte e.V. (VBV)	Informationen unter www.vbv.de
Beraterbörse der KfW Bank, die in Zusammenarbeit mit dem Bundeswirtschaftsministerium (BMWi) entwickelt wurde	Kostenloser Suchservice unter https://beraterboerse.kfw.de, bei dem mit der Eingabe von definierten Kriterien nach einem geeigneten Berater in der Nähe gesucht werden kann.
Bundesverband der Wirtschaftsberater (BVW)	Informationen und kostenloser Beratersuchservice unter www.bvw-ev.de
Die KMU-Berater, Verband freier Berater, der sich auf die Betreuung von kleineren und mittleren Unternehmen, Existenzgründern und Jungunternehmer spezialisiert hat	Informationen unter www.kmu-berater.de
Rechtsanwalt, Notar, Patentanwalt	
Deutscher Anwaltverein	Informationen unter www.anwaltauskunft.de
Bundesnotarkammer	Online-Suche im Deutschen Notarverzeichnis www.deutsche-notarauskunft.de plus einer Vernetzung mit den elektronisch verfügbaren Notarverzeichnissen der Notarkammern
Patentanwaltskammer	Online-Suche unter www.patentanwalt.de > Patentanwaltssuche

Info: Beratervertrag abschließen	
Kriterium	**Ausführung**
Aufgaben und Ziele	Eindeutig, exakt und ausführlich beschreiben und festlegen. Spätere Änderungen in der Zielsetzung und Aufgabenstellung schriftlich vereinbaren.
Dauer der Beratung	Zeit festlegen! Wichtig: Anstehende Probleme nicht unterschätzen und Arbeitsbedarf realistisch einschätzen.
Beim Einsatz von freien Partnern und Mitarbeitern des Beraters	Namen, Funktion und Qualifikation im Vertrag mit aufnehmen.
Beraterberichte	Form und Abgabetermine der Zwischen- und/oder Abschlussberichte bestimmen.
Verbesserungs- und Lösungsvorschläge	Den Berater schriftlich zur Unterstützung bei der Umsetzung verpflichten.
Entgelt für die Beratung und Kosten	Honorar entweder nach Zeitaufwand als Tagessätze oder pauschal nach Beendigung einer klar definierten Aufgabenstellung vereinbaren. Art und Höhe von zusätzlich anfallenden Kosten wie Reisekosten und Aufenthaltskosten abklären und eine Regelung für das Vorlegen von Nachweisen und Überprüfungsmöglichkeiten treffen. Termine für Teil- oder Abschlagszahlungen an den Berater vereinbaren.
Rücktrittsrecht	Die Möglichkeit zur Kündigung des Vertrags sollte sowohl für den Unternehmer als auch Berater vereinbart werden.

20 Quellen und weiterführende Literatur

Ahrndt, Susanne: Wie gut kennen Sie Ihre Kunden und Patienten? Podologie, 68. Jahrgang, Heft 9, 2017, S. 32 – 35

Ahrndt, Susanne: Stets die Kunden und Zielgruppen im Blick. Machen Sie Ihre Praxis einzigartig und unverwechselbar/Teil II. Podologie, 65. Jahrgang, Heft 3, 2014, S. 37 – 40

Ahrndt, Susanne: Die Praxislage ist entscheidend! Bei Neugründung oder Standortwechsel. Podologie, 64. Jahrgang. Heft 12, 2013, S. 19 – 22

Ahrndt, Susanne: Nicht nur die Griffhöhe ist entscheidend … Podologie, 63. Jahrgang, Heft 1, 2012, S. 16 – 18

Allgayer, Florian: Zielgruppen finden und gewinnen. Wie Sie sich in die Welt Ihrer Kunden versetzen. mi-Fachverlag, Redline GmbH, Landsberg am Lech 2007, Nachdruck 2014

Arbeitsgesetze mit den wichtigsten Bestimmungen zum Arbeitsverhältnis, Kündigungsrecht, Arbeitsschutzrecht, Berufsbildungsrecht, Tarifrecht, Betriebsverfassungsrecht, Mitbestimmungsrecht und Verfahrensrecht. Textausgabe mit ausführlichem Sachverzeichnis und unter Einführung von Professor Dr. Reinhard Richardi. Deutscher Taschenbuch Verlag, 2019, 94., neu bearbeitete Auflage

Aßmann, Michael: Der Abschluss des Mietvertrages. Podologie, LVI, Heft 11, 2005, S. 24 – 25

Aßmann, Michael: Für Praxisräume – Miete und Betriebskosten. Podologie, LVI, Heft 1, 2006, S. 22 – 24

Aßmann, Michael: Mietrechtliche Gewährleistung bei Praxisräumen. Podologie, LVI, Heft 6, 2006, S. 22 – 24

Aßmann, Michael: Schönheitsreparaturen am Gewerberaum. Podologie, LVI, Heft 7, 2005, S. 22 – 23

Ausbildungs- und Prüfungsordnung für Podologinnen und Podologen (PodAPrV) im Internet unter www.gesetze-im-internet.de

Bährle, Ralf Jürgen: Praxisrecht für Therapeuten. Rechtstipps von A bis Z. Springer-Verlag, Berlin-Heidelberg 2011

Bascha-Döringer, Samya: Mehr Erfolg durch professionelle Öffentlichkeitsarbeit. DER FUSS, Heft 3/4, 2008, S. 28 – 30

Benzel, Wolfgang; Wolz, Eduard: Businessplan für Existenzgründer. Walhalla Fachverlag, Regensburg, Berlin 2006, 2. aktualisierte Auflage

Bitkom-Arbeitskreis ECM Compliance: 10 Merksätze für elektronische Rechnungen. 30. Juni 2015, www.bitkom.org

Bleiber, Reinhard: Existenzgründung. Geschäftsidee, Finanzierung, Verträge auf CD. Rudolf Haufe Verlag 2006, aktualisierte Auflage

Bloß, Maren: Sind alle Anforderungen in Ihrer Praxis erfüllt? Wenn das Gesundheitsamt kommt/Teil I. Podologie, 65. Jahrgang, Heft 10, 2014, S. 33 – 36

Bloß, Maren: Alles Wichtige zur Instrumentenaufbereitung. Wenn das Gesundheitsamt kommt/Teil II. Podologie, 65. Jahrgang, Heft 11, 2014, S. 34 – 37

Bonnemeier, Sandra: Praxisratgeber Existenzgründung. Erfolgreich starten und auf Kurs bleiben. Deutscher Taschenbuch Verlag 2008

Bundesanstalt für Arbeitsschutz und Arbeitsmedizin (Hrsg.): Arbeitsstätten. Arbeitsstättenverordnung, Technische Regeln für Arbeitsstätten. 4. Auflage, Stand Januar 2017

Bundesanstalt für Arbeitsschutz und Arbeitsmedizin: Informationen zur Arbeitsstättenverordnung (ArbStättV), www.baua.de, eingesehen am 26.03.2019

Bundesministerium für Arbeit und Soziales (Hrsg.): Selbstständige Erwerbstätigkeit in Deutschland. Forschungsbericht 514, September 2018

Bundesministerium für Familie, Senioren, Frauen und Jugend; FaFo Familienforschung Baden-Württemberg: Werteorientierte Erziehung, Haushalt und Beruf, Herausforderungen und Unterstützungen für Familien. Monitor Familienforschung, Beiträge aus Forschung, Statistik und Familienpolitik. Ausgabe 4 – 8, Jg. 2006

Bundesministerium für Familie, Senioren, Frauen und Jugend, Referat Öffentlichkeitsarbeit (Hrsg.): Wie Familien leben und was sie von der Familienpolitik erwarten. Monitor Familienforschung, Ausgabe 38, September 2017

Bundesministerium für Familie, Senioren, Frauen und Jugend, Referat Öffentlichkeitsarbeit (Hrsg.): Partnerschaftliche Arbeitszeiten aus Kinder- und Elternsicht. Monitor Familienforschung, Ausgabe 37, August 2017

Bundesministerium der Finanzen: Gesetzliche Neuregelung des § 146b AO durch das Gesetz zum Schutz vor Manipulationen an digitalen Grundaufzeichnungen vom 22. Dezember 2016; Anwendungserlass zu § 146b AO. Schreiben vom 29. Mai 2018, GZ IV A 4 – S 0316/13/10005:054, DOK 2018/0427337

Bundesministerium der Finanzen: Steuern. Gesetz zum Schutz vor Manipulationen an digitalen Grundaufzeichnungen.
www.bundesfinanzministerium.de, eingesehen am 10.08.2019

Bundesministerium für Gesundheit: Gesundheitswirtschaft im Überblick, 22. Juni 2018

Bundesministerium für Wirtschaft und Energie (BMWi) (2018): Gesundheitswirtschaft – Fakten & Zahlen. Ergebnisse der Gesundheitswirtschaftlichen Gesamtrechnung, Ausgabe 2017

Bundesministerium für Wirtschaft und Energie (BMWi) (2018): Gesundheitswirtschaft – Fakten & Zahlen. Handbuch zur Gesundheitswirtschaftlichen Gesamtrechnung mit Erläuterungen und Lesehilfen

Bundesministerium für Wirtschaft und Energie (Hrsg.):
- Existenzgründungen in Deutschland. GründerZeiten, Nr. 01, 04/2018
- Information und Beratung. GründerZeiten, Nr. 02, 02/2017
- Existenzgründungen durch Frauen. GründerZeiten, Nr. 03, 04/2018
- Versicherungen. Mit Netz und doppeltem Boden. GründerZeiten, Nr. 05, 04/2019
- Existenzgründungsfinanzierung. Quellen für das Startkapital. GründerZeiten Nr. 06, 11/2018
- Businessplan. Fahrplan in die Selbstständigkeit. GründerZeiten, Nr. 07, 03/2019
- Rechtsformen. GründerZeiten Nr. 11, 06/2018
- Personal. GründerZeiten Nr. 19, 3/2019
- Gründung aus der Arbeitslosigkeit. Alternative Selbstständigkeit. GründerZeiten, Nr. 16, 10/2018
- Existenzgründungen durch freie Berufe. GründerZeiten, Nr. 17, 04/2018
- Existenzgründungen im besten Alter. GründerZeiten, Nr. 19, 08/2018

GründerZeiten ältere Ausgaben – nicht mehr abrufbar

Bundesministerium für Wirtschaft und Technologie (Hrsg.)
- Kapitalbedarf und Rentabilität. GründerZeiten, Nr. 07, aktualisierte Ausgabe 02/2008
- Arbeits- und Gesundheitsschutz. GründerZeiten, Nr. 19, aktualisierte Ausgabe 06/2007
- Kostenrechnung, GründerZeiten, Nr. 25, aktualisierte Ausgabe September 2009
- Sicherheiten und Bürgschaften. GründerZeiten, Nr. 27, aktualisierte Ausgabe 04/2008
- Preisgestaltung, GründerZeiten, Nr. 28, aktualisierte Ausgabe 06/2009
- Liquidität. GründerZeiten, Nr. 31, aktualisierte Ausgabe 08/2007

- Gründungsideen entwickeln – Weniger Glück als Verstand. GründerZeiten, Nr. 39, aktualisierte Ausgabe 03/2006
- Persönliche Absicherung für Existenzgründer und Unternehmer. GründerZeiten, Nr. 41, aktualisierte Ausgabe 02/2009
- Standortwahl. GründerZeiten, Nr. 42, aktualisierte Ausgabe 11/2004
- Qualitätsmanagement. GründerZeiten, Nr. 47, aktualisierte Ausgabe 09/2007
- Organisation. GründerZeiten, Nr. 50, aktualisierte Ausgabe 11/2006

Bundesministerium für Wirtschaft und Technologie (Hrsg.): Existenzgründerportal Newsletter Nr. 26, Mai 2006

Bundesministerium für Wirtschaft und Energie (Hrsg.): Starthilfe – Der erfolgreiche Weg in die Selbständigkeit. August 2018, www.bmwi.de

Bundesministerium für Wirtschaft und Energie (Hrsg.): Unternehmensnachfolge. Die optimale Planung. August 2018, www.bmwi.de

bundesweite gründerinnenagentur:
- Existenzgründung von Frauen in Deutschland – Daten und Fakten. Factsheet, Nr. 01/2005
- Existenzgründung von Frauen in Deutschland. Psychologische Aspekte der Gründungen durch Frauen. Factsheet, Nr. 03/2005
- Existenzgründung von Frauen in Deutschland. Quantitative Bedeutung von Gründungen durch Frauen in Deutschland – Daten und Fakten. Factsheet, Nr. 07/2007
- Existenzgründung von Frauen in Deutschland. Qualitative Bedeutung von Gründungen durch Frauen – Daten und Fakten. Factsheet, Nr. 08/2007
- Gründungen von Frauen im Wachstumsmarkt Gesundheit und Soziales – Dienstleistungen für Kinder und Jugendliche. Factsheet, Nr. 13/2007
- Gründungen von Frauen im Wachstumsmarkt Seniorenwirtschaft. Factsheet, Nr. 15/2007
- Gründungen von Frauen ab 45 – mit Erfahrung erfolgreich. Factsheet, Nr. 17/2007
- Wirtschaft, Wandel, Weichenstellung – Unternehmensgründung von Frauen im Fokus. Factsheet, Nr. 40/2015

Buschmann, Birgit: Potenziale mobilisieren. Nachholbedarf bei Gründerinnen in Deutschland. VentureCapital Magazin „Start-up 2007“, S. 34 – 35

Damli, Anja: Gründen in einem freien Heilberuf. Gründungsinformation Nr. 33 des Instituts für Freie Berufe Nürnberg, März 2004

Deutsche Gesetzliche Unfallversicherung e. V. (DGUV) (Hrsg.):
- Natürliche und künstliche Beleuchtung von Arbeitsstätten. DGUV Information 215-210, September 2016, www.dguv.de

- Bildschirm- und Büroarbeitsplätze. Leitfaden für die Gestaltung. DGUV Information 215-410. September 2015, www.dguv.de

Deutsche Rentenversicherung Bund (Hrsg.): Selbständig – wie die Rentenversicherung Sie schützt. 13. Auflage (4/2018), Nr. 502

DIHK – Deutscher Industrie- und Handelskammertag (Hrsg.):
- Existenzgründung. Die wichtigsten Bausteine für das eigene Unternehmen. September 2004
- DIHK-Gründerreport 2018. Juni 2018, www.dihk.de
- DIHK-Report zur Unternehmensnachfolge 2018 Unternehmensnachfolge 2018 – Große Herausforderungen, aber auch Lichtblicke. Dezember 2018, www.dihk.de
- Soziale Absicherung 2019. Tipps für Mittelstand und Existenzgründer. Stand Januar 2019

Deutscher Versicherungs-Schutzverband e. V. (DVS) (Hrsg.): Leitfaden. Versicherungsschutz für Existenzgründer und Selbständige. Bonn 2006

Dirschauer, Claudia: Existenzgründung leicht gemacht/Teil I. Von der Idee in den Chefsessel. Podologie, LVI, Heft 3, 2005, S. 17 – 19

Dirschauer, Claudia: Existenzgründung leicht gemacht/Teil III. Rentabilität: Kann ich davon leben? Podologie, LVI, Heft 5, 2005, S. 15 – 17

Dirschauer, Claudia: Vereinbarkeit von Familie und Beruf ist nach wie vor Aufgabe der Frauen/Teil II. Zwischen Kind, Clavus und Küche. Podologie, LVI, Heft 1, 2005, S. 18 – 20

Dirschauer, Claudia: Vereinbarkeit von Familie und Beruf/Teil I. Zwischen Kind, Clavus und Küche. Podologie, LV, Heft 12, 2004, S. 18 – 21

Dittmann, Willi et al.: Steuer 2019 für Unternehmer, Selbstständige und Existenzgründer. Haufe-Lexware GmbhH & Co.KG, München 2018, 32. Auflage

Eberle, Bernd: Wellness und Gesundheit als Marketingimpuls. Wie Sie den Megatrend für Ihre Produkte nutzen. Redline Wirtschaft 2004

Elter, Constanze: Freiberufler fit fürs Finanzamt. Buchführung, Rechnungen, Steuern & Co. Wiley-VCH Verlag & Co. KGaA, Weinheim 2018, 3. Auflage

Empfehlung der Kommission für Krankenhaushygiene und Infektionsprävention (KRINKO) beim Robert Koch Institut (RKI) und des Bundesinstitutes für Arzneimittel und Medizinprodukte(BfArM): Anforderungen an die Hygiene bei der Aufbereitung von Medizinprodukten. Bundesgesundheitsbl.-Gesundheitsforsch.-Gesundheitsschutz 2012;55:1244-1310

Empfehlung der KRINKO und des BfArM: Ergänzung zur Empfehlung „Anforderungen an die Hygiene bei der Aufbereitung von Medizinprodukten". Epid Bull 2018;6:67 – 68 | DOI 10.17886/EpiBull-2018-006

Faustmann, Silvia et al.: Kosmetik 3: Betriebswirtschaft und Marketing. Cornelsen, Berlin, 1. Auflage, 2. Druck 2007

Friedrich, Kerstin: Empfehlungsmarketing. Neukunden gewinnen zum Nulltarif. GABAL Verlag GmbH, Offenbach 2004, 6. Auflage

Füser, Karsten: Ratgeber Existenzgründung. 1.000 Ideen und Checklisten zum Erfolg. Beck-Wirtschaftsberater im dtv, Deutscher Taschenbuchverlag, München 2004, 2. Auflage

Fütterer, Friederike: Praxishygiene. Ein Leitfaden für Podologie und Fußpflege. Verlag Hellmut Ruck, Neuenbürg 2017, 4. Komplett überarbeitete Neuauflage

Geheeb, Oliver; Gröschel, Lothar: EINFACH GUT WERBEN. Kleines Budget – große Wirkung. BW Bildung und Wissen Verlag und Software GmbH, Nürnberg 2009, 2. überarbeitete Auflage

Gesellschaft für Datenschutz und Datensicherheit e. V.: GDD-Praxishilfe DS-GVO I. Der Datenschutzbeauftragte nach der Datenschutz-Grundverordnung. Stand Juli 2019

Girlich, Gerhard et al: Steuerwissen für Existenzgründer. Praktische Tipps zu Steuern, Recht und Sozialversicherung. Beck-Wirtschaftsberater im dtv, Deutscher Taschenbuch Verlag, München 2007, 4. Auflage

Global Wellness Institute: 2018 Global Wellness Economy Monitor, www.globalwellnessinstitute.org, eingesehen am 29.11.2018

Global Wellness Institute: Global Wellness Tourism Economy Report, November 2018, www.globalwellnessinstitute.org, eingesehen am 29.11.2018

Großbölting, Ralf; Berger, Martin: Im Rahmen der Praxisführung. Mietrechtliche Fragestellungen. Podologie, LV, Heft 7, 2004, S. 20 – 22

Großbölting, Ralf; Berger, Martin: Mietrechtliche Fragestellungen. Podologie, LV, Heft 7, 2004, S. 20 – 22

Großbölting, Ralf; Berger, Martin: So hat der Kauf Hand und Fuß. Podologie, LV, Heft 8, 2004, S. 20 – 22

Grünewald, Klaus: Die Patientenkartei. In: Grünewald, Klaus: Theorie der medizinischen Fußpflege. Ein Fachbuch für Podologie. Band 1. Verlag Neuer Merkur, München 2002, S. 291

Heckschen, Heribert: Die PartG mbB – eine Gesellschaftsform für Freiberufler. Aktuelles zur Partnerschaftsgesellschaft mit beschränkter Berufshaftung. AnwBl Online 2018

Hofert, Svenja: Praxisbuch Existenzgründung. Erfolgreich selbständig werden und bleiben. Eichborn AG, Frankfurt am Main, März 2007, S. 420

Industrie- und Handelskammer zu Berlin (www.ihk-berlin.de): Merkblatt: Gewerbemietrecht

IHK Schwaben (www.schwaben.ihk.de):

- Merkblatt: Angaben auf Geschäftsbriefen: Einzelunternehmer ohne Handelsregistereintragung
- Merkblatt: Angaben auf Geschäftsbriefen: Vorschriften für Gesellschaften mit beschränkter Haftung (GmbH) und UG (haftungsbeschränkt)
- Merkblatt: Gesellschaft mit beschränkter Haftung (GmbH)
- Merkblatt: GmbH-Geschäftsführer – Rechte und Pflichten
- Checkliste: Wie gründe ich eine GmbH/UG (haftungsbeschränkt)?
- Merkblatt: Die Unternehmergesellschaft (haftungsbeschränkt)

Industrie- und Handelskammer für Essen, Mühlheim an der Ruhr, Oberhausen zu Essen (www.essen.ihk24.de):

- Merkblatt: Einstellung von Mitarbeitern
- Merkblatt: Arbeitszeugnis
- Merkblatt: Gesetzliche Unfallversicherung in der Berufsgenossenschaft

Industrie- und Handelskammer für München und Oberbayern (www.ihk-muenchen.de):

- Merkblatt: Die Unternehmergesellschaft (haftungsbeschränkt)
- IHK-Ratgeber: GmbH gründen: Ein umfassender Leitfaden
- Merkblatt: Gewerbemietvertrag
- Merkblatt: zum Thema Allgemeines Gleichbehandlungsgesetz im Arbeitsrecht
- Merkblatt: zum Thema Scheinselbständigkeit
- Merkblatt: Geschäftsbezeichnung und Geschäftsbriefbogen
- Merkblatt: Rechtsformen im Überblick
- Merkblatt: Standortwahl
- Merkblatt: Gewerberecht
- Merkblatt: Handwerksabgrenzung – Kammerzugehörigkeit

Industrie- und Handelskammer Nord Westfalen (www.ihk-nordwestfalen.de): Merkblatt: Allgemeines Gleichbehandlungsgesetz

Industrie- und Handelskammer Nürnberg für Mittelfranken (www.ihk-nuernberg.de): Flyer – Einzelhandel mit freiverkäuflichen Arzneimitteln

Industrie- und Handelskammer Ostbrandenburg (www.ihk-ostbrandenburg.de): Merkblatt: Anforderungen an elektronische Kassensysteme

Industrie- und Handelskammer Saarland (www.saarland.ihk.de): Merkblatt: Geschäftsbezeichnungen von Unternehmen, die nicht in das Handelsregister eingetragen sind

Industrie- und Handelskammer Hochrhein-Bodensee (www.konstanz.ihk.de): Merkblatt zum Thema Scheinselbstständigkeit

Industrie- und Handelskammer Region Stuttgart (www.stuttgart.ihk24.de):
- Merkblatt: Wie nenne ich mein Unternehmen
- Merkblatt: Pflichtangaben für Rechnungen

Institut für Freie Berufe Nürnberg (www.ifb-gruendung.de):
- Freier Beruf oder Gewerbe? Kurzfassung. Gründungsinformation 02/2017
- Die Partnerschaftsgesellschaft. Die Partnerschaft mit beschränkter Berufshaftung. Gründungsinformation Nr. 4, 05/2018
- Die wichtigsten Rechtsformen für Freie Berufe im Überblick. Gründungsinformation Nr. 5, 11/2012
- Wie darf man sein Unternehmen nennen? Gründerinformation Nr. 32, 10/2012

Institut für Mittelstandsforschung Bonn (IfM Bonn):
- Familienexterne Nachfolge – Das Zusammenfinden von Übergebern und Übernehmern. IfM-Materialien Nr. 182, Bonn, August 2008
- Unternehmensnachfolgen in Deutschland 2018 bis 2022, Daten und Fakten Nr. 18, Bonn, Februar 2018

IfM-Bonn-Forschungsnews zum Mittelstand – Ausgabe 4/2006

Jans, Stefan: 50 VersicherungsTipps für Existenzgründer. Versicherungsinformationen aus neutraler Sicht. Schriftenreihe des Bund versicherter Unternehmer e.V. (BvU)

Janson, Simone: 8 Schritte zur erfolgreichen Existenzgründung. Redline Wirtschaft, FinanzBuch GmbH, München 2008

Janson, Simone: Vom Start weg richtig versichert. Für Existenzgründer, Selbstständige und Kleinunternehmer. Durchblick im Versicherungsdschungel. Unnötige Ausgaben vermeiden durch die richtige Auswahl. Mit Beispielen und Checklisten. Redline Wirtschaftsverlag, 8/2007, S. 182

Kettl-Römer, Barbara: Wege zum Kunden. Akquise für Existenzgründer, Freelancer und Kleinunternehmer. Linde Verlag, Wien 2008

KfW Research (www.kfw.de):
- KfW Gründungsmonitor 2014, Mai 2014
- KfW Gründungsmonitor 2017, Mai 2017
- KfW Gründungsmonitor 2018, Mai 2018
- KfW-Gründungsmonitor 2019, Mai 2019
- Weniger Chefinnen im Mittelstand: Anteil der Frauen als Inhaber 2016 gesunken. Volkswirtschaft kompakt, Nr. 164, 21. August 2018
- Gründen mit Kindern: Mompreneurs bringen Familie und Beruf unter einem Hut. Fokus Volkswirtschaft, Nr. 184, 29. Oktober 2017
- Chefinnen im Mittelstand: Unternehmerische Tätigkeit von Frauen. Standpunkt, Nr. 8, Juni 2011
- Nachfolge Monitoring Mittelstand: Planungen stabil auf hohem Niveau. Fokus Volkswirtschaft, Nr. 241, 4. Februar 2019

KfW Bankengruppe: Existenzgründung. Frankfurter Allgemeine Buch im F.A.Z. Institut, Oktober 2004

KfW Bankengruppe: Was Sie beachten sollten! Der Beratervertrag. Januar 2005

KfW-Bankengruppe: KfW-Mittelstandspanel 2006. Pressemitteilung vom 16. November 2006

Knörzer, Wolfgang: Karteiführung und Dokumentation. In: Ruck, Hellmut (Hrsg.): Handbuch für die medizinische Fußpflege. Grundlagen und Praxis der Podologie. Hippokrates Verlag, Stuttgart 2005, S. 301

Knörzer, Wolfgang: Terminplanung. In: Ruck, Hellmut (Hrsg.): Handbuch für die medizinische Fußpflege. Grundlagen und Praxis der Podologie. Hippokrates Verlag, Stuttgart 2005, S. 301

Koch, Irmelind R.: 450-Euro-Jobs. Walhalla Fachverlag, Regensburg 2018

Kohl, Barbara: Geben Sie Ihren Räumen den richtigen Anstrich. Wohlfühlfarben in der Praxis. Podologie, LIX, Heft 10, 2008, S. 16 – 18

Kompetenzzentrum für Hygiene und Medizinprodukte der KV'en und der KBV (Hrsg.): Hygiene in der Arztpraxis. Ein Leitfaden, 2. Auflage, Februar 2019

Lamprecht, Stephan: Firmenauftritt online. Redline Wirtschaft, Heidelberg 2007

licht.de, die Fördergemeinschaft Gutes Licht; LiTG, Deutsche Lichttechnische Gesellschaft e.V. (Hrsg.): Leitfaden zur DIN EN 12464-1. Beleuchtung von Arbeitsstätten. Teil 1: Arbeitsstätten in Innenräumen. Download auf www.licht.de

licht.de, die Fördergemeinschaft Gutes Licht:

- Gesundheitsfaktor Licht. licht.wissen 07, Download auf www.licht.de
- Außen gleich, Innen besser: LED statt Halogen. Tipps für den einfachen Lampenwechsel. August 2018, Download auf www.licht.de
- Das neue Energielabel für Lampen. Wer vergleicht, hat mehr vom Licht! Das neue Energielabel für Lampen. September 2013, Download auf www.licht.de

Lippert, Werner: Praxis der Existenzgründung – Erfolgsfaktoren für den Start. Business Village 2006

Lorenz, Michael; Rohrschneider, Uta: Erfolgreiche Personalauswahl. Sicher, schnell und durchdacht. Gabler / GWV Fachverlage GmbH, Wiesbaden 2009, 1. Auflage

Marburger, Horst: Das neue Mutterschutzgesetz. Anwendungen – Leistungen – Durchführung des Arbeitsschutzes für werdende und stillende Mütter. Walhalla Fachverlag, Regensburg 2018

Massow, Martin: Freiberufler-ATLAS. Schnell und erfolgreich selbständig werden. Ullstein 2007, 3. Auflage

Ministerium für Arbeit, Soziales, Gesundheit und Familie des Landes Brandenburg (Hrsg.): Selbständig ist die Frau. Tipps für Gründerinnen mit und ohne Familie. Potsdam 2004

Müller, Joachim: Schnelleinstieg Marketing für Gründer & Jungunternehmer. Erfolgreich Kunden binden und gewinnen – mit kleinem Budget. VNR Verlag für die Deutsche Wirtschaft AG 2009

Münster, Thomas: Die optimale Rechtsform. Für Existenzgründer, Selbstständige und Kleinunternehmer. Redline-Wirtschaft 2006, 6. Auflage

Muthers, Helmut; Ronzal, Wolfgang: 30 Minuten Marketing 50+. GABAL Verlag GmbH, Offenbach 2012, 3. Auflage

Oberlander, Willi: Wer gehört zu den Heilberufen? Gründungsinformation Nr. 38 des Instituts für Freie Berufe Nürnberg, 05/2005

Opoczynski, Michael: ZDF WISO Existenzgründung. Campus Verlag, 2006
Ossola-Haring, Claudia: Checkliste für Existenzgründer. Landsberg am Lech, mvg 2001

Ohne Verfasser: Namensfindung für Unternehmen. Schritt für Schritt. www.fuer-gruender.de, zuletzt eingesehen am 21.02.2019

Preiherr, Christine: Das richtige Farbkonzept für Ihre Praxis. Podologie, 64. Jahrgang, 2013, S. 18 – 20

Preiherr, Christine: Für jeden Raum die richtige Farbe. Podologie, 64. Jahrgang, Heft 6, 2013, S. 20 – 22

Prinz zu Hohenlohe, Carl Ludwig: Die erfolgreiche Unternehmensnachfolge. Redline Wirtschaft, Heidelberg 2006

Reich, Gloria: Wenn der Betriebsprüfer vor der Tür steht … Kosmetik international, 06/2017, S. 25 – 27

Rheinbaben von, Friedrich: Richtlinienkonforme Instrumentenaufbereitung. Podologie, Heft 7-8/2015, S. 27 – 30

Rieck, Anja: Kassensysteme für den Einsatz im Kosmetikinstitut. Kosmetik international 06/2017, S. 20 – 21

Riedle, Herbert et al.: Erfolgreiche Existenzgründung in der Physiotherapie, Logopädie und Ergotherapie. TiVan-Verlag 2006

RKW Rationalisierungs- und Innovationszentrum der Deutschen Wirtschaft e.V. – RKW Kompetenzzentrum: Studie Gründerinnen und Gründer ab dem mittleren Alter: Schlüsselfaktor für die Wirtschaft. November 2013, www.rkw-kompetenzzentrum.de

RKW Rationalisierungs- und Innovationszentrum der Deutschen Wirtschaft e.V. – RKW Kompetenzzentrum: Leitfaden für die Gründungsberatung 45plus. Mai 2016, www.rkw-kompetenzzentrum.de

Röthlingshöfer, Bernd: Werbung mit kleinem Budget. Der Ratgeber für Existenzgründer und Unternehmen. Beck-Wirtschaftberater im dtv, München 2008, 2. überarbeitete Auflage

Ruck, Hellmut (Hrsg.): Handbuch für die medizinische Fußpflege. Grundlagen und Praxis der Podologie. Karl F. Haug Verlag, Stuttgart, 2012

Ruck, Hellmut et al.: Das Handbuch zur mobilen Fußpflege. Verlag Hellmut Ruck, Neuenbürg 2014, 2. Auflage

Schlörner, N; Kay, R.: Familienexterne Nachfolge – Das Zusammenfinden von Übergebern und Übernehmern; in: Institut für Mittelstandsforschung Bonn (Hrsg.): IfM-Materialien Nr. 182, Bonn 2008

Schneider, Ursula: Den Appetit der Kunden wecken. In: Nail&Body professionell, Heft 1, 2008, S. 62 – 64

Scholz, Norbert: Lehrbuch und Bildatlas für die Podologie. Verlag Neuer Merkur GmbH, München 2012, 4. überarbeitete Auflage

Schüller, Anne: Zukunftstrend Empfehlungsmarketing. Der beste Umsatzbeschleuniger aller Zeiten. BusinessVillage GmbH, Göttingen 2009, 3. Auflage

Schultz, Volker: Basiswissen Betriebswirtschaft. Management, Finanzen, Produktion, Marketing. Beck-Wirtschaftsberater im dtv, Deutscher Taschenbuchverlag, München 2006, 2. Auflage

Slaby, Stefan: Kunde und Markt zuerst. DER FUSS, Heft 3/4, 2008, S. 32 – 35

Springer, Adrienne: Validierungsverfahren in der Podologie. DER FUSS, Heft 1/2, 2019, S. 26 – 27

Springer Adrienne: Die Aufbereitungsstrecke. DER FUSS, Heft 3/4, 2019, S. 10 – 11

Statistisches Bundesamt (Hrsg.): Ältere Menschen in Deutschland und der EU, 2016

Statistisches Bundesamt (Hrsg.): Bevölkerung Deutschlands bis 2060. 13. Koordinierte Bevölkerungsvorausberechnung, 2015

Sternberg, Rolf et al.: GLOBAL ENTREPRENEURSHIP MONITOR (GEM). Unternehmensgründungen im weltweiten Vergleich – Länderbericht Deutschland 2017/18. Mai 2018

Tanski, Joachim et al.: Existenzgründung. Rudolf Haufe Verlag, 2006

Tanzer, Wolfgang: Hygienekurs für Podologen. Verlag Neuer Merkur, München 2007, 1. Auflage

Wallau, Frank: Unternehmensnachfolge – eine kritische Analyse aus der Wissenschaft – Aktuelle Entwicklungen und Studienergebnisse. Vortrag anlässlich des Treffens des Kompetenznetzwerkes Unternehmensnachfolge am 12. Juni 2008 in Siegen. Institut für Mittelstandsforschung Bonn 2008, www.ifm-bonn.org

Weigt, Manfred: Chancen für Niedergelassene und Einsteiger. Podologie, LVI, Heft 5, 2005, S. 22 – 24

Weigt, Manfred: Kooperationsmöglichkeiten nutzen. Kosten senken Teil I. Podologie, LIV, Heft 1, 2003, S. 21 – 22

Weigt, Manfred: Kooperationsmöglichkeiten nutzen. Kosten senken Teil II. Podologie, LIV, Heft 3, 2003, S. 29 – 31

Zalesak, Anna: Rechtskonform. Vor- und Nachteile analoger und digitaler Kassensysteme. Kosmetik international, 06/2019, S. 134 – 135

Zimmermann, Hans-Peter: Großerfolg im Kleinbetrieb. Wie man einen Betrieb mit 1 bis 40 Mitarbeitern zum Erfolg führt. Redline Wirtschaft, 2007, 6. aktualisierte Auflage, S. 277, ISBN 978-3-636-01459-7

Zimmermann, Petra: Alles was Recht ist. DER FUSS, Heft 1/2, 2007, S. 20 – 24

Zimmermann, Petra: Wirrwarr Rentenversicherung. DER FUSS, Heft 9/10, 2017, S. 22 – 23

Zukunft klipp und klar Informationszentrum der deutschen Versicherer (Hrsg.): Versicherungen für Selbstständige. Mehr Sicherheit für Betriebe und Freiberufler.

Zentrum für Europäische Wirtschaftsforschung GmbH (ZEW), Institut für Arbeitsmarkt und Berufsforschung (Hrg.): IAB/ZEW Gründungspanel, Mai 2018